후재집

이 책은 2020 · 2021년도 정부(교육부)의 재원으로 한국고전번역원의 지원을 받아 수행된 '권역별거점연구소협동번역사업'의 결과물임.

This work was supported by Institute for the Translation of Korean Classics - Grant funded by the Korean Government.

한국고전번역원 한국문집번역총서/단국대학교 동양학연구원

후재집 6

厚齋集

김간 지음
金幹

최예심 옮김
이라나
장유승

일러두기

1. 이 책의 번역은 한국고전번역원에서 간행한 한국문집총간 155~156집 소재《후재집(厚齋集)》을 대본으로 하였다. 번역 대본의 원문 텍스트와 원문 이미지는 한국고전종합DB(http://db.itkc.or.kr)에서 확인할 수 있다.
2. 내용이 간단한 역주는 간주(間註)로, 긴 역주는 각주(脚註)로 처리하였다.
3. 대본의 본문과 원주의 구분이 명확하지 않은 경우는 역자가 임의로 조정하였다.
4. 한자는 필요한 경우 이해를 돕기 위하여 넣었으며, 운문(韻文)은 원문을 병기하였다.
5. 맞춤법과 띄어쓰기는 한글 맞춤법과 표준어 규정을 따랐다.
6. 이 책에서 사용한 부호는 다음과 같다.
   ( ) : 번역문과 음이 같은 한자를 묶는다.
   〔 〕: 번역문과 뜻은 같으나 음이 다른 한자를 묶는다.
   " " : 대화 등의 인용문을 묶는다.
   ' ' : " " 안의 재인용 또는 강조 문구를 묶는다.
   「 」: ' ' 안의 재인용을 묶는다.
   『 』: 「 」 안의 재인용을 묶는다.
   《 》: 책명 및 각주의 전거(典據)를 묶는다.
   〈 〉: 책의 편명 및 운문·산문의 제목을 묶는다.

차례

후재집 제32권

후재집 제33권

후재집 제34권

차기○예기 箚記○禮記

후재집 제35권

후재집 제36권

후재집 제37권

후재집 제38권

후재집 제39권

후재집

제31권

차기 箚記

중용 中庸

차기○중용 箚記○中庸

서序

도학이 전해지지 않을까 근심하다.〔憂道學之失其傳〕

살펴보건대, 도(道)는 중(中)이고 학(學)는 정일(精一)이니, '도학(道學)' 두 글자는 아래의 '정일집중(精一執中)'[1]과 호응한다. '도학이 전해지지 않을까 근심한다.'는 것은 바로 정일집중의 도학이 후세에 전해지지 않을까 근심하는 것이다.

인심은 위태롭고 도심은 은미하니 오직 정밀하고 전일하게 하여 그 중도를 잡아야 한다.〔人心惟危, 道心惟微, 惟精惟一, 允執厥中.〕

1 정일집중(精一執中) : 《서경》 〈대우모(大禹謨)〉의 "인심은 위태롭고 도심은 은미하니, 오직 정밀하고 전일하게 하여 그 중도(中道)를 참으로 잡아야 한다.〔人心惟危, 道心惟微, 惟精惟一, 允執厥中.〕"라는 16자를 압축한 말로, 서문(序文)에서 "도학이 전해지지 않을까 근심하다.〔憂道學之失其傳〕" 아래에 나온다.

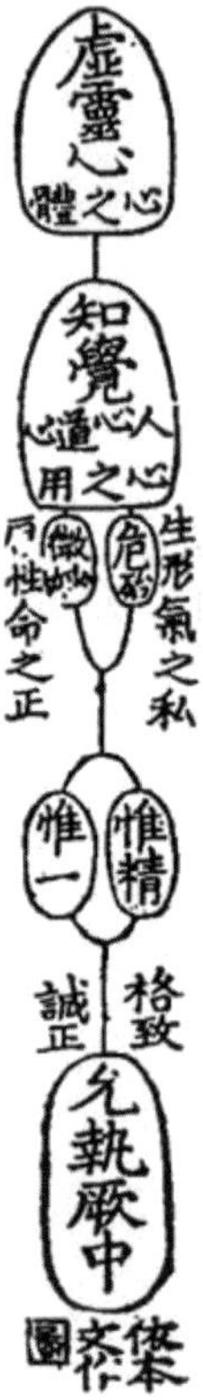

살펴보건대, 인심은 고요히 움직이지 않을 때에는 단지 혼연한 하나의 마음일 뿐이니, 인심(人心)과 도심(道心)의 구분이 없다. 감응하여 이치에 통할 때에 이르러선 이 마음의 발현이 성색취미(聲色臭味)의 사사로움에서 생기기도 하고, 혹은 인의예지(仁義禮智)의 바름에 근원하기도 한다. 성색취미에서 생긴 것은 형기(形氣)를 위주로 말하기 때문에 '인심'이라고 하고, 인의예지에 근원한 것은 성명(性命)을 위주로 말하기 때문에 '도심'이라고 하니, 여기에서 인심과 도심이라는 다른 이름이 생긴 것이다. 그러나 마음에 이런 두 이름이 있는 것은 단지 이치를 위주로 하고 기운을 위주로 하는 구분에서 말한 것일 뿐, 실제로는 본래 한 마음이고 애초에 두 가지 마음이 있는 것이 아니다. 그러므로 주자(朱子)가 "마음의 허령지각(虛靈知覺)은 하나일 뿐이다."라고 하고, 또 "인심과 도심은 실제 두 마음이 있는 것이 아니다."라고 말하였으니, 이 말이 어찌 명백하지 않겠는가. 성색취미에서 생겨난 것은 쉽게 인욕(人欲)으로 흘러가기 때문에 위태롭다고 한 것이고, 인의예지에 근원한 것은 지극히 오묘하여 알기 어렵기 때문에 은미하다고 한 것이다. 정(精)은 둘 사이를 정밀하게 살펴 섞임이 없는 것이고, 일(一)은 본체의 바름을 굳게 지켜 옮겨감이 없는 것이니, 정(精)은 격물치지(格物致知) 공부이고, 일(一)은 성의정심(誠意正心) 공부이다. 정밀하게 살필 수 있고 또 굳게 지킬 수 있다면 인심이 비록 위태로워도 편안할 것이고 도심이 비록 은미해도 드러날 것이니, 그 대응하는 사이에 그 중(中)을 얻지 못함이 없을 것이다.

○주자가 말하기를, "도심은 천리(天理)이고, 미(微)는 정미(精微)함이다."라고 하였고, 또 "천하 사물의 정밀하고 세세한 부분은 더욱 알기 어렵다."라고 하였다.

물재 정씨(정약용(程若庸))가 말하기를, "정일집중은 모두 움직일 때의 공부이다."라고 하였다.〔勿齋程氏曰: 精一執中, 皆動時工夫.〕-소주(小註)-

율곡(栗谷) 선생은 물재 정씨가 정일집중을 움직일 때의 공부에 전적으로 소속시킨 것을 병폐로 여겼는데, 퇴계(退溪) 선생은 "당초에 순(舜)임금이 인심과 도심을 말할 적에 모두 이미 발현한 곳에 나아가 말하였다. 그러므로 '정일집중'은 그 발현함으로 인하여 공부를 가하는 일이니, 고요할 때의 공부에 대해서는 말하지 않았다. 지금 마땅히 본설(本說)[2]에 근거하여 강구하고 체행해야지, 어찌 억지로 없는 것을 가져다 쓸데없는 말을 보태어 원래의 설과 합하여 하나의 공부로 삼아서야 되겠는가. 이것은 이른바 '외부의 의리(義理)를 많이 삽입하여 본문의 바른 뜻을 어지럽힌다.'는 것이다. 이는 독서의 가장 큰 병통이기에 주자(朱子)의 문하에서 깊이 경계하였다."라고 하였다.

격암 조씨(조순손(趙順孫))가 말하기를, "지는 그 소당연을 아는 것이며, 각은 그 소이연을 깨닫는 것이다.〔格菴趙氏曰: 知是識其所當然, 覺是悟其所以然.〕-소주(小註)-

살펴보건대, 이것은 주자(朱子)가 《맹자》의 '선지(先知)'와 '선각(先覺)'을 해석한 주석이니,[3] 이 서문에서 말한 지각(知覺)과는 차이가 있는 듯하다. 지금 조씨(趙氏)가 말한 것은 무슨 뜻인지 모르겠다. ○율곡 선생이 말하기를, "'지각'은 이와 같이 해석해서는 안 될 듯하다. 지금 보통사람부터 새나 짐승에 이르기까지 모두 지각이 있으니, 이들이 어떻게 그 소당연(所當然)을 알겠으며, 그 소이연(所以

2 본설(本說) : 대본에는 '本實'로 되어 있는데, 《퇴계집(退溪集)》 권14 〈이숙헌의 문목에 답하다〔答李叔獻問目〕〉에 의거하여 바로잡아 번역하였다.

3 주자(朱子)가……주석이니 : 《맹자》 〈만장 상(萬章上)〉의 '먼저 안 자에게 늦게 아는 자들을 깨우치게 하고, 먼저 깨달은 자에게 늦게 깨닫는 자들을 깨우치게 하였다. 〔使先知覺後知, 使先覺覺後覺也.〕' 주석에 "지(知)는 그 일의 소당연을 아는 것을 말하고, 각(覺)은 그 이치의 소이연을 깨닫는 것을 말한다."라고 하였다.

然)을 깨달을 수 있겠는가."라고 하였다. 퇴계 선생이 말하기를, "무릇 혈기(血氣)를 지닌 것은 본래 모두 지각이 있다. 그러나 치우치고 막힌 새나 짐승의 지각이 어찌 우리 사람의 가장 신령한 지각과 같겠는가. 더구나 여기에서 말한 지각은 실로 마음을 전수하는 법인 '인심은 위태롭고 도심은 은미하니 오직 정밀하고 전일해야 한다.'는 뜻을 인하여, 이 '지각' 두 글자에 '허령(虛靈)'까지 아울러 말하여 인심의 본체와 작용의 오묘한 이치를 밝힌 것이다. 읽는 자들이 응당 우리 마음의 지각에 나아가 완미하고 체인(體認)하여 올바른 뜻을 내어야만 비로소 진실하게 알아 어긋남이 없을 것이다. 어찌 인간과 새나 짐승의 지각을 멀리서 끌어와 올바른 뜻을 어지럽혀 의심해서는 안 될 곳에 의심을 두어서야 되겠는가. 보통사람의 지각이 성현(聖賢)과 다른 것은 기질에 얽매이고 욕심에 어두워 스스로 잃었기 때문인데, 또 어찌 이로 인하여 인심이 알지도 못하고 깨닫지도 못한다고 의심해서야 되겠는가."라고 하였다. 사계(沙溪) 선생이 말하기를, "그 소당연을 알고 그 소이연을 깨닫는다는 것은 본래 《맹자》의 주석에서 나온 것이다. 《맹자》에서 인용한 이윤(伊尹)의 말은 지(知)와 각(覺)을 나누어 말하였으니, 이는 참으로 얕고 깊음의 차이가 있다. 그러나 〈중용서(中庸序)〉에서 말한 지각(知覺)은 단지 어둡고 막힘이 없다는 뜻일 뿐이다. 그러므로 주자가 일찍이 '추운 것을 알고 더운 것을 깨닫는다.〔知寒覺煖〕'라고 풀이한 것이니, 조씨의 설은 서문의 본뜻이 아닌 듯하다."라고 하였다.

형기의 사사로움에서 생겨나고 성명의 바름에 근원한다.〔生於形氣之私, 原於性命之正.〕

살펴보건대, 생(生)은 안에서 생겨나는 뜻이니, 이른바 '형기에서 생겨난다.'는 것은 인심이 이목구비(耳目口鼻)의 사사로움에서 생겨난다는 말이다. 원(原)은 흐름을 따라 내려가고 근원을 거슬러 올라가는 뜻이니, 이른바 '성명에 근원한다.'는 것은 도심이 인의예지의 성(性)에 근본을 두었다는 말이다.

형기가 모두 다 불선한 것이 아니라, 단지 의지할 수 없을 뿐이다. 채계통이 말하기를……〔形氣非皆不善, 只是靠不得, 蔡季通云云.〕-소주(小註)-

본문을 살펴보건대, 채계통(蔡季通)이 편지로 〈중용서〉에서 말한 인심(人心)과 형기(形氣)에 대해 묻자, 주자(朱子)가 "형기가 모두 다 불선한 것이 아니라, 단지 의지할 수 없을 뿐이다. 계통이 말하기를……"이라고 하였으니,[4] '의지할 수 없다.〔靠不得〕' 이상 11글자가 주자의 말임을 비로소 알 수 있다.

운봉 호씨(호병문(胡炳文))가 말하기를, "생은 기운이 용사할 때에 비로소

4 계통이……하였으니 : 생략된 내용은 다음과 같다. "계통은 형기 또한 모두 선하다고 하였는데, 이는 형기에 선이 있는 것이 모두 도심(道心)에서 나온 것을 몰라서이다. 도심에서 말미암으면 형기가 선하고 도심을 말미암지 않고 한결같이 형기에 붙으면 악하다. 형기는 배〔船〕와 같고 도심은 배의 키〔柁〕와 같다. 배에 키로 조종함이 없으면 때로는 파도 속으로 들어가고 때로는 잔잔한 물결로 들어가 일정하게 갈 수 없다. 오직 하나의 키로 운행한다면 파도 속에 들어가더라도 해가 없을 것이다. 그러므로 '하늘이 백성을 내셨으니 사물이 있으면 법칙이 있도다.〔天生蒸民, 有物有則.〕'라고 한 것이니, 물(物)이 바로 형기이고 칙(則)이 바로 이치이다."

생긴다."라고 하였다.〔雲峯胡氏曰: 生是氣用事時方生.〕-소주(小註)-

어떤 이가 말하기를, "용사(用事) 두 글자는 너무 무거운 듯하다."라고 하였다.

○살펴보건대, 이치는 작용이 없지만 기운은 작용이 있으니, 이 '용사' 자는 '작용'의 뜻으로 보는 것이 무방할 듯하다.

천리의 공변됨이 끝내 인욕의 사사로움을 이기지 못할 것이다.〔天理之公, 卒無以勝夫人欲之私.〕

살펴보건대, '천리의 공변됨'은 윗글의 '성정의 바름〔性命之正〕'과 호응하고, '인욕의 사사로움'은 윗글의 '형기의 사사로움〔形氣之私〕'과 호응한다.

○형기의 사사로움과 인욕의 사사로움의 두 '사(私)' 자는 그 뜻에 차이가 있다. 위의 형기의 사사로움의 '사' 자는 '부모를 사사로이 한다〔私親〕'·'은혜를 사사로이 한다〔私恩〕'는 따위처럼 '내가 홀로 하는 바'라고 말한 것과 같으니 아직 악을 언급하지 않은 것이다. 아래의 인욕의 사사로움의 '사' 자는 흘러서 인욕(人欲)이 된 것으로, 비로소 악에 나아가 말한 것이다. 똑같은 하나의 '사' 자이나, 위의 '사'는 형기를 말하고 아래의 '사'는 인욕을 말하니 그 뜻을 따로 구별하지 않을 수 없다.

두 가지 사이〔二者之間〕, 본심의 바름〔本心之正〕

살펴보건대, 두 가지〔二者〕란 윗글의 이른바 '두 가지가 마음에 섞여 있다.〔二者雜於方寸〕'라고 할 때의 '두 가지'이고, 정(正)은 윗글의 이른바 '성명의 바름〔性命之正〕'이라고 할 때의 '정'이다.

간곡하게 일러준 말씀이 이와같은데 지나지 않으니 천하의 이치가 어찌 이보다 더한 것이 있겠는가.〔丁寧告戒, 不過如此, 則天下之理, 豈有以加於此哉?〕

살펴보건대, '이와같은데 지나지 않는다.〔不過如此〕'와 '이보다 더하다〔加於此〕'의 두 '차(此)' 자는 모두 '정일집중(精一執中)'을 가리켜 말한 것이다. 다만 위의 '차' 자는 요(堯)·순(舜)·우(禹)가 전하고 받아서 일러준 말이 다른데 있지 않고 '정일집중'에 불과할 뿐이라는 말이고, 아래의 '차' 자는 천하의 이치가 '정일집중'보다 더한 것이 없다는 말이다.

성탕과 문왕·무왕 같은 임금들과……이미 모두 이것으로써 도통의 전함을 이었다.〔若成湯文武之爲君……既皆以此而接夫道統之傳.〕

살펴보건대, '이것으로써〔以此〕'의 '차(此)' 자도 정일집중(精一執中)을 가리킨다.

○주자(朱子)가 말하기를, "요순(堯舜)이 요순이 되는 이유는 이 마음의 본체를 다하였기 때문일 뿐이다. 우왕(禹王)·탕왕(湯王)·문왕(文王)·무왕(武王)·주공(周公)·공자(孔子)가 전하여 맹자(孟子)에 이르기까지 그 사이에 혹 수백 년의 기간이 있으니, 입으로 전하고 귀로 들으며 가까이서 부탁할 수 있는 것이 아니다. 다만 이 마음의 본체가 백성이 일상 생활하는 사이에 숨어 있어 현자(賢者)는 그 큰 것을 알고 불현자(不賢者)는 그 작은 것을 알아 그 온전하고 극진한 본체를 체득한 자가 그 전통을 얻은 것일 뿐이다."라고 하였다.

○채청(蔡淸)이 말하기를, "고요(皐陶)만 거론하고 익(益)·직(稷)

・계(契)를 언급하지 않은 것은 또한 더욱 드러난 자를 거론한 것이다. 그러므로 《맹자》에 '우와 고요는 보고서 알았다.'라고 하고, 또 '순임금은 우와 고요를 얻지 못하는 것을 자신의 근심으로 삼았다.'라고 하였으니, 진실로 이미 익・직・계를 언급하지 않았다.

오직 안씨와 증씨의 전함이 그 종통을 얻었다.〔惟顔氏曾氏之傳, 得其宗.〕

채청(蔡淸)이 말하기를, "선유(先儒)들이 '안자(顔子)의 박문(博文)이 정밀함〔精〕이고 약례(約禮)가 전일함〔一〕이며, 증자(曾子)의 격물치지(格物致知)가 정밀함이고 성의정심(誠意正心)이 전일함이다.'라고 하였으니 그 설이 참으로 좋다. 다만 안자와 증자만 그 종통을 얻은 이유에 대해서는 설명이 미진한 듯하다. 박문과 약례, 격물치지와 성의정심은 바로 공자가 가르친 것으로, 3천 명의 문도가 모두 그 말씀을 들었고, 70명의 제자들 또한 일찍이 힘을 쓴 부분이다. 안자는 박문과 약례의 가르침으로 말미암아 우뚝하게 선 공자의 도를 보기에 이르고, 증자는 격물치지와 성의정심 공부를 지극히 하여 '나의 도가 하나로 꿰어져 있다.'는 공자의 말씀에 '예'라고 대답하기에 이른 것을 반드시 말해야만 안자와 증자만 그 종통을 얻었고 다른 사람은 참여할 바가 아님을 비로소 알 수 있다."라고 하였다.

하나하나 뽑아보다.〔歷選〕

역(歷)은 두루 헤아리는〔徧數〕 것이고, 선(選)은 '살펴보다〔考〕'와 같다.

이단의 설이 날로 새로워지고 달로 치성하다.〔異端之說, 日新月盛.〕

채청이 말하기를, "윗글의 '맹자가 죽음에 그 전함을 잃었다.'는 내용을 이어 말하였으니, 이것은 맹자가 죽은 뒤의 이단이다. 허씨(許氏)가 양주(楊朱)와 묵적(墨翟)을 겸하여 말한 것은 옳지 않은 듯하다. 양주와 묵적은 맹자 때에 이미 그 설을 물리쳤으니 후대에 더 이상 치성하지 않았다. 순자(荀子)의 성악설(性惡說)과 양웅(揚雄)의 성악혼재설(性惡混在說), 장생(莊生)과 열어구(列禦寇)[5]의 허탄한 설, 신불해(申不害)와 한비자(韓非子)의 형명설(刑名說), 귀곡자(鬼谷子)[6]와 손오(孫吳)[7]의 권모설(權謀說), 진(秦)나라와 한(漢)나라 연간의 괴이한 인사들의 신선황백설(神仙黃白說)[8]은 일체 세상을 미혹시키고 백성을 속이니, 성인(聖人)의 도가 아니면서 별도로 일단(一端)을 만든 것이 모두 이단이다.

노불의 무리가 출현함에 이르러서는 더욱 이치에 가까워 참된 도를 크게 어지럽혔다.〔老佛之徒出, 則彌近理而大亂眞矣.〕

살펴보건대, 노불(老佛)의 학문은 마음을 깨끗하게 하고 욕심을 적게 하는〔淸淨寡欲〕 것을 마음을 다스리는 공부로 삼고, 공허(空虛)하고 적멸(寂滅)한 상태를 성(性)으로 삼는다. 마음을 깨끗하게 하고 욕심을 적게 하는 것으로 마음을 다스리는 것은 이치에 가까운

5 장생(莊生)과 열어구(列禦寇) : 장자(莊子)와 열자(列子)이다.

6 귀곡자(鬼谷子) : 중국 전국 시대 종횡가의 시조로 불리는 왕후(王詡)이다. 양성(陽城) 귀곡에 살았기 때문에 귀곡자 또는 귀곡 선생이라 칭해졌다.

7 손오(孫吳) : 춘추 시대 제(齊)나라 손무(孫武)와 전국 시대 위(衛)나라 오기(吳起)이다.

8 신선황백설(神仙黃白說) : 신선술(神仙術)과 연단술(煉丹術)을 말한다.

듯하지만, 공허하고 적멸한 상태를 성으로 삼는 것은 완전히 어긋나니, 이 때문에 참된 도를 크게 어지럽히는 것이다. '더욱 이치에 가깝다.〔彌近理〕'는 말은 노불의 도가 이치와 멀지 않다는 말이니, '근(近)' 자 하나를 놓은 것에서 매우 우리의 도와 비슷함을 알 수 있다. '참된 도를 크게 어지럽혔다.〔大亂眞〕'는 말은 저들의 거짓된 도가 우리의 참된 도를 크게 어지럽힐 수 있다는 말이니, 여기에 곧장 '대란(大亂)' 두 글자를 놓은 것에서 절대 우리의 도와 같지 않음을 알 수 있다. 그러나 매우 비슷하기 때문에 참된 도를 크게 어지럽힐 있다.

석씨가 모아 기록한 것〔石氏之所輯錄〕

살펴보건대, 석씨(石氏)는 이름이 돈(憝)[9], 자가 자중(子重), 호가 극재(克齋)로, 태주(台州) 임해현(臨海縣) 사람이다.

자사의 공이 이에 크다.〔子思之功, 於是爲大.〕

채청이 말하기를, "오직 정자(程子)가 상고할 바를 얻어 천년동안 전해지지 않던 실마리를 이었으니 자사가 전해지지 않을까 근심했던 것이 지금 전해졌으며, 그 근거할 곳을 얻어 노불(老佛)의 사이비(似而非)를 물리쳤으니 자사가 참된 도를 잃을까 두려워했던 것이 지금 참됨을 잃지 않았으니, 또한 이른바 '오직 이 편이 남아있는 것에 의지한다.'[10]라는 것이다.

9 돈(憝) : 대본에는 '墪'으로 되어 있는데, '憝'으로 바로잡아 번역하였다.

10 오직……의지한다 : 《대학장구(大學章句)》 전(傳)에 나오는 정자(程子)의 말이

그 스승의 말을 저버리고 노불에 빠진 자가 또한 있었다.〔倍其師說而淫於老佛者亦有之矣.〕

살펴보건대, 주자(朱子)는 유작(游酢)과 양시(楊時)[11]의 설이 노장(老莊)에서 나옴이 매우 많다고 여겼으니, 〈혹문(或問)〉에 상세하게 보인다.

가지가 나누어지고 마디가 풀어지다.〔支分節解〕

소주(小註)를 살펴보건대, 요씨(饒氏)가 나눈 여섯 개의 큰 마디〔節〕가 〈독법(讀法)〉에 실린 주자(朱子)의 여섯 마디와 같다. 다만 각 마디 아래에 있는 논주(論註)의 설이 주자와 다르고, 또 세 번째 큰 마디 아래로는 요씨의 논주가 없으니 이점이 또 같지 않다.

○채청(蔡淸)이 말하기를, "1장부터 11장까지가 첫 번째 가지〔支〕인데 쪼개어 11마디〔節〕로 만들었고, 12장부터 20장까지가 두 번째 가지인데 쪼개어 9마디로 만들었고, 21장[12]부터 32장까지가 세 번째 가지인데 또한 쪼개어 11마디로 만들었다. 33장은 단독으로 하나의 가지를 만들고 굳이 마디의 유무에 구애되지 않았다. 대개 마지막 장은 덕을 이루고〔成德〕 덕에 들어가는〔入德〕 일을 재차 서술한 것으로, 이른바 '한 편(篇)의 요점을 들어 요약하여 말씀하신 것이다.'라는 것

다.

11 유작(游酢)과 양시(楊時) : 이정(二程)의 문하에서 배운 인물로, 여대림(呂大臨)·사양좌(謝良佐)와 함께 '정문사선생(程門四先生)'으로 불린다.

12 21장 : 대본에는 '第二十二'로 되어 있는데, 채청의 《사서몽인(四書蒙引)》에 의거하여 '第二十一'로 바로잡아 번역하였다.

이고, 또 이른바 '한 부(部)의 작은 중용(中庸)'이라는 것이기에 더 이상 마디를 나눌 필요가 없었던 것이다. 지(支)는 큰 가지〔大支〕이고, 절(節)은 그 속의 마디〔節段〕이니, 마디가 어찌 가지 밖에 있겠는가." 라고 하였다.

맥락이 관통하다.〔脈絡貫通〕

채청이 말하기를, "나누어진 가지〔支〕 사이에 맥락이 관통하는 것을 가지고 말하면, 이를테면 두 번째 가지의 9장은 모두 첫 번째 가지의 '도를 떠날 수 없다.〔道不可離〕'는 뜻을 거듭 밝힌 것이고, 세 번째 가지 11장은 모두 두 번째 가지의 '천도(天道)'와 '인도(人道)'를 이어받아 말한 것이고, 네 번째 가지는 한 편의 요지에 근본하여 요약해서 말하고, 또 위 세 번째 가지의 뜻을 모두 이어받아 말한 것 같은 것이다. 풀어진 마디〔節〕 사이에 맥락이 관통하는 것을 가지고 말하면, 이를테면 장구(章句)의 이른바 '제1장은 자사(子思)가 전해 받은 뜻을 기술하여 입언(立言)한 것이다.' · '그 아래 열 장은 부자(夫子)의 말씀을 인용하여 이 장의 뜻을 맺은 것이다.' · '글은 비록 연결되지 않으나 뜻은 실로 이어진다.'라는 것 같은 것이며, '이 장은 위 장을 이어서 도가 행해지지[13] 못하는 단서를 들어 아래 장의 뜻을 일으킨 것이다.'라고 말한 것과 같은 것이며, 또 '위 장의 대지(大智)를 이어 말씀하고, 또 도가 밝아지지[14] 못하는 단서를 들어 아래 장을

13 행해지지 : 대본에는 '明'으로 되어 있는데, 채청의 《사서몽인》에 의거하여 '行'으로 바로잡아 번역하였다.

14 밝아지지 : 대본에는 '行'으로 되어 있는데, 채청의 《사서몽인》에 근거하여 '明'으

일으킨 것이다.'라고 말한 것과 같은 것이다. 이러한 종류를 지금 다 열거할 수 없으니 책 전체가 모두 그러하다."라고 하였다.

○또 말하기를, "가지가 나뉘고 마디가 풀어지지 않으면 분별 없이 섞여서 의리가 밝지 못하고 맥락이 관통하지 않으면 통서가 없이 산만하여 뜻이 일관되지 않으니, 이 두 구절은 한 번 흩어지고 한 번 합한 것으로 말한 것이다."라고 하였다.

상세함과 간략함이 서로 인한다.〔詳略相因〕

왕노재(王魯齋)-이름이 백(柏)이다.- "이를테면 제2장의 '군자는 중용이다.〔君子中庸〕'는 간략함이 되고 '군자의 덕이 있어 때에 맞게 한다.〔君子而時中〕'는 상세함이 되며, 제6장의 '큰 지혜일 것이다.〔大智〕'는 간략함이 되고 '묻기를 좋아하고〔好問〕' 이하는 상세함이 되며, 제17장의 '그 대효일 것이다.〔其大孝〕'는 간략함이 되고 '덕은 성인이 되시고〔德爲聖人〕' 이하는 상세함이 되며, 제20장의 '몸을 닦는 것과 어진 사람을 높이는 것〔修身也, 尊賢也〕'은 간략함이 되고 '재계하고 깨끗이 하여 복장을 갖춰 입고서 예가 아니면 움직이지 않는다.〔齊明盛服, 非禮不動〕'는 따위가 또 상세함이 되는 것 같은 것이다."라고 하였다.

○채청이 말하기를, "가지〔支〕와 마디〔節〕 측면에서 말하면, 이를테면 제1장의 성(性)·도(道)·교(敎)는 체요(體要)를 들어 말한 것이 간략하여 그 아래 열장에서 상세하게 풀이하며, 제12장에 비은(費隱)을 말한 것이 간략하여 그 아래 아홉 장에 상세하게 풀이하며,

로 바로잡아 번역하였다.

제21장에 천도(天道)와 인도(人道)를 말한 것이 간략하여 그 아래 열한 장에 상세하게 풀이하며, 편말(篇末)에는 다시 《중용》 한 편의 대체(大體)를 든 것과 같은 것이다."라고 하였다.

큰 것과 작은 것이 모두 거론되다.〔巨細畢擧〕

채청이 말하기를, "이를테면 두 번째 가지〔支〕에 비(費)의 큼을 말한 것이 있고 비의 작음을 말한 것이 있고 혹은 비은(費隱)의 대소를 겸하여 말한 것 따위가 또한 이런 것이다. 세 번째 가지에서 말한 천도(天道)는 모두 큰 것이고 인도(人道)은 모두 작은 것이며, '한쪽으로 지극한〔致曲〕' 것은 작은 것이고 '능히 화하는〔能化〕' 것은 큰 것이며, '성실히 하는〔誠之〕' 것은 작은 것이고 '때에 맞게 조처하는〔時措之宜〕' 것은 큰 것이다. 또 이를테면 덕성(德性)을 높여서 도체(道體)의 큼을 다하는 것은 큰 것이고, 학문을 말미암아 도체의 세세함을 다하는 것은 작은 것이다. 그러므로 그 장구(章句)에서 '대소가 서로 의지한다.〔大小相資〕'라고 한 것[15]이 이것이다. 중니조술장(仲尼祖述章)의 장구의 '안팎을 겸하고 본말을 포괄하였다.'는 것[16] 또한 크고 작은 것을 모두 거론하였다는 뜻이다. 천도장(天道章)의 '작은 덕은 냇물의 흐름이요, 큰 덕은 화육을 도탑게 한다.〔小德川流, 大德敦化〕'와 같은 것도 크고 작은 것으로 나눌 수 있지만 여기에 구애되

15 그……것 : 《중용장구》 제27장 주석에 "이 다섯 구절은 대소가 서로 의지하고 수미가 서로 상응한다.〔故此五句, 大小相資, 首尾相應.〕"라고 하였다.

16 중니조술장(仲尼祖述章)의……것 : 《중용장구》 제30장에 주석에 "이는 모두 내외를 겸하고 본말을 포괄해서 말한 것이다.〔皆兼內外該本末而言也〕"라고 하였다.

어서는 안 된다. 마지막 장은 초학자가 마음을 세우는 시초에서부터 미루어 말하여 차츰 그 궁극에 이르렀으니, 크고 작은 것이 모두 거론된 것이 또 분명하다.

중은 치우치지 않고 기울지 않아 과불급이 없는 것의 이름이다.〔中者, 不偏不倚無過不及之名〕

살펴보건대, 치우치지 않고 기울지 않는다는 것은 마음에 있는 중(中)을 가지고 말한 것이다. 대개 발현하기 이전에는 희로(喜怒)에 치우치지 않고 단지 혼연한 본체가 마음속에 있을 뿐이다. 이 때문에 여기에 '치우치지 않고 기울지 않는다.〔不偏不倚〕'는 글자를 놓았다. 과불급이 없다는 것은 사물에 있는 중(中)을 가지고 말한 것이다. 발현한 이후에 사물(事物)에 있는 것이 각각 그 이치에 합당하여 이미 지나친 바도 없고 또 미치지 못하는 바도 없이 단지 완전히 정당한 곳에 부합한다. 이 때문에 여기에 '과불급이 없다.〔無過不及〕'는 글자를 놓았다. '치우치지 않고 기울지 않는다.'는 것과 '과불급이 없다.'는 것은 모두 '중(中)' 자를 풀이한 것이지만, 주된 뜻을 세밀히 살펴보면 따로 분별이 있다.

주자가 말하기를, "용은 본분에 따르고 괴이한 일을 하지 않는 것이다.……백이와 숙제가 행한 일은 모두 용이 아니다.[17]〔朱子曰: 庸是依

17 주자가……아니다 : 전체 내용은 다음과 같다. "용(庸)은 본분에 따르고 괴이한 일을 하지 않는 것이다. 요임금·순임금·공자는 단지 용일 뿐인데, 백이와 숙제가

本分，不爲怪異之事……夷齊所爲，都不是庸了.〕-소주(小註)-

주자가 말하기를, "요(堯)임금과 순(舜)임금이 왕위를 선양한 것과 탕왕(湯王)과 무왕(武王)이 정벌한 것은 그 변수가 무궁하니 또한 어느 것이든 평상(平常) 아님이 없다."라고 하였다.

○살펴보건대, 요임금과 순임금의 선양, 탕왕과 무왕의 정벌, 백이와 숙제의 행동은 모두 변화에 대처하여 중도를 얻은 것이니, 이미 중도를 얻었다면 똑같이 평상이라고 말해도 괜찮을 것이다. 그런데 주자가 요임금과 순임금 · 탕왕과 무왕은 평상으로 여기면서 백이와 숙제의 행동은 모두 용(庸)이 아니라고 한 것은 어째서인가? 아마도 깨끗함만 오로지 추구하여 마음이 좁은데 치우쳤고, 고사리를 캐먹다가 굶어 죽음에 이른 것은 그 일이 평상이 될 수 없기 때문에 주자가 이렇게 말한 듯하다.

중은 천하의 바른 도이고, 용은 천하의 정해진 이치이다.〔中者，天下之正道，庸者，天下之定理.〕

살펴보건대, 정도(正道)는 위의 '치우치지 않는다〔不偏〕'는 글자에 호응하고, 정리(定理)는 위의 '변치 않는다.〔不易〕'는 글자에 호응한다. 치우치지 않기 때문에 '바르다〔正〕'라고 한 것이고, 변치 않기 때문에 '정해졌다〔定〕'라고 한 것이다. 정도(正道)의 '도(道)' 자는 일상에서 마땅히 행해야 하는 도리로 말하였고, 정리(定理)의 '이(理)' 자는 사리의 당연한 이치로 말하였으니, '도' 자는 포괄하는 것이 크고, '이' 자는 조리가 정밀하다. 비록 그렇지만 도와 이치는

한 일은 모두 용이 아니다."

두 개의 물사(物事)가 아니니, 이 이치에 따라 행하는 것이 바로 도이고, 이치 밖에 별도로 이른바 도가 있는 것이 아니다. 그렇다면 위에서 '도'라고 말하고 아래에서 '이'라고 말한 것은 단지 글자를 바꾸어 말한 것뿐이다.

펼쳐 놓으면 상하 사방에 가득하고, 거두어들이면 은밀한 데에 감추어진다.〔放之則彌六合, 卷之則退藏於密.〕

살펴보건대, 이것은 명도(明道)의 설이다. 본문이 두 단락이 되니, '처음에는 하나의 이치를 말하였고〔始言一理〕'에서부터 '합하여 하나의 이치가 되었다.〔合爲一理〕'까지가 한 단락이고, '풀어놓으면〔放之〕'에서부터 '은밀한데 감추어져서〔藏於密〕'까지가 한 단락이다. '그 맛이 무궁하여 종신토록 써도 다 쓰지 못한다.'는 것은 또 이천(伊川)의 설인데, 주자(朱子)가 여기에 합쳐서 한 문장으로 만들었다.

제1장 第一章

하늘이 명한 것을 성이라고 하고, 성을 따르는 것을 도라고 하고, 도를 품절한 것을 교라고 한다.〔天命之謂性, 率性之謂道, 修道之謂敎〕

살펴보건대, 이 15글자가 바로 제1장의 강령이다. 아래 글 중화(中和)와 위육(位育) 등의 일은 모두 여기에서부터 미루어 말한 것이다. 그러나 발현하기 이전에 중(中)을 지극히 하고 발현한 이후에 화(和)를 지극히 하여 끝내 천지로 하여금 제자리를 잡게 하고 만물로 하여금 생육되게 하는 것은 그 공부가 단지 중간의 '계구(戒懼)'와 '근도(謹獨)' 두 구절에 있을 뿐이다. 계구는 함양(涵養) 공부이고 신독은 성찰(省察) 공부이니, 발현하기 이전에 함양하면 치우치고 기우는 바가 없어 그 중(中)을 지극히 하게 되고, 발현할 때에 성찰하면 어긋난 바가 없어 그 화(和)를 지극히 하게 된다. 중을 지극히 한 극치에는 그 효과가 천지로 하여금 제자리를 잡게 하고, 화를 지극히 한 극치에는 그 효과가 만물로 하여금 생육을 이루게 한다. 처음 세 구는 이 장의 강령을 들어 말한 것이고, 제2절의 '계구'와 제3절의 '신독'은 공부로 말한 것이고, 제4절의 '발현하기 이전의 중'과 '발현한 뒤의 화'는 성(性)과 도(道)의 전체(全體)와 대용(大用)으로 말한 것이다. 마지막 절의 '천지가 제자리를 잡고 만물이 생육된다.'는 것은 공효로 말한 것인데, 교(教)가 또한 그 속에 들어있다. 차례가 분명하고 처음과 끝이 호응하며 체용(體用)이 구비되고 대소(大小)가 빠짐이 없으니, 이른바 '한 글자도 보탤 수 없고 한 글자도 뺄 수 없다.'는 것이다.

○이 세 구절이 바로 《중용》 전편 33장의 큰 강령이다.

○채청(蔡清)이 말하기를, "성·도·교 세 가지가 하나의 중용(中庸)이다. 어째서인가? '하늘이 명한 성〔天命之性〕'은 치우치지 않고 기울지 않는 중(中)이고, '성을 따르는 도〔率性之道〕'는 과불급이 없는 중(中)이고, '도를 품절한 교〔修道之教〕'는 또 단지 그 과불급을 재단하여 과불급이 없게 함으로써 천하의 불중(不中)을 중(中)하게 하는 것인데, 용(庸)이 여기에서 벗어나지 않기 때문이다."라고 하였다.

하늘이 음양오행으로 만물을 화생함에 기운으로 형체를 이루고 이치도 부여하였다.〔天以陰陽五行, 化生萬物, 氣以成形, 而理亦賦焉.〕-주(註)-

살펴보건대, 천지 사이에는 단지 이치와 기운이 있을 뿐이다. 지금 이치와 기운에서 그 선후를 말하면, 이치가 먼저이고 기운이 나중이니, 기운이 이치에서 나온 것이 분명하다. 사람과 물(物)이 부여받는 측면에서 말하면, 기운의 유행으로 엉기고 모여서 형체를 이룬 뒤에 이 이치가 저 형질(形質) 속에 떨어진다. 만약 형질이 없다면 이치가 깃들 곳이 없으니, 이른바 '기운으로 형체를 이루고 이치도 부여하였다.'라는 것이 의심할 것 없이 명백하다.

○정일두(鄭一蠹)가 말하기를, "천하에 어찌 이치보다 앞서는 기운이 있겠는가. 이 설은 의심스럽다."라고 하였다.

○율곡(栗谷) 선생이 말하기를, "이치와 기운은 원래 서로 떨어지지 않으니, 기운에 나아가면 이치가 그 가운데에 있다. 이것은 '음양으로 만물을 화생시킨다.'라는 말을 이어서 한 말이기 때문에 '기운으로 형체를 이루고 이치도 부여하였다.'라고 한 것이지, 기운이 있은 뒤에 이치가 있다고 말한 것이 아니다. 글자에 구애되어 뜻을 해치지 않아야 한다."라고 하였다.

이에 사람과 물이 태어남에 각기 부여받은 이치를 얻음으로 인하여
〔於是人物之生, 因各得其所賦之理〕-주(註)-

주자(朱子)가 장경부(張敬夫)에게 답한 편지에 "듣건대 표장(彪丈 표덕미(彪德美))이 '천명(天命)은 오직 사람만 얻고 물은 참여하는 바가 없다.'라고 했다는데, 내 생각에는 참으로 의심이 없을 수 없다. 지금 그가 논한 바를 살펴보건대, 또 생명을 받고 형체를 부여받기 이전을 가리켜 천명(天命)의 전체라고 하여 사람과 물이 받은 것이 모두 여기에 끼지 못한다고 하는 듯하니, 이것은 내가 더욱 이해할

수 없는 말이다. 천명은 그침이 없으니 참으로 사람과 물이 함께 얻어서 태어나는 것이다. 그러나 어찌 사람과 물이 받은 것과 동떨어진 별도의 전체가 있겠는가. 사람과 물이 끊임없이 생겨나는 것을 보면 천명의 유행이 그침이 없음을 알 수 있다. 다만 그 '타고 있는 바의 기운〔所乘之氣〕'은 치우침과 바름, 순정함과 박잡함의 차이가 있다. 이 때문에 품부 받아 태어난 것에 사람과 물, 뛰어남과 그렇지 못함의 차이가 있는 것이다. 물은 진실로 기운에 막혀 알지 못하고, 보통사람들 또한 욕심에 가려서 보존하지 못하니, 이것은 모두 스스로 하늘을 끊은 것이요 그치지 않는 천명은 애초에 그친 적이 없다." 라고 하였다.

건순·오상의 덕을 삼는다.〔以爲健順五常之德〕-주(註)-

주자(朱子)가 말하기를, "근원과 정체(定體)의 측면에서 말하면 오행(五行)이 나누어지기 이전에는 단지 음양(陰陽)이라고 하고, 오성(五性)이 나누어지기 이전에는 단지 건순(健順)이라고 한다. 오행과 오성이 나누어짐에 미쳐서 말하면, 양(陽)은 목(木)과 화(火)가 되고 음(陰)은 금(金)과 수(水)가 되며, 건(健)은 인(仁)과 예(禮)가 되고 순(順)은 의(義)와 지(智)가 된다."라고 하였다.

○"건순·오상을 가지고 물(物)의 성(性)을 말하게 되면, 건(健)과 순(順) 자는 문제가 있을 듯합니다."라는 질문에 주자가 답하기를, "소의 성이 순하고 말의 성이 굳센 것이 바로 건순의 성이고,[18] 범과

18 바로 건순의 성이고 : 대본에는 빠져 있는데, 《주자어류(朱子語類)》에 의거하여 '卽健順之性'을 보충하여 번역하였다.

이리의 인(仁)과 개미와 벌의 의(義)가 바로 오상의 성이다. 다만 물은 품수한 것이 적기 때문에 사람이 품수한 것이 온전한 것과 같지 않을 뿐이다."라고 하였다.

○"건순·오상의 덕을 사람에게 말하는 것은 괜찮지만 물(物)에게도 아울러 말할 수 있습니까?"라는 질문에 퇴계(退溪) 선생이 답하기를, "만물의 다른 형체를 보면 치우치고 막힌 물은 진실로 온전한 건순·오상을 갖추지 못했지만, 하나의 이치가 고루 부여된 것으로 말하면 만물 가운데 천연의 성(性)이 있지 않음이 없다. 기운은 비록 물(物)에 막혀 서로 다름이 있지만, 이치는 기운에 싸여 끝내 없어지지 않는다. 그러므로 '만물이 각각 하나의 태극(太極)을 구비하고 있다.'라고 한 것이며, 또 '이치를 가지고 말하면 온전하지 않음이 없고, 기운을 가지고 말하면 치우침이 없을 수 없다.'라고 한 것이다. 장구(章句)의 이 부분은 '하늘이 명한 성〔天命之性〕'을 말한 것이라, 통체(統體)의 공통된 부분에 나아가 말한 것뿐이다."라고 하였다.

운봉 호씨가 말하기를, "'한번 음이 되고 한번 양이 되는 것을 도라고 한다.'에서의 이 '도' 자는 전체가 하나의 태극을 갖춘 것이고……각기 하나의 태극을 갖춘 것이다."라고 하였다.[19]〔雲峯胡氏曰: 一陰一陽之

19 운봉……하였다 : 전체 내용은 다음과 같다. "《주역》에 '한번 음이 되고 한번 양이 되는 것을 도라고 이르니, 이를 계속하여 만물을 화육(化育)하는 것이 선(善)이고, 사물이 생겨나면서 갖추고 있는 것이 성(性)이다.'라고 하였으니, 자사(子思)의 이론이 대개 여기에 근본하였다. 그러나 다만 《주역》은 먼저 '도'를 말하고 뒤에 '성'을 말하였으니, 《주역》의 '도' 자는 전체가 하나의 태극을 갖춘 것이다. 자사는 먼저 성을 말하고 뒤에 도를 말하였으니, 여기의 '도' 자는 곧 사물이 각기 하나의 태극을 갖춘 것이다."

謂道, 此道字, 統體一太極⋯⋯各具一太極.〕-소주(小註)-

사계(沙溪) 선생이 말하기를, "'한 번 음이 되고 한 번 양이 되는 것을 도라고 한다.'는 것이 바로 '본성을 따른 것을 도라고 한다.〔率性之謂道〕'라는 것이니, 두 '도' 자는 똑같다. 호씨가 이를 나누어 둘로 본 것은 옳지 못하다. 율곡 선생도 내 생각을 옳다고 하였다."라고 하였다.

도라는 것은 잠시도 떠날 수 없는 것이다.〔道也者, 不可須臾離也.〕

살펴보건대, 처음에는 성(性)·도(道)·교(教) 세 가지를 말하고서 여기에서 유독 '도'라는 한 글자만 끄집어내어 말한 것은 어째서인가? '성을 따르는 것을 도라고 한다.〔率性之謂道〕'는 한 구절은 위로는 '하늘이 명한 것을 성이라고 한다.〔天命之謂性〕'는 말을 잇고, 아래로는 '도를 품절한 것을 교라고 한다.〔修道之謂教〕'는 말을 포괄하였다. '성을 따른다〔率性〕'고 할 때의 '성(性)'이 바로 위 구절의 '하늘이 명한 성'이고, '도라고 한다.〔謂道〕'고 할 때의 '도(道)'가 바로 아래 구절의 '도를 품절한다.〔修道〕'고 할 때의 '도'이다. 이것이 '도' 자만 말해도 '성' 자와 '교' 자의 뜻이 모두 그 속에 들어있는 이유이다.

○채청이 말하기를, "잠시〔須臾〕란 보지 않고 듣지 않는 때를 전적으로 가리킨 것이 아니다. 오직 도라는 것이 잠시도 떠날 수 없는 것이기 때문에 비록 듣지 않고 보지 않을 때라도 반드시 경계하고 삼가며 겁내고 두려워하는 것이다."라고 하였다.

그 보지 않는 바에도 경계하고 그 듣지 않는 바에도 두려워한다.〔戒愼

乎其所不覩, 恐懼乎其所不聞.〕

살펴보건대, '경계하고 두려워하는' 것은 바로 마음을 보존하고 본성을 기르는 공부이고, '보지 않고 듣지 않는' 것은 바로 희로애락(喜怒哀樂)이 발현하지 않은 때이니, 희로애락이 발현하지 않았을 때에 마음을 보존하고 본성을 기르기 때문에 중(中)의 극치에 이르는 것이다. 대체로 이 한 단락은 장차 아래 글 '희로애락의 정이 발현하지 않았을 때의 중(中)'이라는 한 구절을 꺼내기 위해서 말한 것이다. 보지 않고 듣지 않는다는 것은 바로 윗글의 '잠시〔須臾〕'라는 두 글자의 뜻이고, 경계하고 두려워한다는 것은 잠시도 떠나지 않기 위한 공부이다.

○"보지 않고 듣지 않는 것과 홀로를 삼가는 것은 어떻게 구별됩니까?"라는 질문에 주자가 답하기를, "위 구절은 천리(天理)의 본연을 보존함을 말한 것이고, 아래 구절은 싹트려할 때에 인욕을 막음을 말한 것이다. 비록 천리를 보존했더라도 발현할 때에 임하여 또한 저 은밀한 곳을 점검해야 한다. 만약 천리를 보존하는 것만 말하고 다시 홀로를 삼가지 않으면 중(中)은 지극히 할 수 있지만 화(和)는 지극히 할 수 없다."라고 하였다. 또 "중(中)을 지극히 하는 것은 아직 움직이기 전인데, 경계하고 두려워한다고 말을 하니 도리어 움직인 것이 됩니다."라는 질문에 주자가 답하기를, "그대는 경계하고 두려워하는 것을 너무 무겁게 보지 말게. 이것은 그렇게 놀라고 두려워하는 것이 아니니, 대략 공경하는 모양이네."라고 하였다.

○또 말하기를, "아래 글의 '홀로를 삼가는〔謹獨〕' 것이 전적으로 발현한 이후를 말한 것이니, 그렇다면 이 단락은 발현하지 않았을 때의 공부이다."라고 하였다.

○사계(沙溪)가 말하기를, "경계하고 두려워하는 것은 동정(動靜)을 통틀어 말한 것이고, 홀로를 삼가는 것은 전적으로 동(動)에 나아가 말한 것이다. 본주(本註)의 '항상 경외하는 마음을 지녀 비록 보고 듣지 않을 때라도 감히 소홀히 해서는 안 된다.'라는 말을 보면 너무도 분명한데, 읽는 자들이 살피지 못했을 뿐이다."라고 하였다.

○살펴보건대, 사계의 이 설이 '경계하고 두려워하는' 것을 일반적으로 논한 것이라면 괜찮지만, 이 장에서 '홀로를 삼가는' 것과 상대하여 말한 것이라면 불가하다. 이유는 다음과 같다. 주자가 "보지 않을 때에 경계하고 듣지 않을 때에 두려워함은 아직 일이 있기 전이고, 홀로를 삼가는 것은 이미 드러난 자취가 있다."라고 하였으며, 또 "경계하고 두려워하는 것은 발현하지 않았을 때를 기르는 것이다."라고 하였으며, 또 "경계하고 두려워하는 것은 미연에 막아서 그 본체를 온전히 하는 것이고, 홀로를 삼가는 것은 장차 그러할 것을 살펴서 그 기미를 세심히 보는 것이다."라고 하였으며, 또 "경계하고 두려워하는 것은 일이 드러나지 않은 부분이고, 홀로를 삼가는 것은 기미가 장차 그러한 부분이다."라고 하였으며, 또 "마음을 보존하고 본성을 기르는 것은 고요할 때의 공부이고, 성찰은 움직일 때의 공부이다."라고 하였다. 호계수(胡季隨)의 "경계하고 두려워하는 것은 희로애락의 정이 발현하기 전에 함양하는 것이고, 홀로를 삼가는 것은 희로애락의 정이 발현한 뒤에 성찰하는 것이다."라는 질문에 주자가 "이 설이 매우 좋다."라고 하였으며, '중화를 지극히 한다〔致中和〕'의 장구에 이르러선 "경계하고 두려워하는 것으로부터 단속하여 지극히 고요한 가운데에서도 치우치고 기우는 바가 없는데 이르고, 홀로를 삼가는 것으로부터 정밀하게 하여 사물을 응하는 곳에서

도 조금도 잘못됨이 없는데 이른다."라고 하였으니, 하나하나 나누어 소속시킴이 명백할 뿐만이 아니다. 경계하고 두려워하는 것만 단독으로 말하면 동정을 겸하여 말할 수 있지만, 홀로를 삼가는 것과 상대하여 말하면 경계하고 두려워하는 것은 고요할 때에 마음을 보존하고 본성을 기르는 공부이고, 홀로를 삼가는 것은 움직일 때의 성찰 공부이다. 여기에서 말한 경계하고 두려워한다는 것은 홀로를 삼가는 것과 상대하여 말한 것이 분명하니, 섞어서 말해서는 안 됨이 분명하다. 지금 사계가 한 말이 어떠할지 모르겠다.

어두운 곳보다 더 드러나는 것이 없으며 미세한 것보다 더 나타나는 것이 없다.〔莫見乎隱, 莫顯乎微.〕

살펴보건대, 위 단락은 발현하지 않았을 때를 가리켜 말한 것이고, 이 단락은 발현하였을 때를 가리켜 말한 것이다. 이 단락이 이미 발현한 상태를 말했음을 무엇으로 아는가? '은(隱)' 자와 '미(微)' 자를 보면 그 기미가 이미 움직인 것을 알 수 있다. 그러나 그 이른바 움직였다는 것도 아직은 어둡고 미미한 상태이다. 기미가 아직 움직이지 않았다면 이는 고요히 발현하지 않은 때이니 볼 만한 기미가 없다. 이때에는 비록 '은미(隱微)' 자를 놓고 싶어도 가리켜서 '은미'로 삼을 만한 물사(物事)가 없다. 더구나 '은' 자 앞에 '견(見)' 자를 놓고 '미' 자 앞에 '현(顯)' 자를 놓았으니 이미 움직인 것을 더욱 알 수 있다. '홀로를 삼간다.〔愼獨〕'고 할 때의 '독(獨)' 자는 '은미' 자를 형용한 것이지, '은미' 이외에 다시 별도로 이른바 '독'이라는 것이 있는 것이 아니다. '독'이란 남은 알지 못하고 자신 혼자 아는 부분이니, 바로 기미가 움직인 은미한 부분을 가리켜 말한 것이다.

군자는 그 홀로를 삼간다.〔君子愼其獨也〕

살펴보건대, 신(愼)은 성찰 공부이고, 독(獨)은 희로애락(喜怒哀樂)의 정이 발현하려는 때이니, 희로애락의 정이 발현하려는 때에 성찰하기 때문에 화(和)의 극치에 이르는 것이다. 이 한 단락은 장차 아래 글 '발현하여 모두 절도에 맞는 화(和)'라는 한 구절을 꺼내기 위해 말한 것이다.

○'독'이란 한 생각이 막 일어나는 곳이니 이미 움직인 것이다. 다만 은미하여 아직 드러나지 않았을 뿐, 선악(仙樂)의 구분이 바로 여기에 있다. 지금 한 생각이 막 일어나는 은미한 부분을 반드시 삼간다면 '잠시도 떠날 수 없다.'는 뜻을 알 수 있다.

자취가 비록 드러나지 않았으나 기미는 이미 움직였고, 남이 비록 알지는 못하나 자신 홀로 알고 있다.〔迹雖未形, 而幾則已動, 人雖不知, 而己獨知之.〕-주(註)-

"위의 두 구절은 정자(程子)의 뜻이고 아래 두 구절은 유씨(游氏)의 뜻인데, 선생께서 합하여 논한 것이 옳습니까?"라는 질문에 주자(朱子)가 말하기를, "옳다. 두 가지 일은 하나의 이치일 뿐이다. 기운이 이미 동하면 자신이 반드시 알고, 자신이 이미 알면 남들이 반드시 안다."라고 하였다.

쌍봉 요씨(요로(饒魯))가 말하기를, "자사가 '도라는 것은' 이라고 말하여 '도' 자를 제기하였으니, 아래의……드러나고 나타나는 것이 모두 이 도라는 것을 알 수 있다."라고 하였다.[20]〔雙峯饒氏曰: 子思云道也者, 提起道字, 見得下面……見與顯皆是此道.〕-소주(小註)-

율곡(栗谷)이 말하기를, "어두운 가운데와 세미한 일에는 사악한 것과 바른 것이 있으니, 어찌 모두 도(道)라고 할 수 있겠는가."라고 하였다. 퇴계(退溪)가 말하기를, "주자 및 여러 사람들의 설을 살펴보면 모두 선악(善惡)의 기미로 말하였으니, 요씨의 설은 과연 온당치 못하다. 자사와 주자의 뜻은 본래 '도는 있지 않은 곳이 없으니 은미함이 드러나고 나타나는 것을 가릴 수 없다. 그러므로 그 홀로를 삼가는 것이 그 도를 보존하는 방법이다.'라는 것이지, 드러나고 나타나는 것이 도라고 말한 것이 아니다."라고 하였다.

○사계(沙溪)가 말하기를, "어떤 사람이 '주자가 「어두운 곳보다 더 드러나는 것이 없고 미세한 것보다 더 나타나는 것이 없다는 것은 바로 도의 지극히 정밀함을 말한 것이다.」라고 하였으니, 쌍봉 요씨의 설은 다시 헤아려 보아야 한다.'고 하였다."라고 하였다.

쌍봉 요씨가 말하기를, "《대학》에서는 '홀로를 삼가는' 것만 말하였고 '경계하고 두려워하는' 것을 말하지 않았으니, 초학자에게 장차 움직이는 부분에서 공부하게 한 것이다.〔雙峯饒氏曰: 大學只言愼獨, 不言戒懼, 初學之士, 且令於動處做工夫.〕"라고 하였다.-소주(小註)-

살펴보건대, 《중용》 1장에서는 '경계하고 두려워하는' 것과 '홀로를 삼가는' 것을 겸하여 말하였다. 그 이유는 이 장이 발현하지 않은

20 자사가……하였다 : 전체 내용은 다음과 같다. "자사(子思)가 '도(道)라는 것은'이라고 말하여 '도' 자를 제기하였으니, 아래 글의 '은미한 것보다 더 드러나는 것이 없고 미세한 것보다 더 나타나는 것이 없다.'의 '드러나는〔見〕' 것과 '나타나는〔顯〕' 것이 모두 도라는 것을 알 수 있다."

중(中)과 발현한 상태의 화(和)를 말하고 있는데, '경계하고 두려워하는' 것이 발현하기 이전의 마음을 보존하고 본성을 기르는 공부이고, '홀로를 삼가는' 것이 발현할 때의 성찰 공부이기 때문에 아울러 거론하고 전부 말한 것이다. 《대학》의 성의장(誠意章)에서는 오로지 '홀로를 삼가는' 것만 말하였다. 그 이유는 이 장에선 '성의(誠意)'의 일을 말하고 있는데, 의(意)는 한 생각이 막 싹트는 지점이고 한 생각이 막 싹트는 것은 발현할 때이니, 발현한 상태만 말하고 발현하기 이전은 말하지 않은 것이다. 이 때문에 단지 성찰 공부만 거론하여 오로지 이것만 말하였다. 지금 요씨가 한 말이 어떠할지 모르겠다.

○퇴계가 율곡에게 답하기를, "《대학》에서는 본래 '경계하고 두려워하는' 것을 말하지 않았기 때문에 주자(朱子) 또한 정심장(正心章) 주석에서 단지 '찰(察)' 자만 들어서 곧장 본문의 바른 뜻을 풀이하였다. 오직 '시(視)'와 '청(聽)'의 주석에서 처음으로 '존(存)' 자와 '경(敬)' 자를 집어내어 말하였는데, 이는 또한 전문(傳文)을 쓴 사람이 '마음이 있지 않은〔無心〕' 병통을 말하였기 때문에 이것으로 그 병통을 구제한 것이다. 그러나 '경계하고 두려워하는' 공부는 말하지 않은 속에 은연중 그 속에 들어있다. 운봉 호씨(雲峯胡氏)의 '전념후사(前念後事)'[21]의 설 또한 그 뜻이 이와 같다. 모두 정심장에서 '경계하

21 전념후사(前念後事) : 《대학장구》 정심장(正心章) 소주에 나오는 운봉 호씨의 설로, 내용은 다음과 같다. "사물이 바야흐로 올 때와 생각이 바야흐로 싹틀 때는 성찰할 때이고, 앞의 생각은 지나가고 뒤의 일이 아직 오지 않을 때는 존양하는 때이다. 존양은 은 마음의 본체의 바름을 보존하는 것이고, 성찰은 이 마음의 작용이 혹 바르지 않게 될까 두려워서 구하여 바르게 하는 것이다."

고 두려워하는' 것을 설명했다고 말한 적이 없으니, 지금 그대가 곧장 정심장을 '경계하고 두려워하는' 것에 해당시키는 것은 잘못이다. 그대가 또 '경계하고 두려워하는 공부가 없다면 어떻게 명덕(明德)을 밝힐 수 있겠는가.'라고 말한 것은 옳다. 그러므로 주자가 '옛사람은 본원을 함양하는 공부가 《소학》에서 이미 지극하였기 때문에 《대학》에서는 곧장 격물치지(格物致知)를 선무(先務)로 삼았다.'라고 말한 것이다. 또 후세 사람들이 그렇게 하지 못할까 걱정하여 '경(敬)' 자로 《소학》의 빠진 공부를 보완하였으니, 오늘날에도 단지 이에 따라 공부해야 한다. 또 《대학》에서 '경계하고 두려워하는' 것을 말하지는 않았지만 '이 하늘의 밝은 명을 돌아본다.'라고 하고 '공경하여 멈추어야 할 곳에 멈춘다.'라고 하였으니 그 속에 저절로 '경계하고 두려워하는' 뜻을 겸하였고, '뜻이 정해진다.〔定〕'라고 하고 '마음이 고요하다〔靜〕'라고 한 것이 비록 지지(知止)의 공효지만[22] 고요할 때의 공부도 여기에서 벗어나지 않음을 알아야 한다. 이처럼 말하면 될 것인데, 어찌 말하지 않은 것을 가지고 억지로 말한 것처럼 만들어서야 되겠는가."라고 하였다.

희로애락의 정이 발현하지 않은 것을 중이라고 하고, 발현하여 모두 절도에 맞는 것을 화라고 한다.〔喜怒哀樂之未發謂之中, 發而皆中節謂之和.〕

살펴보건대, '발현하지 않는 중〔未發之中〕'은 큰 근본이다. 그렇다면

22 뜻이……공효지만 : 《대학》 경문 1장에 "그칠 데를 안 뒤에 뜻이 정해지고, 뜻이 정해진 뒤에 마음이 고요해진다.〔知止而後有定, 定而後能靜.〕"라는 부분을 말한다.

즉 이른바 '하늘이 명한 성〔天命之性〕'이니 도심(道心)이 근원하는 곳이다. '발현한 이후의 화〔旣發之和〕'는 공통된 도이다. 그렇다면 즉 이른바 '본성을 따르는 도〔率性之道〕이니, 인심이 이치에 부합하고 도심이 유행하는 것이다.

○발현하지 않은 중은 즉 성(性)의 덕이고, 발현하여 모두 절도에 맞는 것은 즉 정(情)의 바름이다. 마음은 발현하지 않은 '성'과 이미 발현한 '정'을 통솔하기 때문에 마음의 본체를 '성(性)'이라고 하고, 마음의 작용을 '정(情)'이라고 하니, 위의 이른바 '경계하고 두려워하는' 것은 이 마음의 본체를 보존하고 기르는 것이며, 위의 이른바 '홀로를 삼가는' 것은 이 마음의 작용을 성찰하는 것이다. 이 마음의 본체와 작용 이외에 이른바 '발현하지 않는 중'과 '발현한 이후의 화'가 별도로 있는 것이 아니니, 이 장의 상하에 비록 '심(心)' 자를 말하지는 않았지만 실로 마음을 떠나 말한 적이 없음을 알 수 있다.

○희로애락의 정이 발현하지 않은 중(中)이 즉 치우치지 않고 기울지 않은 '중'이고, 발현하여 모두 절도에 맞는 '화(和)'가 즉 과불급이 없는 '중'이다.

○주자가 말하기를, "희로애락의 정이 발현하지 않은 중(中)은 성인(聖人)에 대해 논한 것이 아니라, 보통사람도 이런 점이 있음이 성인과 똑같다는 것을 일반적으로 논한 것이다."라고 하였다. "보통사람이 발현하지 않았을 때와 성인이 발현하지 않았을 때는 다를 듯합니다."라는 어떤 사람의 말에 주자가 답하기를, "미발은 단지 미발일 뿐이다. 그렇지 않다면 이는 큰 근본이 없어 도리가 끊어진다."라고 하였다. "중인은 발현하지 않았을 때에 어두울 듯합니다."라는 어떤 사람의 말에 주자가 답하기를, "그 속은 어둡고 밝음이 없는 발현하

지 않은 상태이니, 만약 본원을 논한다면 발현하지 않은 상태는 모두 똑같다."라고 하였다.

○또 말하기를, "발현하지 않았을 때에는 요순(堯舜)부터 길가는 사람까지 모두 똑같다."라고 하였다.

○또 말하기를, "고요히 움직임이 없는 상태는 보통사람이 모두 이런 마음이 있고, 감응하여 모든 이치에 통하는 것은 성인만이 능하고 보통사람은 그렇지 못하다."라고 하였다.

○"희로애락의 정이 발현되기 전에 중도에 맞지 않는 것은 어째서입니까?"라는 질문에 주자가 답하기를, "이것은 기질이 어둡고 탁한 까닭에 사욕(私欲)이 이겨서 주객이 전도된 것이다. 발현하지 않았을 때에는 덩그러니 지각없는 돌덩이 같아 깨뜨릴 수 없다가 발현하자마자 곧 어그러져 버린다."라고 하였다.

○또 말하기를, "큰 근본은 함양 공부로써 하고, 절도에 맞게 하는 것은 이치를 궁구하는 공부를 필요로 한다."라고 하였다.

○채청(蔡淸)이 말하기를, "본래 칠정(七情)이 있는데, 지금 단지 희로애락 네 가지만 말한 것은 어째서인가? 즐거움〔樂〕은 사랑〔愛〕을 겸하고, 슬픔〔哀〕은 두려움〔懼〕을 겸하고, 노여움〔怒〕은 미워함〔惡〕을 겸하고, 욕망〔慾〕은 토(土)에 속하여 있지 않는 곳이 없다."라고 하였다. 또 말하기를, "두 가지를 말하면 단지 기쁨〔喜〕과 노여움〔怒〕 두 가지일 뿐이다. 기쁨은 양(陽)에 속하고 노여움은 음(陰)에 속한다."라고 하였다. 또 말하기를, "기쁨은 목(木)에 속하고 즐거움은 화(火)에 속하고 욕망은 토(土)에 속하고, 노여움은 금(金)에 속하고, 슬픔은 수(水)에 속하니, 오성(五性)이 음양과 오행에서 나오니, 칠정 또한 음양과 오행에서 나온다."라고 하였다.

중화의 지극한 경지에 이르면 천지가 제자리를 잡고 만물이 길러진다.〔致中和, 天地位焉, 萬物育焉.〕

살펴보건대, 중(中)은 큰 근본이니, 위 문장 '하늘이 명한 것을 성이라고 한다.〔天命之謂性〕'와 호응한다. 화(和)는 천하의 공통된 도이니, 위 문장 '본성을 따르는 것을 도라고 한다.〔率性之謂道〕'와 호응한다. 천지가 제자리를 잡고 만물이 길러지는 것은 바로 '중화'의 효험이니, 위 문장 '도를 품절한 것을 교라고 한다.〔修道之謂教〕'가 그 속에 포괄되어 있다.

○'중화'는 바로 나의 성정(性情)의 덕이니 천지만물과 상관이 없을 듯한데, 어떻게 나의 성(性)의 중(中)을 극진하게 하여 천지가 제자리를 잡게 할 수 있으며, 나의 정(情)의 화(和)를 극진하게 하여 만물이 길러지게 할 수 있는가? 하늘이 부여한 성(性)이 하나의 근원이라는 측면에서 보면 나의 성과 천지의 성이 동일한 근본이고, 화생하고 발육하는 측면에서 보면 나의 기운과 만물의 기운이 동일한 근원이다. 천지와 같은 성을 지녔기 때문에 나의 성(性)의 중(中)을 극진하게 하면 그 효과가 천지로 하여금 제자리에 편안히 있게 할 수 있다. 만물과 같은 기운을 지녔기 때문에 나의 정(情)의 화(和)를 극진하게 하면 그 효과가 만물로 하여금 그 생을 이루게 할 수 있다. 비록 그렇지만 윗글의 '경계하고 두려워하여 이 마음이 발현하기 이전에 마음을 보존하고 본성을 기르는' 것이 중의 극치에 이르는 길이고, '홀로를 삼가서 이 마음이 발현한 뒤에 성찰하는' 것이 화의 극치에 이르는 길이니, 이 '경계하고 두려워하는' 것과 '홀로를 삼가는' 것으로 말미암아 미루어 행하고 오랫동안 쌓아 중화의 극치에 이른 뒤에야 비로소 천지가 제자리를 잡고 만물이 길러지

는 공을 말할 수 있다. 여기에서는 '중화의 극치에 이른다.〔致中和〕' 고 할 때의 '치(致)' 반드시 보아야 하니, '치'는 미루어서 극치에 이른다는 말이다. 이 이치는 주자가 〈혹문(或問)〉에 상세하게 말하였다.

○"〈혹문〉에서 말한 '내 몸의 천지만물〔吾身之天地萬物〕'이란 무엇입니까?"라는 질문에 주자가 답하기를, "존비(尊卑)와 상하(上下)의 큰 분수가 바로 내 몸의 천지이고, 변화에 대응하는 수많은 단서가 내 몸의 만물이다."라고 하였다.

진씨가 말하기를, "중의 극치에 이르는 것은 하늘이 명한 성이고, 화의 극치에 이르는 것은 본성을 따르는 도이고……도를 품절한 교 또한 그 가운데 들어 있다."라고 하였다.[23]〔陳氏曰: 致中卽天命之性, 致和卽率性之道……修道之敎, 亦在其中.〕-소주(小註)-

○퇴계가 율곡에게 답하기를, "진씨의 뜻은 '중의 극치에 이른다.〔致中〕'고 할 때의 '중'이 바로 하늘이 명한 성〔天命之性〕이며, '화의 극치에 이른다.〔致和〕'고 할 때의 '화'가 바로 본성을 따르는 도〔率性之道〕라고 말하는 듯하다. 그러나 지금 단지 이렇게만 말하여 말이 분명치 못하니, 그대의 설이 옳다."라고 하였다.

23 진씨가……하였다 : 전체 내용은 다음과 같다. "중(中)의 극치에 이르는 것은 하늘이 명한 성(性)이고, 화(和)의 극치에 이르는 것은 본성을 따르는 도(道)이고, 천지가 제자리를 잡고 만물이 길러짐에 이르러서는 도를 품절한 교(敎) 또한 그 가운데에 들어 있다."

한 본체와 한 작용이 비록 동정의 다름이 있지만 반드시 그 본체가 선 뒤에 작용이 행해진다.〔一體一用, 雖有動靜之殊, 然必其體立而後用有以行.〕-주(註)-

살펴보건대, 한 본체와 한 작용이 동정의 다름이 있다는 것은 '중의 극치에 이르는〔致中〕' 것이 본체이고 '화의 극치에 이르는〔致和〕' 것이 작용이며, '천지가 제자리를 잡는〔天地位〕' 것이 본체이고 '만물이 길러지는〔萬物育〕' 것이 작용인 것과 같으니, 한번 본체가 되고 한번 작용이 되어 본체와 작용, 동과 정이 각각 스스로 같지 않다. 본체가 선 뒤에 작용이 행해진다는 것은 중의 극치에 이른 뒤에 화의 극치에 이를 수 있고, 천지가 제자리를 잡은 뒤에 만물이 길러질 수 있는 것과 같으니, 본체가 있은 뒤에야 작용이 있지만 본체가 서고 작용이 행하는 것은 본래 하나의 일이다.

중화의 지극한 경지에 이르면 천지가 제자리를 잡고 만물이 길러진다는 것은 천지의 도를 헤아려 이루고 천지의 적합한 공효를 도와서…… 만물이 어찌 길러질 수 있겠는가……이와같다면 임금의 몸에 나아가 말해야……사대부는 중화의 지극한 경지에 이르지 못한다.[24]〔致中和,

24 중화의……못한다 : 전체 내용은 다음과 같다. "①중화의 지극한 경지에 이르면 천지가 제자리를 잡고 만물이 길러진다는 것은 천지의 도를 헤아려 이루고 천지의 적합한 공효를 도와서 백성을 다스리는 공부이다. 만약 중화의 극치에 이르지 못한다면 산이 붕괴되고 시내가 고갈됨이 있을 것이니 천지가 어떻게 제자리를 잡을 수 있겠으며, 어미 몸속의 태(胎)와 갓 태어난 생명이 제대로 살지 못함이 있을 것이니 만물이 어떻게 길러질 수 있겠는가. ② '이와같다면 반드시 전적으로 임금의 입장에서 말해야만 이런 공부가 있는 것입니까?'라는 질문에, '규모가 본시 이와같다. 그러나 사람은 반드시

天地位, 萬物育, 便是裁成輔相……萬物安得而育……問如此則須專就人主身上說……士大夫便不致中和〕-소주(小註)-

살펴보건대, 위 한 단락은 승경(升卿)-주자(朱子)의 문인이다.-의 기록이고, 아래 한 단락은 덕명(德明)-주자의 문인이다.-의 기록인데, 이곳에 합쳐서 한 문장으로 만들었다. 집주(輯註)에 이런 곳이 많이 있어 다 기록할 수 없으니, 우선 이 조목을 기록하여 나머지를 드러낸다.

신안 진씨가 말하기를, "중의 큰 근본은 하늘이 명한 성에 근원한다."라고 하였다.〔新安陳氏曰: 中之大本, 原於天命之性.〕-소주(小註)-

살펴보건대, 대본의 중이 바로 하늘이 명한 성(性)인데, 지금 하늘이 명한 성에 근원한다고 하니, '원(原)' 자는 무엇인가.

○율곡이 말하기를, "'근원한다〔原〕'라고 말하면 이는 대본(大本)의 위에 또 성(性)이 있는 것이다."라고 하였다.

쌍봉 요씨가 말하기를, "1장에서는 성인이 도를 전수하고 가르침을 세운 본원과 군자가 성정을 함양하는 요체를 논하였다."라고 하였다.〔雙峯饒氏曰: 首章論聖人傳道立教之原, 君子涵養性情之要.〕-소주(小註)-

율곡이 "요씨는 제1장으로 함양의 요체를 삼았으니 '성찰(省察)'에 대한 설명이 부족한 듯하다."라고 하였는데, 퇴계가 말하기를, "그렇지 않다. 일찍이 여러 학자들의 설을 살펴보니, '존양(存養)'을 '성찰'

각각 그 지위에 따라 중화를 이루어 나가야 하니, 임금은 중화의 극치에 이르고 사대부는 중화의 극치에 이르지 못한다고 말하는 것은 아니다." ①은 승경(升卿)의 말이고, ②는 덕명(德明)의 질문과 주자(朱子)의 대답이다.

에 상대하여 말할 때에는 동정(動靜)을 나누어 두 가지 일로 삼았고, 함양만 말할 때에는 동정을 겸하여 말한 부분이 많으니, 이 설은 부족함이 없는 듯하다."라고 하였다.

이상은 제1장이다.

제2장 第二章

중니가 말하기를〔仲尼曰〕

"중니왈(仲尼曰)'이라고 하고서 아래 글에는 으레 '자왈(子曰)'이라 한 것은 무슨 뜻입니까?"라는 질문에 퇴계(退溪)가 답하기를, "첫머리에 '중니'라고 드러내었으니 그 뒤에 으레 '자왈'이라고 칭한 것이 또한 뜻 없이 한 것이 아니네."라고 하였다.

정미의 극치〔精微之極致〕· 군자만이 체행할 수 있다.〔惟君子爲能體之.〕-주(註)-

살펴보건대, 정미의 극치라는 것은 '오직 정밀하게〔惟精〕' 하지 않으면 알 수 없다는 것이고, 군자가 능히 체행한다는 것은 '오직 전일하게〔惟一〕' 하지 않으면 체행할 수 없다는 것이다.

군자가 중용을 함은〔君子之中庸也〕

"'군자지중용(君子之中庸)' 한 구절에 대해 채씨(蔡氏)는 '자사(子思)가 공자(孔子)의 말을 해석한 것이다.'라고 하였는데, 그렇습니까?"라는 질문에 퇴계가 답하기를, "'군자지중용' 이하는 주자(朱子)도 공자의 말로 여겼기 때문에 자사의 말이라고 하지 않았다. 채씨는 한 가지 설을 갖추었을 뿐, 꼭 옳은 것은 아니다."라고 하였다.

신안 진씨가 말하기를, "무기는 경계하고 삼가는 것과 반대이고 무탄은 겁내고 두려워하는 것과 반대이다."라고 하였다.〔新安陳氏曰：無忌與戒愼反，無憚與恐懼反.〕-소주(小註)-

살펴보건대, 진씨가 '기(忌)'와 '탄(憚)'을 나누어 둘로 만든 것이 어떠할지 모르겠다.

노재 허씨(허형(許衡))가 말하기를, "군자는 경계하고 두려워하여 발현하기 이전에 보존하고 발현할 때에 살핀다."라고 하였다.〔魯齋許氏曰：君子戒愼恐懼，存於未發之前，察於旣發之際.〕-소주(小註)-

살펴보건대, '경계하고 두려워하는' 것은 발현하기 전에 마음을 보존하고 본성을 기르는 공부이고, '홀로를 삼가는' 것은 발현할 때에 성찰하는 공부인데, 지금 허씨는 '경계하고 두려워하는' 것만 말하고 '홀로를 삼가는' 것은 말하지 않았으면서 마침내 뒤섞어 "발현하기 전에 보존하고 발현할 때에 살핀다."라고 하였으니, 완전하지 못한 듯하다.

○김숙함(金叔涵 김재해(金載海))이 말하기를, "경계하고 두려워하는 것은 본래 동정(動靜)을 겸한 공부이니 고요할 때에 보존하는 방법이 여기에 의뢰하지 않을 수 없고, 움직일 때에 살피는 방법이 또한 여기에 의뢰하지 않을 수 없다. 그렇다면 보존하고 살핌이 비록 동정의 구별은 있지만 보존하고 살피는 방법은 모두 '경계하고 두려워하는' 것에 있으니, 허씨가 논한 바가 불가하지는 않을 듯하다."라고 하였다.

○살펴보건대, '경계하고 두려워하는' 것을 일반적으로 말한다면 동정을 겸했다고 하는 것이 괜찮지만, '경계하고 두려워하는' 것을 가

지고 '홀로를 삼가는' 것에 상대하여 말한다면 이처럼 말해서는 안 된다. 지금 《중용》에서 말한 것을 가지고 살펴보면, '경계하고 두려워하는' 것은 고요할 때의 공부이고 '홀로를 삼가는' 것은 움직일 때의 공부임이 분명한데, 어떤 사람은 '경계하고 두려워하는' 것은 동정을 겸하여 말한 것이라고 한다. 이는 본뜻을 잃은 듯하니, 어떠할지 모르겠다.

이 아래 열 장은 모두 중용을 논하여 1장의 뜻을 해석하였다.〔此下十章, 皆論中庸, 以釋首章之義.〕-주(註)-

채청(蔡淸)이 말하기를, "'군자의 중용', '순(舜)임금의 지(知)', '안회(顔回)의 인(仁)', '자로(子路)가 공자에게 들은 용(勇)'에서부터 '도에 따라 행하는 자', '중용의 도를 따라 살면서 남에게 인정받지 못해도 후회하지 않는 자'까지는 능히 마음을 보존하고 본성을 길러 중(中)을 극진히 하여 하늘이 명한 성(性)이 확립되고, 능히 성찰하여 화(和)를 지극히 하여 본성을 따르는 도가 행해질 것이니, 교(敎)가 또한 그 가운데에 있다. '소인의 반중용(反中庸)', '사람들이 중용에 능한 이가 적은 지 오래됨', '현자(賢者)와 지자(知者)의 지나침과 우자(愚者)와 불초자(不肖者)의 미치지 못함', '사람들이 중용을 한 달도 지키지 못함', '중용은 능히 할 수 없음'에서부터 '은벽한 것을 찾고 괴이한 짓을 행함', '중도에 그만둠'까지는 그 사이에 인품(人品)의 고하는 진실로 같지 않지만, 중화를 극진히 하지 못하여 천하에 가르침을 세울 수 없는 점은 똑같다. 이 열 장의 뜻을 통틀어 보면 모두 제1장 안에 포함된 뜻을 그 아래에 차례로 서술하여 서로 발명하였다. 그러므로 제1장의 뜻을 해석하였다고 말한 것이다."라고 하였다.

유씨(유초(游酢))가 말하기를, "성정으로 말하면 중화라고 하고 덕행으로 말하면 중용이라 한다."라고 하였다.〔游氏曰: 以性情言之則曰中和, 以德行言之則曰中庸.〕-주(註)-

주자가 말하기를, "성정의 측면으로 말하면 중화라고 하고, 의리의 측면으로 말하면 중용이라 하는데, 실제로는 똑같다. 중(中)을 화(和)에 상대하면 말하면 '중'이 본체이고 '화'가 작용이니, 이것은 발현한 이후와 발현하기 이전을 가리켜 말한 것이다. '중'을 '용(庸)'에 상대하여 말하면 또 전환되어 용(庸)이 본체이고 '중'이 작용이니, 이천(伊川)이 말한 '중(中)은 천하의 바른 도이고, 용(庸)은 천하의 정해진 이치이다.'라고 한 것이 이것이다. 중화(中和)를 중용(中庸)에 상대하여 말하면 중화가 또 본체가 되고 중용이 또 작용이 된다."라고 하였다.

○채청이 말하기를, "덕행의 측면에서 말하면 중용이라고 한다. 치우치지 않고 기울지 않은 '중'은 덕(德)이니, 이른바 군자의 덕이다. 과불급이 없는 '중'은 행(行)이니, 이른바 때에 따라 중에 처하는 것이다. 그러므로 중용(中庸)의 '중(中)'은 실로 중화(中和)의 뜻을 겸하고 있다.

황씨가 말하기를, "성정은 사람마다 매한가지이고 덕행은 사람마다 다르다."라고 하였다.〔黃氏曰: 性情, 人人一般, 德行, 人人不同.〕-소주(小註)-

살펴보건대, 중(中)은 성(性)의 덕이고, 화(和)는 정(情)의 덕인데,

행(行)은 덕이 행사에 드러난 것이다. 그렇다면 중화가 성정에 있는 것이 덕이고 일에 드러난 것이 행이니, 성정의 중화의 덕 이외에 다시 별도로 덕행이라는 것이 없다. 그런데 지금 황씨의 설이 이와같으니 어떠할지 모르겠다.

쌍봉 요씨가 말하기를, "제1장의 중화는 성정의 덕이고 중용의 근본이다……안팎으로 서로 기르는 도이다."라고 하였다.[25]〔雙峯饒氏曰：首章中和，是性情之德而中庸之根本……內外交相養之道也.〕-소주(小註)-

율곡이 "중화와 중용은 안과 밖으로 나눌 수 없다."라고 하자, 퇴계가 말하기를, "중화와 중용은 이치로써 말하면 진실로 두 가지 일이 아니지만, 위주로 삼아 말하는 방면을 가지고 논한다면 어찌 다르지 않을 수 있겠는가. 지금 유씨(游氏)의 설을 가지고 살펴보면, 성정의 측면에서 말하면 중화라고 하였으니, 이미 성정이라고 말했다면 안이 아니겠는가. 덕행의 측면에서 말하면 중용이라고 하였으니, 이미 덕행이라고 말하여 성정의 상대로 삼았다면 어찌 밖이라고 말할 수 없겠는가. 덕은 도를 행하여 얻음이 있는 것을 가지고 말하였으니 이미 안팎을 겸하여 명칭한 것이고, 행은 오로지 일상에서 볼

25 쌍봉……하였다 : 전체 내용은 다음과 같다. "제1장의 중화는 성정의 덕이고 중용의 근본이다. 중화는 성정의 측면에서 말한 것이니 인심 본래의 순수한 덕이며, 중용은 사리의 측면에서 말한 것이니 천하의 당연한 법칙으로서 지나쳐서도 안 되고 미치지 못해서도 안 된다. 이 두 가지는 비록 중(中)의 이치는 같으나 가리키는 바는 각기 다르다. 그러므로 중화를 극진히 하는 자는 경계하고 두려워하고 홀로를 삼가서 성정을 함양하고자 하고, 중용을 실천하는 자는 그 선을 가려 굳게 잡아서 사리에 합치되기를 구하고자 하니, 이 두 가지는 안팎으로 서로 기르는 도이다."

수 있는 자취를 가지고 말하였으니, 어찌 밖이 아니겠는가. 그러므로 요씨가 유씨의 설에 근본을 두고 미루어 부연하여 말한 것이니 옳지 못한 점을 볼 수 없다. 만약 그대의 설과 같다면 자신의 뜻에 부합하는 것은 좋아하고 맞지 않는 것은 싫어하는 병통에서 벗어나지 못하여 끝내 자사(子思)의 본뜻이 곳에 따라 입언(立言)하여 정미하고 정확한 것을 참으로 볼 수 없을 것이다. 제1장에는 '중용' 자를 쓸 수 없고, 2장 이후에는 '중화' 자를 또한 쓸 수 없다."라고 하였다.

○사계(沙溪)가 말하기를, "이미 '중용'의 '중'이라고 말하여 실로 중화의 뜻을 겸하였으니 어찌 안팎으로 구분할 수 있겠는가. 또 요씨의 설에서 중화를 중용의 근본으로 삼은 것은 더욱 의심스럽다."라고 하였다.

○살펴보건대, 주자(朱子)가 말하기를, "중화를 중용에 상대하여 말하면 중화가 본체이고 중용이 작용이다."라고 하였으니, 이것을 가지고 본다면 중화가 중용의 근본이라는 요씨의 설을 그르다고 할 수 없을 듯하다.

이상은 제2장이다.

살펴보건대, '이상은 제 몇 장이다.' 아래에 어떤 곳은 바로 이어 쓴 것이 있고 어떤 곳은 이어 쓰지 않은 것이 있으니, 제1장·제12장·제21장·제33장 아래에는 모두 바로 이어서 쓰고, 나머지 장 아래에는 모두 이어서 쓰지 않았다. 지금 여러 장의 유례로 살펴보면, 문의(文義)가 새로운 단서를 일으키는 곳은 모두 '장(章)' 자

아래에 이어서 써서 절(節)을 나눈 것을 드러내었고, 위 장을 이어 말하여 그 뜻이 서로 비슷한 경우에는 모두 이어서 쓰지 않았다. 제1장의 경우는 처음에 중화(中和)를 말하여 단서를 일으켰기 때문에 이어서 썼고, 그 아래 열 장은 모두 중용(中庸)을 논하여 제1장의 뜻을 해석한 것이기 때문에 이어서 쓰지 않았다. 제12장은 단서를 바꾸어 비은(費隱)을 말하였기 때문에 이어서 썼고 그 아래 여덟 장은 또한 모두 비은을 말한 것이기 때문에 이어서 쓰지 않았다. 제21장과 제33장도 모두 이와 같다.

제3장 第三章

중용은 지극하도다! 백성이 여기에 능한 이가 적은 지 오래되었다.〔中庸其至矣乎, 民鮮能久矣.〕

살펴보건대, 앞장에서는 소인(小人)이 중용에 반대로 함을 말하였고, 이 장에서는 중용에 능한 사람이 적음을 말하였다. 위에서 말한 '소인'은 꺼리는 바가 없는 형편없는 사람이기 때문에 '중용에 반대로 한다.〔反中庸〕'고 한 것이다. '반(反)'이라고 한 것은 중용과 서로 어긋난다는 말이다. 여기에서 말한 '백성'은 보통사람을 가리켜 말한 것이기 때문에 단지 '능한 사람이 적다.〔鮮能〕'고 한 것이다. '적다〔鮮〕'고 한 것은 중용에 능한 사람이 적다는 말이다. '반(反)' 자와 '선(鮮)' 자를 살펴보면 알 수 있다. 소인은 중용과 서로 어긋나니 거론하기에도 부족하고, 보통사람 또한 능한 이가 적은 지 오래이니, 중용의 도가 어렵지 않겠는가. '능한 사람이 적다.〔鮮能〕'고 할 때의 '능(能)' 자는 지(知)와 행(行)을 겸하여 말한 것이니, 능히 아는 자가 적고 능히 행하는 자가 적다는 말이다.

○"'중용은 지극할 것이다.〔中庸其至矣〕' 한 구절에 자사(子思)가 가감(加減)한 것[26]은 무슨 뜻입니까?"라는 질문에 퇴계가 답하기를, "《논어》에서는 중용하는 사람으로 말하였기 때문에 '덕의 됨됨이〔爲德〕'라고 한 것이니, 이미 '덕의 됨됨이' 라고 한 만큼 '능' 자가 없어도 된다. 자사는 중용의 도로 논하였기 때문에 세 글자를 뺀 것이니, 이미 세 글자가 없는 만큼 반드시 '능' 자가 있어야 한다. 그러나 이 두 가지 중에 과연 어느 것이 보탠 것이고 어느 것이 뺀 것인지 알 수 없다. 또 우연의 소산이 아님을 어찌 장담하여 억지로 해설하여 자사가 성인의 말씀을 가감한 잘못을 찾으려고 하는가?"라고 하였다.

세교가 쇠퇴하여 백성이 중용의 도를 행하는데 흥기하지 않는다.〔世教衰, 民不興行.〕-주(註)-

주자(朱子)가 말하기를, "'세교쇠(世教衰)' 한 조목은 《논어해(論語解)》[27]에 나오는 말로 정자(程子)가 손수 쓴 것이다."라고 하였다.

이상은 제3장이다.

26 자사(子思)가 가감(加減)한 것 : 《논어》 〈옹야(雍也)〉에 "중용의 덕이 지극하구나! 이 덕을 지닌 사람들이 드문 지 오래이다.〔中庸之爲德也, 其至矣乎! 民鮮久矣.〕"라고 한 것이 《중용장구》에는 "중용은 지극하도다! 사람들이 여기에 능한 이가 드문 지 오래이다.〔中庸其至矣乎, 民鮮能久矣.〕"라고 되어 있는 것을 가리킨다.

27 논어해(論語解) : 사양좌(謝良佐, 1050~1103)의 저서로, 정자의 스승이다.

제4장 第四章

지혜로운 자는 지나치고 어리석은 자는 미치지 못한다.〔知者過之, 愚者不及.〕·어진 자는 지나치고 불초한 자는 미치지 못한다.〔賢者過之, 不肖者不及.〕

살펴보건대, 이 장은 위 장의 '백성이 능한 이가 적다.〔民鮮能〕'는 것을 이어서 말하였다. 어질고 지혜로운 자는 항상 지나치고, 어리석고 불초한 자는 항상 미치지 못하니, 지나치고 미치지 못함이 즉 이른바 '능한 이가 적은' 것이다.

○"지혜로운 자에 대해 어찌하여 '도가 행해지지 못함'을 말하고, 어진 자에 대해 어찌하여 '도가 밝아지지 못함'을 말한 것입니까?"라는 질문에 주자(朱子)가 답하기를, "지혜로운 자는 터득한 것이 지나치게 높기 때문에 행하려고 하지 않는다. 그러므로 도가 행해지지 못한다고 말한 것이다. 어진 자는 이미 자질이 좋기 때문에 강학하지 않는다. 그러므로 도가 밝아지지 못한다고 말한 것이다."라고 하였다.

쌍봉 요씨가 말하기를, "행은 사람이 도를 행하는 것을 말한 것이 아니라 도가 스스로 유행됨을 말하며……도가 스스로 천하에 드러나 밝음을 말을 말한 것이다."라고 하였다.[28]〔雙峯饒氏曰, 行不是說人去行道。是說道自流行……是說道自著明於天下〕-소주(小註)-

28 쌍봉……하였다 : 전체 내용은 다음과 같다. "행이란 사람이 도를 행하는 것을 말한 것이 아니라 도가 스스로 유행됨을 말하며, 밝힌다는 것은 사람이 스스로 이 도를 안다는 것을 말한 것이 아니라 도가 스스로 천하에 드러나 밝음을 말한 것이다."

율곡이 말하기를, "쌍봉 요씨의 설에는 병폐가 있다. 도가 행해지느냐 행해지지 않느냐와 도가 밝아지느냐 밝아지지 않느냐는 모두 사람으로 말미암는다."라고 하였다. 퇴계가 말하기를, "진실로 사람이 도를 행하지 않기 때문에 도가 행해지지 않는 것이고, 사람이 도를 밝히지 못하기 때문에 도가 밝아지지 않는 것이다. 그러나 여기에서 말한 '행해지지 못한다.'는 것은 도가 행해지지 못함을 가리켜서 말한 것이지, 사람이 행하지 않음을 말한 것이 아니며, 여기에서 말한 '밝아지지 못한다.'는 것은 도가 밝아지지 못함을 가리켜 말한 것이지 사람이 밝히지 않음을 말한 것이 아니다. 요씨의 설이 정밀하고 타당하여 그르다고 할 수 없다."라고 하였다.

사람들이 음식을 먹고 마시지 않는 이가 없건마는 맛을 아는 이는 적다.〔人莫不飮食也, 鮮能知味也.〕

살펴보건대, 모든 사람이 일상에서 행해야 할 일이 있지만 그 응당 행해야 할 이치를 아는 자는 적으니, 비유하면 먹고 마시지 않는 사람이 없지만 그 음식의 맛을 아는 자가 적은 것과 같다.

○여기의 '선능(鮮能)' 두 글자는 윗글의 '선능(鮮能)' 두 글자와 뜻이 다르니, 위에서는 '능' 자가 실자(實字)이고, 여기에서는 '능' 자가 허자(虛字)이다. 다만 '선' 자의 뜻은 상하가 같다.

이상은 제4장이다.

제5장 第五章

도가 행해지지 않을 것이다.〔道其不行矣夫〕

살펴보건대, 도가 행해지지 못하는 이유가 밝지 못함에서 비롯되었음을 먼저 말하여 순(舜)임금의 큰 지혜가 능히 도를 행할 수 있다는 아래 글을 일으키고자 한 것이다.

이상은 제5장이다.

제6장 第六章

순임금은 큰 지혜이실 것이다.〔舜其大知也與〕

살펴보건대, 이 글은 제4장의 '도가 행해지지 못하는 이유가 지혜로운 자는 지나치고 어리석은 자는 미치지 못하기 때문이다.'라는 한 단락에 응하여 말한 것이다. 그러므로 위 제5장에서 먼저 '도가 행해지지 못할 것이다.'라고 말하고, 이 장에 이르러 마침내 대순(大舜)을 거론하여 그 큰 지혜에 대해 말하였으니, 그 뜻이 '도가 행해지지 못하는 이유가 항상 지혜로는 자는 지나치고 어리석은 자는 미치지 못하기 때문인데, 순임금은 그 지혜가 이미 지나치지 않고 또 미치지 못하지도 않아 백성에게 그 중(中)을 썼다. 그 때문에 도가 이에 행해진 것이다.'라는 것이다.

○이 장은 순임금의 큰 지혜를 거론하여 도가 행해짐을 말하였으니, 윗글의 '도가 행해지지 않을 것이다.'라는 뜻을 뒤집어 결론지은 것이다.

○이 단락은 먼저 '순임금은 큰 지혜일 것이다.'라고 말하였으니, 지(知)를 위주로 말한 것이다. 그러나 그 아래의 '백성에게 그 중(中)을 썼다.'는 것은 행(行)의 뜻이니, 위 장의 '도가 행해지지 않을 것이다.'는 말을 이어서 말했기 때문이다.

신안 진씨가 말하기를, "악을 감춘 것에서 그 광대하여 능히 용납함을 알 수 있고, 선을 드러낸 것에서 그 광명하여 가리지 않음을 알 수 있다.〔新安陳氏曰: 隱惡, 見其廣大能容, 揚善, 見其光明不蔽.〕"라고 하였다.-소주(小註)-

사계(沙溪)가 말하기를, "진씨는 광대(廣大)를 악을 감추는 것에 소속시키고 광명(光明)을 선을 드러내는 것에 소속시켰으니, 주자(朱子)의 본 뜻이 아닌 듯하다."라고 하였다.

이상은 제6장이다.

제7장 第七章

사람들은 모두 자신이 지혜롭다고 말한다.〔人皆曰予知〕

살펴보건대, 사람들이 한 달도 지키지 못하는 것을 지혜라고 할 수 없음을 먼저 말하여 안회(顔回)의 지킴이 도를 밝힐 수 있다는 아래 글을 일으키고자 한 것이다.

○여기의 '지(知)' 자는 위 장의 '대지(大知)'의 '지' 자와 호응한다.

그물과 덫과 함정 속으로 몰아넣다.〔納諸罟擭陷阱之中〕

《주례(周禮)》〈추관(秋官) 명씨(冥氏)〉의 "명씨가 호장(弧張)-그물 따위이다.-을 설치하여 함정을 만들어 맹수를 잡는데 영고(靈鼓)를 쳐서 몰아간다.-육면고(六面鼓)로 짐승을 몰아서 놀라 함정으로 달리게 하는 것이다.-

중용을 택하여 한 달도 지키지 못한다.〔擇乎中庸而不能期月守也〕

살펴보건대, 지금 '중용을 택하여 한 달도 지키지 못한다.'는 것을 가지고 살펴보면, 그 어세(語勢)가 '택할 줄은 알되 지킬 줄은 모른다.'는 말과 비슷하다. 다만 이 구절은 '사람들이 모두 자신이 지혜롭다고 말하되.'라는 글 아래에 있다. 지금 이 '이로되〔丶又弋〕'라는 구결을 보면 '중용을 택하여〔擇乎中庸〕' 이하는 통틀어 '알지도 못하고 지키지도 못한다.'는 뜻이 될 듯하니, 사람들마다 모두 자신이 지혜롭다고 말하지만 실제로는 중용을 택하여 한 달을 지킬 줄 아는 사람이 없다는 뜻이다. '불능(不能)' 두 글자를 위의 '중용을 택하여'까지 포괄하는 것으로 보면 뜻이 절로 드러난다. 다만 장구(章句)의 뜻[29]과는 조금 다르니, 우선 한 때의 소견을 기록해둔다.

기월은 만 1개월이다.〔期月, 匝一月也〕.-주(註)-

살펴보건대, 《논어》의 '만일 나를 등용하는 자가 있다면 1년만 하더라도 괜찮을 것이다.〔苟有用我者, 期月而已可也.〕' 주석에 "기월(期月)은 1년의 달을 한 바퀴 도는 것을 말한다."라고 하였다. 《논어》에서는 1년의 달을 한 바퀴 도는 것을 기월이라고 하고, 여기에서는 1달을 한 바퀴 도는 것을 기월이라고 하였으니, 1년과 1달이 비록 다르지만 '기월(期月)'이 되는 것은 똑같다.

이상은 제7장이다.

29 장구(章句)의 뜻 : 장구에서는 "화(禍)를 알면서도 피할 줄 모른다고 말하여 능히 중용을 택하고도 지키지 못함을 비유하였다."라고 하여, '불능(不能)'을 "기월수(期月守)"까지만 해당시켰다.

제8장 第八章

안회의 사람됨이 중용을 택하여……가슴속에 담아 잃지 않는다.〔回之爲人也, 擇乎中庸……服膺而弗失.〕

살펴보건대, 이 글은 제4장의 '도가 밝아지지 못하는 이유가 어진 자는 지나치고 불초한 자는 미치지 못하기 때문이다.'라는 한 단락에 응하여 말한 것이다. 그러므로 위 제7장에서 먼저 '한 달을 지키지 못한다.'라고 말하고, 이 장에 이르러 마침내 안자(顏子)를 거론하여 중용을 택한 일에 대해 말하였으니, '도가 밝아지지 못하는 이유가 항상 어진 자는 지나치고 불초한 자는 미치지 못하기 때문인데, 안자는 그 행실이 지나치지 않고 또 미치지 못하지도 않아 선을 얻으면 가슴 속에 꼭 지니고 잃지 않았다. 이 때문에 도가 이에 밝아진 것이다.'라는 뜻이다.

◑이 장은 안자가 중용을 택하여 잃지 않은 것을 거론하여 도가 밝아짐을 말하였으니, 위 장의 '한 달도 지키지 못하는 것을 지혜라고 할 수 없다.'라는 뜻을 뒤집어 결론지은 것이다.

○이 단락의 '가슴에 담아 잃지 않는다.'는 말은 행(行)을 위주로 말한 것이다. 그러나 '중용을 택한다.'는 것은 지(知)의 뜻이니, 위 장의 '한 달도 지키지 못하는 것을 지혜라고 할 수 없다.'는 문장을 이어 말하였기 때문이다.

○위 장은 순임금을 말하여 '중(中)을 썼다.'라고 하였고, 이 장은 안자를 말하여 '중을 택하였다.'라고 하였다. 이 '용(用)' 자와 '택(擇)' 자를 보면 성인(聖人)과 현인(賢人)의 구분을 알 수 있다.

○제5장에서 도가 행해지지 않음을 먼저 말하고, 제6장에서는 이어서 도가 행해지는 이유를 말하였으며, 제7장에서 도가 밝아지지 못

함을 먼저 말하고 제8장에서는 이어서 도가 밝아지는 이유를 말하였다.

○채청(蔡淸)이 말하기를, "중용을 택함은 박문(博文)에서 비롯되었고, 가슴에 담아 잃지 않음은 약례(約禮)의 지극함이다."라고 하였다.

이상은 제8장이다.

제9장 第九章

천하와 국가를 균평히 다스릴 수 있으며……중용은 능히 할 수 없다.
〔天下國家可均也……中庸不可能也.〕

살펴보건대, 천하 국가를 균평히 다스릴 수 있고, 작록을 사양할 수 있고, 칼날을 밟을 수 있는 사람은 반드시 자질이 남보다 뛰어난 자이니, 즉 어진 자의 지나친 일이다. 중용은 치우치지 않고 기울지 않아 과불급이 없는 평상의 이치이니, 의(義)가 정밀하고 인(仁)이 익숙하여 털끝만큼의 사욕(私欲)도 없는 자가 아니면 할 수 없다. 사람의 자품은 혹 천하 국가를 균평하게 다스리는데 가까운 자도 있고, 혹 작록을 사양하고 칼날을 밟을 수 있는데 가까운 자도 있다. 그러므로 그 자품에 따라 천하 국가를 균평히 다스릴 수 있는 자가 있지만, 이른바 균평하다는 것이 꼭 중용에 부합하지만은 않아 치우치고 기우는 바가 있다면 중용이라고 할 수 없다. 또한 작록을 사양하고 칼날을 밟을 수 있는 자가 있지만 이른바 사양하고 밟는 것이 꼭 중용에 부합하지만은 않아 치우치고 기우는 바가 있다면 또한 중용이라고 말할 수 없다. 세 가지 일은 자품이 서로 비슷한 자가 능히 할 수 있지만, 오직 중용은 자품이 비슷한 자가 힘써서 할 수 있는 것이 아니다. 이점이 세 가지는 능하지만 중용은 할 수 없는 이유이다. 비록 그렇지만 이른바 중용이란 이 세 가지 일을 버려두고 별도로 한 개의 물사(物事)를 구하는 것이 아니다. 단지 세 가지 일이 도리에 꼭 들어맞는 것이 바로 중용이다.

○위 장에선 '능한 사람이 적다.'고 말하였고, 이 장에서는 '할 수 없다.'고 말하였다. 이른바 '능한 사람이 적다.'는 것은 단시 사람이 중용에 능한 자가 적다는 말일 뿐이고, 이른바 '할 수 없다.'는 것은 중용이 지극히 어려워 할 수 없다는 말이니, '능한 사람이 적다.'는 것보다 더 심하다.

○이 장은 또한 중용을 할 수 없음을 먼저 말하여 자로(子路)가 강(强)에 대하여 묻는 아래 글을 일으켰다.

털끝만큼의 사욕도 없는 자가 아니면 미칠 수 없다.〔無一毫人欲之私者, 不能及也.〕-주(註)-

살펴보건대, 진실로 털끝만큼의 사욕도 제거되지 않음이 있다면 이른바 중용이란 것이 이 사욕에 가려져서 끝내 도리의 당연함에 부합하지 못하여 과불급의 폐단이 있게 된다.

또한 위 장을 이어서 아래 장을 일으킨 것이다.〔亦承上章以起下章〕-주(註)-

살펴보건대, 위 장에서는 중용을 택함을 말하고 이 장에서는 중용을 할 수 없음을 말하였으며, 이 장에서는 중용을 할 수 없음을 말하고 아래 장에서는 가운데 서서 치우지지 않는 꿋꿋한 강(强)을 말하였으니, 위 장을 이어서 아래 장의 뜻을 일으켰음을 알 수 있다.

이상은 제9장이다.

제10장 第十章

자로가 강함에 대해 물었다.〔子路問强〕

살펴보건대, 위 장의 '흰 칼날을 밟는다.〔蹈白刃〕'는 것이 용(勇)이니, 이 강(强) 자는 '용'의 뜻에 호응한다.

너그러움과 부드러움으로 사람들을 가르치고 무도한 자에게 보복하지 않는 것이……군자가 이에 처한다.〔寬柔以教, 不報無道……君子居之.〕

살펴보건대, 이것은 중도에 미치지 못하는 강(强)을 말한 것이다.

표용하고 참는 힘이 남보다 나은 것을 강함으로 여긴다.〔以含忍之力勝人爲强〕-주(註)-

채청(蔡淸)이 말하기를, "강(强)은 힘이 남을 이기는 것에 대한 명칭이다. 그러므로 아래 글의 구절마다 '남을 이긴다.〔勝人〕'는 글자가 있다. 마지막 구절에선 '스스로 이긴다.〔自勝〕'는 글자를 썼으니, 스스로 이긴다면 남을 이기려고 기약하지 않아도 저절로 남을 이길 것이다."라고 하였다.

병기와 갑옷을 깔고 자면서 죽어도 싫어하지 않는 것이……강한 자가 이에 처한다.〔衽金革, 死而不厭……强者居之.〕

살펴보건대, 이는 중도에 지나친 강(過)을 말한 것이다.

쌍봉 요씨가 말하기를, "이것으로 남을 이기니, 이른바 '부드러움이 능히 강함을 이긴다.'는 것이다."라고 하였다.〔雙峯饒氏曰: 以此勝人, 所謂柔能勝强也.〕-소주(小註)-

살펴보건대, 너그러움과 부드러움에 대해서도 '강'이라고 한 것은 한결같이 너그럽고 부드러우며 포용하고 참음으로써 남을 이기는 것을 말했기 때문에 강이라고 말한 것이니, 황석공(黃石公)의 이른바 '부드러움이 능히 강함〔剛〕을 이기고 약함이 능히 강함〔强〕을 이긴다.'[30]는 뜻이 아닌 듯하다. 지금 요씨가 말한 것은 어떠할지 모르겠다.

군자는 화합하면서도 휩쓸리지 않나니, 강하다, 꿋꿋함이여……죽음에 이르러도 뜻이 변치 않나니, 강하다, 꿋꿋함이여.〔君子和而不流, 强哉矯……至死不變, 强哉矯.〕

살펴보건대, 이는 과불급이 없이 중도를 얻은 강(强)을 말한 것이다. ○이미 화합한다고 말하고 또 휩쓸리지 않는다고 말하며 이미 가운데 섰다고 말하고 또 치우치지 않다고 말하는데, 중간에 '이(而)'자를 놓았으니, 이미 화합하면서도 또 휩쓸리지 않고 이미 가운데 서고서도 또 치우치지 않는 뒤에야 비로소 '강'이라고 할 수 있으며 그 '강'이 중도에 부합함을 알 수 있다.

30 황석공(黃石公)의……이긴다 : 황석공은 진(秦)나라 말기의 은사(隱士)이자 병법가로, 〈포상기(包桑記)〉에 이 말이 실려 있다.

○휩쓸리지 않고, 치우치지 않고, 궁색할 때의 뜻을 변치 않고, 죽음에 이르러도 지조를 변치 않는 것은 모두 강한 자의 일이다. 강의 반대는 약(弱)이니, 약하면 이 네 가지 일에 반드시 능하지 못함이 있다. 이 때문에 네 구(句)에 모두 '강하다, 꿋꿋함이여〔强哉矯〕'라고 말하여 찬탄한 것이다.

○이 장은 자로(子路)가 강함에 대해 질문한 것을 거론하여 여기에 화합하면서도 휩쓸리지 않고 가운데 서서 치우치지 않는다고 말하였으니, 또한 위 장의 '중용을 할 수 없다.〔中庸不可能〕'는 뜻을 뒤집어 결론지은 것이다.

쌍봉 요씨가 말하기를, "네 가지에도 차례가 있으니 한 가지가 다른 한 가지와 같지 않다.〔雙峯饒氏曰: 四者亦有次第, 一件難似一件.〕-소주(小註)-

살펴보건대, '화합하면서도 휩쓸리지 않는다.'에서부터 '죽음에 이르러도 뜻이 변치 않는다.'까지는 강(强)의 뜻을 중언부언하여 군자가 이처럼 강해야 함을 밝힌 것에 불과할 뿐, 애초에 그 얕고 깊음과 어렵고 쉬움의 차례가 있는 것이 아니다. 만약 화합하면서도 휩쓸리지 않으면 가운데 서서 치우치지 않을 수 있고, 가운데 서서 치우치지 않으면 궁색할 때의 뜻을 변치 않을 수 있고 죽음에 이르러 지조를 변치 않을 수 있다고 한다면, 어찌 가운데 서서 치우치지 않음이 화합하면서도 휩쓸리지 않는 것보다 어렵겠으며, 궁색할 때의 뜻을 변치 않음이 또 가운데 서서 치우치지 않는 것보다 어렵고 죽음에 이르러 지조를 변치 않음이 궁할 때의 지조를 변치 않는 것보다 더욱 어렵겠는가. 요씨의 설은 온당치 못한 듯하다.

이상은 제10장이다.

제11장 第十一章

추연이 오덕을 추론한 일과 후한의 참위서〔鄒衍推五德之事, 後漢讖緯之書〕-소주(小註)-

《자치통감강목(資治通鑑綱目)》에 "처음에 제(齊)나라 사람 추연(鄒衍)이 오덕(五德)이 끝나고 시작하는 운(運)[31]을 논하여 저술하였는데, 진 시황(秦始皇)이 그의 설을 채택하여 '주(周)나라는 화덕(火德)으로 천하를 얻었는데 진나라가 주나라를 대신하였다.'라고 하여 화덕이 이기지 못하는 것을 따라 왕조의 덕을 수덕(水德)으로 삼았다."라고 하였다.

○한(漢)나라 광무제(光武帝)가 제위에 오르지 않았을 때에 유생 강화(彊華)가 관중(關中)에서 적복부(赤伏符)를 가지고 왔는데, "유수(劉秀)가 군대를 일으켜 부도한 자를 잡으면 사방 오랑캐가 운집하여 용이 들에서 싸우니, 사칠(四七) 무렵에 불이 주인이 되리라."는 내용이 있었다. 광무제는 적복부의 '왕량주위작현무(王梁主衛作玄武)'라는 말 때문에 야왕 영(野王令) 왕량(王梁)을 대사공(大司空)으로 삼았다. 광무제는 야왕(野王)이 위(衛) 땅의 도읍이고, 현무(玄武)는 수신(水神)의 이름이고, 사공(司空)은 수토(水土)를 맡은 관직이라고 생각하여 이에 왕량을 등용한 것이다. 건무중원 원년

31 오덕(五德)이……운(運) : 오덕은 금(金)·목(木)·수(水)·화(火)·토(土)이다. 오덕의 한 운행이 끝나면 다시 하나가 시작한다는 것으로, 왕조 교체의 법칙을 오행의 변화에 맞추어 설명한 것이다.

(建武中元元年)[32] 2월에 광무제가 하도(河圖)의 회창부(會昌符)를 읽어보니, "적유(赤劉)의 9대[33]에 대종(岱宗)에 회명(會命)한다."는 내용이 있었다. 광무제가 이 글에 감동하여 마침내 호분중랑장(虎賁中郎將) 양송(梁松) 등에게 명하여 하도의 도참문(圖讖文)을 찾게 하였는데, 거기에 "9대에 봉선(封禪)해야 할 것이 모두 36가지 일이다."라는 내용이 있었다. 이에 장순(張純) 등이 다시 봉선할 것을 주청하니 광무제가 허락하고, 11월에 천하에 도참설을 선포하였다.

순자의 이른바 '구차하게 어려운 일을 한다.'는 것이니 오릉 중자와 신도적과 미생이다.〔荀子所謂苟難, 於陵仲子申屠狄尾生.〕-소주(小註)-

순자(荀子)가 말하기를, "군자는 구차하게 어려운 일을 하는 것을 귀하게 여기지 않는다."라고 하였다.

○진중자(陳仲子)는 《맹자》에 보인다.

○신도적(申屠狄)은 하(夏)나라 때의 현인(賢人)이다. 탕(湯)임금이 그에게 천하를 주었는데, 의(義)로 알려지지 않은 것을 부끄럽게 여겨 하수(河水)에 투신하였다.

○미생(尾生)은 노(魯)나라의 신인(信人)이다. 여자와 다리 밑에서 만나기로 약속했는데 여자가 오지 않자, 물이 불어나는데도 떠나지

32 건무중원 원년(建武中元元年) : 건무(建武) 33년 2월에 광무제(光武帝)가 죽고 명제(明帝)가 즉위하였는데, 《자치통감강목》에서는 이해를 '건무중원원년(建武中元元年)'이라고 기재하여 광무제의 연호인 건무와 명제의 연호인 중원을 함께 기재하였다.

33 적유(赤劉)의 9대 : 적(赤)은 화색(火色)이고 한(漢)나라의 국성은 유씨(劉氏)이니, 화덕(火德)으로 왕조의 덕을 삼은 한나라를 가리킨다. 9대는 대수(代數)로, 광무제가 고제(高帝)의 9대손이다.

않고 기다리다가 다리 기둥을 안고 죽었다.

도를 따라 행하다가 중도에 그만두는데, 나는 그만둘 수 없다.〔遵道而行, 半塗而廢, 吾不能已矣.〕

살펴보건대, 이미 도를 따라 행한다고 하였으니 지(知)가 능히 택한 것이다. 그런데 또 중도에 그만두었다고 하니 이는 인(仁)이 이것을 지키지 못한 것으로, 용맹하게 해야 하는데 용맹하지 못한 것이다. 대개 용맹하지 못하기 때문에 도에 대하여 비록 따라서 행할 줄은 알아도 힘써 나아가 중도에 부합하기를 구하지 못하고 지레 스스로 그만둔 것이다.

군자는 중용에 따르면서……성인이 능하다.〔君子依乎中庸……聖者能之.〕

살펴보건대, 은미한 것을 찾는 것은 중도에 지나친 지혜이고, 괴이한 일을 행하는 것은 중도에 지나친 행동이다. 도를 따라 행하다가 중간에 그만두는 것은 지혜는 미쳤으나 행동이 미치지 못한 것이고, 중용을 따르면서 은둔하여 남이 알아주지 않아도 후회하지 않는 것은 지혜와 행동이 과불급이 없어 모두 중도에 부합한 것이다.
○공자가 은미한 것을 찾고 괴이한 일을 행하는 것에 대하여 "나는 하지 않는다."라고 말하고, 중도에 그만두는 것에 대하여 "나는 그만둘 수 없다."라고 말하여 모두 '나〔吾〕'라고 말하였는데, '은둔하여 살면서도 후회하는 않는다.'에 대해서는 '나'라고 말하지 않고 단지 "성인(聖人)만이 능하다."라고 한 것은 어째서인가? 위의 두 가지 일은 혹은 지나치고 혹은 미치지 못하니, 성인의 중용의 도에 부합하

지 못한다. 그러므로 공자가 곧장 스스로 담당하여 "나는 하지 않는다."고 하고, "나는 그만둘 수 없다."라고 말한 것이다. 그러나 이 한 가지 일은 극진한 지(知)와 지극한 인(仁)으로 용(勇)에 힘입지 않고도 중도에 부합하는 자가 아니라면 할 수 없다. 이것이 가장 어려운 일이기 때문에 공자께서 스스로 겸손하게 자처하지 않고 "성인만이 능하다."라고 말한 것이니, 이 또한 성인의 겸손한 뜻이다. ○주자(朱子)가 말하기를, "은미한 것을 찾고 괴이한 일을 행함은 잘 택하지 못한 것이고, 중도에 그만둠은 잘 지키지 못한 것이다. 중용을 따르는 것은 잘 택한 것이고, 인정받지 못해도 후회하지 않는 것은 잘 지킨 것이다."라고 하였다.

이것은 중용의 성덕이니 지가 극진하고 인이 지극하여〔此中庸之成德, 知之盡仁之至.〕-주(註)-

살펴보건대, 지(知)가 극진한 것이 '오직 정밀함〔惟精〕'이며, 인(仁)이 지극한 것이 '오직 전일함〔惟一〕'이니, 중용의 성덕(成德)은 지와 행의 정밀하고 전일함을 겸하여 말한 것이다.

쌍봉 요씨가 말하기를, "중용을 따르는 것은 어려운 일이 될 수 없고 은둔하여 살면서 남이 알아주지 않아도 후회하지 않는 것이라야 어려운 부분이다. 그러므로 '성인만이 능하다'고 말한 것이다."라고 하였다.〔雙峯饒氏曰: 依乎中庸, 未見其爲難, 遯世不知而不悔, 方是難處, 故曰惟聖者能之.〕-소주(小註)-

살펴보건대, '오직 성인만이 능하다.〔惟聖者能之〕'는 다섯 글자는 윗글을 총결한 말이니, 그렇다면 이른바 '중용을 따르면서 은둔하여 남이 알아주지 않아도 후회하지 않는' 것은 진실로 성인이 아니면 할 수 없고 오직 성인이라야 할 수 있다는 말일 뿐이다. 지금 요씨는 중용을 따르는 것은 어렵지 않다고 여기고 은둔하여 살면서 후회하지 않은 것을 비로소 어려운 부분이라고 여겨, 마침내 은둔하여 살면서 후회하지 않는 한 가지 일만 가지고 성인만이 할 수 있다고 말하였으니 본뜻을 잃은 듯하다. 어떠한가?

이상은 제11장이다.

제12장 第十二章

군자의 도는 광대하면서 은미하다.〔君子之道, 費而隱.〕

살펴보건대, 도(道)는 '본성을 따르는 도〔率性之道〕'이다. 비은(費隱)은 애초에 두 가지 물사(物事)가 아니니, 그 도가 광대하여 있지 않은 바가 없는 것을 가지고 말하면 비(費)라고 하고, 그 광대하여 있지 않은 바가 없는 측면에 나아가 그 도체의 은미하여 보기 어려운 점을 가지고 말하면 은(隱)라고 하니, '비' 이외에 별도로 이른바 '은'이 있는 것이 아니다.

○어떤 사람은 형이하(形而下)를 '비'라고 하고 형이상(形而上)을 '은'이라고 하는데, 이 설은 옳지 않다. 형이하는 '비'가 아니다. 모든 형이하의 사물은 각각 그 이치를 갖추지 않음이 없으니 이치가 존재하지 않음이 없는 것이 이른바 '비'이다. 그러나 이른바 '비'의 본체는 눈으로 보거나 귀로 들을 수 있는 것이 아니다. 그러므로 '은'이라고 한 것이다. 그렇다면 '비'와 '은'이 모두 형이상인데, 있지 않은 바가 없는 측면에서 말하면 '비'이고, 눈으로 보거나 귀로 들을 수 없는

측면에서 말하면 '은'이다.

○채청(蔡淸)이 말하기를, "예로부터 성현들이 도를 논한 것이 많지만, 자사(子思)의 비은(費隱) 한 장처럼 정묘하고도 포괄적인 것은 없다."라고 하였다.

필부필부의 어리석음으로도 참여하여 할 수 있지만……그 작음을 말하면 천하가 깨트리지 못한다.〔夫婦之愚, 可以與知焉……語小, 天下莫能破焉.〕

살펴보건대, 필부필부의 어리석음과 불초함으로도 모두 알 수 있고 행할 수 있는 것이 도(道)이고, 성인과 천지도 능할 수 없는 것이 또한 도(道)이니, 도가 있지 않은 바가 없음을 알 수 있다. 이것이 비(費)이지만, 이렇게 되는 까닭은 바로 은(隱)이다.

○'그 지극함에 이르다.〔及其至也〕'고 할 때의 이 '지(至)' 자는 정묘하고 지극한 것을 말하는 것이 아니다. 성인이 어찌 도의 정묘하고 지극한 부분을 모르겠는가. 천지 사이의 사물은 천만 가지 종류이고 천만 가지 형색인데 여기에 도가 존재하지 않음이 없다. 이른바 지극하다는 것은 이것을 들어 포괄하여 하나도 빠트림이 없는 것을 말한다. 그러므로 성인이라도 혹 알지 못하고 능하지 못함이 있는 것이다. 필부필부의 어리석음과 불초함으로도 알 수 있고 행할 수 있는 것은 부모를 사랑하고 자식을 사랑하며 배고플 때 먹고 목마를 때 마시는 것과 같은 따위이니, 지극이 어리석은 사람이라도 또한 알 수 있고 행할 수 있다.

○천지의 큼으로도 능히 다하지 못함이 있어 사람들이 유감스럽게 여기는 점이 있으니, 도가 지극히 크고 지극히 넓음을 여기에서 또한

알 수 있다. 이것이 이른바 도의 광대함이다.

○'능히 싣지 못한다.'는 것은 단지 도가 지극히 큼을 형용한 것이고, '능히 깨뜨리지 못한다.'는 것은 단지 도가 지극히 작음을 형용한 것이다. 실을 수 없을 만큼 크고 깨뜨릴 수 없을 만큼 작아도 도가 있지 않음이 없으니, 어찌 이른바 광대한 것이 아니겠는가.

○이 장의 처음 한 구절은 '비'와 '은' 두 글자를 겸하여 말하였는데, 아래 글에서 '비'만 말하고 '은'을 말하지 않은 것은 어째서인가? '은'이란 근거할 만한 형상이 없어 은미하여 보기 어려운 도체(道體)이기 때문에 단지 도의 광대하여 쉽게 볼 수 있는 부분에 나아가 말하여 천지 사이에 충만한 것이 이 도의 유행이 아님이 없음을 밝혔다. 그러므로 여기에서 '비'에 대해서만 말한 것이다. 그러나 이미 '비'를 말한 만큼 '은'이 그 속에 있지 않음이 없다.

○필부필부가 알 수 있고 행할 수 있는 부분에도 '비'와 '은'이 있고, 성인과 천지가 다할 수 없는 부분에도 '비'와 은'이 있다.

'솔개는 하늘 높이 날고 물고기는 못에서 뛰어오른다.'라 하였으니, 상하에 밝게 드러남을 말한 것이다.〔鳶飛戾天, 魚躍于淵, 言其上下察也.〕

살펴보건대, 도체(道體)가 유행하여 갖추어지지 않은 곳이 없으니, 위에서 살펴보면 솔개가 하늘 높이 날고 있고, 아래에서 살펴보면 물고기가 못에서 뛰어오른다. 저 하늘에서 날고 못에서 뛰어오르는 것처럼 밝게 드러나 볼 수 있는 것이 바로 '비(費)'이고, 날 수 있는 이유와 뛰어오르는 이유처럼 은미하여 보기 어려운 것이 바로 '은(隱)'이다.

○솔개가 날고 물고기가 뛰어오르는 것은 애당초 털끝만큼이라도

날고 뛰어오르는데 뜻을 두고 마음을 두어 그런 것이 아니라, 단지 천기(天機)가 저절로 움직여 자연적으로 그렇게 된 것이다. 나는 것은 저절로 하늘에서 날고 뛰어오르는 것은 저절로 못에서 뛰어오르니, 여기에서 자연적으로 유행하는 도체의 오묘함을 알 수 있다. 그러므로 자사(子思)가 솔개와 물고기를 가리켜 도체의 유행이 이처럼 밝게 드러남을 밝힌 것이다.

○솔개와 물고기는 자사가 우연히 시를 인용하여 이 두 사물을 가리켜 말한 것이니, 천지 사이에 밝게 드러나 볼 수 있는 사물 가운데 어느 것인들 그렇지 않겠는가.

○솔개가 날고 물고기가 뛰어오르는 것은 모두 자연적으로 그렇게 하는 것이고, 털끝만큼이라도 사사로운 뜻을 가지고 억지로 힘쓰는 일이 없다. 그러므로 이는 《맹자》의 '잊지도 말고 조장하지도 말라.〔勿忘勿助〕'는 뜻과 똑같다.

○솔개가 하늘 높이 날고 물고기가 못에서 뛰어오르는 것을 보면 임금은 임금답고 신하는 신하답고 아버지는 아버지답고 자식은 자식답고 남편은 남편답고 아내는 아내다운 기상이 있음을 볼 수 있다. 를 볼 수 있다.

○도체의 유행은 단지 솔개와 물고기에 나아가서는 보기가 어렵고 반드시 솔개가 날고 물고기가 뛰어오르는 것에 나아가 보아야만 상하에 분명히 드러남을 알 수 있다.

선생이 묵묵히 있다가 나직이 외우기를, 하늘에는 사시가 있으니…… 온갖 사물이 생겨나니 가르침이 아닌 것이 없다.[34]〔先生默然微誦, 曰天有四時……庶物露生無非教.〕-소주(小註)-

살펴보건대, '하늘에 사시가 있다.〔天有四時〕'에서부터 '온갖 사물이 생겨나니 가르침이 아닌 것이 없다.〔庶物露生, 無非敎也.〕'는 《예기》 〈공자한거(孔子閑居)〉의 글이다. 그 주석에 "재(載)는 받든다는 뜻과 같으니, 땅이 하늘의 베풂을 순히 받들기 때문에 능히 만물을 발육한다."라고 하였다. 남전 여씨(藍田呂氏)가 말하기를, "풍정(風霆)은 풍우(風雨)이니 모두 신기(神氣)이다. 이는 하늘에서 내려와 땅에 실려서 화육(化育)을 이루는 것인데 땅에 대해서만 말한 것은 '형체를 갖추는〔流形〕' 것을 가지고 말했기 때문이다."

'땅을 섬김이 분명하다'와 '하늘과 땅이 밝아지고 분명해진다.'〔事地察, 天地明察.〕[35] -소주(小註)-

《효경(孝經)》에 "공자가 말하기를, '옛날에 명철한 왕은 아버지를 섬김이 효성스러웠기 때문에 하늘을 섬김이 밝았고, 어머니를 섬김이 효성스러웠기 때문에 땅을 섬김이 분명하였다. 하늘과 땅이 밝아지고 분명해지면 신명(神明)이 드러난다.'고 하였다."라고 하였다.

34 선생이……없다 : 전체 내용은 다음과 같다. "'정자(程子)가 「만약 솔개의 위쪽을 말한다면 다시 하늘이 있고 고기의 아래쪽을 말한다면 다시 땅이 있다.」고 하였는데, 어떻습니까?'라는 질문에, 주자(朱子)가 묵묵히 있다가 나직이 외우기를, '하늘에는 사시가 있으니, 봄·가을·겨울·여름과 바람·비·서리·이슬이 가르침이 아님이 없다. 땅은 신기(神氣)를 받드니, 신기는 바람과 우레이다. 바람과 우레가 만물의 형체를 갖추어 온갖 사물이 생겨나니 가르침이 아닌 것이 없다.〔天有四時, 春秋冬夏, 風雨霜露, 無非敎也. 地載神氣, 神氣風霆, 風霆流形, 庶物露生, 無非敎也.〕'라고 하였다."

35 땅을……분명해진다 : 전체 내용은 다음과 같다. "《효경》의 '땅을 섬김이 밝다'·'하늘과 땅이 밝아지고 분명해진다.'는 것과 이 부분의 '상하가 밝다.'·'천지에 밝게 드러난다.'는 것은 모두 밝게 드러난다는 뜻이다."

이것은 '상하에 밝게 드러난다.〔上下察〕'고 할 때의 '찰(察)' 자가 《효경》의 두 '찰' 자와 똑같이 밝게 드러난다는 뜻임을 말한 것이다.

쌍봉 요씨가 말하기를, "사람은 지식이 있고 식물은 또 움직이지 못하니, 반드시 동물로써 증명해야 한다. 또한 솔개와 물고기 같은 것이 어찌 일찍이 지식이 있겠는가."라고 하였다.[36]〔雙峯饒氏曰：人有知識，植物又不動，須以動物證之．且如鳶魚，何嘗有知識？〕-소주(小註)-

살펴보건대, 이 설은 병통이 있는 듯하니, 지금 이를 고쳐서 "사람은 사의(私意)가 있고 식물은 또 움직이지 못하니, 반드시 동물로써 증명해야 한다. 또한 솔개와 물고기 같은 것이 어찌 사의가 있겠는가."라고 말한다면 좋을 듯하다. 어떠한가?

운봉 호씨가 말하기를, "《중용》에서 말한 '도' 자는……둘이 있는 것이 아니다.[37]〔雲峯胡氏曰：中庸言道字……非有二也.〕-소주(小註)-

36 쌍봉……하였다 : 전체 내용은 다음과 같다. "이 두 구절은 교묘하게 인용하였다. 만약 사람을 가지고 증명해도 증명할 수 없을 것이고, 식물을 끌어서 증명해도 증명할 수 없을 것이다. 사람은 지식이 있고 식물은 또 움직이지 못하니 반드시 동물로써 증명해야 한다. 또한 솔개와 물고기 같은 것이 어찌 일찍이 지식이 있겠는가. 다만 날면 반드시 하늘에 이르고 뛰면 반드시 못에서 뛰는 것은 저절로 이와같은 것이고, 사람이 그들을 가르쳐서 반드시 그렇게 하도록 한 것이 아니니, 반드시 이에 대하여 묵묵히 알아야 한다."

37 운봉……아니다 : 전체 내용은 다음과 같다. "《중용》에서 말한 '도(道)' 자는 모두 '본성을 따르는 도〔率性之道〕'라고 한 데서부터 온 것이다. 비(費)는 작용의 광대함이니 본성을 따르는 도를 말한 것이고, 은(隱)은 본체의 은미함이니 하늘이 명한 성〔天命之性〕을 말한 것이다. '비'를 말하면 '은'이 그 가운데 있고, '본성을 따르는 도'를 말하면

퇴계(退溪)가 율곡(栗谷)에게 답하기를, "운봉 호씨가 비(費)는 '본성을 따르는 도〔率性之道〕'를 말한 것이고, 은(隱)은 '하늘이 명한 성〔天命之性〕'을 말한 것이다.'라고 하였으니, 오로지 이 두 구절만 말한다면 또한 부연한 말인 듯하다. 다만 운봉 호씨의 이 단락은 《중용》전편에서 말한 '도' 자가 모두 '본성을 따르는 도'에서부터 말했다는 것을 상세히 설명한 것이기 때문에 그 설이 부득이 이러했던 것이다. 이는 주자(朱子)의 《혹문》에서 성(誠)을 통론한 곳은 곧장 '하늘이 명한 성'에서부터 말을 시작하는 것과 같으니, 해로움이 없을 듯하다."라고 하였다.

군자의 도는 부부에게서 단서가 시작되니……천지에 밝게 드러난다.
〔君子之道, 造端乎夫婦……察乎天地.〕

살펴보건대, 도(道)는 이른바 '비은(費隱)'의 도이다. 도체(道體)는 상하에 밝게 드러나는 것을 가지고 말하면 솔개와 물고기만한 것이 없고, 인사(人事)에 지극히 가까운 것을 가지고 말하면 부부만한 것이 없다. 그러므로 여기에서 또 '군자의 도는 부부에게서 단서가 시작된다.'라고 한 것이니, 도에 나아가는 단서가 부부 사이에 경계하고 삼가는 곳에서부터 시작된다는 말이다. 조단(造端)은 '일을 시작한다.'라는 말과 같다. 부부 사이는 지극히 친밀하기 때문에 사람들이 쉽게 설만(褻慢)해지니, 남모르는 곳이나 침실에서 혹 조금이라도 삼가지 않음이 있다면 도체가 행해지지 못한다. 그러므로 특별히 부부를 거론하여 도에 나아가는 것이 매우 가까운 곳부터 시작됨

'하늘이 명한 성'이 그 가운데 있으니, 둘이 있는 것이 아니다."

을 보였다.

○군자의 도는 처음에는 부부가 생활의 사이에서 단서가 시작되지만 그 지극한 곳에 이르러선 도체의 유행이 두루 가득하여 크나큰 천지(天地)에 밝게 드러나고 가득 차니, 이것이 이른바 '비(費)'이다.

○'부부(夫婦)' 두 글자는 윗글의 '부부'와 호응한다. 다만 윗글의 '부부가 참여하여 알고 능히 행한다.'는 것은 도의 한 가지 일을 가지고 말한 것이고, 여기의 '부부에게서 도의 단서가 시작한다.'는 것은 도에 나아가는 처음의 일을 가지고 말한 것이다. 위에서는 도체의 보기 쉬는 부분을 말하였고, 여기서는 도체의 지극히 가까운 부분을 말하였다.

○사계(沙溪)가 말하기를, "조단(造端)은 '처음을 열다.〔托始〕'는 뜻이다. 군자의 도는 가깝고 작은 데에서 처음 시작된다. 부부가 생활하는 사이에는 지극한 이치가 유행하니, 그 지극한 곳에 이르러 천지 사이에 밝게 드러나는 것이 모두 이 도가 드러나는 것 아님이 없다. 여기서 말한 '부부'는 '어리석은 지아비와 어리석은 지어미로도 참여하여 알 수 있고 능히 행할 수 있다.'는 윗글의 '부부'와는 그 뜻이 같지 않다. 주자(朱子)가 이 부부 생활하는 도를 가지고 윗글을 맺은 뜻을 매우 이해할 수 없다. 어떤 이가 말하기를, '윗글에서 말한 부부는 지극히 무지한 사람이고, 아래 글의 부부는 기미를 알고 홀로를 삼가는 사람을 가리킨다. 그러나 모두 부부 생활의 가까운 사이로 말한 것은 똑같다.'라고 하였으니, 어떠한가?"라고 하였다.

○살펴보건대, 장구(章句)의 이른바 '윗글을 끝맺은 것이다.'라는 말은 그 아래 소주(小註)의 신안 진씨(新安陳氏)의 설[38]이 지극히 분명하니, 사계가 한 말은 도무지 이해할 수 없다.

제1장의 '도는 떠날 수 없다.'는 뜻을 거듭 밝혔다.〔申明首章道不可離之意〕-주(註)-

살펴보건대, 이 장은 '부부가 알 수 있고 능할 수 있다.'에서부터 '천지에 밝게 드러난다.'에 이르기까지 모두 도의 비은(費隱)을 말하였다. 그 도는 하나의 사물도 갖추지 않음이 없고 한시도 존재하지 않는 때가 없어 크거나 작거나 높거나 낮거나 멀거나 가깝거나 은미하거나 드러나거나 모두 이 도(道) 아님이 없다. 그렇다면 어찌 잠시라도 떠날 수 있는 것이겠는가. 만일 혹 떠날 수 있다면 이 떠난 부분은 이미 도가 아니다. 그러므로 "제1장의 '도는 떠날 수 없다'는 뜻을 거듭 밝혔다."라고 말한 것이다.

쌍봉 요씨가 말하기를, "도는 잠시도 떠날 수 없다는 것은……의로써 외면을 바르게 한다.……"라고 하였다.[39]〔雙峯饒氏曰: 道不可須臾

38 신안 진씨(新安陳氏)의 설 : 신안 진씨의 설은 다음과 같다. "윗글을 모두 끝맺어서 군자의 도는 부부가 생활하는 사이에서 시작하지만 그 지극한 곳에 이르면 크나큰 하늘과 땅에 밝게 드러난다고 말한 것이다. '부부에게서 단서가 시작한다.'는 것은 '필부필부의 어리석음으로도 참여하여 알고 행할 수 있다.'는 것과 '작은 것을 말하면 천하가 능히 깨뜨리지 못한다.'는 구절을 끝맺은 것이고, '천지에 밝게 드러난다.'는 것은 '성인도 알 수 없고 행할 수 없다.'는 것과 '큰 것을 말하면 천하가 능히 싣지 못한다.'는 구절을 끝맺어 솔개와 물고기가 상하에서 밝게 드러난다는 부분까지 포함하였으니 포괄한 것이 극진하다. 사람이 참으로 군자의 도가 부부에게서 단서가 시작되는 것을 안다면 도에서 떠날 수 없음을 알아서 남녀가 생활하는 사이에 감히 소홀하지 못할 것이다."

39 쌍봉……하였다 : 전체 내용은 다음과 같다. "'도는 잠시도 떠날 수 없다.'는 것은 어느 때이든 그렇지 않음이 없다는 것이고, '비은'은 어떤 사물도 있지 않음이 없다는 것이다. 어느 때나 그렇지 않음이 없기 때문에 덕을 항구하게 하려는 것이고, 어느 사물도 있지 않음이 없기 때문에 업을 광대하게 하려는 것이다. 덕을 항구하게 하고자

離……義以方外云云.〕-소주(小註)-

퇴계가 율곡에게 답하기를, "보내온 글에 '요씨가 도는 떠날 수 없다는 것을 어느 때나 그렇지 않음이 없는 것이라고 하고, 비은에 대하여 어떤 사물에도 있지 않음이 없는 것이라고 하였다.……'라고 하였다. 주자(朱子)가 '도는 떠날 수 없다.'는 부분에서 이미 어떤 사물에도 있지 않음이 없다는 것을 겸하여 말하였으니, 요씨가 이처럼 분배한 것은 너무 잘게 나눈 것이다. '내면을 곧게 하고 외면을 바르게 한다.〔直內方外〕'에 대한 구분은 이처럼 말할 수 없는 것은 아니지만, 자사(子思)의 본래 말이 꼭 이런 뜻은 아니니 모두 쓸데없는 말이고, 그대가 말한 것이 간명하고 타당하다."라고 하였다.

이상은 제12장이다.

하기 때문에 경(敬)으로 안을 곧게 하는 공부를 움직이는 곳에서 시작하여 고요한 곳에 이르고 고요한 곳에서 시작하여 움직이는 곳에 이르러 잠시도 중단할 수 없으니, 보지 않는 바에도 경계하고 듣지 않는 바에도 두려워하며 홀로를 삼가는 것이 이것이다. 업을 광대하게 하고자 하기 때문에 의(義)로써 외면을 바르게 하는 공부를 가까운 데서부터 시작하여 먼 곳에 이르러 작은 것이든 큰 것이든 터럭만큼도 그냥 지나칠 수 없으니, 부부에게서 단서가 시작되어 제후와 대부 및 사서인(士庶人)에까지 이르는 것이 이것이다."

후재집

제32권

차기 箚記

중용 中庸

차기○중용 箚記○中庸

제13장 第十三章

도가 사람에게서 멀지 않으니……도라고 할 수 없다.〔道不遠人……不可以爲道.〕

살펴보건대, 이 장의 요점은 '도가 사람에게서 멀지 않다.〔道不遠人〕'는 한 구절에 있는데, 특히 '멀지 않다.〔不遠〕'는 두 글자가 중요하다. 이 때문에 구절마다 '원(遠)' 자를 제기하여 조응하였으니, '도를 행하면서 사람을 멀리한다.〔爲道而遠人〕'·'그 법이 멀지 않다.〔其則不遠〕'·'오히려 멀다고 여긴다.〔猶以爲遠〕'·'도와 거리가 멀지 않다.〔違道不遠〕'와 같은 것은 모두 '도가 사람에게서 멀지 않다.'의 '멀지 않다.〔不遠〕'에서 온 것이다.

진실로 중인이 능히 알고 능히 행할 수 있는 것이다.〔固衆人之所能知能行〕-주(註)-

채청(蔡淸)이 말하기를, "여기의 중인(衆人)은 제이조(第二條)의 '장자(張子)의 이른바 「중인으로서 기대한다.〔以衆人望〕」'고 할 때의 '중인'과 같으니 '개개인〔人人〕'이라는 말과 같다. 어리석은 용렬한 대중을 가리킨 것이 아니다." 하였다.

그 비근함을 싫어하여 도리어 고원하여 행하기 어려운 일을 힘쓴다.

〔厭其卑近，反務爲高遠難行之事.〕-주(註)-

살펴보건대, 비근한 것은 사람에게서 멀지 않고, 고원하여 행하기 어려운 것은 사람에게서 멀다.

○채청이 말하기를, "처음 시작을 곧장 '도가 사람에게서 멀지 않다.'고 하였으니, 이 장이 도가 가까이 있는데도 멀리서 구하는 자 때문에 말한 것임을 알 수 있다. 이 때문에 장구(章句)에서 매양 '고원하여 행하기 어렵다.〔高遠難行〕'는 글자로 드러내어 말하였다." 하였다.

진씨가 말하기를, "이 세 구절은 어맥이 '도는 떠날 수 없으니 떠날 수 있다면 도가 아니다.'라는 말과 같다." 하였다.〔陳氏曰：此三句語脈，猶道不可離可離非道之謂.〕-소주(小註)-

살펴보건대, '도가 사람에게서 멀지 않다.'는 것은 그 어맥(語脈)이 '도는 떠날 수 없다.'와 유사하고, '도를 행하면서 사람을 멀리한다면 도라고 할 수 없다.'는 것은 그 어맥이 '떠날 수 있다면 도가 아니다.'와 유사하다.

그러므로 군자는 그 사람에게 있는 도리로 그 사람을 다스리다가 잘못을 고치면 중지한다.〔故君子以人治人，改而止.〕

살펴보건대, 개개인의 몸은 각각 이러한 도리를 갖추고 있다. 그러므로 군자가 사람을 다스릴 적에 그 사람이 갖추고 있는 도리로 다시 그 사람의 몸을 다스리는 것이다. 이는 사람이 본래 이 효(孝)의 도리를 지니고 있지만 간혹 불효(不孝)한 행동을 하는데, 군자가 이를 다스려 그 불효를 없애고 그 효에 나아가게 하는 것과 같다.

그러나 그 다스려서 효를 하게 하는 것은 바로 그 사람이 본래 갖추고 있는 효의 도리이지, 나의 효를 가지고 그 사람을 다스리는 것이 아니며, 또한 다른 사람의 효를 가지고 그 사람을 다스린 것도 아니다. 그렇다면 '사람에게 있는 도리로 사람을 다스린다.〔以人治人〕'의 두 '인(人)' 자는 모두 그 사람을 가리켜 말한 것이고, 단지 '사람을 다스린다.〔治人〕'의 '치(治)' 자가 군자를 가리켜 말한 것이다.

○윗글의 '도가 사람에게서 멀지 않다.〔道不遠人〕'의 '인(人)' 자는 남과 자신을 겸하여 말한 것인데, 여기에서 또 '사람에게 있는 도리로 사람을 다스린다.'고 하였으니, 남과 자신이 모두 이러한 도리를 갖추고 있어 도가 사람에게서 멀리 있지 않음을 알 수 있다. 왜냐하면 사람을 다스린다.〔治人〕'의 '인(人)' 자는 남을 가리켜 말한 것이고, '사람을 다스린다.'의 '치(治)' 자는 자신을 가리켜 말한 것이기 때문이다.

몽재 원씨가 말하기를, "내가 사람을 다스린다고 말하지 않고……나 또한 사람일 뿐이다." 하였다.[1]〔蒙齋袁氏曰: 不曰我治人……我亦人耳.〕-소주(小註)-

살펴보건대, '사람에게 있는 도리로 사람을 다스린다.〔以人治人〕'의 두 '인(人)' 자는 그 사람을 가리켜 말한 것이지, 나를 가리켜 말한 것이 아니다. 지금 원씨(袁氏)는 앞의 '인' 자를 '나〔我〕'로 여겨서

1 몽재……하였다 : 전체 내용은 다음과 같다. "내가 사람을 다스린다고 말하지 않고 사람의 도리로써 사람을 다스린다고 말한 것은 나 또한 사람일 뿐이기 때문이다.〔不曰我治人, 而曰以人治人, 我亦人耳.〕"

'나 자신으로써 사람을 다스린다.'고 하였다. 과연 그렇다면 남을 다스림에 있어 자신에게 있는 것과 남에게 있는 것이 구분되어 도리어 도끼자루를 베는데 저 도끼자루와 이 도끼자루의 구별이 있는 것과 같으니, 이것이 어찌 본문의 '오히려 멀다고 여긴다.'는 뜻이 아니겠는가. '치(治)' 자를 나 자신으로 여기는 것은 괜찮지만, '인(人)' 자를 나 자신으로 여기는 것은 옳지 않다. 주자(朱子)의 '그 사람의 도리로 다시 그 사람의 몸을 다스린다.'는 말을 보면 알 수 있으니, 원씨의 설은 본뜻을 잃은 듯하다.

충서는 도와 거리가 멀지 않으니……또한 남에게 베풀지 않는다.〔忠恕違道不遠……亦勿施於人.〕

살펴보건대, 위에서 '도가 사람에게서 멀지 않다.'고 한 것은 도가 사람에게서 멀지 않다는 말이고, 여기에서 '도와 거리가 멀지 않다.'고 한 것은 충서(忠恕)가 도에서 멀지 않다는 말이다. 만약 '도가 사람에게서 멀지 않다.'고 말하지 않는다면 도를 행함이 반드시 사람에게서 멀리 떨어져 고원하여 행하기 어려운 부분에서 구할 것이다. 만약 '충서가 도와 거리가 멀지 않다.'고 말하지 않는다면 사람이 도가 사람에게서 멀리 있지 않음을 알고 있지만 충서가 도를 행하는 방법임은 알지 못할 것이다. 그러므로 먼저 '도가 사람에게서 멀지 않다.'고 말하고, 여기에서 '도와 거리가 멀지 않다.'고 말한 것이니, 도가 본래 사람에게서 멀리 있지 않고 충서가 또 도에서 멀지 않음을 밝힌 것이다.

○위 장에서 말한 '비은(費隱)'은 도의 본체와 작용이니, 도체(道體)가 유행하여 있지 않은 곳이 없음을 밝힌 것이다. 이 장에서 말한

'충서(忠恕)'는 도를 행하는 공부이니, 학자들이 착실하게 공부할 곳이 있음을 밝힌 것이다. 그러나 '충서는 도와 거리가 멀지 않다.'의 '도'는 즉 '비은'의 도이지, '비은'의 도 이외에 별도로 도와 거리가 멀지 않은 도가 있는 것은 아니다.

○충서는 도가 아니지만 충서로부터 공부하면 도에 이를 수 있기 때문에 '도와 거리가 멀지 않다.'고 한 것이니, 이는 충서로부터 시작하여 도에 이르는 것이 멀지 않다는 말이다. 그러나 이 도는 충서 밖에서 구할 수 있는 것이 아니라, 충서의 극처(極處)가 바로 이 도이다. 주자(朱子)의 "자신의 마음을 다하는 것과 자신의 마음을 미루는 것이 바로 충(忠)과 서(恕)로 명명된 이유이니, 바로 이 장의 '도와 거리가 멀지 않다.'는 일에 해당된다.[2] 천리(天理)의 자연스러움으로 움직여 하나의 이치로 꿰뚫는 성인(聖人)의 경우는 자신의 마음을 다하기를 기다리지 않아도 지성(至誠)이 저절로 중단됨이 없고, 자신의 마음을 미루기를 기다리지 않아도 만물이 각각 제자리를 얻는다."는 말이 바로 이 뜻이다.

쌍봉 요씨가 말하기를, "도는 하늘의 이치이고 충서는 사람의 일이다." 하였다〔雙峯饒氏曰: 道是天理, 忠恕是人事.〕-소주(小註)-

퇴계(退溪)가 율곡(栗谷)에게 답하기를, "요씨(饒氏)의 '도는 하늘의 이치이고 충서는 사람의 일이다.'라는 말을 나도 오래전부터 의심하였는데, 지금 그대가 요씨의 말을 옳지 않게 여겨 '인(仁)은 도이

2 바로……해당된다 : 대본에는 '正謂此章違道不遠之事'로 되어 있는데, 《중용혹문(中庸或問)》에 의거하여 '正爲此章違道不遠之事'로 바로잡아 번역하였다.

고 충서(忠恕)는 학자들이 공부할 곳이다.'라는 주자(朱子)의 말을 이끌어 증명하니 이 뜻이 매우 좋다." 하였다.

군자의 도가 네 가지인데 나는 그 중에 한 가지도 능하지 못하다…… 어찌 독실하지 않겠는가.〔君子之道四, 丘未能一焉……胡不慥慥爾?〕

살펴보건대, 이는 윗글을 이어 충(忠)의 일을 말한 것인데 서(恕)가 그 속에 들어있다. 자식에게 바라는 마음으로 아버지를 섬기는 나의 도를 극진히 하고, 신하에게 바라는 마음으로 임금을 섬기는 나의 도를 극진히 하고, 형제와 벗에 이르러서도 모두 그렇지 않음이 없다면 이것이 바로 자신의 마음을 다하는 충(忠)이요 서(恕)의 근본이다. 지금 공자께서 모두 능하지 못하다고 한 것은 또한 성인(聖人)의 겸사(謙辭)이다. 그러나 이 네 가지를 극진히 할 수 있는 방도는 멀리 다른데서 구해서는 안 되고, 자신에게 돌이켜 구하여 일상적인 덕과 일상적인 말 사이에서 스스로 책해야 한다. 그러므로 이어서 '일상적인 덕을 행하며 일상적인 말을 삼간다.'고 말한 것이다. 만약 일상적인 덕과 일상적인 말을 평범한 것으로 여겨 혹 고원한 데서 구한다면 도와 멀어질 것이다.

○먼저 네 가지에 능하지 못하다고 말씀하였으니 마치 고원하여 행하기 어려운 일인 듯하다. 그러나 이어서 일상적인 덕을 행하고 일상적인 말을 삼간다고 말씀하였으니 도(道)가 실로 평상의 언행(言行) 사이에서 벗어나지 않고 실로 고원하여 행하기 어려운 것이 아님을 알 수 있다.

○위 구절은 그 뜻이 자신을 사랑하는 마음으로 남을 사랑함을 말하였으니 중점이 남에게 있다. 이 구절은 그 뜻이 남에게 요구하는

마음으로 자신에게 요구함을 말하였으니 중점이 자신에게 있다.

○채청(蔡淸)이 말하기를, "자식・신하・아우・벗의 도리가 일상적인 덕이고, 이러한 도를 말에 드러낸 것이 일상적인 말이다." 하였다.

○또 말하기를, "인륜(人倫)이 다섯 가지인데 군자의 도는 네 가지라고 하여 유독 부부(夫婦)의 윤리를 빠뜨린 것은 이 구절이 남에게 요구하는 마음으로 자신에게 요구함을 말하였기 때문에 '아내에게 바라는 것으로 남편을 섬김이 능하지 못하다.'고 말할 수 없어 빠뜨린 것이다. 주공천(朱公遷)이 말하기를, '도의 당연한 바는 규문의 부녀자에게 구하는 것이 아니다.' 하였다. 그의 말과 같다면 《주역》에서 무엇 때문에 '여자의 바름이 이롭다.〔利女貞〕'고 말했겠으며, 앞장에서 또 무엇 때문에 '군자의 도는 단서가 부부에게서 시작된다.'고 말했겠는가. 주씨의 설은 천착한 것이다." 하였다.

이상은 제13장이다.

제14장 第十四章

부귀에 처해서는 부귀한 처지에 알맞게 행동하고……어떤 상황에서도 스스로 만족하지 않음이 없다.〔素富貴, 行乎富貴……無入而不自得.〕

살펴보건대, 네 '소(素)' 자는 윗글의 '현재 처한 위치에 따른다.〔素其位〕'의 '소(素)' 자에서 온 것이다. 이 네 가지 경우에 어떤 상황에서도 스스로 만족하지 않음이 없으니 도가 있지 않은 곳이 없음을 알 수 있다. 이것이 즉 비(費)이다.

윗자리에 있어서는 아랫사람을 능멸하지 않으며……아래로 사람을

탓하지 않는다.〔在上位, 不陵下……下不尤人.〕

살펴보건대, 다섯 '불(不)' 자는 즉 윗글의 '그 밖의 것은 원하지 않는다.〔不願乎其外〕'의 '불(不)' 자에서 온 것이다.

○아랫사람을 능멸하지 않고 윗사람을 잡아당기지 않고 하늘을 원망하지 않고 사람을 탓하지 않는 것은 모두 서(恕)의 일이며, 자신의 몸을 바루고 남에게 요구하지 않는 것은 충(忠)의 일이다. 이는 윗글의 '충서(忠恕)' 자에 호응한 것이니, 또한 도(道)가 있지 않은 곳이 없음을 알 수 있다. 이것이 즉 비(費)이다.

○자신의 몸을 바루고 남에게 요구하지 않으면 원망이 없는 것이 즉 현재의 위치에 따라 행하고 그 밖의 것을 원하지 않는 일이다.

그러므로 군자는 평이한 도리에 처하여 천명을 기다리고, 소인은 위험한 짓을 행하면서 요행을 바란다.〔故君子居易以俟命, 小人行險以徼幸.〕

살펴보건대, 이것은 윗글을 총결한 말이니, '고(故)' 자를 보면 알 수 있다.

○평이한 도리에 처함은 즉 현재의 위치에 따라 행하는 것이다. 위험한 짓을 행함은 현재의 위치에 따라 행하는 것과 상반되니 이는 현재의 위치에 따라 행하지 못하는 것이다. 천명을 기다림은 즉 밖의 것을 구하지 않는 것이다. 요행을 바람은 천명을 기다리는 것과 상반되니 밖의 것을 구하지 않는 것을 못하는 것이다.

공자께서 말씀하기를, "활쏘기는 군자의 자세와 유사한 점이 있으니 활을 쏘아 정곡을 맞추지 못하면 자신의 몸에 돌이켜 그 원인을 찾는다." 하였다.〔子曰: 射有似乎君子, 失諸正鵠, 反求諸其身.〕

살펴보건대, 정곡을 맞추지 못하면 자신의 몸에 돌이켜 원인을 찾는 활쏘기의 도가 어떤 일을 하여 원하는 대로 되지 않으면 자신에게 돌이켜 원인을 찾는 군자의 자세와 같다. 군자는 자신에게 돌이켜 원인을 찾으니 반드시 평이한 도리에 처하여 천명을 기다리고, 소인은 자신에게 돌이켜 원인을 찾지 못하니 반드시 위험한 짓을 행하면서 요행을 바란다. 이 또한 현재의 위치에 따라 행하고 밖에서 바라지 않는 뜻이다.

○위 구절의 '자신의 몸을 바루고 남에게 요구하지 않는' 것은 '현재의 위치에 따라 행하고 밖에서 구하지 않는' 것과 호응하고, 이 구절의 '자신의 몸에 돌이켜 찾는' 것은 또 윗글의 '자신의 몸을 바루고 남에게 요구하지 않는' 것과 호응한다.

이상은 제14장이다.

제15장 第十五章

군자의 도는 비유하면 먼 곳을 가려면 가까운 데부터 시작하고, 높은 데 오르려면 낮은 데부터 시작하는 것과 같다.〔君子之道, 辟如行遠自邇, 登高自卑.〕

살펴보건대, 여기의 '도(道)' 자는 윗글의 '도가 사람에게서 멀지 않다.〔道不遠人〕'의 '도(道)' 자에서 온 것이다.

○채청이 말하기를, "가까운 것과 낮은 것은 하학(下學)이 덕에 들어가는 일이고, 높은 것과 먼 것은 성인(聖人)이 덕을 이룬 영역으로, 모두 지(知)와 행(行) 두 가지에서 벗어나지 않는다. 지(知)의 시작에서부터 점점 지의 지극함에 이르고, 행(行)의 시작에서부터 점점

행의 지극함에 이른다. 그러나 요약하면 가까운 것이 도(道)이지만 먼 것도 반드시 가까운 것에서 벗어나지 않으며, 낮은 것이 도이지만 높은 것도 반드시 낮은 것에서 벗어나지 않는다." 하였다.

시경에 이르기를, "아내와 화목함이 금슬을 타는 듯하며……너의 처자식을 즐겁게 한다." 하였다.〔詩曰: 妻子好合, 如鼓瑟琴……樂爾妻帑.〕

살펴보건대, 이것은 《맹자》에서 인용한 '아내에게 모범이 되어 형제에게 이르고 그 덕화로 집안과 나라를 다스린다.〔刑于寡妻, 至于兄弟, 以御于家邦.〕는 시의 뜻과 대략 같다.

공자께서 말씀하기를, "부모가 편안하실 것이다." 하였다.〔子曰: 父母其順矣乎.〕

살펴보건대, 아내와 화목한 뒤에야 형제간에 화합하고, 아내・형제간에 모두 화목하고 화합한 뒤에야 또 부모가 편안하니, 이것이 바로 가까운 데서부터 먼 곳에 이르고 낮은 데서부터 높은 곳에 이르는 뜻이다.

쌍봉 요씨가 말하기를, "오직 아내와 화목함이……오직 형제간에 화합하여 화락하고 즐겁기 때문에 너의 처자식을 즐겁게 할 수 있다." 하였다.[3]〔雙峯饒氏曰: 惟妻子好合……惟兄弟旣翕, 和樂且耽, 故能樂爾

3 쌍봉……하였다 : 전체 내용은 다음과 같다. "아내와 화목함이 금슬을 타는 듯하기 때문에 너의 실가(室家)를 마땅하게 할 수 있으며, 형제간에 화합하여 화락하고 즐겁기 때문에 너의 처자식을 즐겁게 할 수 있다."

妻孥.〕-소주(小註)-

살펴보건대, 아내와 화목한 뒤에야 형제간에 화합하는데, 지금 요씨는 '형제간에 화합하기 때문에 너의 처자식을 즐겁게 할 수 있다.'고 하였으니 거꾸로 말한 듯하다. 어떨지 모르겠다.

이상은 제15장이다.

제16장 第十六章

공자께서 말씀하기를, "귀신의 덕이 성대하다." 하였다.〔子曰: 鬼神之爲德, 其盛矣乎!〕

살펴보건대, '성대하다〔其盛矣〕'는 세 글자는 찬미하는 말이니, 즉 아래 글에서 말한 것이 모두 이것이다.

○이 장은 첫머리에 '귀신(鬼神)' 두 글자를 말하였으나 아래 글을 살펴보면 모두 신(神)의 일만 말하고 귀(鬼)의 일은 말하지 않았으니, '사물의 근간이 되어 빠뜨릴 수 없다.〔體物而不遺〕' · '성대하게 위에 있는 듯하다.〔洋洋如在其上〕' · '좌우에 있는 듯하다.〔在左右〕' · '신이 이른다.〔神之格思〕' · '은미한 것이 드러나니 성을 가릴 수 없다.〔微之顯誠之不可掩〕'와 같은 것은 모두 신(神)의 일을 말한 것이다.

○주자(朱子)가 말하기를, "'귀신의 덕'이란 성(誠)이다. 덕은 단지 귀신의 측면에서 말한 것이니, 그 정상(情狀)은 모두 실리(實理)일 뿐이다." 하였다.

정자가 말하기를 "귀신은 천지의 공용이요 조화의 자취이다." 하였

다.〔程子曰: 鬼神, 天地之功用而造化之迹也.〕-주(註)-

살펴보건대, 봄에 양기(陽氣)로 인해 펴지는 것이 신(神)이고 가을에 음기(陰氣)로 인해 굽혀지는 것이 귀(鬼)이니, 마치 봄에 양기가 한번 펴주면 마른 가지에 문득 잎이 나고 꽃이 피는 것과 같으니 이것이 신(神)이고, 가을이 되어 음기(陰氣)가 한번 꺾어버리면 앞서 피었던 꽃과 잎이 갑자기 시들어 떨어져 하나의 고목일 뿐인 것과 같으니 이것이 귀(鬼)이다. 다른 것도 유추하여 알 수 있으니, 이것이 이른바 천지의 공용이요 조화의 자취인 것이다.

주자가 말하기를, "기의 호흡이 혼이고……음에 속한다." 하였다.[4]〔朱子曰: 氣之呼吸者爲魂……屬乎陰.〕-소주(小註)-

살펴보건대, 혼(魂)은 신(神)으로 양에 속하고, 백(魄)은 귀(鬼)로 음에 속한다. 그러나 혼양(魂陽) 속에 또 음양이 있고, 백음(魄陰) 속에 또 음양이 있다. 내쉬고 들이마심〔呼吸〕이 혼양이지만 그 속에서 세분하면, '내쉬는〔呼〕' 것이 양이고 '들이마시는〔吸〕' 것이 음이다. 귀와 눈과 입과 코는 모두 백음이지만 그 속에서 세분하면, 귀와 눈과 입과 코의 바탕은 음에 속하고 귀와 눈이 보고 들을 수 있고 입과 코가 맛을 느끼고 냄새를 맡을 수 있는 것은 양에 속한다.

'위덕'은 성정과 공효라는 말과 같다.〔爲德, 猶言性情功效〕-주(註)-

4 주자가……하였다 : 전체 내용은 다음과 같다. "기(氣)의 호흡이 혼(魂)이니 혼은 신(神)으로 양에 속한다. 이목구비(耳目口鼻)와 같은 것은 백(魄)이니 백은 즉 귀(鬼)로 음에 속한다."

채청이 말하기를, "이른바 덕이란 그 성정과 공효일 뿐이다. 그러나 성정과 공효로 덕의 뜻을 삼기 어렵기 때문에 이를 설명하여 '위덕은 성정과 공효라는 말과 같다.'고 한 것이다." 하였다.

교봉 방씨(蛟峯方氏)가 말하기를, "《주역》에 '귀신의 정상'이라고 하였으니, 정이 성정이고 상이 공효이다." 하였다.〔易曰鬼神之情狀, 情卽性情, 狀卽功效也.〕-소주(小註)-

살펴보건대, 방씨(方氏)가 《주역》의 '정상(情狀)' 두 글자를 끌어와 정(情)을 귀신의 성정으로 여기고, 상(狀)을 귀신의 공효로 여긴 것은 너무 자잘하게 나눈 듯하다. 주자가 "성정이 바로 귀신의 정상이다."라고 하였으니, 주자는 정상을 곧장 성정으로 여긴 것이다.

보아도 보이지 않으며……사물의 근간이 되어 빠뜨릴 수 없다.〔視之而弗見……體物而不可遺.〕

살펴보건대, 귀신은 본래 형체와 소리가 없으니, 눈으로 볼 수 있고 귀로 들을 수 있는 존재가 아니다. 그러나 음양 두 기운이 천지 사이에 두루 충만하여 한 곳도 빠진 곳이 없고 한 순간도 중단된 적이 없어 크고 작은 사물이 음양 두 기운의 소행 아님이 없으니, '사물의 근간이 되어 빠뜨릴 수 없다.'는 뜻을 알 수 있다.

○이 한 구절은 아래 글 '은미한 것이 드러나니 성을 가릴 수 없다.〔微之顯, 誠不可掩.〕'는 뜻과 호응한다. 보아도 보이지 않고 들어도 들리지 않음이 바로 이른바 '은미함〔微〕'이고, 사물의 근간이 되어 빠뜨릴 수 없음이 바로 이른바 '드러남〔顯〕'과 '가릴 수 없음〔不可掩〕'이다.

○귀신에 대해 말하는 자가 만약 보아도 보이지 않고 들어도 들리지 않는다고만 말하고 사물의 근간이 되어 빠뜨릴 수 없다고 말하지 않는다면, 사람들이 필시 황홀하여 헤아릴 수 없는 곳에서 귀신을 찾아 귀신의 공효가 성대하고 실리(實理)가 밝게 드러나 가릴 수 없다는 것을 알지 못할 것이다. 만약 사물의 근간이 되어 빠뜨릴 수 없다고만 말하고 보아도 보이지 않고 들어도 들리지 않는다고 말하지 않는다면, 사람들이 필시 눈앞의 천근한 조잡한 자취에서 귀신을 찾아 귀신의 성정(性情)이 미묘하여 언어로 형용할 수 없다는 것을 알지 못할 것이다. 이 때문에 보이지 않고 들리지 않는다고 말한 뒤에 또 사물의 근간이 되어 빠뜨릴 수 없다고 말하였으니, 때려도 깨트릴 수 없는 명확한 논리라고 하겠다.

○"군자의 도를 논할 때에는 사람이 행하는 바에 나아가 말하기 때문에 그 비(費)에 대해서만 언급해도 은(隱)이 저절로 그 속에 있지만, 귀신의 도를 논할 때에는 사람이 보지 못하고 듣지 못하는 바에 근본하여 말하기 때문에 먼저 그 은(隱)을 언급한 뒤에 비(費)를 언급한 것입니까?"라는 질문에, 주자가 말하기를, "귀신의 도가 바로 군자의 도이니 두 가지가 있는 것이 아니다." 하였다.

사물의 시작과 종말은 음양이 합하고 흩어지는 소행 아님이 없다.〔物之終始, 莫非陰陽合散之所爲.〕-주(註)-

살펴보건대, 음양이 합하는 것은 혼(魂)이 모이고 백(魄)이 엉겨 생겨나는 것이니 즉 사물의 시작이고, 음양이 흩어지는 것은 혼이 떠돌고 백이 떠나서 죽는 것이니 즉 사물의 종말이다. 천지 사이의 만물이 그렇지 않음이 없다.

'체물'은 《주역》의 이른바 '일에 근간이 된다.'는 말과 같다.〔體物, 猶易所謂幹事.〕-주(註)-

주자가 말하기를, "간(幹)은 나무에 줄기가 있는 것과 같으니 반드시 먼저 줄기가 있어야 가지와 잎이 의지할 곳이 있어 생겨난다. 정(貞)이 일을 주관하는 것[5]도 이와같다." 하였다.

○임일지(林一之)가 묻기를, "체물(體物)에 무엇 때문에 '일에 근간이 된다.〔幹事〕'는 말을 인용하였습니까?" 하니, 주자가 "체(體)와 간(幹)이 바로 주재(主宰)이기 때문이다." 하였다.

천하의 사람들로 하여금 재계하여 마음을 밝게 하고 제복을 성대히 갖추어 입고서……그 좌우에 있는 듯하다.〔使天下之人, 齊明盛服……如在其左右.〕

살펴보건대, 이것은 제사의 귀신을 말한 것이다. 그러나 이 또한 다른 데서 구해서는 안 되니, 단지 음양 두 기운의 굴신(屈伸)일 뿐이다. 다만 윗글에서 말한 천지의 귀신은 통틀어서 말한 귀신이고, 여기에서 말한 제사의 귀신은 또 귀(鬼)의 귀신이다. 사람이 죽은 이후가 바로 귀(鬼)이니, 감응하여 오는 것은 귀의 신(神)이다.

○'천하의 사람들로 하여금〔使天下〕'의 '사(使)'는 귀신이 사람들에게 이처럼 하게 할 수 있는 것은 아니다, 그런데도 사람들이 반드시 재계하여 마음을 밝게 하고 제복을 성대히 갖추어 입고서 공경하여 받들기를 그만둘 수 없는 것은 반드시 사람들로 하여금 저절로 이와

5 정(貞)이……것 : 《주역》 건괘(乾卦) 문언(文言)에 "정은 일의 근간이다……정고함이 일을 주관할 수 있다.〔貞者, 事之幹也……貞固足以幹事.〕" 하였다.

같이 하도록 함이 있는 것이니, 이것이 귀신의 덕의 성대한 점이다.

○제사를 지낼 때에 그 정성과 공경을 극진히 하면 조종(祖宗)의 정기(精氣)가 엄숙하게 그 위에 있는 듯하고 그 좌우에 있는 듯한 것이니, 실제로 어떤 물(物)이 뚜렷하게 그 위에 임하고 좌우에 있는 것이 아니다. 이는 두 '여(如)' 자를 보면 알 수 있다.

○만약 귀신에 대하여 범범하게 말한다면 사람들은 필시 멀고 아득한 데서 귀신을 찾을 것이다. 이 때문에 여기에서 또 사람들이 항상 제사 지내는 귀신을 가리켜 사람들로 하여금 쉽게 체득하게 한 것이다. 그러나 이 제사의 귀신이 바로 음양이 굴신(屈伸)하는 귀신이니 두 가지 귀신이 있는 것이 아니다.

○"귀신이 사물의 근간이 되어 빠뜨릴 수 없다는 것은 단지 음양에 나아가 말한 것일 뿐인데, 마지막에 또 제사를 가지고 말한 것은 어째서입니까?"라는 질문에, 주자(朱子)가 말하기를, "이것은 절실하고 밝게 드러난 것에 나아가 말한 것이다. 만약 이처럼 말하지 않는다면 사람들이 필시 바람이나 우레, 산과 못〔澤〕을 별도의 귀신으로 간주하고, 사당에서 제사지내는 대상을 또 별도의 귀신으로 간주할 것이다. 이 때문에 그 절실하고 밝게 드러난 것을 말하여 사람들에게 이것이 같은 것임을 알게 하고자 한 것이다." 하였다.

○채청이 말하기를, "재계하여 마음을 밝게 하고 제복을 성대히 갖추어 입고서 제사를 지낸 뒤에야 성대하게 그 위에 있는 듯하고 그 좌우에 있는 듯한 것이 아니다. 단지 제사지낼 때에 보는 바가 이와 같다는 점에서 귀신이 모두 근간이 됨을 아는 것일 뿐이다. 만약 반드시 재계하여 마음을 밝게 하고 제복을 성대히 갖추어 입고서 제사를 지낸 뒤에야 성대하게 위에 있는 듯하고 좌우에 있는 듯하다

고 말한다면 또한 사물의 근간이 되어 빠뜨림이 없음이 되지 못한다." 하였다.

소명·훈호·처창함이 되니 이는 모든 사물의 정기이고 신의 드러남이다.〔昭明焄蒿悽愴, 此百物之精也, 神之著也.〕-주(註)-

주자가 말하기를, "소명(昭明)은 사람이 죽을 때의 한 가닥 빛이고, 훈호(焄蒿)는 기운이 올라가는 것이고, 처창(悽愴)은 사람을 슬프게 한다는 뜻이다." 하였다.

○황씨(黃氏)가 말하기를, "소명은 빛이고, 훈호는 기운이고, 처창은 정(情)이다." 하였다.

○동양 허씨(東陽許氏)가 말하기를, "훈(焄)은 향취(香臭)의 기운이고, 호(蒿)는 기운이 뿜어 나오는 모양이다." 하였다.

○김현성(金玄成)이 말하기를, "사람·짐승·초목이 생겨날 적에 음양의 기운을 갖추지 않음이 없지만, 사람과 짐승이 이미 분별이 있고 짐승과 초목이 또 분별이 있다. 그렇다면 그 죽음에 미쳐서도 모두 발양(發揚)하는 기운이 있지만 초목이 짐승만 못하고 짐승이 사람만 못함을 알 수 있다. 무엇으로 아는가? 그 태어날 때를 가지고 그 죽을 때를 아는 것에 불과하니, 그렇다면 짐승과 초목도 진실로 훈호·처창한 기운이 있는데 사람보다는 못함이 분명하다." 하였다.

○정우복(鄭愚伏)이 말하기를, "위에서 이미 '뼈와 살이 아래에서 썩어 땅에 묻혀서 들판의 흙이 된다.'고 말하였으니, 초목이 여기에 포함되지 않음이 분명하다. 금수가 죽을 경우에도 어찌 소명·훈호·처창한 기운이 있겠는가. 이것은 인귀(人鬼)를 논함으로 인하여 아울러 거론한 것에 불과하다. 정씨(鄭氏)의 구주(舊註)에 '위에

서는 모든 생물〔衆生〕이라고 말하고 여기서는 모든 사물〔百物〕이라고 말하였으니,[6] 사람과 똑같다는 것이 분명하지만 사람처럼 고귀하지 않을 뿐이다.' 하였다. 이 설이 명백하니, '모든 사물〔百物〕'이라는 글자에 깊이 구애될 필요가 없을 듯하다. 공영달(孔穎達)은 '소명'을 사람에게 소속시키고 '훈호'와 '처창'을 물(物)에 소속시켰으며, 또 '신의 드러남〔神之著〕'을 '소명'에 소속시키고 '모든 사물의 정기〔百物之精〕'를 '훈호'와 '처창'에 소속시켰다. 그러나 경문(經文)의 문세(文勢)는 결코 이와같지 않다." 하였다.

○사계(沙溪)가 말하기를, "금수와 초목이 죽을 때에는 응당 소명·훈호·처창한 기운이 없다. '소명은 사람이 죽을 때의 한 가닥 빛이다.'는 주자(朱子)의 말을 보면, 오로지 사람이 죽을 때의 기운을 가리킨다." 하였다.

《예기》〈제의〉에서 공자가 재아에게 답한 말이다.〔禮記祭義篇孔子答宰我之語.〕-소주(小註)-

재아(宰我)가 말하기를, "저는 귀(鬼)와 신(神)이란 명칭만 들었고 무엇을 말하는지[7] 알지 못합니다." 하니, 공자께서 말씀하기를, "기(氣)는 신(神)의 성대함이고, 백(魄)은 귀(鬼)의 성대함이다." 하였

6 위에서는……말하였으니 : 《예기》〈제의(祭義)〉에 "모든 생물〔衆生〕은 반드시 죽고, 죽으면 반드시 땅으로 돌아가니, 이것을 일러 귀라 한다. 뼈와 살이 아래에서 썩어서 땅속에 묻혀 들판의 흙이 되면 그 기가 위로 발양하여 소명·훈호·처창이 된다. 이것은 모든 사물〔百物〕의 정기요 신이 드러난 것이다." 하였다.

7 말하는지 : 대본에는 '爲'로 되어 있는데, 《예기》〈제의〉에 의거하여 '謂'로 바로잡아 번역하였다.

고, 또 말씀하기를, "모든 생물은 반드시 죽고 죽으면 반드시 흙으로 돌아가니, 이것을 '귀'라고 한다. 뼈와 살이 아래에서 썩어 땅에 묻혀 들판의 흙이 되고, 그 기운은 위에서 발양하여 소명・훈호・처창이 되니, 이것이 모든 사물의 정기요 신의 드러남이다." 하였다.

주자가 말하기를, "귀신의 드러난 빛……" 하였다.[8]〔朱子曰鬼神之露光景〕-소주(小註)-

살펴보건대, 《예기》〈제의〉 본주(本註)에서 주자는 "소명(昭明)은 빛나는 것이다."라 하고, 또 "소명은 빛의 등속이다."고 하였으며, 연평 주씨(延平周氏)는 "소명은 사물을 비추는 것을 말한다."고 하였으니, 이것을 보면 '드러난 빛〔露光景〕'의 뜻을 미루어 알 수 있다.

《시경》에 이르기를, "신이 이르는 것을……하물며 신을 싫어할 수 있겠는가." 하였다.〔詩曰: 神之格思……矧可射思?〕

살펴보건대, '신이 이르는 것을 헤아릴 수 없다.'는 것은 윗글의 '보아도 보이지 않고 들어도 들리지 않는다.'와 호응한다.

○퇴계가 말하기를, "발현하여 환하게 드러난 점을 가리켜 말하면 성대하게 곁에 있는 듯하고, 영묘(靈妙)하여 예측할 수 없는 점을 가리켜 말하면 헤아릴 수 없는 것이다." 하였다.

8 주자가……하였다 : 전체 내용은 다음과 같다. "귀신의 드러난 빛이 소명(昭明)이고, 그 기운이 뿜어 올라가 사람을 감촉시키는 것이 훈호(焄蒿)이고, 《한서(漢書)》의 이른바 '신군(神君)이 이르니 휘익 바람이 인다.'는 뜻처럼 사람의 정신을 두렵게 만드는 것이 처창(悽愴)이다."

은미한 것이 드러나니 성을 가릴 수 없음이 이와같다.〔夫微之顯, 誠之不可掩, 如此夫!〕

살펴보건대, 음양 두 기운이 굴신(屈伸)하는 이유는 비록 은미하여 보기 어렵지만 굽힐 때에는 실로 굽혀져 그 굽힘이 매우 드러나고 펼 때에는 실로 펴져서 그 펴짐이 매우 드러나니 한번 굽히고 한번 펴짐이 이처럼 진실하여 가릴 수 없이 밝게 드러난다. '성(誠)'은 '실제〔實〕'의 뜻이니, 귀신의 굴신이 실제로 있는 일이고 허위가 아니라는 말이다.

○'보아도 보이지 않고 들어도 들리지 않는다.'는 것이 은미함〔微〕이고, '사물의 근간이 되어 빠뜨릴 수 없다.'는 것과 '사람들로 하여금 재계하여 마음을 밝게 하고 제복을 성대히 갖추어 입고서 제사를 받들게 하고서 성대하게 곁에 있는 듯하다.'이 바로 드러남〔顯〕이다.

○귀신은 본래 그윽하게 숨어있어 보기 어려운데 드러난다고 말한 것은 어째서인가? 귀신의 실리(實理)가 밝게 드러나 성대하게 곁에 있는 듯하고 유동하고 충만하여 사물의 근간이 되어 빠뜨림이 없어 저절로 가릴 수 없는 점이 있기 때문이니, 그 가릴 수 없는 것이 바로 드러남이다.

○이 장은 위 비은장(費隱章)의 규모와 대략 비슷하다. 비은장은 위와 아래에 도(道)의 비(費)를 말하고 중간에 '솔개가 날고 물고기가 뛰어오르는' 것을 인용하여 사람이 쉽게 볼 수 있는 비(費)를 가지고서 밝혔고, 이 장은 위와 아래에 귀신을 말하고 중간에 특별히 '성대하게 곁에 있는 듯함'을 거론하여 사람이 쉽게 알 수 있는 귀신을 가지고서 밝혔다.

○'미현(微顯)' 자는 위 장의 '비은(費隱)' 자와 조응하니, 미(微)가

은(隱)이고 현(顯)이 비(費)이다.

주자가 말하기를, "성대하게 위에 있는 듯하고……솔개가 날고 물고기가 뛰어오르는 뜻이다." 하였다.〔朱子曰: 洋洋如在其上……鳶飛魚躍意思.〕-소주(小註)-

살펴보건대, 솔개가 나는 이유와 물고기가 뛰어오르는 이유는 은미하여 보기 어렵지만, 솔개가 하늘에서 날고 물고기가 물에서 뛰어오르는 것은 실제로 밝게 드러나 보기 쉽다. 신(神)이 펴지는 이유와 귀(鬼)가 굽혀지는 이유는 은미하여 알기 어렵지만, 사물의 근간이 되어 빠뜨릴 수 없는 것과 성대하게 곁에 있는 듯함은 실제로 밝게 드러나 알기 쉽다. 그러므로 솔개가 날고 물고기가 뛰어오르는 뜻이라고 한 것이다.

이상은 제16장이다.

제17장 第十七章

공자께서 말씀하기를, "순임금은 대효일 것이다……자손을 보전하였다." 하였다.〔子曰: 舜其大孝也……子孫保之.〕

살펴보건대, 순임금의 덕을 칭송하면서 특별히 효를 들어 말한 것은 효가 모든 행실의 근원이기 때문이다. 《맹자》에 "요순의 도는 효도와 공경뿐이다.〔堯舜之道, 孝弟而已.〕"라고 하였다. '뿐이다〔而已〕'라고 하였으니, 효도와 공경 이외에 다시 더할 것이 없음을 알 수 있다. 이것이 여기에서 반드시 효를 칭송한 이유이다.

○'덕이 성인이 되고〔德爲聖人〕'에서부터 '자손을 보전하였다.〔子孫

保之〕'까지는 효의 공효이다. 다만 순임금이 효자가 되는 이유는 오직 자신에게 있는 효를 극진히 했기 때문일 뿐이니, 애초에 '덕이 성인이 되는' 이하의 공효에 마음을 두어 이러한 효를 행한 것이 아니다. 그러나 나에게 있는 효가 이미 극진하다면 자연히 이 '덕이 성인이 되는' 이하의 공효가 있을 것이다.

○효의 공효가 종묘의 제사를 흠향하는데 이른다면 위로 선조에게 미친 것이며, 자손을 보존하는데 이른다면 아래로 후세에 미친 것이며, 존귀함이 천자가 되고 부유함이 사해를 소유하는데 이른다면 또 그 몸에 미친 것이다. 그러므로 대효(大孝)라고 칭한 것이다.

자손은 우사와 진호공의 등속을 말한다.〔子孫, 謂虞思陳胡公之屬.〕

-주(註)-

채청이 말하기를, "순임금의 자손에 대하여 장구(章句)에서 상균(商均 순임금의 아들)을 거론하지 않고 우사(虞思)와 진호공(陳胡公) 등속을 언급한 것은 먼 자손을 가리켜 말하여 그 남긴 은택의 무궁함이 대효(大孝)가 되는 이유임을 보인 것이다." 하였다.

신안 진씨가 말하기를, "일반사람은 남들이 칭송하고 부러워하여 행운이라고 말하는 정도로도……" 하였다.[9] 〔新安陳氏曰: 常人使人稱願

9 신안……하였다 : 전체 내용은 다음과 같다. "일반사람은 남들이 칭찬하고 부러워하여 '행운이구나, 이런 아들을 두다니!'라고 말하는 것으로도 효라고 말한다. 순임금의 경우는 덕이 성인이 되고 존귀하고 부유하며 종묘의 제사를 흠향하고 자손을 보존함이 이와 같으니 어찌 대효(大孝)가 되지 않겠는가."

然曰幸哉.〕-소주(小註)-

《예기》〈제의(祭義)〉의 "나라사람들이 칭송하고 부러워하여 행운이라고 말한다.〔國人稱願然曰幸哉〕' 주석에 "원(願)은 '부러워하다〔羨〕'는 뜻이니, 칭원(稱願)은 칭송하고 부러워하는 것이다. 연(然)은 '이(而)'와 같다." 하였다.

그러므로 대덕은 반드시 그 지위를 얻으며……반드시 그 장수를 얻는다.〔故大德必得其位……必得其壽.〕

살펴보건대, 반드시 그 지위를 얻는다는 것은 윗글의 '존귀함이 천자가 된다.'는 것이고, 반드시 그 녹을 얻는다는 것은 윗글의 '부유함이 사해를 소유한다.'는 것이고, 반드시 그 이름을 얻는다는 것은 윗글의 '덕이 성인이 된다.'는 것이다. 그러므로 장구(章句)에서 이 부분에 위의 세 구절은 풀이하지 않고, 단지 '반드시 그 장수를 얻는다.'는 한 구절만 풀이하여 "순임금의 나이가 110세였다."고 한 것이다.

그러므로 하늘이 만물을 생육할 때에는 반드시 그 재질에 따라 두터이 한다……기울어진 것은 엎어버린다.〔故天之生物, 必因其材而篤焉……傾者覆之.〕

살펴보건대, '그 재질에 따라 두터이 한다.'는 것은 심어진 것은 북돋워주고 기울어진 것은 엎어버림을 겸하여 말하였으니, 북돋워주는 것은 그 심어진 것에 따라 두터이 하는 것이고, 엎어버리는 것은 그 기울어진 것에 따라 두터이 하는 것이다. 심어졌다는 것은 선을 행함을 말하고 북돋워준다는 것은 하늘이 복을 내림을 말한다. 기울어졌다는 것은 악을 행함을 말하고 엎어버린다는 것은 하늘이 재앙을 내림을 말한다.

○'심어진 것은 북돋워준다.'는 윗글의 '지위를 얻는다.' 이하 네 가지를 이어서 말한 것이고, '기울어진 것은 엎어버린다.'는 또 그와 상반되는 것을 특별히 말하여 악을 행하는 자의 경계로 삼은 것이다.

○심어진 것을 북돋워주는 것은 순임금과 우(禹)임금이 큰 덕을 지녀 천자가 된 것과 같으며, 기울어진 것을 엎어버리는 것은 걸왕(桀王)과 주왕(紂王)이 스스로 하늘을 끊어 그 나라를 멸망시킨 것과 같다.

○"하늘이 만물을 생육할 적에 심어진 것은 북돋워주고 기울어진 것은 엎어버리는 것은 어째서입니까?"라는 질문에, 주자(朱子)가 답하기를, "이것은 하나의 이치일 뿐, 어떤 사물이 그렇게 만드는 것이 아니다. 다만 만물이 생육할 때에 점차 자라남이 흡사 어떤 사물이 도와주는 듯하고, 만물이 쇠퇴할 때에 점차 사그라짐이 어떤 사물이 밀어 넘어뜨리는 듯하니, 이치가 본래 이와같다." 하였다.

《시경》에 이르기를, "아름답고 화락한 군자여……하늘로부터 거듭 받는다." 하였다.〔詩曰: 嘉樂君子……自天申之.〕

살펴보건대, 영덕(令德)과 대덕(大德)은 두 가지 덕이 아니다. 그 덕의 선한 측면으로 말하면 '영덕'이고, 그 덕의 광대한 측면으로 말하면 '대덕'이다.

○이 한 구절은 윗글의 '심어진 것은 북돋워준다.'와 호응한다. 이와같은 덕이 있으면 반드시 하늘에서 이와같은 보응(報應)을 받는다. 그러므로 윗글에서는 '대덕은 반드시 얻는다.'라고 말한 뒤에 그 아래에 '천(天)' 자를 말하여 "하늘이 만물을 생육할 적에 그 재질에

따라 두터이 한다.〔天之生物, 因材以篤.〕"라고 실증하였고, 여기에서는 '드러나고 드러난 훌륭한 덕이다.'라고 말한 뒤에 그 아래에 또 '천' 자를 말하여 '하늘에서 복록을 받는다.〔受祿于天〕'·'하늘로부터 거듭 받는다.〔自天申之〕'라고 실증하였으니, 이 세 '천(天)' 자를 보면 알 수 있다.

이상은 제17장이다.

제18장 第十八章

공자께서 말씀하기를, "근심이 없는 사람은……아버지가 시작하고 아들이 계승하였다." 하였다.〔子曰: 無憂者……父作之, 子述之.〕

살펴보건대, 아들이 계승했다는 것은 아래 글에 말한 것이 그 내용이다.

무왕이 태왕·왕계·문왕의 기업을 이어……종묘의 제사를 흠향하고 자손을 보존하였다.〔武王纘大王王季文王之緖……宗廟饗之, 子孫保之.〕

살펴보건대, 이 구절은 '존귀함이 천자가 되고〔尊爲天子〕'부터 '자손을 보존하였다.〔子孫保之〕'에 이르기까지 위 장에서 순(舜)임금을 칭송한 것과 한 글자도 다르지 않는데, 단지 '덕이 성인이 되다.〔德爲聖人〕'는 네 글자는 '몸은 천하의 훌륭한 이름을 잃지 않았다.'고 바꾸었으니, 미세하게 등급이 있음을 알 수 있다.

○무왕(武王)이 계승한 것을 위로 태왕(大王)까지만 미치고 더 이상 미루어 올라가지 않은 것은 왕업의 기틀을 다짐이 실로 태왕부터 시작되었기 때문이다.

○채청이 말하기를, “《시경》〈비궁(閟宮)〉에 ‘태왕이 실로 처음으로 상(商)나라를 쳤다.’고 하였는데, 이것은 주(周)나라 사람들이주왕조가 상나라를 이긴 공업이 시작한 근본을 미루어 자취를 가지고 말한 것이지, 그 마음을 말한 것이 아니다. 태왕 때에는 상나라가 아직 크게 덕을 잃지 않았고 태왕은 또 어진 제후였다. 임금과 신하 사이의 큰 의리가 천지와 나란하였으니, 대절(大節)이 달려있는데 태왕이 어찌 감히 바라서는 안 될 뜻을 대번에 품었겠는가. 《서경》〈무성(武成)〉에 ‘왕계(王季)가 왕가(王家)의 일에 부지런하였다.’ 하였는데, 왕계 당시에 또한 어찌 왕가를 소유하였겠는가. 이 또한 후인들이 추후에 말한 것일 뿐이다.” 하였다.

무왕이 말년에 천명을 받자 주공이 문왕과 무왕의 덕을 이루어……귀천에 관계없이 똑같았다.〔武王末受命, 周公成文武之德……無貴賤一也.〕

살펴보건대, 예악(禮樂)의 제도가 주공(周公)에 이르러 크게 완비되었기 때문에 주공을 칭송한 말이 이와같은 것이다. 이 단락은 주공이 예를 제정한 일을 전적으로 말하였다.

○문왕을 왕으로 추존하였다고 말하지 않고, 태왕과 왕계를 왕으로 추존했다고 말한 것은 어째서인가? ‘왕으로 추존한다.〔追王〕’는 글 위에 이미 ‘문왕과 무왕의 덕을 이루다.〔成文武之德〕’고 말하였으니, 이 ‘문무(文武)’의 ‘문(文)’ 자를 보면, 이미 문왕으로 추존된 것을 알 수 있다. 태왕과 왕계는 주공 때에 이르러 비로소 왕으로 추존되었기 때문에 여기에서 단지 태왕과 왕계만 말한 것이다. 이것으로 보면 문왕을 추존한 것은 아마도 무왕 때의 일이고, 3대를 왕으로 추존하는 예는 필시 주공 때부터 시작되었을 것이다.

○이 한 구절에 추숭(追崇)의 예·제장(祭葬)의 예·상복(喪服)의 예가 모두 갖추어졌다.

○《예기》〈대전(大傳)〉에 "목야(牧野)의 정벌은 무왕(武王)의 큰일이었다. 일을 마치고 -주(紂)를 죽인 일이다.- 물러나와, 태왕 단보(大王亶父)·왕계 역(王季歷)·문왕 창(文王昌)을 왕으로 추존하였다." 하였는데, 석량 왕씨(石梁王氏)가 말하기를, "이것은 《서경》〈무성(武成)〉 및 《중용》의 내용과 같지 않다. 상나라를 이긴 뒤에는 다만 그 칭호를 높여서 불렀을 뿐이니, 왕자(王者)로서 예약을 제정한 것은 주공이 성왕(成王)을 보필한 뒤에 갖추어졌다." 하였다.

○채청이 말하기를, "왕계(王季)는 왕으로 단칭(單稱)할 수 없기 때문에 '계(季)' 자를 붙인 것이다.[10] 옛사람은 자(字)를 중시하였으니 이를테면 자사(子思)가 공자를 칭하여 중니(仲尼)라고 한 것과 같다." 하였다.

《사기》〈주본기(周本紀)〉에 "후직이라 칭하고 별도로 희씨 성을 하사하였다.[11]……경절이 빈 땅에 나라를 세웠다." 하였다.〔后稷別姓姬氏……慶節立國於豳.〕-소주(小註)-

살펴보건대, 《시경》〈빈풍(豳風)〉 편제(篇題)에 "우(虞)나라와 하(夏)나라가 교체될 즈음에 기(棄)가 후직(后稷)이 되어 태(邰)에

10 왕계(王季)는……것이다: 왕계는 추존한 칭호로, 자(字)가 계력(季歷)이고 이름이 역(歷)이다.

11 후직이라……하사하였다 : 《사기》〈주본기(周本紀)〉에 "기를 태 땅에 봉하여 후직이라 칭하고 별도로 희씨 성을 하사하였다.〔封棄於邰, 號曰后稷, 別姓姬氏.〕" 하였다.

봉해졌는데, 하나라가 쇠퇴할 때에 후직의 직임을 없애고 농사를 힘쓰지 않자, 기의 아들 불굴(不窋)이 마침내 그 직임을 잃고 융적(戎狄) 사이로 도망하였다. 불굴이 국도(鞠陶)를 낳고 국도가 공유(公劉)를 낳았는데, 공유가 다시 후직의 업을 닦아 백성이 이로 인해 풍족해졌다. 이에 알맞은 땅을 살펴서 빈 땅 골짜기에 나라를 세웠다." 하였고, 《시경》 〈공유(公劉)〉에 "후덕하신 공유가 빈에 관사를 정하다.〔篤公劉, 于豳斯館.〕" 하였다. 이것을 가지고 보면, '경절이 빈 땅에 나라를 세웠다.'는 것과 다르니, 어떨지 모르겠다.

신안 왕씨가 말하기를, "제례는 아래에선 줄어들고 위로는 지극히 융숭하며, 상례는 아래에선 상세하고 위로는 소략함이 있다." 하였다.〔新安王氏曰: 祭禮殺於下而上致其隆, 喪禮詳於下而上有所略.〕-소주(小註)-

살펴보건대, 제례가 아래에선 줄어들고 위로는 지극히 융숭하다는 것은 천자는 7묘(廟), 제후는 5묘, 대부는 3묘, 사서인(士庶人)은 단지 부모만 제사지내는 따위이다. 상례가 아래에선 상세하고 위로는 소략함이 있다는 것은 기년상(期年喪) 이하는 천자와 제후는 없애고 대부는 줄이지만 사서인은 없애지도 줄이지도 않는 따위이다.

이상은 제18장이다.

제19장 第十九章

무왕과 주공은 누구나 말하는 효자일 것이다.〔武王周公, 其達孝矣乎!〕

살펴보건대, 이는 앞장의 '순임금은 대효일 것이다.'와 그 뜻이 같다. 다만 대효(大孝)는 지극한 효를 말한 것이고, 달효(達孝)는 공통적으로 말하는 효를 말한 것이다.

○위 장에선 문왕·무왕·주공을 아울러 말하고서 여기서는 무왕과 주공만 칭한 것은 문왕의 효가 무왕과 주공에게 미치지 못하다는 뜻이 아니다. 위 17장에서부터 이 장까지는 모두 종묘의 제사를 흠향하고 자손을 보존하고 왕으로 추존하여 제사를 올리는 등의 예를 효로 삼았다. 그러므로 무왕과 주공만 들어서 말한 것이다.

쌍봉 요씨가 말하기를, "부모를 사랑하는 나의 마음을 미루어 상제의 예를 제정하여 상하에 통용시켜 사람들마다 자신의 효를 다할 수 있게 하였다. 그러므로 달효라고 한 것이다." 하였다.〔雙峯饒氏曰: 能推吾愛親之心, 而制爲喪制之禮, 以通乎上下, 使人人得致其孝, 故謂之達孝.〕-소주(小註)-

살펴보건대, 이것은 장구(章句)의 뜻과 같지 않다. 장구의 뜻으로 보면 천하 사람들이 공통적으로 효라고 이르는 것이 달효이고, 요씨의 설을 가지고 보면 상제(喪制)의 예를 제정하여 상하에 통용시킨 것이 달효이니, 피차의 뜻이 자별하다. 요씨의 설이 따로 하나의 뜻이 되지만 주자(朱子)의 설과는 어긋남이 있는 듯하다.

효는 선인(先人)의 뜻을 잘 계승하며 선인의 일을 잘 승계한 것이다.〔夫孝者, 善繼人之志, 善述人之事者也.〕

살펴보건대, 이것은 달효의 일이다. 무왕과 주공이 달효가 된 이유는 선인의 뜻을 잘 계승하고 선인의 일을 잘 준행했기 때문이다.

○여기의 '계(繼)' 자는 위 장의 '태왕을 잇다.〔纘大王〕'의 '찬(纘)' 자와 같고, 여기의 '술(述)' 자는 위 장의 '아들이 계승하였다.〔子述〕'

의 '술(述)' 자와 같다. 인(人)은 선인(先人)을 말한다.

선조의 사당을 수리하며……제철 음식을 올린다.〔修其祖廟……薦其時食.〕

살펴보건대, 여기서부터 마지막 구절까지는 모두 윗글의 '종묘의 제사를 흠향한다.〔宗廟饗之〕'는 구절과 호응한다.

《예기》〈제법〉에 적사는 2묘와 1단이니 고묘와 왕고묘이다……관사는 1묘이니 고묘이다. 왕고는 묘가 없다.〔祭法適士二廟一壇, 曰考廟……官師一廟, 曰考廟, 王考無廟.〕-소주(小註)-

《예기》〈제법〉에 "왕은 7묘(廟)와 1단(壇)과 1선(墠)을 세운다. 고묘(考廟)·왕고묘(王考廟)·황고묘(皇考廟)·현고묘(顯考廟)·조고묘(祖考廟)는 모두 매달 제사지낸다. 대수가 먼 조상의 묘가 조(祧)이니 2조(祧)를 두는데 사시제(四時祭)만 지내고 그친다.-7묘는 3소(三昭)·3목(三穆)과 태조(太祖)이다. 1단(壇)과 1선(墠)은 7묘 이외에 또 단과 선을 하나씩 세우는 것이다. 흙을 쌓은 것이 단(壇)이고, 땅을 깎은 것이 선(墠)이다. 고묘(考廟)는 아버지의 사당이다. 왕고(王考)는 조부이고, 황고(皇考)는 증조이고, 현고(顯考)는 고조이고, 조고(祖考)는 시조이다. 시조는 백세토록 체천(遞遷)하지 않고 고조·증조·조부·부친은 대수가 가깝기 때문에 이 5묘에는 모두 매월 한 번 제사지낸다. 대수가 먼 조상의 묘가 조라는 것은 체천한 3소와 3목을 말하니 그 신주는 2조(祧)에 보관한다. 옛날에는 조천(祧遷)한 신주를 태조(太祖)의 묘 동쪽과 서쪽 협실에 보관하였는데, 주(周)나라에 이르러서 소(昭)의 조천한 신주는 모두 문왕(文王)의 사당에 보관하고, 목(穆)의 조천한 신주는 모두 무왕(武王)의 사당에 보관하였다. 이곳은 매월 제사 지내는 규례가 없고 사시제만 지낼 수 있다. 그러므로 사시제만 지내고 그친다고 한 것이다.- 제후는 5묘와 1단과 1선을 세운다. 고묘·왕고묘·황고묘는 모두 매월 제사지내고, 현고묘·조고묘는 시제만 지내고 그친다. 대부는 3묘와 2단을 세운다. 고묘·왕고묘·황고묘는 시제만 지내고 그친다. 적사는 2묘와 1단이다. 고묘와 왕고묘는 시제만 지내고 그친다. 관사는 1묘로 고묘이다. 왕고(王考)는 묘가 없이 제사지낸다.-관사(官師)는 제후의 중사(中士)와 하사(下士)로 한 관사의 우두머리가 된 자인데, 1묘만 세울 수 있어 조부와 부친을 함께 제사지낸다.- 서인(庶人)은 묘가 없다.-서인은 부사(府史) 등속이다. 비록 묘는 없어도 침(寢)[12]에 천신(薦新)할 수 있다.-

신안 진씨가 말하기를, "묘는 유사가 청소하고, 조는 수조가 검은색과 흰색을 칠한다." 하였다.[13]〔新安陳氏曰: 廟則有司修除, 祧則守祧黝堊.〕

-소주(小註)-

《주례》〈춘관(春官) 수조(守祧)〉에 "수조가 선왕과 선공의 묘와 조를 지키는 일을 관장한다. 남긴 의복을 여기에 보관하였다가 제사지낼 때면 각각 그 의복을 시동에게 준다. 묘에 제사지낼 때에는 유사가 소제하고, 조에 제사지낼 때에는 수조가 검은색과 흰색을 칠한다.〔其廟則有司修除之, 其祧則守祧黝堊之.〕" 하였다.-'기묘(其廟)'는 이 묘에 제사지내는 것이고, '기조(其祧)'는 조천한 신주에 제사지내는 것이다. 유사(有

12 침(寢) : 묘(廟)는 신주를 모시는 건물로 앞에 있고, 침은 의관(衣冠)이나 궤장(几杖) 등을 비치하는 곳으로 뒤에 있다.

13 신안……하였다 : 전체 내용은 다음과 같다. "선왕(先王)과 선공(先公)은 묘(廟)가 있고 조(祧)가 있다. 묘는 유사(有司)가 소제하고 조는 수조(守祧)가 검은색과 흰색을 칠하니, 이것이 그 조묘(祖廟)를 수리하는 것이다."

司)는 종백(宗伯)이다. '소제하다〔修除〕'와 '검은색과 흰색을 칠하다.〔黝堊〕'는 호언(互言)한 것이다. 유사는 항상 소제를 주관하고 수조는 항상 칠하는 일을 주관한다. 정사농(鄭司農)이 말하기를, "유(黝)는 유(幽)로 읽으니, 유(幽)는 검은 색이고 악(堊)은 흰색이다." 하였다. 《이아(爾雅)》에 "땅〔地〕을 유(黝)라고 하고, 단(壇)을 악(堊)이라고 한다." 하였다.-

봄에는 염소와 돼지를 쓰는데 향기로운 소기름으로 조리하고……겨울에는 생선과 기러기를 쓰는데 양기름으로 조리한다.〔春行羔豚, 膳膏香……冬行鱻羽, 膳膏羶.〕-소주(小註)-

《주례》 〈천관(天官) 포인(庖人)〉의 '짐승의 고기를 올릴 때에는……'의 주석에 "염소와 돼지는 동물이 처음 태어나서 살이 오른 것이고, 송아지와 새끼 사슴은 동물이 성장하여 충실해진 것이고, 말린 꿩고기와 말린 물고기는 몹시 더워서 마른 것이고, 생선과 기러기는 수분이 말라서 성질이 안정된 것이니, 이 여덟 가지 물건은 사시(四時)의 기운을 얻음이 더욱 왕성하여 사람이 먹으면 그 기운을 이기지 못한다. 이 때문에 쇠퇴한 것의 기름을 사용하여 조리하는 것이다.[14]" 하였다.

○〈내칙(內則)〉 주석에 "소기름은 향기롭고〔薌〕, 개기름은 누린내〔臊〕가 나고, 닭기름은 비린내〔腥〕가 나고, 양기름은 누린내〔羶〕가

14 이……것이다 : 이 부분 소(疏)에 "봄은 목(木)이 왕성한 계절이고 소는 중앙으로 토(土)에 속한다. 목(木)이 토(土)를 이기므로 목이 왕성하면 토가 쇠퇴한다. 쇠퇴한 것의 기름을 쓰기 때문에 소기름을 쓰는 것이다. 개는 금(金)에 속하고, 닭은 목(木)에 속하고, 양은 화(火)에 속하니, 이와 같다." 하였다.

난다. 봄에 염소와 돼지 고기를 먹을 때에는 소기름으로 조리하기 때문에 '향기로운 기름으로 조리한다.〔膳膏香〕'고 한 것이다. 나머지도 이와같다." 하였다.

종묘의 예는 소와 목의 차례를 정하는 것이다.〔宗廟之禮, 所以序昭穆也.〕

살펴보건대, 《주례》〈춘관(春官) 소종백(小宗伯)〉의 '묘(廟)와 조(祧)의 소(昭)와 목(穆)을 분변한다.' 주석에 "시조의 후사부터 아버지를 '소', 아들을 '목'이라 한다." 하였다.

○《예기》〈제통(祭統)〉에 "소(昭) 항렬이 한 무리가 되고 목(穆) 항렬이 한 무리가 되어 소는 소와 나이의 순서를 따르고 목은 목과 나이의 순서를 따르며 여러 유사는 모두 나이의 순서를 따르니, 이것을 '장유(長幼)에 차서가 있다.'고 한다." 하였다.

제사가 끝나고 여럿이 술을 권할 때에 아랫사람이 윗사람을 위해 잔을 올리는 것은 제사의 일이 천한 자에게까지 미치게 함이다.〔旅酬, 下爲上, 所以逮賤也.〕

정씨(鄭氏)의 구주(舊註)에 "여수(旅酬)는 오늘날 복주(福酒)를 마실 때와 같다." 하였다.

자손과 형제〔子姓兄弟〕-주(註)-

정씨의 구주에 "성(姓)은 '낳다〔生〕'는 뜻이니, 손자는 아들의 소생이다."[15] 하였다.(儀禮註姓生也. 孫所生也. 然則姓字卽孫字之義歟.)

15 손자는 아들의 소생이다 : 대본에는 '孫所生也'로 되어 있는데, 《예기정의(禮記正

빈객의 아우와 아들, 형제의 아들이 각각 자기 어른들에게 잔을 들어 올린다.〔賓弟子兄弟之子, 各擧觶於其長.〕-주(註)-

채청이 말하기를, "'각(各)' 자와 '기(其)' 자에서 빈객의 아우와 아들은 빈객 중의 어른에게 술잔을 올리고, 형제의 아들은 형제 중의 어른에게 술잔을 올리는 것을 알 수 있다." 하였다.

선조가 올랐던 자리에 올라 선조가 행했던 예법을 행하고……효의 극치이다.〔踐其位, 行其禮……孝之至也.〕

살펴보건대, '효의 극치이다.〔孝之至也〕'의 '지(至)' 자는 윗글 '달효(達孝)'의 '달(達)' 자와 호응하니, 달효(達孝)와 지효(至孝)는 그 뜻이 똑같다. 만약 천하 사람들이 공통적으로 효라고 말하지 않는다면 어찌 효의 극치라고 할 수 있겠는가.

교제(郊祭)와 사제(社祭)의 예는 상제를 섬기는 것이요[16]……나라를 다스리는 일이 손바닥을 들여다보듯 쉬울 것이다.〔郊社之禮, 所以事上帝也……治國其如示諸掌乎!〕

살펴보건대, 위의 몇 구절은 모두 종묘의 제사를 흠향하는 예를 말하였고, 이 구절에 이르러 교제와 사제의 예 한 단락을 삽입하였다. 이는 나라를 다스리는 자가 반드시 교제와 사제, 체제(禘祭)와 상제(嘗祭)의 예까지 겸하여 밝아야만 나라를 잘 다스릴 수 있음을 밝힌

義)》에 의거하여 '孫是子之所生'으로 바로잡아 번역하였다.

16 상제를 섬기는 것이요 : 대본에는 '所以祀上帝也'로 되어 있는데, 《중용》제19장에 의거하여 "所以事上帝也'로 바로잡아 번역하였다.

것이다. 임금은 천지를 받들고 종묘의 주인이 되어 나라를 다스리는 자이니, 교제와 사제의 예에 밝으면 천지를 섬기는 도를 다할 수 있고, 체제와 상제의 뜻에 밝으면 종묘를 섬기는 도를 다할 수 있다. 천지와 종묘를 섬기는 예에 밝아 그 인효(仁孝)와 성경(誠敬)의 도를 극진히 하여 교제를 지냄에 상제(上帝)가 흠향하고 묘제(廟祭)를 지냄에 조상이 흠향한다면 이것을 미루어 천하를 다스림이 손바닥을 들여다보는 것과 다름없이 쉬울 것이다. 이것이 종묘의 예 앞에 교제와 사제의 예를 반드시 겸하여 말한 이유이다.

○《예기》〈중니한거(仲尼閑居)〉-편명(篇名)이다.-에 "공자께서 말씀하기를, '교제와 사제의 뜻[17]은 귀신을 사랑하는 것이고, 상제와 체제의 예는 소목(昭穆)의 조상을 사랑하는 것이다. 교제와 사제의 뜻과 체제와 상제의 예에 밝으면 나라를 다스리는 일이 마치 손바닥을 가리키는 것처럼 쉬울 뿐이다.' 하였다."고 하였는데, 그 주석에 "교제와 사제의 뜻에 밝으면 어버이를 섬기듯이 하늘을 섬기고, 체제와 상제의 예에 밝으면 하늘을 섬기듯이 어버이를 섬길 것이다. 인인(仁人)과 효자(孝子)는 여기에 밝기 때문에 백성은 동포이고 만물은 동류라는[18] 마음을 미룰 수 있어 천하와 국가를 다스리기 어렵지 않은 것이다." 하였다.

○주자가 말하기를, "체제(禘祭)가 가장 의미심장하다. 만일 조상과

17 교제와 사제의 뜻 : 대본에는 '郊社之禮'로 되어 있는데, 《예기》〈중니한거〉에 의거하여 '郊社之義'로 바로잡아 번역하였다.

18 백성은……동류라는 : 장재(張載)의 〈서명(西銘)〉에 나오는 말로, "천지의 가득한 기운은 내가 형체를 삼고, 천지 기운의 장수인 천리는 내가 본성으로 삼으니, 백성은 나의 동포요 사물은 나의 동류이다." 하였다.

자기 자신이 멀리 떨어져 있다고 여기지 않는다면 제사지내는 예를 또한 쉽게 이해할 것이다. 하늘에 교제를 지내고 땅에 사제를 지내는 것은 그래도 분명하게 드러난 하늘과 땅이 있어서 감히 그 마음을 다하지 않을 수 없다. 그러나 그 시조(始祖)를 제사지내는데 이르러선 이미 매우 멀리 떨어져 있기 때문에 감동시켜 이르게 하는 도를 다하기 어렵다. 그런데 지금 또 시조의 조상에게까지 미루어 제사지내니, 이치를 살핌이 정미(精微)하고 정성과 공경이 지극한 자가 아니라면 어떻게 여기에 참여할 수 있겠는가. 그러므로 이것을 알면 천하를 다스림이 어렵지 않은 것이다. 체제에도 밝은데 다른 것은 어떻겠으며 시조의 조상도 감동시켜 이르게 하는데 다른 것은 어떻겠는가." 하였다.

이는 논어의 글 뜻과 대동소이하다.〔此與論語文意, 大同小異.〕-주(註)- 《논어》에 "어떤 사람이 체제(禘祭)의 뜻을 묻자, 공자께서 말씀하기를, '모르겠다. 체제의 뜻을 아는 자는 천하의 일에 대하여 이것을 들여다보는 것처럼 쉬울 것이다.' 하면서 손바닥을 가리키셨다." 하였다.

운봉 호씨가 말하기를, "주공이 예를 제정함이 이와같다고만 말해도……예가 아닌 교제(郊祭)와 체제(禘祭)를 지내는 노나라를 부족하게 여기는 뜻이 저절로 드러난다." 하였다.[19]〔雲峯胡氏曰: 但言周公之

19 운봉……하였다 : 전체 내용은 다음과 같다. "주공이 예를 제정함이 이와같다고만 말해도 예가 아닌 교제와 체제를 지내는 노(魯)나라를 부족하게 여기는 뜻이 저절로

制禮如此……魯之郊禘非禮, 其意自見.〕-소주(小註)-

《예기》〈명당위(明堂位)〉에 "성왕(成王)은 주공(周公)이 천하에 큰 공로가 있다고 여겼기 때문에 주공을 곡부(曲阜)에 봉하고, 노공(魯公)-백금(伯禽)이다.-으로 하여금 대대로 천자의 예악을 사용하여 주공을 제사지내게 하였다." 하였다. 정자(程子)가 말하기를, "주공의 지위에 있으면 주공의 일을 해야 하니,[20] 그 지위로 말미암아 할 수 있는 것은 모두 당연히 해야 한다. 주공은 그 신하된 직분을 다했을 뿐이니, 어찌 천자의 예약을 홀로 쓸 수 있겠는가. 성왕이 천자의 예악을 준 것과 백금이 받은 것이 모두 잘못이다." 하였다.

이상은 제19장이다.

제20장 第二十章

공자께서 말씀하기를, "문왕과 무왕의 정사가 방책에 실려 있으니……그러한 사람이 없으면 그러한 정사가 종식된다." 하였다.〔子曰: 文武之政, 布在方策……其人亡則其政息.〕

살펴보건대, 공자가 반드시 문왕과 무왕의 정사로 대답한 것은 삼대(三代) 시대에 오직 문왕과 무왕의 정사가 성대하였기 때문이다. ○채청이 말하기를, "공자가 평소에 하신 말씀이 진실로 한량이 없는데, 자사(子思)가 《중용》에서 인용하여 대순(大舜) · 문왕 · 무

언외(言外)에 드러난다. 이것이 성인(聖人)의 말씀이 되는 이유이다."

20 주공의……하니 : 대본에는 '周公之事'로 되어 있는데, 《근사록(近思錄)》 및 《주역전의(周易傳義)》에 의거하여 '爲周公之事'로 바로잡아 번역하였다.

왕·주공의 기업에 이은 것이 이 한 장에 있다. 그 체용(體用)이 완전히 갖추어지고 비은(費隱)과 대소(大小)가 겸비되어 한결같이 모두 요순(堯舜) 이래 '오직 정밀하고 전일하게 하여 참으로 그 중도를 잡아야 한다.〔惟精惟一, 允執厥中.〕'의 바른 전통이니, 비록 애공(哀公)을 위해 한 말이지만 실로 만세 임금의 중요한 도이다." 하였다.

○"요순의 도(道)로 대답하지 않고 문무의 정사만 들어 대답한 것은 어째서입니까?"라는 질문에, 퇴계가 말하기를, "정사에 대해서만 묻고 도에 대해서는 묻지 않았기 때문에 도로 대답하지 않고 정사로 대답한 것이니 무슨 의심할 것이 있겠는가. 더구나 주(周)나라의 정사는 도에 가깝고 구비되어 있었음에랴." 하였다.

사람의 도는 정치에 신속하게 나타나고, 땅의 도는 나무에 신속하게 나타난다.〔人道敏政, 地道敏樹.〕

살펴보건대, 《가어(家語)》에는 '사람의 도는 정사에 빠르게 나타난다.〔人道敏政〕' 위에 '하늘의 도는 살리는데 빠르게 나타난다.〔天道敏生〕'는 네 글자가 있다.

포로는 심괄이 갈대라고 하였으니 옳다.〔蒲盧, 沈括以爲蒲葦, 是也.〕

-주(註)-

살펴보건대, 정씨(鄭氏)의 구주(舊註)에 "포로(蒲盧)는 과라(蜾蠃 나나니벌)이니 토봉(土蜂 땅벌)을 이른다. 포로는 뽕나무벌레의 새끼를 가져다가 변화시켜 자신의 새끼로 만든다. 정사가 백성을 변화시키는 것은 마치 이와같다." 하였다. 그러므로 장구(章句)에서 이를 바꾸어 심괄의 갈대의 설을 옳다고 한 것이다.

○채청이 말하기를, "포(蒲)와 위(葦)는 같은 식물이니, 양유(楊柳)와 기류(杞柳)가 모두 같은 식물이면서 이름이 둘인 것과 같다." 하였다.

그러므로 정사를 하는 것은 사람에게 달려있으니, 사람을 취하기를 자신의 몸을 닦음으로써 하고, 자신의 몸을 닦기를 도로써 하고, 도를 닦기를 인으로써 한다.〔故爲政在人, 取人以身, 修身以道, 修道以仁.〕

살펴보건대, 이것은 위 한 구절을 이어서 정사를 하는 방도는 다른데서 구할 수 없고 인재를 얻는 데에 있을 뿐임을 말하였으니, 윗글의 '그러한 사람이 있으면 그러한 정사가 거행된다.'는 뜻을 실증한 것이다. 그 아래에 또 근본을 미루어 인재를 취하는 법은 다른 데서 구할 수 없고 단지 내 몸을 닦는데 있을 뿐임을 말하였으니, 자신의 몸이 닦이지 않으면 남의 현부(賢否)을 알지 못하여 취사선택이 명확하지 못하다. 그 아래에 또 근본을 미루어 자신의 몸을 닦는 요체가 도에 있으며 도를 닦는 요체가 인에 있음을 말하였으니, 이 '도(道)'와 '인(仁)' 두 글자를 말하여 사람들로 하여금 확실하게 착수할 곳이 있음을 알게 하였다.

○만약 '몸을 닦기를 도로써 한다.'라고만 하면 도리가 넓고 커서 어디서부터 착수할지 알 수 없다. 그러므로 또 '도를 닦기를 인으로써 한다.'고 말한 것이다. 인(仁)은 사람 마음의 가장 절실한 부분이니, 도를 닦는 자가 만일 여기서부터 힘을 쓴다면 들어가는 문을 얻을 수 있을 것이다.

○'정사를 하는 것이 사람에게 달려 있다.'와 '사람을 취하기를 자신

의 몸을 닦음으로써 한다.'는 그 사이 등급의 격차가 먼 듯하고, '몸을 닦기를 도로써 한다.'와 '도를 닦기를 인으로써 한다.'는 그 사이 등급의 격차가 가까운 듯하다.

○'몸을 닦는다.〔修身〕' 두 글자가 바로 한 장의 강령이다. 그러므로 아래 글에서 점차 미루어 말한 것이다. 이른바 '어버이를 가까이 한다.〔親親〕'와 '어진 이를 높인다.〔尊賢〕'는 몸을 닦는 요체에 이것을 중시함을 말한 것이고, 이른바 '어버이를 섬긴다.〔事親〕'·'사람을 안다.〔知人〕'·'하늘을 안다.〔知天〕'는 몸을 닦는 근본에 이것을 우선시함을 말한 것이고, 이른바 '달도(達道)'와 '달덕(達德)'은 몸을 닦는 방도가 여기에서 벗어나지 않음을 말한 것이다. 이렇게 미루어 나가면 모두 그렇지 않음이 없다.

○'정사를 하는 것이 사람에게 달려 있다.'는 윗글 '사람의 도는 정사에 신속하게 나타난다.'를 이어서 말한 것이고, '도를 닦기를 인으로써 한다.'는 아래의 '인은 사람이다.〔仁者, 人也.〕'는 말을 일으키려고 말한 것이다.

능히 그 자신을 인하게 한다.〔能仁其身〕-주(註)-

살펴보건대, 여기에서 도(道)는 말하지 않고 인(仁)만 말한 것은 어째서인가? 능히 그 자신을 인하게 하면 도가 저절로 그 속에 들어 있기 때문이니, 어찌 인 밖에서 도를 구하여 인과 도를 두 가지로 만들어서야 되겠는가. 공자의 이른바 '도를 닦기를 인으로써 한다.'는 말은 인심(人心)의 온전한 덕을 가리켜 도를 닦는 자가 가장 절실하게 힘쓸 곳을 보여준 것에 불과하니, 도와 인을 두 가지 물사(物事)로 만들어 저 인을 가지고 와서 이 도를 닦는 것이 아니다. 만약 능히 그 자신을 인하게 한다면 그 인하게 하는 것이 바로 도이다.

"인 자는 한쪽 측면으로 말한 것인 듯합니다."라는 질문에……주자가 말하기를, "이와같은 말은 한쪽 측면으로 말한 것이다." 하였다.[21]〔問這箇仁字, 是偏言……朱子曰: 如此說, 是偏言.〕-소주(小註)-

살펴보건대, 인의예지(仁義禮智)가 사람의 사성(四性)이지만 사성 가운데 인이 들어있지 않은 곳이 없다. 그러므로 인은 통틀어 말하면 사성을 겸하고, 한쪽 측면으로 말하면 한 가지 일이다. 지금 단지 '인은 사람이니 친한 이를 친애하는 것이 중대하다.'라고만 한다면 이는 인의 한 가지 측면을 들어서 말한 것이다. 그러므로 한쪽 측면으로 말한 것이라고 하였다.

인은 사람이니 친한 이를 친애하는 것이 중대하고……어진 이를 높이는 등급이 예가 생겨난 이유이다.〔仁者, 人也, 親親爲大……尊賢之等, 禮所生也.〕

살펴보건대, 위 단락에서 이미 '몸을 닦기를 도로써 한다.'고 말하였기 때문에 이 단락에서는 몸을 닦는 요체만 들어서 말하고, 아래 단락에 또 이어서 "그러므로 군자는 몸을 닦지 않을 수 없다."고 말한 것이다.

○윗글에 '도를 닦기를 인으로써 한다.'고 말했는데, 그 이른바 '인'이

21 인……하였다 : 전체 문장은 다음과 같다. "'인(仁) 자는 한쪽 측면으로 말한 듯합니다.'라는 질문에, 주자가 '인은 사람이니 친한 이를 친애하는 것이 중대하다는 이러한 말은 한쪽 측면으로 말한 것이다.' 하였다."

란 또 친한 이를 친애하는 것을 중대하게 여겨야 한다. 그러므로 여기에서 이렇게 말한 것이다. 그러나 인을 말한 뒤에 또 의(義)와 예(禮)를 말한 것은 어째서인가? 의(義)는 인의 상대 개념이니, 인이 있으면 저절로 의가 있다. 이미 인과 의가 있다면 그 사이에 자연히 더하고 줄이는 등급의 절문(節文)이 있다. 그러므로 '인은 사람이다……' 아래에 의와 예를 겸하여 말한 것이다.

○인은 포용하지 않는 것이 없지만 친한 이를 친애하는 것을 가장 중대해야 여겨야 하며, 의는 있지 않은 곳이 없지만 어진 이를 높이는 것을 가장 중대하게 여겨야 하니, 이 '중대함이 된다.〔爲大〕'는 두 글자를 보면 그 뜻을 알 수 있다.

○'친한 이를 친애한다.〔親親〕'는 인(仁)이고, '어진 이를 높인다.〔尊賢〕'는 의(義)이고, '예가 생겨난 바이다.〔禮生〕'는 예(禮)이고, 아래 글의 '사람을 안다.〔知人〕'와 '하늘의 이치를 안다.〔知天〕'는 지(智)이니, 인의예지 네 가지가 갖추어졌다.

그러므로 군자는 몸을 닦지 않을 수 없다……사람을 알고자 생각한다면 하늘의 이치를 알지 않아서는 안 된다.〔故君子不可以不修身……思知人，不可以不知天.〕

살펴보건대, 몸을 닦는 도가 어버이를 섬기는 한 가지 일뿐이 아닌데도 여기에서 특별히 어버이 섬기는 일을 거론한 것은 몸을 닦을 적에 어버이를 섬기는데 근본하지 않으면 시행하는 순서를 잃게 되니 이른바 '친한 이를 친애함이 중대하다.'는 인(仁)이 아님을 말한 것이다. 어버이를 섬기는 도가 사람을 아는 한 가지 일뿐이 아닌데도 여기에서 반드시 사람을 아는 것으로 말한 것은 어버이를 섬길 적에 사람을 아는 것을 우선시하지 않으면 사귀는 상대가 혹 알맞은 사람이 아니어서 어버이에게 치욕이 미치게 되니 이른바 '어진 이를 높임이 중대하다.'는 의(義)에 어긋남을 말한 것이다. 이미 어버이를 섬기고 이미 사람에 대해서는 알지만 하늘의 이치에 밝지 못하면 어버이를 섬기고 어진 이를 높일 적에 혹 친소(親疏)가 분명하지 않고 등급이 구분되지 않아 그 도를 다할 수 없으니, 또 '친한 이를 친애함을 줄여나가는 것과 어진 이를 높임에 차등을 두는 것이 예(禮)가 생겨난 이유이다.'는 뜻이 아니다.

○통틀어 말하면 어버이를 섬기는 것과 사람을 아는 것과 하늘의 이치를 아는 것은 몸을 닦으려는 자가 먼저 해야 할 바이다. 나누어 말하면 몸을 닦으려는 자는 어버이 섬기는 일을 먼저 해야 하고, 어버이를 섬기려는 자는 사람을 아는 것을 먼저 해야 하고, 사람을 알려는 자는 하늘의 이치를 아는 것을 먼저 해야 한다.

○몸을 닦는 것은 《대학》의 이른바 '수신(修身)'이고, 사람을 알고 하늘의 이치를 아는 것은 《대학》의 이른바 '격물치지(格物致知)'이다. 이 단락의 몸을 닦음에서부터 하늘의 이치를 앎에 이르기까지는 '그 몸을 닦고자 하는 자는 먼저 그 마음을 바르게 하고, 그 마음을 바르게 하고자 하는 자는 먼저 그 뜻을 성실히 하고, 그 뜻을 성실히 하고자 하는 자는 먼저 그 앎을 지극하게 한다.'는 《대학》의 거꾸로 미루어 나가는 공부와 같다.

○두 '지(知)' 자는 사람을 취하고 자신의 몸을 닦고 어버이를 섬길 적에 모두 아는〔知〕 것을 우선으로 삼음을 말한 것이니, 또한 아래 글 '지인용(知仁勇)'의 '지(知)' 자를 일으키려 한 것이다.

○채청이 말하기를, "친한 이를 친애함을 줄여나감은 그 줄이는 것이

내가 만든 줄임이 아니고, 어진 이를 높임에 차등을 둠은 그 차등이 또한 내가 만든 차등이 아니니, 모두 천리(天理)의 당연함이다. 이 때문에 하늘을 알고자 하는 것이다." 하였다.

천하의 달도가 다섯인데 이것을 행하는 것은 세 가지이니……이것을 행하는 것은 하나이다.〔天下之達道五, 所以行之者三……所以行之者一也.〕

살펴보건대, 도(道)는 '몸을 닦기를 도로써 한다.〔修身以道〕'고 할 때의 '도'이다. 세 가지 달덕(達德)이 즉 달도(達道)이니 공부해야 하는 곳이다. 지(知)는 이 다섯 가지를 아는 것이요, 인(仁)은 이 다섯 가지를 체행(體行)하는 것이요, 용(勇)은 이 다섯 가지를 힘쓰는 것이다. 이른바 '성(誠)'이란 이 세 가지 달덕 이외에 다시 이른바 어떤 하나의 물사(物事)가 있어 별도로 공부하는 것이 아니다. 단지 진실하게 알고 진실하게 체행하고 진실하게 힘쓰는 것이 바로 성(誠)이니, 성은 즉 하나이다.

○명도 선생(明道先生)이 말하기를, "인(仁)한 자는 근심하지 않고 지혜로운 자는 의혹하지 않고 용맹한 자는 두려워하지 않는 것은 덕의 순서이고, 지혜로운 자는 의혹하지 않고 인한 자는 근심하지 않고 용맹한 자는 두려워하지 않는 것은 학문의 순서이니, '지'로써 알고 '인'으로써 지키고 '용'으로써 행한다." 하였다.

○살펴보건대, 명도의 설을 가지고 살펴보면 이른바 '지인용(知仁勇)'은 학문의 순서로 말한 것이다.

○채청이 말하기를, "붕우(朋友)에게만 '지교(之交)' 두 글자를 붙인 것은 붕우가 실로 서로 사귐으로써 이루어진 자이기 때문이다. 부자

(父子)와 형제는 모두 천륜으로 맺어졌고, 부부 또한 하나의 음(陰)과 하나의 양(陽)으로 종신토록 풀 수 없는 사이이다. 군신(君臣)은 비록 타인으로 맺어졌지만 장생(莊生)의 이른바 '천지 사이에 도망갈 데가 없다.'[22]에 해당하는 관계이다. 오직 붕우의 윤리는 사귐에 달려 있을 뿐이니, 사귀면 붕우가 되고 사귐이 없으면 붕우의 무리에 끼이지 않는다. 그러므로 유독 '붕우지교(朋友之交)'라고 말한 것이다." 하였다.

○살펴보건대, 채씨의 이 설은 과연 옳은지 모르겠다.

혹은 태어나면서부터 알고 혹은 배워서 알고……그 성공에 미쳐서는 똑같다.〔或生而知之, 或學而知之……及其成功, 一也.〕

살펴보건대, 지(知)와 행(行)을 세 등급으로 나눈 것은 기질이 똑같지 않은 측면으로 말한 것이다. 공을 이룸은 똑같다는 것은 사람의 본성이 본래 선하기 때문이다.

구분하여 말하면……등급으로 말하면〔以其分而言……以其等而言〕-주(註)-

채청이 말하기를, "구분하여 말한다는 것은 지(知)와 행(行)을 나누어 두 항목으로 삼는 것이고, 등급으로 말한다는 것은 구분에 따라 그 가운데에 각각 고하(高下)의 등급이 있는 것이다." 하였다.

22 장생(莊生)의……없다 : 《장자(莊子)》〈인간세(人間世)〉에 "신하가 임금을 섬기는 것은 의(義)이다. 어느 곳인들 임금이 다스리는 곳이 아님이 없으니 천지 사이에 도망할 데가 없다." 하였다.

알거나 성공하여 똑같음에 이르는 것은 용이다.〔所以至於知之成功而一者, 勇也.〕-주(註)-

채청이 말하기를, "태어나면서부터 알고〔生知〕 편안하게 행하는〔安行〕 자는 용(勇)에 의지하지 않아도 여유롭지만, 배워서 알고〔學知〕 이롭게 여겨 행하는〔利行〕 자와 애써서 알고〔困知〕 힘써서 행하는〔勉行〕 자는 모두 용에 의지하니, 용이 없으면 알거나 성공하여 똑같음에 이를 수 없다. 그러므로 장구(章句)에서 '알거나 성공하여 똑같음에 이르는 것은 용이다.'고 한 것이다. '지어(至於)'라고 하였으니, 바로 배워서 알고 이롭게 여겨 행하는 자와 애써서 알고 힘써서 행하는 자를 가리킨 것임을 알 수 있다. 태어나면서부터 알고 편안하게 행하는 자는 분명히 용에 의지하지 않는 자이다. 그러나 이들도 본디 불용(不勇)의 용(勇)을 지니고 있으니, 이미 용이라고 지목할 수는 없지만 또 불용이라고 말할 수도 없다. 다만 '지어(至於)' 두 글자와 본문의 '급(及)' 자가 비록 세 '혹(或)' 자를 통틀어서 이어 말했지만 실제로는 그 말에 까닭이 있다.

도를 들음에 빠르고 늦음이 있으며 도를 행함에 어렵고 쉬움이 있다……그 도달함은 똑같다.〔聞道有早暮, 行道有難易然……其至一也.〕-주(註)-

살펴보건대, 도를 들음에 빠르고 늦음이 있는 것은 지(知)이고, 도를 행함에 어렵고 쉬움이 있는 것은 행(行)이고, 스스로 힘쓰고 쉬지 않아 그 도달함이 똑같은 것은 용(勇)이다.

만약 태어나면서부터 알고 편안하게 행하는 자품을 바라서 미칠 수

없다고 여긴다면〔若乃企生知安行之資, 爲不可幾及〕-주(註)-

사계(沙溪)가 말하기를, "기(幾)는 '기약하다〔期〕'는 뜻이다." 하였다.

공자께서 말씀하기를, "학문을 좋아하는 것은 지에 가깝고, 힘써 행하는 것은 인에 가깝고, 부끄러움을 아는 것은 용에 가깝다." 하였다.〔子曰: 好學近乎知, 力行近乎仁, 知恥近乎勇.〕

살펴보건대, 《가어(家語)》에는 '자왈(子曰)' 위에 "애공(哀公)이 말하기를, '선생의 말씀이 아름답고 지극하나, 과인이 실로 고루하여 이것을 이룰 수 없습니다.'는 내용이 있다. 이 때문에 공자가 여기에 또 지인용(知仁勇)의 다음을 말하여 이로 말미암아 구하여 점차 순차적으로 나아가 세 달덕(達德)에 들어갈 수 있기를 바란 것이다.

○지(知)는 대번에 이를 수 없으니 먼저 학문을 좋아해야 한다. 학문을 좋아하는 것이 '지'는 아니지만 '지'에 가까우니, 만약 학문을 좋아하여 게을리 하지 않는다면 '지'에 이를 수 있다. 인(仁)은 대번에 이를 수 없으니 먼저 힘써 행해야 한다. 힘써 행하는 것이 '인'은 아니지만 '인'에 가까우니, 만약 그치지 않고 힘써 행한다면 '인'에 미칠 수 있다. 용(勇)은 대번에 이를 수 없으니 먼저 부끄러움을 알아야 한다. 부끄러움을 아는 것이 '용'은 아니지만 '용'에 가까우니, 만약 끊임없이 부끄러움을 안다면 '용'에 도달할 수 있다.

○세 가지 가까움〔近〕[23]은 아직 '지인용'에 이르지 못하여 '지인용'이 되기를 구하는 일이다. 이는 모두 '용'의 일이지만 이 '근(近)' 자를 보면 '용'의 다음인 것을 알 수 있다.

23 세 가지 가까움 : 학문을 좋아하는 것, 힘써 행하는 것, 부끄러움을 아는 것을 말한다.

○통틀어 말하면 학문을 좋아하고 힘써 행하고 부끄러움을 아는 것은 모두 용의 일이면서 용의 다음이 된다. 나누어 말하면 학문을 좋아함은 '지'에 가까우니 '지'의 다음이고, 힘써 행함은 '인'에 가까우니 '인'의 다음이고, 부끄러움을 앎은 '용'에 가까우니 '용'의 다음이다.

절재 채씨-이름이 연(淵)이다.-가 말하기를, "태어나면서부터 아는 것은 지의 지이고……부끄러움을 아는 것은 용의 용이다." 하였다.[24]〔節齋蔡氏曰: 生知者, 知之知也……知恥者, 勇之勇也.〕-소주(小註)-

살펴보건대, 채씨의 설에 '편안하게 행하는 것은 인의 인이다.〔安行者仁之仁〕'라고 할 때의 '인(仁)' 자와 '이롭게 여겨 행하는 것은 지의 인이다.〔利行者知之仁〕'라고 할 때의 '지(知)' 자는 서로 바꾸어 말하는 것이 마땅할 듯하다.

○채청이 말하기를, "장구(章句)에 '태어나면서 아는 것과 편안하게 행하는 것은 지(知)이고, 배워서 아는 것과 이롭게 여겨 행하는 것은 인(仁)이고, 애써서 하는 것과 힘써서 행하는 것은 용(勇)이다.'고 한 것은 본문의 이른바 '천하의 달덕(達德)' 및 장구의 '사람이 함께 얻은 이치'라는 뜻과 조금 어긋남이 있는 듯하다. 주자(朱子)의 문집에 근거하면 이는 횡거(橫渠 장재(張載))와 구산(龜山 양시(楊時))의

24 절재……하였다 : 전체 내용은 다음과 같다. "삼지(三知)는 지(知)를 위주로 하였고, 삼행(三行)은 인(仁)을 위주로 하였고, 삼근(三近)은 용(勇)을 위주로 하였다. 태어나면서부터 아는 것은 지(知)의 지(知)이고, 배워서 아는 것은 인(仁)의 지(知)이고, 애써서 아는 것은 용(勇)의 지(知)이다. 편안하게 행하는 것은 인의 인이고, 이롭게 여겨 행하는 것은 지의 인이고, 힘써서 행하는 것은 용의 인이다. 학문을 좋아하는 것은 지의 용이고, 힘써 행하는 것은 인의 용이고, 부끄러움을 아는 것은 용의 용이다."

설을 쓴 것이다. 오직 절재 선생(節齋先生)이 잘 해석하였으니, 지금 이를 따라야 한다." 하였다.

이 세 가지를 알면 몸을 닦는 바를 알 것이다.〔知斯三者, 則知所以修身.〕

살펴보건대, 여기에 이르러 또 '몸을 닦는다.〔修身〕'는 두 글자를 제기하였으니, 이 장이 몸을 닦는 것을 중시함을 알 수 있다.

천하와 국가를 다스리는 데에 아홉 가지 떳떳한 방도가 있으니, 자신의 몸을 닦는 것과……제후를 포용하는 것이다.〔凡爲天下國家有九經, 曰修身也……懷諸侯也.〕

살펴보건대, 《가어(家語)》에는 '범위(凡爲)' 위에 "애공(哀公)이 말하기를, '정사는 이것만 다하면 됩니까?' 하니, 공자가 다음과 같이 말하였다.〔公曰政其盡此而已乎孔子曰〕"라는 열두 글자가 있다.

○자신의 몸을 닦는 것과 어진 이를 높이는 것과 친한 이를 친애하는 것은 이미 윗글에 보이니, 대신(大臣)을 공경하는 것 이하 여섯 가지는 모두 이 이 세 가지에서 미루어 나간 것이다. 대신을 공경하고 신하들의 마음을 체찰하는 것은 어진 이를 높이는 일에서 미루어 나간 것이고, 백성을 자식처럼 사랑하고 백공(百工)을 우대하여 오게 하고 먼 지방 사람을 회유하고 제후를 포용하는 것은 친한 이를 친애하는 일에서 미루어 나간 것이다. 어진 이를 높임에서부터 제후를 포용함까지 여덟 가지는 모두 몸을 닦는 일에서 미루어 나간 것이다.

○윗글에서는 친한 이를 친애함이 어진 이를 높이는 일 앞에 있었는데, 여기에서는 어진 이를 높임이 친한 이를 친애하는 일 앞에 있는

것은 어째서인가? 몸을 닦을 적에 친한 이를 친애하는데 근본을 두지 않으면 시행하는데 순서가 없다. 그러므로 윗글에서 자신에서부터 친한 이를 친애하는데 미치고 친한 이를 친애하는 것에서부터 어진 이를 높이는데 미친 것이니, 이는 자신으로부터 미루어 행하는 순서가 응당 이와같아야 하기 때문이다. 그러나 먼저 어진 이를 높이지 않으면 친한 이를 친애하는 도를 알지 못한다. 그러므로 아래에서 어진 이를 높이는 일을 도리어 친한 이를 친애하는 일 앞에 둔 것이니, 이는 도에 들어가는 순서가 또 응당 이와같아야 하기 때문이다.

○대신을 공경하는 것과 신하들의 마음을 체찰하는 것이 같은 일이고, 백성을 자식처럼 사랑하는 것과 백공을 우대하여 오게 하는 것이 또 같은 일이고, 먼 지방 사람을 회유하고 제후를 포용하는 것이 또 같은 일이다. 이 여섯 가지는 모두 몸을 닦고, 어진 이를 높이고, 친한 이를 친애한 이후의 일이다. 만약 먼저 몸을 닦고 어진 이를 높이고 친한 이를 친애할 수 있다면 이 여섯 가지를 자연히 미루어 행할 수 있을 것이다.

○'먼 지방 사람을 회유하다.〔柔遠人〕'의 '유(柔)' 자는 《서경》의 '멀리 있는 자를 회유하다.〔柔遠〕'의 '유(柔)' 자와 같다. 다만 《서경》의 '멀리 있는 자를 회유하다.'의 뜻은 이 《중용》의 '먼 지방 사람을 회유하다.'의 뜻과는 다르다.[25]

○"《대학》의 팔조목(八條目)은 '격물치지(格物致知)'을 우선으로 삼

25 서경의……다르다 : 《서경》 주석에선 "유는 너그럽게 보살피는 것이다.〔柔者, 寬而撫之也.〕"라고 하였고, 《중용》 주석에선 "먼 지방 사람을 회유한다는 것은 《맹자》의 이른바 '손님과 나그네에게 소홀히 하지 말라.'는 것이다." 하였다.

았는데, 《중용》의 구경(九經)은 '수신(修身)'을 으뜸으로 삼은 것은 어째서입니까?"라는 질문에, 퇴계(退溪)가 말하기를, "팔조목은 학문의 순서이기 때문에 먼저 알고 뒤에 행하여 미루어 행함에 미치는 것이고, 구경은 정치를 하는 방도이기 때문에 단지 '수신'을 들어서 본령으로 삼은 것이다. 또 '수신' 가운데 이미 '격물치지'의 내용을 포함하고 있으니, 어찌 차례를 건너뛰는 것이겠는가." 하였다.

몸을 닦으면 도가 확립되고 어진 이를 높이면 의혹되지 않는다.〔修身則道立, 尊賢則不惑.〕

살펴보건대, 도가 확립됨이 몸을 닦은 공효이고, 의혹되지 않음이 어진 이를 높인 공효이니, 나머지도 모두 이와 같다.

백성을 자식처럼 사랑하면 백성이 권면된다.〔子庶民, 則百姓勸.〕

사계(沙溪)가 말하기를, "권(勸)은 백성이 권면되는 바가 있어 선을 행하기를 즐거워한다는 말이니, 기뻐하여 따른다는 뜻이다." 하였다.

쌍봉 요씨가 말하기를, "'재용' 두 글자는, 재는 재화이고 용은 기용이다." 하였다.〔雙峯饒氏曰: 財用是兩字, 財是財貨, 用是器用.〕-소주(小註)-

채청이 말하기를, "요씨의 이 설은 옳지 않다. 재물〔財〕이 있으면 이에 쓰임〔用〕이 있다. 예를 들어 쟁기와 포백(布帛)이 모두 재물이지만, 포백은 포백의 쓰임이 있어 의복을 만들고, 쟁기는 쟁기의 쓰임이 있어 밭 갈고 김매는데 사용된다. 땅에서 생산되어 쓸 수 있는 것과 사람이 만들어 사용하는 것이 모두 재물이다." 하였다.

운봉 호씨가 말하기를, "'도가 확립됨은 몸을 닦은 공효이다.' 이하는 모두 도가 확립된 공효이다.〔雲峯胡氏曰: 道立是修身之效以下, 皆道立之效.〕-소주(小註)-

살펴보건대, '이하는 모두 도가 확립된 공효이다.'라는 말은 장구(章句)의 뜻과 같지 않다. 그러나 이 장은 몸을 닦음을 중시하였으니 호씨의 설처럼 보더라도 뜻이 통한다.

재계하여 마음을 밝게 하고 제복을 성대히 갖추어 입고서 예가 아니면 움직이지 않는 것이 몸을 닦는 일이다.〔齊明盛服, 非禮不動, 所以修身也.〕

살펴보건대, 《가어》에 '재계하여 마음을 밝게 하고 제복을 성대히 갖추어 입는다.〔齊明盛服〕' 위에 "애공(哀公)이 말하기를, '어떻게 해야 되겠습니까?' 하였다.〔公曰爲之奈何〕'라는 여섯 글자가 있다. 이 때문에 공자가 공부해야 할 구경(九經)의 일로 대답한 것이다. ○'재계하여 마음을 밝게 하고 제복을 성대히 갖추어 입는다.〔齊明盛服〕'는 네 글자는 위의 귀신장(鬼神章)에 보이고, '예가 아니면 움직이지 않는다.〔非禮不動〕'는 네 글자는 《논어》 극기복례장(克己復禮章)에 보이는데, 여기에서 합쳐서 "재계하여 마음을 밝게 하고 제복을 성대히 갖추어 입고서 예가 아니면 움직이지 않는다."고 말하였다. 재계하여 마음을 밝게 하고 제복을 성대히 갖추어 입는 것은 경외하고 엄숙히 하는 뜻이고, 예가 아니면 움직이지 않는 것은 사욕을 이겨 예로 돌아가는 일이니, 이 여덟 자가 몸을 닦는 요체임을 알 수 있다.

공인(工人)에게 내준다.〔齎其工〕-'齎'는 음이 '자(咨)'이다. 소주(小註)-

《주례(周禮)》 본주(本註)에 "공인에게 내준다는 것은 재용(財用)의 값을 지급하는 것이다." 하였다.

활은 여섯 종류가 있고 세 등급으로 나눈다.〔弓六物, 爲三等.〕-소주(小註)-

《주례》 본주에 "삼등(三等)은 상중하(上中下)로, 사람마다 알맞은 바가 있다. 활의 길이가 6자〔尺〕 6치〔寸〕되는 것을 상제(上制)라고 하니 상사(上士)가 찬다. 활의 길이가 6자 3치되는 것을 중제(中制)라고 하니 중사(中士)가 찬다. 활의 길이가 6자되는 것을 하제(下制)라고 하니 하사(下士)가 찬다." 하였다.

화살통도 이와 같으니, 봄에는 다듬지 않은 활을 바치고 가을에는 완성된 활을 바친다.[26]〔箙亦如之, 春獻素, 秋獻成.〕-소주(小註)-

《주례》 본주에 "화살통〔矢箙〕은 봄에 만들기 시작하고 가을에 완성한다." 하였다.

그 등급을 기록하여 공인에게 봉록을 지급한다.〔書其等以饗工〕-소주(小註)-

《주례》 본주에 "공인(工人)의 좋고 나쁜 솜씨의 등급을 기록하여 그 봉록을 제정한다. 상공(上工)은 상등품(上等品)을 만드니 그 봉록이 많고, 하공(下工)은 하등품을 만드니 그 봉록이 적다." 하였다.

26 봄에는……바친다 : 정현(鄭玄)의 주석에 "형태가 확정된 것이 소(素)고, 꾸밈이 끝난 것이 성(成)이다.〔形法定爲素, 飾治畢爲成.〕" 하였다.

그 일을 헤아리고 그 활과 쇠뇌를 시험하여 봉록을 올리고 내리며 상과 벌을 가한다.〔乘其事, 試其弓弩, 以上下其食而誅賞.〕-소주(小註)-

《주례》 본주에 "승(乘)은 '헤아리다〔計〕'는 뜻이니, 그 일의 성공을 헤아리는 것이다. 그러므로 시험한 것을 기록하여 고과한다. 고과하여 훌륭하면 그 봉록을 올려주고 더욱 훌륭하면 또 상을 내린다. 그렇지 않은 자는 이와 반대로 한다." 하였다.

천하와 국가를 다스리는 데에 아홉 가지 떳떳한 방도가 있으니, 이것을 행하는 것은 하나이다.〔凡爲天下國家有九經, 所以行之者一也.〕

살펴보건대, 이것은 윗글을 맺어 "천하와 국가를 다스리는 도에 이 아홉 가지 떳떳한 방도가 있지만, 아홉 가지 떳떳한 방도를 행하는 것은 이것 하나이다."고 말한 것이다. '하나〔一〕'란 성(誠)이니, 마음을 진실하게 하는 측면으로 말한 것이다.

모든 일은 미리 준비하면 성립되고……도를 미리 정하면 막힘이 없다.〔凡事豫則立……道前定則不窮.〕

살펴보건대, 이 단락은 위 한 구절을 이어 말하고, 또 윗글을 전부 합하여 결론지은 것이다. 윗글에서는 오달도(五達道)와 삼달덕(三達德) 및 구경(九經)을 말하였고, 여기에서는 '모든 일〔凡事〕'이라고 말하였다. 이른바 '모든 일'이란 즉 위의 달도·달덕·구경을 가리켜 말한 것이고, '미리 하면 성립된다.'는 것은 즉 위 구절의 '성(誠)'을 가리켜 말한 것이니, 이러한 일은 모두 먼저 성(誠)에 서야만 성립되고 그렇지 않으면 모두 폐해진다는 말이다.

○네 번 나오는 '미리 정한다.〔前定〕'는 글자는 '예(豫)' 자를 풀이한

것이고, '차질이 없다.〔不跲〕'·'곤란하지 않다.〔不困〕'·'결함이 없다.〔不疚〕'·'막힘이 없다.〔不窮〕는 것은 '입(立)' 자를 풀이한 것이다. 차질이 있고 곤란하고 결함이 있고 막힘이 있다면 이것이 이른바 '미리하지 않으면 폐해진다.'는 것이다.

○'모든 일〔凡事〕' 두 글자는 포괄하는 것이 넓다. 그 아래의 '일을 미리 정하다.〔事前定〕'의 '사(事)' 자는 단지 당시의 각각의 일을 들어 말한 것이다. 그러나 '일을 미리 정하다.'의 '사' 자는 이미 '모든 일〔凡事〕'의 '사(事)' 자를 포함하고 있으니, 모든 일 이외에 별도로 이른바 '일〔事〕'이라는 것이 있는 것이 아니다.

○아홉 가지 떳떳한 방도가 행해지는 이유가 성(誠)이고, 모든 일이 성립되는 이유도 성(誠)이다. 윗글에서 말한 '행하는 것은 하나이다.'라는 것은 이 성(誠)이 있은 뒤에 아홉 가지 떳떳한 방도가 행해진다는 말이고, 여기에서 말한 '미리 준비하면 성립된다.'는 것은 그 성(誠)을 미리한 뒤에 모든 일이 성립된다는 말이다.

아랫자리에 있으면서 윗사람에게 신임을 얻지 못하면……선을 밝게 알지 못하면 몸을 성실히 하지 못할 것이다.〔在下位, 不獲乎上……不明乎善, 不誠乎身矣.〕

살펴보건대, 이것은 윗글 '미리 준비하면 성립된다.'를 이어서 말한 것이다. 윗사람에게 신임을 얻는 것은 백성을 다스리는 일에서 미리 해야 할 것이고, 벗에게 믿음을 받는 것은 윗사람에게 신임을 받는 일에서 미리 해야 할 것이고, 어버이에게 순한 것은 벗에게 믿음을 받는 일에서 미리 할 것이고, 자신의 몸을 성실히 하는 것은 어버이에게 순히 하는 일에서 미리 할 것이고, 선을 밝게 아는 것은 몸을 성실히 하는 일에서 미리 할 것이다.

○'성(誠)' 자는 위의 '행하는 것은 하나이다.〔行之者一〕'와 호응하고, '몸을 성실하게 한다.〔誠身〕'는 위의 '몸을 닦는다.〔修身〕'와 호응하고, '선을 밝힌다.〔明善〕'는 위의 '하늘의 이치를 안다.〔知天〕'와 호응하고, '어버이에게 순하다.〔順親〕'는 위의 '친한 이를 친애한다.〔親親〕'와 호응하고, '벗에게 믿음을 받는다.〔信朋友〕'는 위의 '어진 이를 높인다.〔尊賢〕'와 호응하고, '백성을 다스린다.〔治民〕'는 위의 '사람을 다스린다.〔治人〕'와 호응한다.

○몸을 성실히 하는 것은 몸을 닦음이 진실하고 거짓이 없음을 말하니, 즉 이 장의 요지(要旨)이다. 그러나 선을 밝히는 공부가 있지 않으면 몸을 성실히 할 방법을 알지 못한다. 윗사람에게 신임을 얻고 벗에게 믿음을 받고 어버이에게 순한 것은 즉 몸을 성실히 한 공효이고, 선을 밝히는 것은 즉 몸을 성실히 하는 공부이다.

○이것은 하나의 '성(誠)' 자를 말하여 장차 아래 글 '성실한 것은 하늘의 도이다.〔誠者天之道也〕'를 일으키려 한 것이다.

○'아랫자리에 있으면서〔在下位〕'부터 '선을 밝히다.〔明善〕'까지는 거꾸로 미루어 나가는 공부이다.

성실한 것은 하늘의 도이고 성실하려고 하는 것은 사람의 도이다…… 선을 택하여 굳게 지키는 자이다.〔誠者天之道也, 誠之者人之道也…… 擇善而固執之者也.〕

살펴보건대, 이것은 윗글 '몸을 성실하게 한다.'를 이어서 말한 것이다. '성실한 것은 하늘의 도이다.'는 위의 '몸을 성실하게 한다.〔誠身〕'의 '성(誠)' 자에 해당하고, '성실하려고 하는 것은 사람의 도이다.'는 위의 '몸을 성실하게 한다.'에 해당한다. 윗글에서는 '행하는 것은 하나이다.'라고 두 차례 말하고[27] 또 '자신을 성실하게 하는 데에 방법이 있다.'고 말하여 '성(誠)' 자를 아울러 대략 말하였고, 여기에 이르러 비로소 '하늘의 도'와 '사람의 도'를 나누어 상세하게 말하였다.

○'성실한 사람은 힘쓰지 않아도 도(道)에 맞고 생각하지 않아도 도를 안다.'에서, 힘쓰지 않아도 도에 맞는 것은 '편안하게 행하는〔安行〕' 인(仁)이고, 생각하지 않아도 도를 아는 것은 '태어나면서부터 아는〔生知〕' 지(知)이다. 여기에서 '인'을 먼저 말하고 '지'를 뒤에 말한 것은 어째서인가? 성실한 것은 하늘의 도이니, 덕을 이룬 순서로 말하였기 때문에 '인'을 먼저 말하고 '지'를 뒤에 말한 것이다. '성실하려고 하는 자는 선을 택하여 굳게 지키는 자이다.'에서, 선을 택하는 것은 '배워서 아는〔學知〕' 지(知)이고, 굳게 지키는 것은 '이롭게 여겨 행하는〔利行〕' 인(仁)이다. 여기에서 '지'를 먼저 말하고 '인'을 뒤에 말한 것은 어째서인가? 성실하려고 하는 것은 사람의 도이니, 덕에 들어가는 순서로 말하였기 때문에 '지'를 먼저 말하고 '인'을 뒤에 말한 것이다.

○'성실한 것은〔誠者〕'이라는 두 글자를 곧장 말하였으니, 실리(實理)의 자연스러움을 볼 수 있고 닦아서 행하는 뜻은 볼 수 없다. 그러므로 '하늘의 도'라고 말한 것이다. 아래에서는 '성실하려는 것

27 윗글에서는……말하고 : "지인용(知仁勇) 세 가지는 천하의 달덕(達德)이니, 이것을 행하는 것은 하나이다."라고 하였고, 또 "천하와 국가를 다스리는 데에 아홉 가지 떳떳한 방도가 있으니, 이것을 행하는 것은 하나이다."라고 하였다.

은〔誠之者〕'이라고 말하여 중간에 '지(之)' 자를 놓았으니, 공부를 통해 애써서 하는 뜻을 볼 수 있다. 그러므로 '사람의 도'라고 말한 것이다.

○'선을 택한다.〔擇善〕'는 것은 '배워서 아는〔學知〕' 지(知)이고, '굳게 지킨다.〔固執〕'는 것은 '이롭게 여겨 행하는〔利行〕' 인(仁)이다. 그러나 '고(固)' 자와 '택(擇)' 자를 보면 이것이 또 '애써서 알고〔困知〕', '힘써 행하는〔勉行〕' 용(勇)을 포함하고 있다.

○'선을 택한다.'는 위의 '선을 밝힌다.'와 호응하고, '굳게 지킨다.'는 위의 '몸을 성실하게 한다.'와 호응한다. 선을 택하는 것이 '오직 정밀하게 살피는〔惟精〕' 것이고, 굳게 지키는 것이 '오직 전일하게 지키는〔惟一〕' 것이니, 선을 택하지 않으면 정밀하다고 말할 수 없고, 지킴이 굳건하지 않으면 전일하다고 말할 수 없다.

널리 배우며 자세히 물으며 신중히 생각하며 밝게 분변하며 독실히 행한다.〔博學之, 審問之, 愼思之, 明辨之, 篤行之.〕

살펴보건대, 이것은 위 한 구절을 이어 말한 것이다. 배우고 묻고 생각하고 분변함은 위의 '선을 택하는' 일이니, 바로 '오직 정밀하게 살피는' 것이고, 독실하게 행함은 즉 위의 '굳게 지키는' 것이니, 바로 '오직 전일하게 지키는' 것이다.

○배운 뒤에는 또 물어야 하니, 배우기만 하고 묻지 않으면 배운 것을 바로잡을 길이 없다. 물은 뒤에는 또 생각해야 하니, 묻기만 하고 생각하지 않으면 물은 것이 단지 강설(講說)이 될 뿐이다. 생각한 뒤에는 또 분변해야 하니, 생각하기만 하고 분변함이 없으면 생각한 것이 시비(是非)가 뒤섞일 뿐만 아니라 또 때로는 도로 막히게

된다. 배우고 묻고 생각하고 분변한 뒤에는 행해야 하니, 만약 행하지 않으면 위의 네 가지가 모두 헛될 것이다.

주자가 말하기를, "다섯 가지는 선후는 없고 완급은 있다." 하였다.〔朱子曰: 五者, 無先後有緩急.〕-소주(小註)-

퇴계가 말하기를, "선후가 없다는 것은 다섯 가지의 순서로 선후를 나눌 수 없다는 말이다. 완급이 있다는 것은, 이를테면 알지 못한 상태에서는 네 가지가 급하고 독실히 행함이 느긋하며, 알고 난 뒤에는 독실히 행함이 급하고 네 가지가 느긋한 따위이다. 다만 《혹문(或問)》의 설을 살펴보면 다섯 가지에 선후의 순서가 있음이 또 매우 분명한데도 소주에서 이렇게 말하였으니 자세히 모르겠다." 하였다.

배우지 않음이 있을지언정 배울 바에는 능숙하지 않고선 그만두지 않으며……남이 열 번에 능숙하면 나는 천 번 하여야 한다.〔有弗學, 學之, 弗能, 弗措也……人十能之, 己千之.〕

살펴보건대, 배워서 능숙하지 않고선 그만두지 않는다면 배운 것이 절로 넓을 것이다. 물어서 알지 않고선 그만두지 않는다면 물은 것이 절로 자세할 것이다. 생각하여 깨닫지 않고선 그만두지 않는다면 생각한 것이 절로 신중할 것이다. 분변하여 명확하지 않고선 그만두지 않는다면 분변한 것이 절로 분명할 것이다. 행하여 독실하지 않고선 그만두지 않는다면 행함이 절로 독실할 것이다.

○다섯 번 나오는 '그만두지 않는다.〔弗措〕'는 것은 '애써서 알고〔困知〕'·'힘써 행하는〔勉行〕' 것이다. 아래 글 '어리석은 자가 반드시 밝아지고 유약한 자가 반드시 강해진다.'는 것은 '그 성공에 미쳐서

는 똑같다.〔及其成功則一〕'는 것이다.

과연 이런 방식에 능하면 어리석은 사람도 반드시 밝아지고 유약한 사람도 반드시 강해진다.〔果能此道矣, 雖愚必明, 雖柔必强.〕

살펴보건대, 어리석은 사람도 반드시 밝아짐은 '앎을 지극히 한〔致知〕' 공효이고, 유약한 사람도 반드시 강해짐은 '힘써 행한〔力行〕' 공효이니, 지행(知行)의 지극한 공효이다. 어리석은 자가 끝내 밝아지고 유약한 자가 끝내 강해지니, 이것이 기질을 변화시키는 방도이다.

이것을 들어서 시행하면 또한 이와같을 뿐이다.〔擧而措之, 亦猶是耳.〕-주(註)-

살펴보건대, 위 장에서 인용한 대순(大舜)·문왕(文王)·무왕(武王)·주공(周公)은 모두 이것을 들어서 일에 시행한 자이니, 이 장의 공자의 말씀을 만약 들어서 일에 시행한다면 또한 문왕·무왕·주공과 같을 것이다.

과인은 실로 고루하다.〔寡人實固〕-주(註)-

《예기》〈애공문(哀公問)〉-편명(篇名)이다.-의 "애공이 말하기를, '과인이 고루하다.' 하였다.〔公曰寡人固〕" 주석에, "고(固)는 스스로 그 자신이 고루하다고 말한 것이다." 하였다. 이것을 보면 이 '실로 고루하다.〔實固〕'의 '고(固)' 자 또한 고루하다는 뜻인 듯하다.

○사계가 말하기를, "'실로 고루하다.'는 말은 참으로 고루하고 막혔다는 말이다." 하였다.

이상은 제20장이다.

후재집

제33권

차기 箚記

중용 中庸

차기○중용 箚記○中庸

제21장 第二十一章

성실함으로 말미암아 밝아지는 것을 성이라고 하고……성실하면 밝아지고 밝으면 성실해진다.〔自誠明, 謂之性……誠則明矣, 明則誠矣.〕

살펴보건대, '성실함으로 말미암아 밝아진다.'는 윗글의 '성실한 자는 힘쓰지 않고도 도에 맞으며 생각하지 않고도 터득한다.'와 호응한다. 힘쓰지 않고도 도에 맞는 것이 성실함이며 생각하지 않고도 터득하는 것이 밝음이다. 먼저 성실한 뒤에 밝아지니, 이것이 즉 성실함으로 말미암아 밝아지는 것이다. '밝음으로 말미암아 성실해진다.'는 윗글의 '성실히 하려는 자는 선을 택하여 굳게 잡는 자이다.'와 호응한다. 선을 택하는 것이 밝음이고 굳게 지키는 것이 성실함이다. 먼저 밝아진 뒤에 성실하니, 이것이 즉 밝음으로 말미암아 성실해지는 것이다.

진씨가 말하기를, "아래 두 구절은 윗글의 뜻을 매듭지은 것이다.〔陳氏曰: 下二句, 結上意.〕" 하였다.-소주(小註)-

살펴보건대, 아래 두 구절이란, '성실하면 밝지 않음이 없고, 밝으면 성실함에 이를 수 있다.'라는 장구(章句)의 두 구절이다. 윗글의 뜻이란, 위 장구의 '덕이 성실하지 않음이 없어……가르침으로 말미암아 들어가는 자이니 사람의 도이다.〔德無不實……由敎而入, 人道

也.〕'라는 구절이다.

이상은 제21장이다.

제22장 第二十二章

오직 천하에 지극히 성실한 사람만이 그 본성을 다할 수 있으니…… 천지와 함께 참여할 수 있다.〔惟天下至誠, 爲能盡其性……可以與天地參矣.〕

살펴보건대, 윗글에서는 '성(誠)' 자만 말하였고, 이 장에 이르러 비로소 '성' 자 위에 '지(至)' 자를 넣었으니, '지성(至誠)' 두 글자는 이 장에서 처음 보인다.

○'지성(至誠)'의 '성(誠)'은 위 장의 '성실함으로 말미암아 밝아진다.〔自誠明〕'의 '성(誠)' 자에서 나온 것이다. '진성(盡性)'의 '성(性)'은 위 장의 '성실함으로 말미암아 밝아지는 것을 성이라고 한다.〔自誠明, 謂之性.〕'의 '성(性)' 자에서 온 것이다. '그 본성을 다한다.〔盡其性〕'의 이 '진(盡)' 자는 지(知)와 행(行)을 겸하여 말한 것이다. 그러므로 장구에서 '살피고 말미암다.〔察之由之〕'라고 한 것이니, 살피는 것이 지(知)이고 말미암는 것이 행(行)이다.

○'사람의 본성을 다한다.〔盡人之性〕'부터 '천지와 함께 참여한다.〔與天地參〕'까지는 모두 '지성'과 '진성'의 공효의 차례이다.

○'그 본성〔其性〕'·'사람의 본성〔人之性〕'·'물의 본성〔物之性〕'의 세 '성(性)' 자는 제1장의 '하늘이 명한 것을 성이라고 한다.〔天命之謂性〕'와 호응하고, '그 본성을 다한다.〔盡其性〕'·'사람의 본성을 다한다〔盡人性〕'·'물의 본성을 다한다.〔盡物性〕'는 제1장의 '성을 따

르는 것을 도라고 한다.〔率性之謂道〕'와 호응하는데, '도를 품절한 것을 교라고 한다.〔修道之謂教〕' 또한 그 속에 들어있다. '화육을 돕다.〔贊化育〕'·'천지와 함께 참여한다.〔與天地參〕'는 제1장의 '천지가 제자리를 잡고 만물이 길러진다.〔天地位, 萬物育.〕과 호응한다.

○나의 본성을 다하면 사람과 물(物)의 본성을 다할 수 있는 것은 어째서인가? 이는 다름이 아니라, 사람과 물의 본성이 본래 나와 동일한 근원이기 때문이다. 하늘이 명한 성(性)은 물아(物我)가 함께 얻어 애초에 피차의 차이가 없다.

○"지극히 성실한 사람이라야 자신의 본성을 다하고 사람의 본성을 다하고 물의 본성을 다하니, 어떻게 하는 것이 다하는 입니까?"라는 질문에, 주자(朱子)가 말하기를, "성(性)은 인의예지(仁義禮智)이고, 다한다는 말은 어디에서든 다하지 않음이 없는 것이다. 만약 본성의 인(仁)을 일가(一家)에는 베풀지만 종족(宗族)에게 베풀지 못하며, 종족에게는 베풀지만 향당(鄕黨)에 베풀지 못하며, 향당에는 베풀지만 국가와 천하에 베풀지 못하면 모두 다하지 않은 것이다. 예(禮)를 다하고 의(義)를 다하고 지(智)를 다하는 것도 이러하다. 사람의 본성을 다하는 것은 어질거나 비루하거나 요절하거나 장수하거나 간에 모두 대처하는 이치가 있어서 각자 살 곳을 얻게 하는 것이며, 물(物)의 본성을 다하는 것은 새와 짐승, 벌레와 물고기, 풀과 나무의 동식물에 모두 대처하는 이치가 있어서 각각 그 마땅함을 얻게 하는 것이니, 자신의 본성을 다하고 사람의 본성을 다하고 물의 본성을 다한다는 것이 대체로 이런 것이다." 하였다.

○"화육을 돕는다는 것은 일반사람들이 어떻게 하면 될까요?"라는 질문에, 주자가 말하기를, "일반사람은 비록 할 수 없지만 또한 각각

그 방법이 있다." 하였다. 또 말하기를, "이 일은 군상(君相)만이 할 수 있다." 하였다. 또 말하기를, "진실로 그렇지만, 그 이하의 사람들도 그 분수가 있으니, 고을의 수령이 되어 기우제를 지내는 따위가 모두 이런 것이다." 하였다.

이상은 제22장이다.

제23장 第二十三章

그 다음은 한쪽을 지극히 하는 것이니 한쪽을 지극히 하면 성실할 수 있다……오직 천하에 지극히 성실한 사람만이 동화시킬 수 있다.〔其次致曲, 曲能有誠……惟天下至誠爲能化.〕

살펴보건대, 이 단락은 윗글의 '밝음으로 말미암아 성실해진다.'를 이어서 말한 것이다. 한쪽을 지극히 한다는 것은 밝음을 말미암는 일이고, 한쪽을 지극히 하면 성실할 수 있다는 것은 밝음으로 말미암아 성실해지는 일이다. 한쪽을 지극히 한다는 것은 그 선한 단서가 발현되는 곳을 밝혀서 이를 미루어 지극히 하는 것이다. 한쪽을 지극히 하면 성실할 수 있다는 것은 이미 그 선한 단서를 밝혀서 이를 미루어 지극히 하여 성실함이 있는데 이르는 것이다. 그렇다면 그 공효의 극치가 드러나고〔形〕 현저하게 드러나고〔著〕 밝게 빛나고〔明〕 감동시키고〔動〕 변모시키고〔變〕 동화시키는〔化〕 경지에 자연히 점차 이를 것이니, 이와같다면 성인과 마찬가지이다. 그러므로 '오직 천하에 지극히 성실한 사람만이 동화시킬 수 있다.'고 한 것이니, 성실할 수 있음이 이에 이르면 지극한 성실함이 된다.

○윗글의 '성실함으로 말미암아 밝아진다.〔自誠明〕'의 '명(明)'은 내

가 선에 밝은 것을 가리켜 말한 것이고, 이글의 '현저하게 드러나면 밝게 빛난다.〔著則明〕'의 '명(明)'은 성(誠)을 지극히 한 공효가 빛나고 발산하는 부분이 있는 것을 가리켜 말한 것이니, 그 뜻이 다르다. ○한쪽을 지극히 하는 것은 그 본성을 다하려는 것이니, 성실함이 있는 데서부터 마침내 지극히 성실해지는데 이르면 그 본성을 다할 수 있다. 정자(程子)가 말하기를, "밝게 빛나면 감동시킨다는 것은 성실함이 남을 감동시킬 수 있다는 것이고, 현저하게 드러나면 밝게 빛난다는 것은 얼굴에 드러나고 몸에 충만한 것과 같다. 이 현저하게 드러남과 밝게 빛남은 사람들이 함께 보는 바이니, 아름다운 명성과 드넓은 명예가 자신의 몸에 베풀어진 것 같은 따위이다." 하였다.

이상은 제23장이다.

제24장 第二十四章

지극히 성실한 도는 일이 닥치기 전에 미리 알 수 있으니……지극히 성실함은 신과 같은 것이다.〔至誠之道, 可以前知……至誠如神.〕

살펴보건대, 지극히 성실한 도가 어떻게 일이 닥치기 전에 미리 알 수 있는 것인가? 그 마음에 털끝만큼의 사욕과 거짓이 없이 항상 허령(虛靈)하고 청명(淸明)하여 아무리 작은 것도 비추지 않음이 없기 때문에 먼저 드러난 이치를 반드시 보고서 먼저 아는 것이다. 국가가 흥성하려면 반드시 상서로운 조짐이 드러나고 국가가 멸망하려면 반드시 요사스런 조짐이 드러나며, 복이 있으려면 좋은 조짐이 먼저 드러나고 화가 있으려면 좋지 못한 조짐이 먼저 드러난다. 조짐이란 움직이려고 하는 때에 은미하여 아직 드러나지 않은 것이다. 그러므로 타인은 볼 수 없고 오직 성실함이 지극한 사람만이 살필 수 있다. 그러나 먼저 아는 것은 다른 방법이 있는 것이 아니라, 단지 이치로 미루어서 아는 것뿐이다.

이상은 제24장이다.

제25장 第二十五章

성은 스스로 이루어지는 것이요 도는 스스로 행해야 하는 도리이다. 〔誠者自成也, 而道自道也.〕

살펴보건대, 이는 위 장을 이어서 말한 것이다.

○이 장에서 처음에 성(誠)과 도(道)를 말하고서 아래 글에 성만 말하고 도는 말하지 않은 것은 어째서인가? 성의 진실한 이치를 말미암아 행하는 것이 도이니, 성을 말하면 도가 그 속에 들어있기 때문이다.

○성(誠)은 이치의 진실함을 가리켜 말한 것이니, 진실한 이치가 없다면 모두 거짓이다. 그러므로 모든 천지의 만물은 반드시 진실한 이치가 있은 뒤에 스스로 이루어진다. 도(道)는 즉 성을 따르는 도〔率性之道〕이다. 모든 천지의 만물이 진실한 이치가 있어서 스스로 이루어지면 이 진실한 이치를 말미암아 행하는 것이 즉 도이다.

○채청(蔡淸)이 말하기를, "'성은 스스로 이루어지는 것이다.'는 사람과 물(物)을 겸하여 말한 것이고, '도는 스스로 행해야 하는 도리이다.'는 오로지 사람만 말한 것이다. 성(誠)은 모든 사물이 다 갖고 있지만, 도(道)는 사람이 아니면 체행할 수 없다." 하였다.

성은 사물이 스스로 이루어지는 것이다.〔誠者, 物之所以自成.〕-주(註)-

살펴보건대, 여기의 '물(物)' 자는 사람과 사물을 통틀어 말한 것이다. 크게는 천지(天地)와 작게는 하나의 사물도 물(物)이 아님이 없으니, 아래 글의 '사물의 시작과 끝이다.〔物之終始〕'와 '성실하지 못하면 사물도 없다.〔不誠無物〕'의 두 '물(物)' 자와 뜻이 같다.

성은 마음으로써 말한 것이니 근본이고, 도는 이치로써 말한 것이니 쓰임이다.〔誠, 以心言, 本也. 道, 以理言, 用也.〕-주(註)-

살펴보건대, 이 두 구절은 사람을 위주로 말한 것이다. 마음이 진실하지 않음이 없은 뒤에야 스스로 이루어져서 도가 행해지지 않음이 없다. 마음이 진실하지 않음이 없은 뒤에 도가 행해지니, 성(誠)이 근본이고 도(道)가 쓰임이 되는 것을 알 수 있다. 사람의 마음은 진실한 이치가 아님이 없고 또 행해야 할 도를 갖추지 않음이 없다. 충효(忠孝)를 가지고 말하면, 충효의 마음이 진실하지 않음이 없은 뒤에 충효의 도가 행해질 수 있다. 이를 모든 일에 미루면 모두 그렇지 않음이 없다.

성실함은 사물의 시작과 끝이니 성실하지 못하면 사물도 없다. 그러므로 군자는 성실함을 귀하게 여기는 것이다.〔誠者, 物之終始, 不誠, 無物. 是故君子, 誠之爲貴.〕

살펴보건대, '성실함은 사물의 시작과 끝이다.'는 것은 천하의 사물이 처음과 끝이 있지 않음이 없는데, 그 처음과 그 끝은 모두 진실한 이치가 한 것이라는 말이다. 이는 윗글의 '성은 스스로 이루어지는 것이다.'는 구절과 호응한다. '성실하지 못하면 사물도 없다.'는 것은 이 성실함이 없으면 이 사물이 없다는 말이다. 만약 충(忠)에 성실하지 못하면 충이 없어 충의 도가 행해지지 못하고, 효(孝)에 성실하지 못하면 효가 없어 효의 도가 행해지지 못한다. 이는 윗글의 '도는 스스로 행해야 하는 도리이다.'라는 구절과 상반된다.

○'군자는 성실함을 귀하게 여긴다.'는 '사물의 시작과 끝이다.'와 '성실하지 못하면 사물도 없다.'는 두 구절을 총결한 것이니, '군자(君子)' 위의 '그러므로〔是故〕'라는 두 글자를 보면 알 수 있다.

○주자(朱子)가 말하기를, "'성실함은 사물의 시작과 끝이다.'는 진실한 이치를 가리켜 말한 것이고, '군자는 성실함을 귀하게 여긴다.'는 진실한 마음을 가리켜 말한 것이다." 하였다.

천하의 사물은 모두 진실한 이치가 하는 것이다.〔天下之物, 皆實理之所爲.〕-주(註)-

살펴보건대, 여기의 '물(物)' 자는 일반적으로 말한 것이다. '물' 자 위에 '천하(天下)' 자를 두었으니 그 말한 것이 넓음을 알 수 있다.

○채청이 말하기를, "이 한 구절은 '사물의 시작과 끝이다.'는 뜻을 통틀어 풀이한 것이다. '그러므로 반드시 이 이치를 얻은 뒤에야 이 사물이 있다.'는 사물이 시작하는 이유를 풀이한 것이니, 즉《어록(語錄)》의 이른바 '시작하게 되는 이유는 진실한 이치가 이르러 유(有)로 향하는 것이다.'라는 것이다." 하였다. 또 말하기를, "'얻은 이치가 다하여 없어지면 이 사물도 다하여 없어진다.'는 사물이 끝나는 이유를 풀이한 것이니, 즉《어록》의 이른바 '끝나게 되는 이유는 진실한 이치가 다하여 무(無)로 향하는 것이다.'라는 것이다. 이 사물이 있으면 이 성실함이 있으니 성실함과 사물이 서로 시작과 끝이

되는 것을 알 수 있다." 하였다.

성은 자신을 이룰 뿐만 아니라……그러므로 때에 따라 적절하게 행해지는 것이다.〔誠者, 非自成己而已也……故時措之宜也.〕

살펴보건대, 이것은 윗글의 '군자는 성실함을 귀하게 여긴다.'를 이어 말하였다.

○'자신을 이룬다.〔成己〕'와 '물을 이룬다.〔成物〕'의 두 '성(成)' 자는 윗글 '성은 스스로 이루어지는 것이다.〔誠者自成〕'의 '성(成)' 자에서 온 것이다.

○자신을 이루고 물을 이룬다는 것은 윗글 '자신의 본성을 다한 뒤에 사람과 물의 본성을 다할 수 있다.'와 말뜻이 비슷하다.

○여기의 '스스로 이루다.〔自成〕' 두 글자는 윗글 '스스로 이루어지다.〔自成〕' 두 글자와 같지 않다. 위에서는 '성(誠)은 사물이 스스로 이루어지는 것이다.'라는 말이고, 여기서는 '성은 스스로 그 자신을 이루는 것이다.'라는 말이다. 물이 스스로 이루어지는 것과 그 자신을 스스로 이루는 것은 그 뜻이 차이가 있다.

○'안팎을 합한 도이다.〔合內外之道〕'의 이 '도(道)' 자는 윗글 '도는 스스로 행해야 하는 도리이다.〔而道自道〕'의 도(道)와 호응한다. 이른바 '합하다'는 것은 안으로 자신을 이루는 도와 밖으로는 물을 이루는 도가 합해져 갖추지 않음이 없음을 말한다.

○주자가 말하기를, "자신을 이루고 물을 이루는 것은 진실로 안팎의 차이가 없다. 다만 반드시 먼저 자신을 이룬 뒤에야 물을 이룰 수 있으니, 이것이 도가 스스로 행해지는 이유이다." 하였다.

○'때에 따른 적절한 조치〔時措之宜〕'에 대해서 문자, 주자가 말하기

를, "평화롭고 일이 없을 때에 일종의 처치가 있고, 창졸간에 급박할 때에 또 일종의 처치가 있다." 하였다.

○채청이 말하기를, "이 윗부분은 자신을 이루는 일을 논하였고, 이 한 조목은 자신을 이루면 물을 이룰 수 있음을 논하였다. 본문에서 '물을 이루어준다.〔所以成物〕' 라고 하고, 장구(章句)에서 '자연히 물에게 미친다.〔則自然及物〕'라고 한 것을 보면, '소이(所以)' 자와 '자연(自然)' 자를 가장 완미해야 하니, 본래 자신을 이룸으로써 도리어 자연히 물을 이루어주는 것이다. 만일 내가 능히 성실함을 다하여 부모에게 효도한다면 내가 이미 자식된 도리를 이룬 것이고, 또 나의 부모가 믿고 따르도록 만들어 자연히 나의 부모를 이루어준 것이다. 내가 능히 성실함을 다하여 나의 임금에게 충성한다면 내가 이미 신하된 도리를 이룬 것이고 또 나의 임금이 허물이 없도록 만들어 자연히 나의 임금을 이루어준 것이다." 하였다.

성이 비록 자신을 이루는 것이지만……도가 또한 저기에게 행해지는 것이다.〔誠雖所以成己……道亦行於彼矣.〕-주(註)-

채청이 말하기를, "'성이 비록 자신을 이루어주는 것이지만〔誠雖所以成己〕'의 '성(誠)' 자가 이미 나를 위주로 말한 것이니, 그렇다면 아래 구의 '도가 또한 저기에서 행해진다.〔道亦行於彼〕'의 '도(道)' 자와 '행(行)' 자도 나를 위주로 말했음이 분명하니, 비로소 이른바 '내가 능히 부모에게 효도하면 남도 변화하여 그 부모에게 효도한다.'는 설이 편벽되고 막힌 것임을 알 수 있다." 하였다.

○살펴보건대, 이른바 '물을 이루어준다.'는 것은 그 뜻이 넓다. 내가 능히 부모에게 효도하면 남도 변화하여 그 부모에게 효도한다는 뜻

이 그 속에 겸하여 포함된 듯하니, 채씨의 설이 편벽된 듯하다.

쌍봉 요씨가 말하기를, "첫 부분에 '성은 스스로 이루어지는 것이다.'고 하고, 그 아래에 '물을 이루어준다.'고 하였으니, 성이 자신을 이룰 뿐만 아니라 또 물을 이루어줄 수 있음을 알 수 있다." 하였다. 〔雙峯饒氏曰: 起頭說誠自成, 其下說成物, 見得誠不但成己, 又能成物.〕-소주(小註)-

살펴보건대, 스스로 이루어지는 것과 자신을 이루는 것은 뜻이 조금 다르다. 그런데 지금 요씨는 윗글 '스스로 이루어지는 것이다.'를 아래 글 '자신을 이룬다.'와 합하여 스스로 이루어지는 것과 자신을 이루는 것을 하나의 뜻으로 만들었으니 온당치 못한 듯하다.

이상은 제25장이다.

제26장 第二十六章

쌍봉 요씨가 말하기를, "사람의 성은 지극함과 지극하지 못함이 있다……천지는 성 자체일 뿐이니 지극하거나 지극하지 못함이 없다."[1] 하였다. 〔雙峯饒氏曰: 人之誠, 有至有不至……天地只是誠, 無至不至.〕 -소주(小註)-

율곡(栗谷)이 말하기를, "성인과 천지는 똑같이 지성(至誠)이다. 만

1 사람의……없다 : 전체 내용은 다음과 같다. "사람의 성(誠)은 지극함과 지극하지 못함이 있다. 성인(聖人)은 성의 극치인 까닭에 지성(至誠)이라고 말할 수 있지만, 천지는 성 그 자체이니 지극하거나 지극하지 못함이 없다."

일 지극하거나 지극하지 못함이 없다고 말한다면 불가(佛家)의 '성인(聖人)도 없고 범인(凡人)도 없다.'는 말에 가까울 것이다." 하였다. 퇴계가 말하기를, "요씨의 설도 일리가 있으니, 불가의 설이 공(空)과 무(無)에 귀결되는 것과는 다르다. 그러나 《논어》 일관장(一貫章) 주석에 '천지가 지극히 성실하고 쉼이 없다.〔天地之至誠無息〕'는 말이 있으니, '지성(至誠)'이라는 글자를 주자가 천지에 대해서도 말하였다." 하였다.

쉬지 않으면 오래가고, 오래가면 징험이 나타난다.〔不息則久, 久則徵.〕

살펴보건대, 쉬면 중단함이 있으니 성(誠)이 오래 지속된다고 말할 수 없다. 그러므로 쉬지 않아야 오래갈 수 있는 것이다. 마음에 쌓음이 오랫동안 지속되면 밖에 드러나는 것이 비로소 징험이 있다. 오래간다는 것은 성(誠)이 마음에 쌓이는 것이고, 징험은 성이 밖에 드러나는 것이니, 모두 지극히 성실하고 쉼이 없는데 따른 효과이다.

밖으로 징험이 나타나면 유원하고, 유원하면 넓고 두터워지고, 넓고 두터워지면 높고 밝아진다.〔徵則悠遠, 悠遠則博厚, 博厚則高明.〕

살펴보건대, 지극히 성실하고 쉬지 않음이 오래되면 저절로 이처럼 유원하고 넓고 두터워지고 높고 밝아지는 공효가 있다. 유원함은 끝없이 진보하는 측면으로 말한 것이고, 넓고 두터움은 그 축적된 측면으로 말한 것이고, 높고 밝음은 그 발현된 측면으로 말한 것이다. 그러나 이것은 단지 겉으로 드러난 지극히 성실한 덕이 이러한 공효가 있음을 말한 것이지, 깊고 얕은 등급이 그 사이에 있는 것은 아니다.

○채청이 말하기를, "하늘과 땅 사이에서 높은 것은 반드시 밝고 낮은 것은 밝지 못하다. 비록 밝은 해와 달이라도 하늘에 있을 때에는 밝지만 만약 운행하여 땅속에 이른다면 사물이 또한 그 빛을 받지 못할 것이니, 이 한 가지에서 알 수 있다." 하였다.

넓고 두터움은 물을 실어주는 것이고, 높고 밝음은 물을 덮어주는 것이고, 유구함은 물을 이루어주는 것이다.〔博厚, 所以載物也; 高明, 所以覆物也; 悠久, 所以成物也.〕

살펴보건대, 이 '유구(悠久)' 두 글자는 윗글의 '쉼이 없으면 오래간다.〔不息則久〕'의 '구(久)' 자와 '징험이 나타나면 유원하다.〔徵則悠遠〕'의 '유(悠)' 자를 합하여 말한 것이다. '구(久)'는 성(誠)이 속에 쌓인 것이고, '유원(悠遠)'은 성이 밖에 드러난 것인데 여기에서 합하여 '유구'라고 하였으니, 이는 성이 속에 쌓이고 밖에 드러난 것을 겸하여 말한 것이다.

○물을 실어주고 물을 덮어주고 물을 이루어주는 것은 천지의 공용(功用)이다. 성인은 천지와 그 공용이 같다. 그러므로 넓고 두터움이 땅과 같아서 물을 실어줄 수 있고, 넓고 밝음이 하늘과 같아서 물을 덮어줄 수 있고, 유구함이 천지와 같아서 물을 이루어줄 수 있다.

○윗글에서는 유구함이 넓고 두터움과 높고 밝음의 앞에 있으니 이는 성(誠)이 밖에 드러남이 반드시 유원한 뒤에 넓고 두터워지며 높고 밝아지는 효과가 있음을 말한 것이다. 여기에서는 유구함이 넓고 두터움과 높고 밝음의 뒤에 있으니 이는 그 쌓임이 넓고 두터우며 그 발현함이 높고 밝으면 그 넓고 두터움과 높고 밝음이 또 유구

하게 됨을 말한 것이다.

○'물을 이루어준다.〔成物〕' 두 글자는 윗글의 '자신을 이루고 물을 이루어준다.〔成己成物〕'에서 온 말이다. 다만 윗글은 인도(仁道)로 말하였으니 성실히 하려는 자〔誠之者〕의 일이고, 여기는 천도(天道)로 말하였으니 성실한 자〔誠者〕의 일이다.

묻기를, "마음속에 보존된 것으로 말하면 유구함이 넓고 두터움과 높고 밝음의 앞에 있다."[2] 하였다.〔問以存諸中者言.則悠久在博厚高明之前.〕-소주(小註)-

살펴보건대, '마음속에 보존되었다.〔存諸中〕'는 세 글자는 병통이 있는 듯하다. 유구함은 안팎을 겸하였고, 넓고 두터움과 높고 밝음은 모두 밖에 드러난 것을 말하니, 마음속에 보존되었다고 말해서는 안 될듯하다.

쌍봉 요씨가 말하기를, "이미 '유구' 자가 그 속에 들어있음을 볼 수 있다."[3] 하였다.〔雙峯饒氏曰: 已自闞了悠久字在其中.〕-소주(小註)-

감(闞)은 《설문(說文)》에 '바라보다〔望〕'는 뜻이라고 하였다.

2 마음속에……있다 : 전체 내용은 다음과 같다. "'마음속에 보존된 것으로 말하면 유구함이 넓고 두터움과 높고 밝음의 앞에 있고, 용(用)에 나타나는 것으로 말하면 유구함이 넓고 두터움과 높고 밝음 뒤에 있습니다. 어떠합니까?'라고 질문하였다."

3 이미……있다 : 전체 내용은 다음과 같다. "쉼이 없는〔無息〕 것에서부터 미루어서 '쉬지 않으면 오래가고 오래가면 밖에 징험이 나타나고 징험이 나타나면 길이 지속된다.'고 하였으니, 이미 '유구(悠久)' 자가 그 속에 들어있음을 볼 수 있다."

'쉬지 않으면 오래간다.'의 '구' 자는 성을 가리켜 말한 것이다.〔不息則久久字, 指誠而言.〕-소주(小註)-

살펴보건대, 구(久)는 성(誠)이 아니다. 성실하면 쉬지 않아 자연히 오래가는 것이니, 지금 요씨가 한 말이 어떨지 모르겠다.

유구하다는 것은 외면을 가리킨 것이다.〔悠久, 是指外面底.〕-소주(小註)-

퇴계가 말하기를, "요씨는 '유구하다'를 외면을 가리킨 것으로 여겼으니, 이는 그의 소견이 이러한 것이다. 그러나 주자의 '안팎을 겸한 것이다.'[4]는 말이 주밀하고 포괄적이다." 하였다.

넓고 두터움은 땅과 짝하고, 높고 밝음은 하늘과 짝하고, 유구함은 다함이 없다.〔博厚配地, 高明配天, 悠久無疆.〕

살펴보건대, '유구함은 다함이 없다.'는 것은 '넓고 두터움이 땅과 짝한다.'와 '높고 밝음이 하늘과 짝한다.'를 합하여 말한 것이니, 성인(聖人)의 넓고 두터움은 땅과 짝하고, 성인의 높고 밝음은 하늘과 짝하고, 성인의 유구함은 천지처럼 다함이 없다는 말이다.

이와같은 자는 보여주지 않아도 드러나며, 움직이지 않아도 변하며, 하지 않아도 이루어진다.〔如此者, 不見而章, 不動而變, 無爲而成.〕

살펴보건대, '이와같은 자〔如此者〕' 세 자는 윗글의 '넓고 두터움은 땅과 짝하고 높고 밝음은 하늘과 짝하고 유구함은 다함이 없다.'를

4 안팎을 겸한 것이다 : 장구(章句)에서 "유구(悠久)는 즉 유원(悠遠)의 뜻이니 안팎을 겸하여 말한 것이다." 하였다.

가리켜 말한 것이다.

○'하지 않아도 이루어진다.'는 하는 일이 없어도 저절로 이루어져 그 흔적을 볼 수 없다는 말이니, 윗글의 '유구함은 다함이 없다.'를 가지고 말한 것이다. 물(物)이 이루어짐이 만약 오래하지 않아도 이루어진다면 볼 수 있는 흔적이 따로 있고 자연적으로 점점 변화하는 효과가 없다. 이와같다면 이는 함이 있어 이루어지는 것이니, '하지 않아도 이루어진다.'고 말할 수 없다. 반드시 유구함이 다함이 없어야만 그 이루어짐이 함이 없이 된다.

○'하지 않아도 이루어진다.〔無爲而成〕'의 이 '성(成)' 자는 윗글 '유구함은 물을 이루어주는 것이다.〔悠久所以成物〕'의 '성(成)' 자에서 온 것이다.

○채청이 말하기를, "'여러 사물이 드러나 생겨난다.'는 따위가 지도(地道)의 드러남이니 보여주기를 기다리지 않고, '바람과 우레가 형체를 이룬다.'[5]는 따위가 천도(天道)의 변화이니 움직이기를 기다리지 않는다. '하지 않아도 이루어진다.'는 그 끝을 요약하여 말한 것뿐이다." 하였다.

운봉 호씨가 말하기를, "공용에 어찌 넓고 두텁게 쌓으며 높고 밝게 발현하는 것이 없겠는가. 다만 그 넓고 두텁게 쌓고 높고 밝게 발현함이 꼭 오래가는 것은 아니니, 다른 이유가 아니라, 참되게 쌓고 오래도록 힘쓴 데서 오지 않았기 때문이다." 하였다.〔雲峯胡氏曰: 凡功用,

5 바람과……이룬다 : 대본에는 '風霆流行'로 되어 있는데, 《예기》 〈공자한거(孔子閑居)〉에 의거하여 '風霆流形'으로 바로잡아 번역하였다.

豈無積之博厚發之高明者？其博厚高明，未必能久，無他，不自眞積力久中來也.〕-소주(小註)-

살펴보건대, 이미 넓고 두텁게 쌓고 높고 밝게 발현하였다면 참되게 쌓고 오래도록 힘쓴 데서 온 것을 알 수 있다. 어찌 이미 넓고 두텁게 쌓고 높고 밝게 발현하고서 오래하지 못하는 경우가 있겠는가. 지금 호씨의 말은 의심스럽다.

천지의 도는 한마디 말로 다할 수 있으니……만물을 생성함이 헤아릴 수가 없다.〔天地之道，可一言而盡……其生物不測.〕

살펴보건대, '지성은 쉼이 없다.〔至誠無息〕'에서부터 '하지 않아도 이루어진다.〔無爲而成〕'까지는 모두 성인(聖人)을 가리켜 말한 것인데, 여기에 이르러 또 갑자기 천지(天地)를 말한 것은 어째서인가? 성인의 덕이 천지와 같기 때문에 여기에서 천지의 도를 말하여 성인과 함께 나란히 거론한 것이다.

○'변치 않는다.〔不貳〕'는 즉 윗글의 '지성은 쉼이 없다.'는 것이다. 쉼이 없기 때문에 변치 않으니, 만약 쉼이 있다면 이는 변한 것이니 변치 않는다고 말할 수 없다

○성인의 덕을 논해서는 '유구함은 물(物)을 이루어주는 것이다.'라고 하였고, 천지의 도를 논해서는 '천지라는 물(物)이 한결같아 변치 않기 때문에 만물을 생성함이 헤아릴 수 없다.'고 하였다. 이는 성인이 물을 이루어주는 것은 유구한 성실함이 있기 때문이고, 천지가 만물을 생성하는 것은 변치 않는 성실함이 있기 때문이라는 말이니, 물을 이루어주고 만물을 생성하는 것은 모두 '성(誠)' 자에서 말미암은 것이다.

○채청이 말하기를, "그 물건됨이 변치 않는다.〔其爲物不貳〕의 '물(物)'은 천지를 가리킨 것이고, '그 만물을 생성함이 헤아릴 수 없다.〔其生物不測〕'의 '물(物)'은 천지가 생성한 물을 가리킨 것이다." 하였다.

천지의 도는 넓고 두터움과……유원함과 유구함이다.〔天地之道, 博也厚也……悠也久也.〕

살펴보건대, 윗글에서 성인의 덕을 논하여 '넓고 두터우며 높고 밝으며 유원하고 유구하다.'고 하였으니, 이는 성인의 덕이 천지의 도와 서로 짝함을 말한 것이다. 여기에서 천지의 도를 말하여 '넓고 두터움이며 높고 밝음이며 유원하고 유구함이다.'고 하였으니, 이는 천지의 도가 성인과 똑같음을 말한 것이다. 윗글에서 이미 넓고 두려우며 높고 밝으며 유원하고 유구함을 상세하게 말하고 여기에서 다시 천지의 도 또한 넓고 두터우며 높고 밝으며 유원하고 유구함을 밝혔다. 그러므로 별도로 '천지의 도〔天地之道〕'라는 네 글자를 제기하여 밝힌 것이다.

한 줌의 흙……한 잔〔一撮土……一勺〕

촬(撮)은 《고금운회거요(古今韻會擧要)》에 "두 손가락으로 집는 것이다." 하였고, 율곡은 "한 손으로 움켜쥐는 것이다." 하였다. 작(勺)은 그릇 이름이니, 1되〔升〕를 담는다.

《시경》에 이르기를, 하늘의 명이 아, 심원하여 그치지 않는다……순수함이 또한 그치지 않음을 말한 것이다.〔詩云: 維天之命, 於穆不

已……純亦不已.〕

살펴보건대, '지성은 쉼이 없다'에서부터 '하지 않아도 이루어진다.' 까지는 성인의 덕이 지극히 성실하여 쉼이 없음을 말한 것이고, '천지의 도는 한마디 말로 다할 수 있다.'에서부터 '화재(貨財)가 번식된다.'까지는 천지의 도가 지극히 성실하여 쉼이 없음을 말한 것이다. 그러므로 여기에서 《시경》의 시를 인용하여 천지와 성인의 지성무식을 합하여 말하였다.

○사계(沙溪)가 말하기를, "퇴계와 율곡은 '왈(曰)' 자를 '불이(不已)' 아래에서 해석하였지만, 내 생각은 '문야(文也)' 아래에서 해석하고 싶다. 율곡은 '이미 순수하고 또 그치지 않는다.'는 뜻으로 해석하였는데, 내 생각에 '역(亦)' 자는 문왕(文王)을 가리킨 것이니, 하늘이 이미 그침이 없고 문왕 또한 그침이 없다는 뜻이다." 하였다.

이상은 제26장이다.

제27장 第二十七章

위대하다, 성인의 도여!〔大哉, 聖人之道〕

살펴보건대, '위대하다'는 찬미하는 말이고, '성인의 도'는 아래 글에서 말한 두 구절이고, '도'는 즉 '본성을 따르는 도〔率性之道〕'이다.

○'성인의 도〔聖人之道〕' 위에 먼저 '위대하다〔大哉〕'는 두 글자를 두었고, 아래 글 '삼백삼천(三百三千)' 위에 먼저 '넉넉하고 위대하다.〔優優大哉〕'는 네 글자를 두었으니, 이것을 완미해야 한다.

성대하게 만물을 발육하여 높기가 하늘에 닿았다.〔洋洋乎發育萬物, 峻

極于天.〕

살펴보건대, 양양(洋洋)은 제12장의 '성대하게 그 위에 계신 듯하다.〔洋洋如在其上〕'의 '양양(洋洋)'과 같으니, 성인의 도가 성대하게 유동(流動)하여 천지 사이에 충만하여 그 만물을 발육시키는 공이 높고 커서 하늘에까지 이른다는 말이다.

이것은 도가 지극히 큼을 다하여 밖이 없음을 말한 것이다.〔此言道之極於至大而無外也.〕-주(註)-

살펴보건대, 온 천하의 사물 가운데 하늘보다 높고 큰 것이 없는데, 성인의 도가 성대하게 유동하여 만물을 발육시켜 높음이 하늘에 닿았으니 그 지극히 커서 밖이 없음을 알 수 있다.

넉넉하고 위대하다, 예의가 3백 가지요 위의가 3천 가지이다.〔優優大哉, 禮儀三百, 威儀三千.〕

살펴보건대, 이 '위대하다〔大哉〕'는 즉 윗글의 '위대하다'이니, 성인의 도를 말한 것이다. 예의(禮儀) 3백 가지와 위의(威儀) 3천 가지가 있으니, 어찌 넉넉하고 위대하지 않겠는가. 그러나 예의 3백 가지와 위의 3천 가지를 곧장 위대한 물(物)로 여긴 것은 아니다.

○주자(朱子)가 말하기를, "'넉넉하고 위대하다. 예의가 3백 가지이고 위의가 3천 가지이다.'라고 하였으니, 한 가지 일도 빠뜨려서는 안 된다. 한 가지 일만 빠트려도 전체에 흠결이 있는 것이다." 하였다.

이것은 도가 지극히 작은 데 들어가 틈이 없음을 말한 것이다.〔此言道之入於至小而無間也.〕-주(註)-

살펴보건대, 예의 절문(節文)이 경례(經禮)가 3백 가지이고 곡례(曲禮)가 3천 가지인데 이 도체(道體)가 있지 않은 곳이 없으니 도가 지극히 작은 데 들어가 틈이 없음을 알 수 있다.

쌍봉 요씨가 말하기를, "이 장은 본래 성인의 도가 큼을 말한 것이다. 그러나 여러 작은 것들을 합하지 않으면 그 큼을 이룰 수 없다. 이를테면 태산의 높음은 여러 흙이 쌓여서이고, 창해[6]의 깊음은 여러 물줄기가 모여서이다." 하였다.〔雙峯饒氏曰: 此章本以聖道之大爲言, 然不合衆小, 則無以成大. 如泰山之高, 以衆土之積; 滄海之深, 以衆流之會.〕-소주(小註)-

살펴보건대, '넉넉하고 위대하다.'는 이 도(道)의 큼을 형용한 말이다. 비록 3백 가지와 3천 가지의 지극히 작고 은미한 사이라도 도가 있지 않음이 없기 때문에 넉넉하고 위대하다는 말로 찬미한 것이지, 3백 가지와 3천 가지의 예를 합하여 이것을 쌓아 큼을 이루었다는 뜻이 아니다. 요씨의 말은 본 뜻을 잃은 듯하다.

그러므로 "진실로 지극한 덕이 아니면 지극한 도가 이루어지지 않는다."고 말한 것이다.〔故曰苟不至德, 至道不凝焉.〕

살펴보건대, 지극한 덕은 윗글의 성인을 가리켜 말한 것이니, 즉 이른바 '그러한 사람〔其人〕'이다. 지극한 도는 윗글의 성대하게 발육시키는 도(道) 및 3백 가지와 3천 가지의 도를 가리켜 말한 것이니, 즉 이른바 '그러한 사람을 기다려서 행해진다.'는 것이다. 응(凝)은

6 창해 : 대본에는 '滄溟'으로 되어 있는데, '滄海'로 바로잡아 번역하였다.

'이루다〔成〕'는 뜻을 함유하고 있으니, 《서경》 〈익직(益稷)〉의 이른 바 '모든 일이 이루어질 것이다.〔庶績其凝〕'-주석에 "응은 '이루다〔成〕'는 뜻이다." 하였다.-의 '응(凝)' 자와 같다.

그러므로 군자는 덕성을 높이고 학문을 말미암으니……후함을 돈독히 하고 예를 높이는 것이다.〔故君子尊德性而道問學……敦厚以崇禮.〕

살펴보건대, 여기의 '군자(君子)'는 윗글의 '성인'을 가리켜 말한 것이니, 즉 덕을 이룬 군자이다.

○'덕성을 높이다.〔尊德性〕'에서부터 '예를 높이다.〔崇禮〕'까지는 지극한 덕을 지닌 사람이 만물을 이루어 발육시키는 도와 3백 가지와 3천 가지 도에 대한 공부의 절목이다. 광대한 자는 혹 정미한 공부에 소홀하기 때문에 반드시 광대함을 지극히 한 뒤에 또 정미함을 다해야 한다. 고명한 자는 혹 중용(中庸)의 도에 지나침이 있기 때문에 반드시 고명함을 지극히 한 뒤에 또 중용을 따라야 한다. 함영(涵泳)에 힘을 쓰는 자는 혹 격물치지(格物致知) 공부를 빠트리기 때문에 반드시 예전에 배운 것을 익혀 함영한 뒤에 또 새로운 것을 익혀 격물치지해야 한다. 타고난 자질이 순박하고 성실한 자는 혹 절문(節文)하는 일이 부족하기 때문에 반드시 순후함을 돈독히 한 뒤에 또 예를 높여 문식해야 한다.

○"'예전에 배운 것을 익히고 새로운 것을 안다.〔溫故而知新〕'의 '이(而)' 자와 '후함을 돈독히 하고 예를 높인다.〔敦厚以崇禮〕'의 '이(以)' 자의 뜻이-'이(而)' 자와 '이(以)' 자와는 뜻이 다르다.- 이 어떠합니까?"라는 질문에, 주자가 말하기를, "예전에 배운 것을 익히면 저절로 새로운 것을 아니, '이(而)'는 순서대로 가는 말이다. 후함을 돈독

히 하는 것은 또 반드시 예를 높여야만 얻으니, '이(以)'는 거꾸로 말하여 올라가는 것이다." 하였다.

○또 말하기를, "고명함을 다하되 반드시 중용을 따라야 한다. 만약 고명하고자 하여 중용을 따르지 않으면 장차 노불(老佛)의 학문으로 흘러들어갈 것이다. 예를 들어 유자(儒者)는 푸줏간을 멀리하는데, 노불은 고원함을 좋아함이 지나쳐서 마침내 동물 죽이는 것을 경계하고 채소만 먹는데 이르렀다. 유자는 성색(聲色)을 가까이 하지 않고 재물과 이익을 불리지 않는데, 저들은 고명한데 지나쳐서 마침내 인륜을 끊거나 자신의 것을 떼어서 남에게 은혜를 베푸는데 이르렀다." 하였다.

온은 '따뜻하게 데운다.'고 할 때의 '온'과 같다.〔溫, 猶燖溫之溫〕-주(註)-

《좌전(左傳)》 애공(哀公) 12년[7]에 애공이 탁고(橐皐)에서 오인(吳人)과 회합할 적에 오나라 태재(太宰) 비(嚭)가 맹약을 다시 데우기를 청하니, 자공(子貢)이 대답하기를, "맹약을 만약 데울 수 있다면 또한 차갑게도 할 수 있다."고 하였는데, 가규(賈逵)의 주석에 "심(尋)은 데우다〔溫〕는 뜻이다." 하였다.

○심(燖)은 고문(古文)에 '심(尋)'으로 되어 있다.

주자가 말하기를, "덕성을 높이고 학문을 말미암는 것이 강령이고, 아래 다섯 구는……" 하였다.〔朱子曰: 尊德性而道問學, 是綱領, 下五句云

7 12년 : 대본에는 '十三年'으로 되어 있는데, 《좌전》에 의거하여 바로잡아 번역하였다.

云〕-소주(小註)-

살펴보건대, '아래 다섯 구〔下五句〕'의 '하(下)' 자는 《어류(語類)》 본문에는 '차(此)' 자로 되어 있다.

조그마한 사의로 자신을 가리지 않고, 조그마한 사욕으로 자신을 얽매지 않으며……이는 모두 격물치지의 등속이다.〔不以一毫私意自蔽, 不以一毫私欲自累……此皆致知之屬也.〕-주(註)-

"장구(章句)에 '조그마한 사의로 자신을 가리지 않고 조그마한 사욕으로 자신을 얽매지 않는다.'고 하였는데, 어떤 것이 '사의'이며 어떤 것이 '사욕'입니까?"라는 질문에, 주자(朱子)가 말하기를, "사의(私意)는 마음에서 나와서 해보려고 하는 것이다. 다만 이 의(意)는 소견이 작기 때문에 광대하지 못하다. 사욕(私欲)은 이목구비(耳目口鼻)의 욕심이다. 조금이라도 이 욕(欲)이 있으면 혼탁하고 가라앉으니 즉 고명하지 못한 것이다. 내가 이 부분을 해석할 때 이런 자의(字義)를 쓰는 것에 심사숙고하였다." 하였다.

○또 말하기를, "'조그마한 사의로 자신을 가리지 않고 조그마한 사욕으로 자신을 얽매지 않는다.'는 이 두 구는 '자신을 가리다.〔自蔽〕'와 '자신을 얽매다〔自累〕'에 전적으로 중점이 있다. 사의에 가릴 때에는 광대함이 사의에 의해 끊어지기 때문에 광대하지 못한 것이고, 사욕에 얽매일 때에는 추락하여 물욕의 아래에 있기 때문에 낮고 더러워 이른바 '고명함'이란 것이 없는 것이다." 하였다.

○"예전에 배운 것을 익힘이 어째서 존심(存心)의 등속입니까?"라는 질문에, 주자가 말하기를, "함양한다고 말하였으니 이는 이미 알고 있는 도리가 항상 나에게 있는 것이다." 하였다. "중용을 따르는 것이

어째서 격물치지의 등속입니까?"라는 질문에, 주자가 말하기를, "행함이 꼭 합당한 곳에 도달하여 조금도 과불급이 없는 것은 바로 앎이 분명하여 모든 일마다 꼭 합당한 곳을 알아야만 이와같이 할 수 있는 것이다." 하였다.

운봉 호씨가 말하기를, "중용의 도는 지와 행에 달려있는데, 자사가 여기에서 중용을 따르는 것을 치우치게 학문과 격물치지의 일로 삼은 것은 어째서인가……여기에서 중용을 따르는 것을 학문의 일에 소속시킨 것에 대하여 어찌 의심하겠는가."[8] 하였다.〔雲峯胡氏曰：中庸之道，在知與行. 子思於此，以道中庸，偏爲學問致知之事，何也……此以道中庸屬學問之事，何疑？〕-소주(小註)-

살펴보건대, 이것은 '중용이 지(知)는 아니지만 중용을 따르는 것은 격물치지의 일이다.'고 말한 것이다.

그러므로 윗자리에 거해서는 교만하지 않고 아랫사람이 되어서는 배반하지 않는다……이것을 말한 것이다.〔是故居上不驕，爲下不倍……其此之謂與！〕

8 중용의……의심하겠는가 : 전체 내용은 다음과 같다. "중용의 도는 지(知)와 행(行)에 달려있는데, 자사(子思)가 여기에서 중용을 따르는 것을 치우치게 학문과 격물치지의 일로 삼은 것은 어째서인가? 내 생각에는 제1장에서 자사가 말한 것은 '발현하지 않은 중(中)'이니 즉 여기서 말한 '덕성(德性)'이 이것이고, 계신공구(戒愼恐懼)는 즉 여기에서 말한 '공경하여 받들어 잡는다.'는 뜻이다. 인용한 공자가 말한 중용은 모두 이미 발현한 중이니, 택하여 행할 때에 격물치지보다 우선할 것이 없다. 그렇다면 여기에서 중용을 따르는 것을 학문의 일에 소속시킨 것을 어찌 의심하겠는가."

살펴보건대, 위 장을 이어 또 '그러므로〔是故〕'라고 말하였다. 이는 '덕성을 높이고 학문을 말미암는' 이하의 일이 있기 때문에 '윗자리에 거해서는 교만하지 않는다.' 이하의 공효가 있음을 말한 것이다.

이상은 제27장이다.

제28장 第二十八章

공자께서 말씀하기를, "어리석으면서 자기 생각대로 행하기를 좋아하고 천하면서 자기 마음대로 하기를 좋아하고……재앙이 그 몸에 미친다." 하였다.〔子曰: 愚而好自用, 賤而好自專……烖及其身者也.〕

살펴보건대, 이것은 위 장을 이어 말한 것이다. 어리석으면서 자기 생각대로 행하기를 좋아하면 윗자리에 거해서 교만하니, 윗글의 '윗자리에 거해서 교만하지 않다.'는 한 구와 반대의 의미로 호응한다. 천하면서 자기 마음대로 하기를 좋아하면 아랫사람이 되어서 배반하니, 윗글의 '아랫사람이 되어서 배반하지 않는다.'는 한 구와 반대의 의미로 호응한다. '재앙이 그 몸에 미친다.'는 즉 '그 말이 흥기시키기에 부족하고 그 침묵이 몸을 용납하기에 부족하다.'는 것이니, 윗글의 '이미 밝고 또 밝아서 그 몸을 보전한다.'는 한 단락과 반대의 의미로 호응한다.

○'지금 세상에서 태어나 옛 도를 회복하려고 하면 재앙이 반드시 그 몸에 미친다.'는 것은 시대의 어찌할 수 없음을 공자가 탄식한 것이다. 옛 도를 회복하는 것은 의당 해야 할 일인데, 어찌 재앙이 그 몸에 미치는 일이 있겠는가. 그러나 공자가 만난 시대는 할 수 없는 시기였으니, '지금의 세상에서 태어나서〔生乎今之世〕'라는 다

섯 글자를 보면 알 수 있다. 그렇다면 공자가 탄식한 이유는 그 뜻이 전적으로 지금의 세상에 있는 것이지, 옛 도를 회복하는데 있는 것이 아니다. 더구나 이미 이러한 때를 만났는데 또 어리석으면서 자기 생각대로 행하고 천하면서 자기 마음대로 한다면 재앙이 몸에 미치는 것이 필연적인 이치와 형세이다.

천자가 아니면 예를 의논할 수 없고 제도를 만들 수 없고 문자를 상고할 수 없다.〔非天子, 不議禮, 不制度, 不考文.〕

살펴보건대, 이 단락은 윗글의 '천하면서 자기 마음대로 하기를 좋아한다.'와 호응한다.

해마다 대행인 등속을 보내어 천하를 순행한다.〔每歲使大行人之屬, 巡行天下.〕-소주(小註)-

채청이 말하기를, "장구(章句) 아래 소주(小註)에서는 '해마다 대행인 등속을 보내어 천하를 순행하여 문자를 상고한다.'고 하였고, 《혹문(或問)》에서는 '외사(外史)가 서명(書名 서체)을 사방에 알리는 일을 관장하는데, 대행인의 법은 또 9년마다 한 번씩 깨우치게 하였다.'고 하였으니, 내용이 같은 않은 것은 어째서인가? 지금 《주례(周禮)》〈대행인(大行人)〉을 살펴보건대, '해마다 두루 위문하며〔存〕,[9] 3년마다 두루 보며〔覜〕,[10] 5년마다 두루 살피며〔省〕, 7년마다 역관

9 위문하며 : 대본은 '考'로 되어 있는데, 《주례》〈대행인〉에 의거하여 '存'으로 바로잡아 번역하였다.

10 보며 : 대본에는 '頫'로 되어 있는데, 《주례》〈대행인〉에 의거하여 '覜'로 바로잡아

(譯官)을 소집하여 언어를 깨우치고 사명(辭命)을 알맞게 하며, 9년마다 악관(樂官)과 사관(史官)을 소집하여 서명을 깨우친다.'고 하였으니, 같지 않음이 없다. 혹 해마다 상고하거나 혹 9년마다 깨우치는 것이 모두 대행인의 직임이다." 하였다.

지금 천하는 수레에 수레바퀴의 치수가 같으며 글에 문자가 같으며 행동에 예법이 같다.〔今天下, 車同軌, 書同文, 行同倫.〕

살펴보건대, 세 가지가 모두 같은 것은 천하가 통일된 것이다. 천하가 통일되었기 때문에 천자가 위에서 예를 의논하고 제도를 만들고 문자를 상고하여 천하가 함께 사용할 수 있는 것이다. 이는 위 한 구절을 이어서 말한 것이니, 윗글의 세 '불(不)' 자를 보고 여기의 세 '동(同)' 자를 보면 그 뜻이 서로 이어진다. 또한 이것으로 '나는 주(周)나라 예를 따르겠다.'는 아래 글을 말하려고 한 것이다.

궤는 수레바퀴의 도수이고, 윤은 차서의 체이다.〔軌, 轍迹之度; 倫, 次序之體.〕-주(註)-

살펴보건대, '수레바퀴가 치수가 같다.'는 윗글 '제도를 만든다.'와 호응하여 말한 것이다. 그러므로 장구(章句)에서 '궤는 수레바퀴의 도수이다.〔軌, 轍迹之度.〕'고 한 것이니, 이 '도(度)' 자는 '제도를 만든다.〔制度〕'의 '도(度)' 자에서 온 것이다. '행동은 예법이 같다.'는 윗글 '예를 의논한다.'와 호응하여 말한 것이다. 그러므로 장구에

번역하였다. 《사계전서(沙溪全書)》에서는 "조(覜)는 그 치효(治效)를 보는 것이고, 성(省)은 그 풍화(風化)를 살피는 것이다." 하였다.

서 '윤은 차서의 체이다.〔倫, 次序之體.〕'고 한 것이니, 이 '체(體)' 자는 '예를 의논한다.〔議禮〕'의 '예(禮)' 자에서 온 것이다. 체(體)가 바로 예(禮)이다. 그러므로 《예기》에 "예(禮)라는 것은 체(體)와 같다.'고 한 것이니, 장구의 글자 운용이 정미하다고 하겠다.

비록 그 지위를 갖고 있으나 그 덕이 없으면……감히 예악을 만들지 못한다.〔雖有其位, 苟無其德……亦不敢作禮樂焉.〕

살펴보건대, 이 한 단락은 '어리석으면서 자기 생각대로 행하기를 좋아하고, 천하면서 자기 마음대로 하기를 좋아한다.'는 두 구와 호응한다. '덕이 없다.〔無德〕'는 윗글 '우(愚)' 자와 호응하고, '감히 예악을 만들지 못한다.〔不敢作禮樂〕'는 윗글 '자기 생각대로 한다.〔自用〕' 두 글자의 반대 의미로 글을 맺은 것이다. '지위가 없다.〔無位〕'는 윗글 '천(賤)'과 호응하고, '또한 감히 예악을 만들지 못한다.〔亦不敢作禮樂〕'는 윗글 '자기 마음대로 한다.〔自專〕'는 두 글자의 반대 의미로 글을 맺은 것이다.

공자께서 말씀하기를, "내가 하나라 예를 말할 수 있으나 기나라에서 그것을 실증하기에 부족하고……지금 이것을 쓰고 있으니 나는 주나라 예를 따르겠다." 하였다.〔子曰: 吾說夏禮, 杞不足徵……今用之, 吾從周.〕

살펴보건대, 이것은 윗글 '덕이 있으나 지위가 없으면 감히 예악을 만들지 못한다.'를 이어서 말한 것이니, 공자가 바로 이러한 덕이 있으면서 지위가 없는 분이기 때문이다.

○'실증하기에 부족하다.'는 예를 의논하고 제도를 만들고 문자를

상고하는 일에 모두 실증하기에 부족하다는 말이다.

○'하(夏)나라의 예를 말할 수 있다'·'은(殷)나라의 예를 배웠다.'는 윗글 '지금 세상에 태어나 옛 도를 회복하려고 한다.'와 호응한다. '지금 사용하고 있으니 나는 주나라 예를 따르겠다.'는 윗글 '옛 도를 회복하려는 자는 재앙이 몸에 미친다.'는 뜻의 반대 의미로 맺은 것이다.

운봉 호씨가 말하기를, "송나라는 혹 전적은 흩어지고 없어졌지만 문적은 그래도 보존된 것이 있다." 하였다.〔雲峯胡氏曰: 宋或典籍散逸, 而文籍猶有存者.〕-소주(小註)-

살펴보건대, 전적(典籍)은 법전(法典)에 실린 기록인 듯하고, 문적(文籍)은 문서(文書)에 실린 기록인 듯하다.

이상은 제28장이다.

제29장 第二十九章

나라에는 정사가 다르지 않고 집에는 풍속이 다르지 않다.〔國不異政, 家不殊俗.〕-주(註)-

채청이 말하기를, "바로 이른바 '수레바퀴 치수가 같으며 문자가 같으며 예법이 같다.'는 것이다. 나라와 집은 나누어 말하면, 제후는 나라를 소유하고 대부 이하는 집을 소유한다. 정사는 위에 있고 풍속은 아래에 있으니, 조정에서 정사를 살피고 민간에서 풍속을 살핀다." 하였다.

이전 시대의 예가 비록 좋지만 징험할 수 없으니……믿지 않기 때문에 백성이 따르지 않는다.〔上焉者, 雖善, 無徵……不信, 民弗從.〕

살펴보건대, 이 부분은 위 장 마지막 구절을 이어서 말하였다. 그러므로 장구(章句)에서 '상언(上焉)'을 하(夏)나라와 상(商)나라로 여기고, '하언(下焉)'을 공자로 여긴 것이다. 이것이 '하(下)' 자는 글자 그대로 해석하고, '상(上)' 자는 '전(前)' 자의 뜻으로 해석한 이유이니, '상언자(上焉者)'와 '하언자(下焉者)'는 당시에 천하를 통치하는 자가 아니다. 백성이 따르지 않고 믿지 않으면 사람들이 허물을 적게 하도록 만들 수 없다.

하나라와 상나라의 예가 비록 좋지만……공자가 비록 예를 잘 알지만 높은 지위에 있지 못하였다.〔夏商之禮雖善……孔子雖善於禮, 而不在尊位也.〕-주(註)-

살펴보건대, 이 단락의 뜻은 위 장 하은주(夏殷周)의 예를 이어 말하였다. 그러므로 장구(章句)에서 이 부분에 반드시 '예(禮)'라는 한 글자를 들어서 '하나라와 상나라의 예가 비록 좋지만'이라고 말하고, 또 '공자가 비록 예에 밝지만'이라고 말한 것이다.

그러므로 군자의 도는 자기 몸에 근본하여……백세[11] 뒤에 성인을 기다려 물어보아도 의혹이 없을 것이다.〔故君子之道, 本諸身……百世以俟聖人而不惑.〕

11 백세 : 대본에는 '百歲'로 되어 있는데, 《중용》에 의거하여 '百世'로 바로잡아 번역하였다.

살펴보건대, '군자(君子)'는 위 장의 '그 지위를 소유하다.'와 호응하여 말하고, '자신의 몸에 근본하다.'는 위 장의 '그 덕을 소유하다.'와 호응하여 말하였으니, 예를 의논하고 제도를 만들고 문자를 상고하는 일은 반드시 지위가 있고 덕이 있어야 할 수 있기 때문이다. '백성에게 징험한다.'는 위 장의 '백성이 믿지 않아 따르지 않는다.'와 반대로 호응한다.

제1구와 제2구는 남과 자신을 대비하여 말하였고, 제3구와 제6구는 과거와 미래를 대비하여 말하였고, 제4구와 제5구는 은미함과 드러남을 대비하여 말하였다.〔第一句第二句, 是以人己對言; 第三句第六句, 是以已往方來對言; 第四句第五句, 是以隱顯對言.〕-소주(小註)-

살펴보건대, 몸에 근본하는 것은 자신에게 근본하는 것이고 백성에게 징험하는 것은 남에게 징험하는 것이므로 '남과 자신을 대비하여 말하였다.'고 한 것이다. 삼왕(三王)에게 상고하는 것은 과거의 일에 상고하는 것이고 후세의 성인을 기다리는 것은 미래의 일이므로 '과거와 미래를 대비하여 말하였다.'고 한 것이다. 천지를 세우는 것은 드러남이고 귀신에게 질정하는 것은 은미함이다. 그러므로 '은미함과 드러남을 대비하여 말하였다.'고 한 것이다.

귀신에게 질정하여도 의심이 없음은 하늘을 아는 것이요……의혹이 없음은 사람을 아는 것이다.〔質諸鬼神而無疑, 知天也……不惑, 知人也.〕

살펴보건대, 이 단락이 비록 윗글 '귀신에게 질정하다.'와 '백세에 기다리다.'는 두 구만 들어서 말한 것이지만, 이미 '하늘을 안다.'고 하였으니 윗글 '천지에 세워도 어그러지지 않는다.'를 포함하여 말한 것이고, 또 '사람을 안다.'고 하였으니 윗글 '백성에게 징험하다.'와 '삼왕에게 상고하다.'를 포함하여 말한 것이다.

○채청이 말하기를, "천지는 하나의 귀신이다. 그러므로 '귀신에게 질정해도 의심이 없음은 하늘을 아는 것이다.'고 한 것이다." 하였다. 또 말하기를, "사람은 이 마음을 똑같이 지니고 있고, 마음은 이 이치를 똑같니 지니고 있으니, 만고의 세월이 하나의 이치이고 천 명의 성인이 하나의 마음이다. 이른바 '백세 이전에 성인이 나와도 이 마음이 같고 이 이치가 같으며, 백세 이후에 성인이 나와도 이 마음이 같고 이 이치가 같다.'는 것이다. 그러므로 '백세 뒤에 성인을 기다려 물어보아도 의혹이 없음은 사람을 아는 것이다.'고 한 것이다." 하였다.

그러므로 군자는 움직이면 대대로 천하의 도가 되니……가까이 있으면 싫어하지 않는다.〔是故君子動而世爲天下道……近之則不厭.〕

살펴보건대, 여기의 군자는 지위가 있고 덕이 있는 자를 말한 것이다. 지위가 있고 덕이 있기 때문에 예를 의논하고 제도를 만들고 문자를 상고하는 일이 천하의 도가 되고 천하의 모범이 되고 천하의 기준이 될 수 있다.

○'움직이면 천하의 도가 된다.'·'행하면 천하의 모범이 된다.'·'말하면 천하의 기준이 된다.' 세 구는 윗글의 '자신의 몸에 근본하다.'·'백성에게 징험하다.'와 호응하여 말한 것이다.

《시경》에 이르기를, 저기에 있어도 미워하는 사람이 없으며 여기에 있어도 싫어하는 사람이 없다……일찍이 천하에 명성이 있는 자는 없

다.〔詩曰: 在彼無惡, 在此無射……蚤有譽於天下者也.〕

살펴보건대, 이것은 《시경》의 시를 인용하여 윗글의 '자신의 몸에 근본하다.'와 '백성에게 징험하다.' 이하의 일을 거듭 밝히고, 이 시를 가지고 반드시 이처럼 될 수 있음을 증명하였다.

○'자신의 몸에 근본하다.' 이하의 다섯 가지 공효가 있어 천하의 도가 되고 천하의 모범이 되고 천하의 기준이 된다면 천하에 명성이 있는 자임을 알 수 있다.

진씨가 말하기를, "일찍이 명성이 있었다는 것은 또 '길이 명성을 떨친다.'는 뜻을 총결한 것이다." 하였다.〔陳氏曰: 早有譽, 又總結以永終譽意.〕-소주(小註)-

살펴보건대, 본문을 살펴보면 이른바 '일찍이 명성이 있었다.'는 것은 '자신의 몸에 근본한다.' 이하의 여섯 가지 일을 총결하여 말한 것이다. 그런데 지금 진씨는 '길이 명성을 떨친다.'는 뜻을 총결하였다고 하니, 본뜻을 잃은 듯하다.

이상은 제29장이다.

제30장 第三十章

중니는 요임금과 순임금을 조종으로 삼아 계승하고……아래로는 수토의 이치를 따르셨다.〔仲尼祖述堯舜……下襲水土.〕

살펴보건대, 이것은 요임금·순임금의 도와 문왕·무왕의 법과 상하 천지(天地)의 이치가 공자 한 사람의 몸에 갖추어지지 않음이 없음을 말한 것이다.

비유하면 하늘과 땅이 실어주지 않음이 없고……해와 달이 교대하여 밝은 것과 같다.〔辟如天地之無不持載……如日月之代明.〕

살펴보건대, 이것은 공자에게 이미 '조종으로 삼아 계승하는' 이하의 일이 있기 때문에 그 덕의 성대함이 천지와 사시와 일월에 비유할 만하다고 말한 것이다.

○'실어주지 않음이 없다.'는 위 장의 '넓고 두텁다.'는 뜻과 호응하고 '덮어주지 않음이 없다.'는 위 장의 '높고 밝다.'는 뜻과 호응하고, '교대로 운행하다.'·'교대하여 밝다.'는 위 장의 '유구하다'는 뜻과 호응한다.

만물이 함께 길러져 서로 해치지 않으며……이것이 천지가 위대한 까닭이다.〔萬物幷育而不相害……此天地之所以爲大也.〕

살펴보건대, 여기의 '해(害)' 자는 '해치다〔傷害〕'는 뜻이 아니다. 만물이 함께 길러지는데 각각 그 법칙이 있어 서로 도와주지도 않고 서로 방해하지도 않는다는 말이다.

○실어주지 않음이 없고 덮어주지 않음이 없기 때문에 '함께 길러진다.〔幷育〕'고 한 것이며, 사시가 교대하여 운행하고 해와 달이 교대하여 밝기 때문에 '함께 행해진다.〔幷行〕'고 한 것이다.

○채청이 말하기를, "성인의 지극한 성덕(盛德)은 널리 응하고 세세히 들어맞는다. 이를테면 인(仁)이 부자(父子) 사이에 행해짐이 군신(君臣)의 의(義)를 해치지 않고, 밝게 보는 것이 밝게 들음을 해치지 않는 것이 즉 천지가 해치지 않고 위배하지 않는 것이다. 인(仁)은 사람을 사랑하는 것이고 지(知)는 사람을 알아보는 것인데, 두 가지가 서로 위배되지 않을 뿐 아니라 도리어 서로 쓰임이 되는 것이

즉 천지가 함께 길러주고 함께 운행하는 것이다. 인의예지(仁義禮智)가 때에 알맞게 발현하는 것이 즉 냇물의 흐름과 같은 천지의 작은 덕이고, 천하의 큰 근본을 세워 천하의 화육(化育)을 아는 것이 즉 화육을 도타이 하는 천지의 큰 덕이다." 하였다.

천류는 냇물의 흐름과 같아……근본이 성대하여 나옴이 무궁한 것이다.〔川流者, 如川之流……根本盛大而出無窮也.〕-주(註)-

채청이 말하기를, "'큰 덕은 화육을 도타이 한다.'는 것은 그 근본이 성대하여 나옴이 무궁하다는 말이니, 성인에 있어서는 성(誠)에 순수함이 되는 것을 말한다. '작은 덕은 냇물의 흐름이다.'는 것은 냇물의 흐름처럼 맥락이 분명하고 쉬지 않고 흘러간다는 말이다. 이를테면 하늘이 사물을 각자 그 사물에게 맡겨두어 사물마다 각기 하나의 태극을 지니고 있는 것과 같다. 그러므로 하늘을 나는 새는 나는 이치를 자득하며, 물속에 잠긴 물고기는 잠기는 이치를 자득하는 것이다. 낮을 밝히는 해는 조금도 밤을 침범할 수 없으며, 밤에 뜬 달은 조금도 낮에 섞일 수 없으며, 봄의 때가 되면 봄이 되고 여름의 때가 되면 여름이 되고 가을의 때가 되면 가을이 되고 겨울의 때가 되면 겨울이 되어 사계절이 각각 그 시령(時令)을 펴고 각각 그 직분을 수행하는 것이 참으로 이른바 '맥락이 분명하고 쉬지 않고 흐른다.'는 것이다. 성인에게 있어서는 노인을 편안하게 해주고 친구를 미덥게 대하고 젊은이를 감싸주는 것에 해당한다." 하였다.

이상은 제30장이다.

제31장 第三十一章

오직 천하의 지극한 성인만이 그 총명과 예지가……조리와 상세한 분별력이 사리를 변별할 수 있는 것이다.〔惟天下至聖, 爲能聰明睿知……文理密察, 足以有別也.〕

살펴보건대, 앞장에서 네 번이나 '지성(至誠)'을 말하였는데 여기에 와서 갑자기 바꾸어 '지성(至聖)'이라고 말하였다. 그러나 지성(至誠)과 지성(至聖)은 똑같으니, 깊이나 우열의 차이가 있는 것이 아니다.

○'너그러움과 부드러움〔寬裕溫柔〕'에서부터 '조리와 분별함〔文理密察〕'까지 네 가지는 바로 인의예지(仁義禮智)가 된다. '너그러움과 부드러움이 천하를 포용할 수 있다.〔寬裕溫柔足以有容〕'가 인(仁)이 되고, '강하고 굳셈이 신념을 지킬 수 있다.〔發强剛毅足以有執〕'가 의(義)가 되는 것은 그 뜻을 알기 쉽다. 다만 '엄숙하고 중정함이 공경할 수 있다.〔齊莊中正足以有敬〕'가 예(禮)가 되고, '조리와 분별력이 사리를 변별할 수 있다〔文理密察足以有別〕'가 지(知)가 되는 것은 그 뜻을 자못 알기 어려운 듯하다. 그러나 예(禮)는 엄숙하고 단속하는 물사(物事)이니, 이것으로 보면 엄숙하고 중정함이 '예'가 됨이 분명하다. 지(知)는 시비를 분별하는 물사이니, 이것으로 보면 조리와 분별력이 '지'가 됨이 또한 분명하다.

○주자(朱子)가 말하기를, "내가 처음에 '임(臨)' 자[12]의 뜻을 이해하지 못했는데 나중에 생각해 보니 다음과 같았다. 대체로 남보다 뛰어

12 '임(臨)' 자 : "오직 천하에 지극히 진실한 성인만이 그 총명과 예지로 세상에 임할 수 있다.〔唯天下至聖, 爲能聰明睿知, 足以有臨也.〕" 부분의 '임' 자이다

난 점이 있어야 남을 복종시킬 수 있다. 가령 열 사람에게 임한다면 반드시 저 열 사람보다 뛰어나야 하니, 백 사람, 천 사람, 만 사람에 이르러도 모두 그러하다. 만약 천하에 임한다면 반드시 천하의 사람보다 뛰어나야 한다. 이 때문에 《서경》 〈태서(泰誓)〉에 '진실로 총명한 사람이 임금이 된다.'고 말한 것이다. 또 '하늘이 총명한 사람은 내었다.'고 하고, 또 '총명하고 명석하고 문채가 찬란하고 사려가 깊다.'고 하고, 또 '총명함을 본받는다.'고 하였으니,[13] 대체로 또한 총명해야 한다는 것이다.[14]

○채청이 말하기를, "밝게 듣는 것이 비록 귀에 속한 일이지만 밝게 듣는 것은 마음이다. 밝게 보는 것이 비록 눈에 속한 일이지만 밝게 보는 것은 마음이다. 예(睿)와 지(知)는 한결같이 마음으로 말한 것이다." 하였다. 또 말하기를, "이는 성인의 덕을 낱낱이 거론한 것이다. 여기에서는 아직 실행에 대해서는 말하지 않았고, 아래 글에서 비로소 안에 쌓여서 밖에 발현됨을 말하였다." 하였다.

넓고 깊어서 때에 알맞게 발현된다.〔溥博淵泉, 而時出之.〕

살펴보건대, 이것은 위 장을 이어서 인의예지의 덕을 말한 것이다. 능히 안에 가득 쌓인 것이 두루 미쳐서 넓으며 고요하고 깊어 근본이

13 또……하였으니 : '하늘이 총명한 사람을 내었다.'는 《서경》 〈중훼지고(仲虺之誥)〉나오는 말이고, '총명하고 명석하고 문채가 찬란하고 사려가 깊다.'는 〈요전(堯典)〉 서서(書序)에 나오는 말이고, '총명함을 본받는다.'는 〈열명 중(說命中)〉의 '하늘의 총명함을 성인이 본받는다.'는 부분이다.

14 대체로……것이다 : 대본에는 '便是大故他要那聰明'으로 되어 있는데, 《주자어류》에 의거하여 '他'를 '也'로 바로잡아 번역하였다.

있어서 때에 알맞게 밖으로 발현되는 것이다. 여기의 '때에 알맞게 발현된다.〔時出〕'의 '시(時)' 자는 즉 '때에 알맞게 행하다.〔時中〕'의 '시(時)'이다.

박박은 하늘과 같고 연천은 못과 같으니……행하면 백성이 기뻐하지 않는 이가 없다.〔溥博如天, 淵泉如淵……行而民莫不說.〕

살펴보건대, 이것은 덕이 두루 미쳐서 넓음이 천지처럼 크고, 덕이 고요하고 깊어 근본이 있음이 못처럼 깊다는 말이다. 그러므로 '나타나면 백성이 공경하지 않는 이가 없다.' 이하의 효과가 있는 것이다. ○'나타나면 백성이 공경하지 않는 이가 없다.'는 앞 장의 '움직이면 대대로 천하의 도가 된다.'와 호응하니, 나타난다는 것은 즉 움직인다는 뜻이다. '말하면 백성이 믿지 않는 이가 없다.'는 앞 장의 '말하면 대대로 천하의 기준이 된다.'와 호응하고, '행하면 백성이 기뻐하지 않는 자가 없다.'는 앞 장의 '행하면 대대로 천하의 모범이 된다.'와 호응한다.

그러므로 하늘에 짝한다고 말한 것이다.〔故曰配天〕

살펴보건대, 여기서 말한 '하늘에 짝한다.'는 위 장의 '높고 밝음이 하늘과 짝한다.'와는 차이가 있다. 이른바 '높고 밝음이 하늘과 짝한다.'는 단지 성인의 높고 밝은 한 부분이 하늘과 짝함을 거론한 것이고, 여기의 말한 '하늘에 짝한다.'는 성인의 성덕(盛德)의 온전한 본체와 큰 작용이 하늘에 짝한다는 말이다.

이상은 제31장이다.

제32장 第三十二章

오직 천하에 지극히 성실한 분이라야 천하의 대경을 경륜하며……어찌 달리 의지할 것이 있겠는가.〔惟天下至誠, 爲能經綸天下之大經……夫焉有所倚?〕

살펴보건대, 제1장의 내용을 가지고 말하면, 화육(化育)은 이른바 '천명(天命)'이고, 대본(大本)은 즉 '하늘이 명한 성〔天命之性〕'이고, 대경(大經)은 '본성을 따르는 도〔率性之道〕'이고, 경륜(經綸)은 '도를 품절한 교〔修道之教〕'이다.

○제22장에서는 '화육을 돕는다.〔贊化育〕'고 말하였고, 여기에서는 '화육을 안다.〔知化育〕'고 말하였다. 돕는다는 것은 찬조의 뜻이고, 안다는 것은 묵묵히 계합한다는 말이다.

대본은 본성에 간직하고 있는 전체이다.〔大本者, 所性之全體也.〕-주(註)-

살펴보건대, '소성(所性)'은 제21장 장구(章句)의 이른바 '성인의 덕으로서 본성대로 하여 간직하다.〔聖人之德, 所性而有〕'의 '소성(所性)'이다.

간곡하고 지극한 그 인이며, 고요하고 깊은 그 못이며, 넓고 큰 그 하늘이다.〔肫肫其仁, 淵淵其淵, 浩浩其天.〕

살펴보건대, 이 단락은 위의 대경(大經)·대본(大本)·화육(化育)과 호응하여 말하였다.

○위 장의 '하늘과 같고 못과 같다.'는 것은 지성(至聖)의 덕이 밖에 드러남을 말한 것이고, 이 단락의 '그 하늘과 그 못'은 지성(至誠)의

도가 안에 충실함을 말한 것이다. 밖에 드러나기 때문에 사람들이 하늘과 같고 못과 같은 그 성대한 덕을 보는 것이다. 안에 충실하기 때문에 자신의 내면에 진실로 그 하늘과 그 못이 있는 것이다. 그러나 하늘과 같고 못과 같은 것은 실제로 그 하늘과 그 못에서 발현되어 나온 것이다.

만일 진실로 총명하고 지혜로워서 하늘의 덕을 통달한 자가 아니면 그 누가 이것을 알 수 있겠는가.〔苟不固聰明聖知達天德者, 其孰能知之.〕

살펴보건대, '알 수 있다〔能知〕'의 '지(知)'는 그 지극히 성실한 사람을 안다는 말이다. 그러므로 장구(章句)에서 "오직 성인(聖人)만이 성인(聖人)을 알 수 있다."고 한 것이다.

○이 장은 위 장을 이어 말하였다. 위 장에서는 '모든 혈기를 지닌 자들이 존경하고 친애하지 않음이 없다.'고 하였으니, 이는 지성(至聖)의 덕을 사람들이 모두 쉽게 보고서 존경하고 친애한다는 말이다. 여기에서는 '총명하고 지혜로워서 하늘의 덕을 통달한 자가 알 수 있다.'고 하였으니, 이는 지성(至誠)의 도는 이러한 사람이 아니면 알 수 없다는 말이다. 그러므로 위 장에서 말한 것은 냇물의 흐름과 같은 천지의 작은 덕이 되고, 이 장에서 말한 것은 화육을 두터이 하는 천지의 큰 덕이 된다.

신안 진씨가 말하기를, "예에서 한걸음 나아가면 곧 성이다." 하였다.〔新安陳氏曰: 睿進一步卽聖也.〕-소주(小註)-

살펴보건대, 예(睿)가 바로 성(聖)이니, 예와 성은 본래 깊고 얕음의 차이가 없다. 그러므로 위 장에서 "천하의 지극한 성인이라야 그 총명과 예지가 임하기에 충분하다."고 한 것이다. 이미 '지성(至聖)'이라고 말하고 또 '예지(睿知)'라고 말하였으니, 지성의 사람이 예지할 수 있음을 알 수 있다. 그런데 지금 신안 진씨는 "예에서 한걸음 나아가면 성이다."라고 하였으니 본뜻을 잃은 듯하다. 어떨지 모르겠다.

이상은 제32장이다.

제33장 第三十三章

《시경》에 이르기를, "비단옷을 입고 홑옷을 덧입는다." 하였으니 그 문채가 드러남을 싫어해서이다……함께 덕에 들어갈 수 있다.〔詩曰衣錦尙絅, 惡其文之著也……可與入德矣.〕

살펴보건대, 이 단락 안에서 두 차례나 '군자의 도〔君子之道〕' 네 자를 제기하고, 이로부터 이하는 단락마다 '군자'를 말하여 밝혔으니, 이 장의 상하에 모두 일곱 번 '군자'를 말하였다.

○이 장 또한 위 장을 이어 말하였다. 위 장에서 성인이 천도(天道)의 극치를 다함을 극도로 말하였으니 학자들이 고원한 것을 바라는 병통이 있을까 다시 염려하여 여기에서 다시 하학(下學)이 마음을 세우는 시초를 말하였다. 이른바 '하학이 마음을 세우는' 방법은 다른 것이 없다. 자신을 위한 공부를 하고 남이 알아주기를 구하지 않는 일에 불과하다. 그러므로 처음에 《시경》의 '비단 옷을 입고 홑옷을 덧입는다.'는 한 구절을 인용하여 말한 것이다. 여기서부터 마지막 단락까지 비록 공부의 공효 및 그 덕을 형용한 것에 깊고 얕은 등급이 같지 않지만, 모두 '홑옷을 덧입는다.〔尙絅〕'는 두 글자

로부터 미루어 나갔다. 이 단락의 이른바 '은은하다〔闇〕'·'담박하다〔淡〕'·'간소하다〔簡〕'·'온화하다〔溫〕'·'가깝다〔近〕'·'은미하다〔微〕' 및 두 번째 단락의 '잠기다.〔潛伏〕'·'보지 않다.〔不見〕' 및 세 번째 단락의 '방 귀퉁이〔屋漏〕'·'움직이지 않다.〔不動〕'·'말하지 않다.〔不言〕' 및 네 번째 단락의 '말이 없다.〔無言〕'·'상주지 않다.〔不賞〕'·'노하지 않다.〔不怒〕' 및 다섯 번째 단락의 '드러나지 않다.〔不顯〕'·'공손함을 돈독히 한다.〔篤恭〕' 및 여섯 번째 단락의 '음성과 얼굴빛을 대단치 않게 여긴다.〔不大聲色〕'·'덕이 가볍기가 터럭과 같다.〔德輶如毛〕'·'소리도 없고 냄새도 없다.〔無聲無臭〕' 등의 허다한 말이 모두 같은 뜻인데, 이른바 '소리도 없고 냄새도 없다.'로 말하자면 또 미루어 극도에 이른 것으로 다시 말한 것이다.

○먼저 '은미함이 드러남을 안다.〔知微之顯〕'는 네 글자를 말하여 장차 '잠긴 것이 비록 엎드려 있으나 또한 매우 밝다.'는 아래 글을 일으켰다.

○'함께 덕에 들어갈 수 있다.〔可與入德.〕'의 이 '덕(德)' 자는 아래 글의 '드러나지 않는 덕〔不顯惟德〕'·'나는 밝은 덕을 생각한다.〔予懷明德〕'·'덕이 가볍기가 터럭과 같다.〔德輶如毛〕'의 세 '덕(德)' 자와 호응한다.

○"《중용》 제1장에서는 계구근독(戒懼謹獨)과 존양성찰(存養省察) 두 공부만 말했을 뿐이고, 마지막의 상경(尙絅) 장에서 다시 이 두 조목을 말하였습니다. 그러나 학자들이 반드시 마음을 세우는 초기에는 참으로 자신을 위한 독실한 마음이 있어야 하고, 또 먼 것이 가까운 데에서 시작되고 바람이 일어나는 곳이 있고 은미한 것이 더 분명히 드러난다는 것을 알아야만 아래의 근독와 존양 공부를

기꺼이 할 수 있습니다. 알지 못하겠습니다만, 먼 것이 가까운 데에서 시작되고 바람이 일어나는 곳이 있고 은미한 것이 더 드러난다는 것을 안다면 이미 이치를 궁구하려는 생각이 있는 것이 아닙니까?" 라는 질문에, 주자(朱子)가 답하기를, "반드시 도리가 이러하다는 것을 알아야 기꺼이 홀로를 삼갈 것이고 마음을 잡아서 기를 것이다. 그러므로 함께 덕에 들어갈 수 있다." 하였다.

○또 말하기를, "바람이 일어나는 곳을 안다는 것은 《맹자》의 이른바 '백이(伯夷)의 풍도를 듣는다.'와 같은 따위이다." 하였다.

심괄이 말하기를, "경(絅)은 경(綮)이 같다." 하였다.〔沈括謂絅與綮同〕-소주(小註)-

살펴보건대, 운서(韻書)에 "경(綮)은 견(犬)과 형(迥)의 반절음이니, 혹 경(檾)으로 쓴다." 하였다. 서씨(徐氏)가 말하기를, "경은 시(枲)의 등속으로, 고문에는 경(穎)으로 되어 있다." 하였다.《예기》〈잡기(雜記)〉의 '삼년상에서 경질(穎絰)로 바꾸고 나서〔三年之喪旣穎〕' 주석에 "경(穎)은 풀이름이다. 갈(葛)이 나지 않는 지방에서는 마질(麻絰)을 벗으면 경질(穎絰)을 사용한다." 하였다. 경(穎)은 경(絅)과 통용하여 쓰는데, 《예기》〈옥조(玉藻)〉에 "홑옷〔襌〕[15]이 경(絅)이다." 하였다.

○《본초(本草)》에는 '맹(莔)'-어자귀-으로 되어 있다. 잎은 모시〔苧〕와 비슷하고 꽃은 노란 색이고 열매는 촉채자(蜀蔡子)처럼 생겼다.

15 홑옷〔襌〕 : 대본에는 '禪'으로 되어 있는데, 《예기집설(禮記集說)》에 의거하여 '襌'으로 바로잡아 번역하였다.

지금 사람들이 이것을 따서 베를 짜거나 꼬아서 새끼줄을 만드니 즉 백마(白麻)이다.

먼 것이 가까운 데에서 시작된다는 것은 저기에 드러남이 여기에서 말미암는 것이고……안에 간직한 것이 밖에 드러나는 것이다.〔遠之近, 見於彼者, 由於此也……有諸內者, 形諸外也.〕-주(註)-

살펴보건대, 이것은 '피차(彼此)' 자와 '내외(內外)' 자를 살펴야 하니, '피차'는 남과 자신을 대비하여 말한 것이고, '내외'는 몸과 마음을 대비하여 말한 것이다. '안에 간직한 것이 밖에 드러난다.'에 이르러선 또 마음의 드러남과 은미함을 전적으로 말하였다.

진씨가 말하기를, "풍화에 드러나는 것이 몸에서 말미암아 시작한다. 그러므로 몸에서부터 삼가는 것이다." 하였다.〔陳氏曰: 著見於風化者, 由身始, 故自身而謹之.〕-소주(小註)-

살펴보건대, 주자가 말하기를, "바람이 일어나는 곳이 있다는 것은 밖에 드러난 것이 안에서 근본하는 것이다." 하였고, 또 말하기를, "바람이 일어나는 곳을 안다는 것은 그 몸의 잘잘못이 그 마음의 사정(邪正)에서 말미암음을 아는 것이다." 하였다. 이미 '안에 근본한다.'고 하고, 또 '그 마음에서 말미암는다.'고 하였으니, 그렇다면 이른바 바람이 일어나는 곳을 안다는 것은 마음을 가리켜 말한 것이다. 그런데 지금 진씨는 주자가 말한 '내(內)' 자와 '심(心)' 자를 '신(身)' 자로 바꾸어 '몸에서 말미암아 시작한다.'고 하였으니, 주자의 설과 다르다. 어떨지 모르겠다.

운봉 호씨가 말하기를, "아래 글은 마침내 신독계구의 일로 이었다……장구의 뜻은 통철함이 이와같다." 하였다.〔雲峯胡氏曰：下文遂以愼獨戒懼之事繼之……章句之旨融徹如此.〕-소주(小註)-

살펴보건대, 장구(章句)는 즉 제2장의 '군자는 때에 알맞게 한다.〔君子時中〕' 아래의 장구이다.

《시경》에 이르기를, 잠긴 것이 비록 엎드려 있으나 또한 심히 밝다……사람들이 보지 않는 바에 있다.〔詩云潛雖伏矣, 亦孔之昭……其惟人之所不見乎!〕

살펴보건대, 앞 단락의 '비단옷을 입고 홑옷을 덧입는다.'는 시는 자신을 위해 공부하고 남에게 알려지지를 구하지 않는 것으로 말하였으니, 즉 하학(下學)이 마음을 세우는 처음이다. 이 단락에서 인용한 정월(正月) 시는 신독(愼獨)과 성찰(省察)의 일을 말하였고, 아래에서 인용한 억(抑) 시는 계구(戒懼)와 존양(存養)의 일을 말하였으니, 모두 하학이 마음을 세우는 공부이다. 위 단락에서는 자신을 위하는 마음을 말하였고, 이 단락에서는 자신을 위하는 학문을 말하였으니, 위 단락은 덕에 들어가는 문이고, 이 단락과 아래 단락은 덕에 들어가는 일이다.

○이 단락은 제1장의 '숨겨진 것보다 더 드러남이 없으며 은미한 일보다 더 나타남이 없다.〔莫見乎隱, 莫顯乎微〕'는 뜻을 거듭 밝혔으니, '잠(潛)'과 '복(伏)' 두 글자는 제1장의 '은(隱)'과 '미(微)' 두 글자와 호응하고, '공(孔)'과 '소(昭)' 두 글자는 제1장의 '현(顯)'과 '현(見)' 두 글자와 호응한다. '마음에 부끄러움이 없다.'는 신독(愼獨)의 일이고, '안으로 살펴보아 하자가 없다.'는 성찰(省察)의 일이다.

《시경》에 이르기를, 네가 방안에 있음을 보니 방 귀퉁이에 부끄럽지 않게 한다……말하지 않아도 미덥게 한다.〔詩云相在爾室, 尙不愧于屋漏……不言而信.〕

살펴보건대, 이 단락은 제1장의 '보지 않는 바에도 경계하고 삼가며 듣지 않는 바에도 두려워한다.'와 호응하니, 즉 존양(存養) 공부이다. '움직이지 않아도 공경하며 말하지 않아도 미덥게 한다.'고 하였으니, 그렇다면 말하고 움직이기 이전에 자신에게 이미 경(敬)과 신(信) 공부가 있음을 알 수 있다. 말하지 않고 움직이지 않을 때에 이미 경과 신의 공부가 있다면 그 존양 공부가 지극히 치밀하다고 할 수 있다.

○위 장에서는 '나타나면 백성이 공경하지 않는 이가 없고, 말하면 백성이 믿지 않은 이가 없다.'고 하였으니, 이는 남이 공경하고 믿는 것을 말한 것이다. 이 장에서는 '움직이지 않아도 공경하고, 말하지 않아도 미덥다.'고 하였으니, 이는 자신의 경과 신을 말한 것이다.

○옥루(屋漏)는 《이아(爾雅)》〈석궁(釋宮)〉의 글이다. 문을 통해 들어오는 빛이 그 곳을 비추지 않기 때문에 '옥루'라고 칭한 것이다.

《시경》에 이르기를, 신명을 감격할 때에 말이 없어 이에 다투는 이가 없다……노하지 않아도 백성이 형벌보다 더 두려워한다.〔詩曰奏假無言, 時靡有爭……不怒而民威於鈇鉞.〕

살펴보건대, 이 단락과 아래의 한 단락은 위 두 단락의 신독과 계구의 뜻을 이어 그 공효를 말한 것이다.

○위 단락의 '움직이지 않아도 공경하고, 말하지 않아도 미덥다.'는 자신을 위한 공부이고, 이 단락의 '상주지 않아도 백성이 권면되고,

노하지 않아도 백성이 두려워한다.'는 남에게 미친 효험이다.

○'상주지 않는다.'·'노하지 않다.'는 '말하지 않는다.'의 뜻과 호응하고, '백성이 권면된다.'·'백성이 두려워한다.'는 '다투는 이가 없다.'는 뜻과 호응한다.

《시경》에 이르기를, 드러나지 않는 덕을 제후들이 본받네……군자가 공손함을 돈독히 하면 천하가 평치되는 것이다.〔詩曰不顯惟德, 百辟其刑之……君子篤恭而天下平.〕

살펴보건대, '공손함을 돈독히 하면 천하가 평치된다.'는 위 단락의 '상주지 않아도 백성이 권면된다.'·'노하지 않아도 백성이 두려워한다.'는 두 구를 이어서 그 공효의 극처를 말한 것이다. 첫 단락에서 말한 것이 자신을 위하여 마음을 세우는 공부이니, 만일 이를 미루어 극치에 이른다면 마침내 그 공효가 천하를 평치하는 데에 이를 것이다.

○이 장의 첫 단락은 하학(下學)이 마음을 세우는 시초를 말하였고, 두 번째 단락은 신독과 성찰의 일을 말하였고, 세 번째 단락은 계구와 존양의 일을 말하였고, 네 번째 단락은 그 공효를 말하였고, 다섯 번째 단락은 그 공효의 지극함을 말하였고, 마지막 단락은 또 공효의 지극한 모습을 형용하고 그 오묘함을 찬미하였으니, 이 장은 제1장과 함께 서로 발명된다.

《시경》에 이르기를, 나는 밝은 덕을 가진 자가 음성과 얼굴빛을 크게 드러내지 않음을 좋아한다……소리도 없고 냄새도 없어야 지극할 것이다.〔詩云予懷明德, 不大聲以色……無聲無臭至矣.〕

살펴보건대, 이 단락은 위 단락의 '드러나지 않고 공손함을 돈독히 하는' 오묘함을 형용하였다. 위의 다섯 단락에서는 모두 시를 인용하고 그 아래에 그 일이 이와같음을 반드시 실증하여 말하였다. 그러므로 단락마다 모두 '고군자(故君子)'라는 세 글자로 맺어서 '그러므로 군자는 이와같은 것이다.'라고 말한 것이다. 다만 이 단락에서는 세 번 시를 인용하여 드러나지 않는 오묘함을 형용하고 찬미하였을 뿐이다. 그러므로 다시 '고군자'라는 말로 결론을 맺지 않은 것이다.
○'소리도 없고 냄새도 없다.'는 것은 정자(程子)의 이른바 '은밀한 데에 감추어진다.'[16]는 것이다.

운봉 호씨가 말하기를, "순치는……" 하였다.〔雲峯胡氏曰馴致〕-소주(小註)-

사계(沙溪)가 말하기를, "점차 이루는 것을 '순(馴)'이라고 한다." 하였다.
○채청이 말하기를, "이 한 장은 덕에 들어가고 덕을 이루는 일을 다시 서술하였으니, 이른바 '한 부(部)의 소중용(小中庸)'이란 것이다. 《중용》 한 책은 덕에 들어가는 일을 말하지 않으면 덕을 이루는 일을 말하였다. 이 한 장은 처음 배움에서부터 미루어나가 덕에 이르고 덕에 들어가고 덕을 이루는데 도달하는 일을 빠뜨림 없이 모두 갖추어 놓았으니, 이른바 삼달덕(三達德) · 오달도(五達道) · 구경

16 정자(程子)의……감추어진다 : 《중용장구》 대문 앞 첫머리에 나오는 말로, "펼쳐 놓으면 상하 사방에 가득 차고 거두어들이면 은밀한 데에 감추어져서 그 의미가 무궁하니 모두 진실한 학문이다." 하였다.

(九經)·삼중(三重)·천도(天道)·인도(人道)이다. 그 이치가 어느 것 하나 여기에서 벗어남이 없고 또한 인도로부터 미루어나가 천도에 도달한다." 하였다.

○또 말하기를, "중용의 제1장은 전체 뜻을 포괄하여 빠뜨림이 없고, 마지막 장은 전체 뜻을 수습하여 빠뜨림이 없다." 하였다.

이상은 제33장이다.

후재집

제34권

차기 箚記

예기 禮記

연평 주씨(延平周氏 주서(周諝))가 말하기를, "도덕(道德)과 인의(仁義)는 모두 성명(性命)에서 나왔고, 이른바 예(禮)라는 것은 또 도덕과 인의에서 나왔다." 하고, 또 말하기를, "도덕과 인의는 예의 근본이다." 하고, 또 말하기를, "도덕과 인의는 도리에 예의 바탕이 된다." 하고, 또 말하기를, "미루어 올라가서 도수(度數)의 겉에서 볼 수 있는 것은 의(意)이니, 의는 정(情)이다. 이른바 의라는 것은 성명으로 귀결될 뿐이다." 하였다.

살펴보건대, 주씨의 이러한 말들은 모두 의심스럽다.

복씨(虙氏)가 말하기를, "4대의 제도를 잡다하게 인용하였다." 하였다.

살펴보건대, 4대는 우(虞), 하(夏), 상(商), 주(周)이다.

《의례(儀禮)》 17권

《예기정의(禮記正義)》에, 주공(周公)이 6년 동안 섭정(攝政)하며 제정한 것이라고 하였다.

《대기(戴記)》 49편

웅씨-이름은 안(安)이며 북조(北朝) 사람이다.-가 말하기를, "대덕(戴德)의 전기(傳記)는 85편이니 《대대례(大戴禮)》이고, 대성(戴聖)의 전례(傳禮)는 49편이니 이것이 《예기(禮記)》이다." 하였다. ○《한서(漢書)》〈예문지(藝文志) 유림전(儒林傳)〉에 "한(漢)나라가 일어나자 고당생(高堂生)이 예(禮) 17편을 전하였다.-《의례(儀禮)》이다.- 노(魯)의 서생(徐生)이 예모(禮貌)를 잘 갖추어 효문제(孝文帝) 때 예모로 예관대부(禮官大夫)가 되었다. 하구(瑕丘)의 소분(蕭奮)은 예로 회양 태수(淮陽太守)에 이르렀다. 맹경(孟卿)은 동해(東海) 사람으로 소분을 섬겨 대덕과 대성에게 학문을 전수하였다." 하였다. ○《성보(姓譜)》에 "대덕의 자는 연군(延君)이며, 조카 대성의 자는 차군(次君)이다. 함께 후창(后蒼)에게 예를 배웠다. 대덕은 《예기》를 산삭하여 85편으로 만들었는데 《대대례》로 불렸다. 대성이 또 산삭하여 48편으로 만들었는데 《소대례》로 불렸다." 하였다.

정씨(鄭氏)

이름은 현(玄), 자는 강성(康成)이며 북해(北海) 고밀현(高密縣) 사람이다. 전한(前漢) 때 복야(僕射)를 지낸 정영(鄭榮)의 8대손이다. 관중(關中)에 들어가 마융(馬融)에게 수학한 뒤 고향으로 돌아가니, 따르는 학도가 수백 명이었다. 한번은 길에서 황건적 수만 명을 만났는데, 정현을 보더니 모두 절하고 고을 경내로 들어가지 않겠다고 약속하였다. 대사농을 지내고 74세에 세상을 떠났다.

공씨(孔疏)의 소(疏)

공씨의 이름은 영달(穎達)이며 이주(彝州) 사람이다. 공자의 32세손이다. 날마다 1천여 자를 암송하였다. 당(唐)나라 초기에 명경과에 합격하고 누차 벼슬하여 국자 사업(國子司業)을 지내고 좨주(祭酒)로 옮겼다. 《오경정의(五經正義)》를 편찬하였다.

육씨(陸氏)의 석문(釋文)

육씨의 이름은 덕명(德明), 자는 원랑(元朗)이며 당나라 오현(吳縣) 사람이다. 명리(名理)에 뛰어났고 주홍정(周弘正)에게 수학하였으며 저술이 몹시 많다. 태종이 그 책을 좋아하고 그가 박학하고 변론에 뛰어난 점을 가상히 여겨 베와 비단 3백 단을 하사하였다.

곡례(曲禮)

《예기정의》에 "정현(鄭玄)의 《목록》에 '곡례라고 이름한 것은 그 편이 오례(五禮)의 일을 기록하였기 때문이다. 제례(祭禮)에 관한 설은 길례(吉禮), 상사와 흉년, 나라를 떠나는 데 관한 설은 흉례(凶禮), 공물을 바치고 조회하는 데 관한 설은 빈례(賓禮), 전쟁과 정벌에 관한 설은 군례(軍禮), 어른을 섬기고 노인을 공경하며 폐백을 가지고 딸을 시집보내는 설은 가례(嘉禮)이다." 하였다. ◑육씨(陸氏)가 말하기를, "곡례는 《의례(儀禮)》의 옛이름이니, 예에 관한 일을 자세히 말하였다." 하였다.

엄숙하여 생각하는 것처럼 한다.〔儼若思〕

엄(儼)은 정씨 주에 "긍지 있고 장중한 모습이다." 하였다.

욕심을 따라서는 안 된다.〔欲不可從〕

육씨가 말하기를, "종(從)은 족(足)과 용(用)의 반절이니, 방종하다는 뜻이다." 하였다.

정씨는 이 두 구를 장부의 일이라고 하였으나 잘못이다.〔鄭氏謂此二句爲丈夫之事, 誤矣〕-"시동처럼 앉는다.〔若夫坐如尸〕"의 주(註)-

정씨 주에 "약부(若夫)는 '만약 장부가 되고자 한다면'이라는 말이다." 하였다.

유원보(劉原父)-주-

이름은 창(敞)이며 경력(慶曆) 연간에 진사시에 합격하고 누차 벼슬하여 집현원 학사(集賢院學士)에 이르렀다. 학문이 깊고 넓으며 문장이 풍부하고 민첩하다. 《공시집(公是集)》이 세상에 전한다.

시부모가 며느리를 위한다는 혐의가 있다〔有舅姑爲婦之嫌〕.-"혐의를 결단한다.〔決嫌疑〕"의 주-

살펴보건대 예법에 며느리는 시부모를 위해 기년복을 입고, 시부모는 며느리를 위해 강복(降服)[1]한다. 지금 여주인이 만약 첩을 위해 보복(報服)[2]으로 기년복을 입는다면 너무 중하고, 만약 강복한다면 시부모가 며느리를 위해 입는 상복과 같다. 이를 혐의하여 상복이 없는 것이다.

행실이 닦여지고 말이 도에 맞는다.〔行脩言道〕

살펴보건대 이는 그 행실을 닦고 그 말이 도리에 맞는다는 말이다.

남에게 본보기가 되지, 남을 데려다 본받게 한다는 말은 듣지 못하였다.〔取於人, 不聞取人.〕

1 강복(降服) : 해당하는 상복보다 한 단계 낮추어 상복을 입는 것이다.

2 보복(報服) : 상대방이 나를 위해 입는 상복에 상응하는 상복을 입는 것이다.

살펴보건대, '취어인(取於人)'은 내가 남에게 본보기가 된다는 말이고, '취인(取人)'은 내가 가서 남에게 본보기가 된다는 것이다.

교육과 훈도로 풍속을 바로잡는 것은 예가 아니면 온전하지 않다.〔教訓正俗, 非禮不備.〕

황씨(皇氏)가 말하기를,-성은 황보(皇甫), 이름은 간(侃)이며 남조(南朝) 사람이다.- "교(教)는 남에게 모범을 가르친다는 말이고, 훈(訓)은 의리를 설명한다는 말이다. 이로써 가르치고 설명하여 풍속을 바로잡는데 예에 맞지 않으면 온전히 갖출 수 없다." 하였다.

임금과 신하, 윗사람과 아랫사람, 부자와 형제도 예가 아니면 정해지지 않는다.〔君臣上下父子兄弟, 非禮不定.〕

《정의》에 "군주는 남면하고 신하는 북면하며 공경대부는 위에 줄지어 자리하고, 사는 아래에 줄지어 자리한다. 형은 앞에, 아우는 뒤에 있으니 오직 예만이 정할 수 있다." 하였다.

벼슬하고 학문하며 스승을 섬기는 것은 예가 아니면 친애하지 못한다.〔宦學事師, 非禮不親.〕

웅씨(熊氏)가 말하기를, "환(宦)은 벼슬하는 일을 배우는 것이고, 학(學)은 육예(六藝)를 익히는 것이다. 이 두 가지는 모두 스승을 섬기니, 예가 아니면 친애하지 못한다." 하였다.

조정의 차례를 정하고 군대를 다스리며 관직에 나아가 법을 시행하는 것은 예가 아니면 위엄이 서지 않는다.〔班朝治軍, 涖官行法, 非禮, 威

嚴不行.〕

《정의》에 "반(班)은 차례이고 조(朝)는 조정이니, 사사(司士)가 조정 의식의 차례를 바로잡는 것을 말한다. 치군(治軍)은 부대와 대오의 부분을 각기 바로잡는 것을 말한다. 이(涖)는 임한다는 뜻이고 관(官)은 경, 대부, 사가 각기 직무가 있다는 말이다. 행법(行法)은 사구(司寇)와 사사(士師)가 형법을 밝힌다는 말이다. 모두 예를 사용해야 위엄이 비로소 통한다." 하였다.

도사(禱祠)와 제사(祭祀)

《주례(周禮)》〈종백(宗伯)〉의 주에, "정씨가 말하기를, '복을 구하는 것을 도(禱)라고 하고, 구한 것을 얻으면 사(祠)라고 한다." 하였다.

사(祠)는 꾸밈을 위주로 삼고……사(祀)는 편안함을 도로 삼는다.〔祠以文爲主……祀以安爲道〕-주-

사계가 말하기를, "사(祠)의 꾸밈과 사(祀)의 편안함은 그 뜻이 자세하지 않다." 하였다.

군자는 공경한다.〔君子恭敬〕

《정의》에 "군자는 덕이 있고 벼슬이 있는 사람의 통칭이다. 하윤(何胤)이 말하기를, '모습에 있으면 공(恭)이 되고, 마음에 있으면 경(敬)이 된다.' 하였다." 하였다.

금수(禽獸)

《이아》에 "금(禽)은 사로잡다〔擒〕는 뜻이니, 새는 힘이 약하여 사로잡을 수 있기 때문이다. 수(獸)는 지킨다〔守〕는 뜻이니, 그 힘이 강하여 사로잡기 쉽지 않기 때문이다. 먼저 포위하여 지킨 뒤에야 잡을 수 있으므로 수(獸)라고 한다." 하였다.

열 살을 유(幼)라고 하니 배운다.……백 살을 기(期)라고 하니 봉양을 받는다.〔十年曰幼學……百年曰期頤〕

《정의》에 "'열 살을 유라고 하니 배운다.〔十年幼學〕'는 처음 태어난 때부터 10년이 되었을 때를 말한다. 〈내칙〉에 따르면 자식이 태어나 8년이 되면 비로소 겸양을 가르치고, 9년이 되면 날짜 세는 법을 가르치고, 10년이 되면 바깥의 스승에게 나아가 밖에서 지내며 글씨와 셈을 배운다. 그러므로 10년을 단계로 삼은 것이다." 하였다. ○'스무 살을 약(弱)이라 하니 관을 쓴다.〔二十曰弱冠〕' 하였다. 스무 살에 성인이 되어 처음으로 관을 쓰는데 몸은 아직 건장하지 않으므로 약이라고 한다. ○'서른 살을 장(壯)이라 하니 장가를 든다.〔三十曰壯有室〕' 하였다. 서른 살이면 혈기가 이미 안정되었으므로 장이라고 한다. 건장하면 처(妻)가 있고, 처는 방안에 있으므로 처를 실(室)이라고 부른다. 물건을 가득 채워 보관하는 곳을 실(室)이라고 하니, 실(室)은 채운다〔實〕는 말이다. 지금 처가 있다고 하지 않고 실(室)이 있다고 하였는데, 처는 나란하다〔齊〕는 뜻이니 나란하면 동등하다. 실이라고 한 것은 첩(妾)과 잉(媵)을 합친 것이니 비슷한 것으로 의미를 넓혔다. ○'마흔 살을 강(强)이라 하니 벼슬한다.〔四十曰强而仕〕' 하였다. 오랫동안 건장하면 강해지는데, 강하다는 말에는 두 가지 뜻이 있다. 첫째는 마흔이 되어 미혹되지 않는 것이니 이는 지혜와 사려가 강한 것이다. 둘째는 기력이 강한 것이다. ○'쉰 살을 애(艾)라고 하니 정사에 참여한다.〔五十曰艾服官政〕' 하였다. 쉰 살이면 기력이 이미 쇠하고 머리가 희어져 색깔이 쑥〔艾〕과 같다. 대부는 정사를 단독으로 처리할 수 있으므로 '정사에 참여한다.'라고 말한 것이다. ○'예순 살을 기(耆)라고 하니 남에게 지시하여 일을 시킨다.〔六十曰耆指使〕' 하였다. 지사(指使)는 남에게 시키는 것이다. ○'일흔 살을 노(老)라고 하니 집안 일을 자식에게 전해준다.〔七十曰老而傳〕' 하였다. 위로는 조상의 일을 받고 아래로는 자손에게 전해주니, 자손이 전해받는 집안일은 제사가 중요하다. ○'여든 살, 아흔 살을 모(耄)라고 한다.〔八十九十曰耄〕' 하였다. 모는 치우치고 어긋난다는 뜻이다.-치우치고 어긋난다는 것은 어리석고 잊어버린다는 뜻이다.- 어떤 사람은 여든 살에 모가 되고 어떤 사람은 아흔 살에 모가 되므로 두 시기를 함께 말한 것이다. ○'백 살을 기라고 하니 봉양을 받는다.〔百年曰期頤〕' 하였다. 기(期)는 요구한다〔要〕는 뜻이고, 이(頤)는 봉양한다〔養〕는 뜻이다. 사람이 백 살이면 더 이상 의복이 추운지 더운지, 음식이 맛있는지 모른다. 그러므로 자식이 마음을 쓰면서 어버이의 생각을 알아내고자 하여 봉양하는 방도를 다한다.

만약 사직을 허락할 수 없으면……궤장을 하사한다.〔若不得謝……賜之几杖.〕

정씨 주에 "사(謝)는 들어준다〔聽〕와 같다." 하였다. ○〈제의(祭儀)〉의 "일흔이면 조정에서 지팡이를 짚는다.〔七十杖於朝〕"의 주에 "옛날에 조회를 보는 예는 임금과 신하가 모두 서니, 조정에서 지팡이를 짚는다는 것은 지팡이를 짚고 선다는 뜻이다." 하였다.

스스로를 늙은이라 일컫고, 자기 나라에서는 이름을 일컫는다.〔自稱老夫, 於其國則稱名.〕

《정의》에 "늙은 신하가 외출하거나 사방으로 가면 남과 말하게 되는데, 스스로를 늙은이라 일컫는다는 말은 이미 늙은 대부라는 말이다. 반드시 늙었다고 하는 이유는 현명한 군주가 어진 이를 탐내므로 신하가 늙어도 여전히 조정에 있다는 것이다." 하였다. ○'어기국(於其國)'은 자신이 군주와 말할 때는 비록 늙었으나 여전히 스스로 이름을 일컫는다는 말이다.

무릇 자식된 자는 삼사(三賜)에 이르러도 수레와 말에는 미치지 않는다.〔夫爲人子者, 三賜不及車馬.〕

《정의》에 "부(夫)라고 한 것은 귀천을 막론하고 모두 그렇다는 뜻이다. 삼사는 삼명(三命 경(卿)의 지위)이다. 자식된 자가 비록 존귀한 삼명을 받더라도 끝내 수레와 말은 감히 받지 못한다는 뜻이다. 수레와 말을 받으면 몸에 높은 지위가 있어 곧장 부친을 넘어서므로 받지 않는 것이다. 삼명을 받는 것은 허락하고 수레와 말을 받는 것은 허락하지 않는 이유는, 명은 영예롭고 아름다워 조상을 빛나게 하므로 받고, 수레와 말은 자신을 편하게 하는 것인데, 자신을 편하게 하는 것은 조상과 관계가 없으므로 받지 않는 것이다. '받지 않는다〔不受〕'고 말하지 않고 '미치지 않는다〔不及〕'고 말한 것은 자식이 비단 겉으로만 받지 않을 뿐만 아니라 마음이 이 하사품에 미치지 못한다는 점을 밝힌 것이다." 하였다.

남에게 감히 태만할 수 있겠는가.〔其於人, 庸敢慢慢乎?〕-소주(小註)-

살펴보건대 윗글의 '감히 남을 미워하지 못하고 감히 남에게 태만하지 못한다.'로 보건대, 만만(慢慢)은 오만(惡慢)이 되어야 할 듯하다. ○다른 본을 살펴보니 '만'자 하나는 연문(衍文)이다.

어두운 곳에서 일하지 않는다.〔不服闇〕

정씨 주에 "복(服)은 일한다〔事〕는 뜻이고 암(闇)은 어둡다는 뜻이다. 어두운 곳에서 일하다가 끝내 비상한 일이 생기게 하지 않으려는 것이고, 또 예의를 잃는 것을 혐의하기 때문이다." 하였다.

자식된 자는 부모가 살아 있으면 관과 옷에 흰 선을 두르지 않는다.〔爲人子者, 父母存, 冠衣不純素.〕

《정의》에 "모두〔凡〕라고 말하지 않은 이유는 벼슬하는 자가 흉년을 만나면 비록 어버이가 살아 있더라도 흰옷을 입어야 하니, 어버이가 죽은 사람만 그런 것이 아니므로 '모두'라고 말하지 않은 것이다." 하였다.

오사(五事)의 쓰임은 성(誠)에서 나오지 않는 것이 없다.〔五事之用, 靡不出於誠.〕-"어린아이에게는 늘 속이지 않는 것을 보여주어야 한다.〔幼子常視毋誑〕"의 소주-

살펴보건대 오사는 〈홍범〉에서 말한 "첫째는 모습이고 둘째는 말이고, 셋째는 보는 것이고, 넷째는 듣는 것이고, 다섯째는 생각하는 것이다."가 이것이다.

반드시 남쪽을 향한 임금을 마주보아야 하고, 만약 그러지 못하면 방향을 바르게 하고 임금을 향해 어중간하게 서지 않는다.〔必辨君之南面, 若不得則正方不疑君.〕-"서 있을 때는 반드시 방향을 바르게 한다.〔立必正方〕"의 주-

살펴보건대 "만약 그러지 못하면 방향을 바르게 하고 임금을 향해 어중간하게 서지 않는다."라는 것은 만약 남쪽을 향한 임금을 마주보지 못하면 동서남북의 올바른 방향을 향해야지 비스듬히 향하지 않는다는 말이다.

신하는 임금을 따르니 감히 손님의 예로 주인과 대등하게 할 수 없기 때문이다.〔以臣從君, 不敢以賓禮敵主也〕-"문기둥의 오른쪽으로 다닌다.〔由闑右〕"의 주-

살펴보건대, 문에 들어가는 예에 따르면 주인은 문기둥의 오른쪽으로 다니고 손님은 문기둥의 왼쪽으로 다닌다. 지금의 사대부가 임금의 문에 들어갈 적에 감히 왼쪽으로 다니지 못하고 오른쪽으로 다니는 것은 신하가 임금을 따라 들어가는 뜻으로, 감히 손님으로서 주인과 대등할 수 없기 때문이다. 아랫글에 "주인은 문으로 들어갈 때 오른쪽으로 들어가고 손님은 문으로 들어갈 때 왼쪽으로 들어간다. 손님이 주인보다 지위가 낮으면 주인의 계단으로 나아간다."라고 한 것도 이러한 뜻이다.

문지방을 밟지 않는다.〔不踐閾〕

《정의》에 "역(閾)은 문지방이다. 출입할 때 문지방을 밟을 수 없으니, 그렇게 하는 것은 한편으로는 스스로를 높이고 한편으로는 깨끗하지 않아 모두 불경하기 때문이다." 하였다.

변(拚)-"어른을 위해 청소한다.〔爲長者糞〕"의 주-

변은 《운회》에 본디 기(糞)인데 변(拚)이라고도 하고 또 육(坴)이라고도 하니, 더러운 것을 치운다는 뜻이라고 하였다.

자리가 남향과 북향이면 서쪽을 상석으로 삼고, 동향과 서향이면 남쪽을 상석으로 삼는다.〔席南鄕北鄕, 以西方爲上, 東鄕西鄕, 以南方爲上.〕

《정의》에 "동쪽과 서쪽에 자리를 설치하여[3] 남향과 북향이면 서쪽이 위쪽이 된다. 그렇게 되는 이유는 모든 자리는 음양을 따르니, 만약 자리가 양에 있으면 왼쪽이 존귀하고, 자리가 음에 있으면 오른쪽이 존귀하다. 남쪽에 앉으면 양이니 그 왼쪽은 서쪽이고, 북쪽에 앉으면 음이니 그 오른쪽은 역시 서쪽이다. 모두 서쪽을 상석으로 삼는다. 남쪽과 북쪽에 자리를 설치하면[4] 모두 남쪽을 상석으로 삼는 이유는, 자리가 동쪽 서향이면 이는 양에 해당하니 남쪽을 상석으로 삼는다. 자리가 서쪽 동향이면 이는 음에 해당하니 역시 남쪽을 상석으로 삼는다. 역시 자리가 양에 있으면 왼쪽을 높이고 자리가 음에 있으면 오른쪽을 높인다." 하였다.

주자가 말하기를, "동향과 남향의 자리는 모두 오른쪽을 높이고, 서향과 북향의 자리는 모두 왼쪽을 높인다." 하였다.〔朱子曰, 東鄕南鄕之席

3 동쪽과……설치하여 : 대본에는 '南北設席'으로 되어 있는데, 《예기정의》에 의거하여 '東西設席'으로 바로잡아 번역하였다.

4 남쪽과……설치하면 : 대본에는 '東西設席'으로 되어 있는데, 《예기정의》에 의거하여 '南北設席'으로 바로잡아 번역하였다.

皆尙右, 西鄕北鄕之席皆尙左.]-주-

살펴보건대, 남향의 자리는 서쪽을 상석으로 삼고, 동향의 자리는 남쪽을 상석으로 삼는다. 남향이면 서쪽이 자연히 오른쪽이 되고, 동향이면 남쪽이 자연히 오른쪽이 되므로 모두 오른쪽을 높인다고 말한 것이다. 북향의 자리는 서쪽을 상석으로 삼고, 서향의 자리는 남쪽을 상석으로 삼는다. 북향이면 서쪽이 자연히 왼쪽이 되고, 서향이면 남쪽이 자연히 왼쪽이 되므로 모두 왼쪽을 높인다고 말한 것이다.

자리 사이는 한 길이다.〔席間函丈〕

정씨 주에 "함(函)은 들어간다〔容〕와 같다. 강의하고 질문하려면 마주보아야 하니, 한 길이 들어가면 가리키고 글씨를 쓰기 충분하다." 하였다. ◑〈문왕세자(文王世子)〉의 "대사성을 모시고 앉는 자는 거리가 세 자리 간격이면 질문할 수 있다.〔凡侍坐於大司成者, 遠近間三席, 可以問.〕"의 주에 "자리의 너비는 3자 3치 3푼의 1이니, 이른바 함장(函丈)이다." 하였다. ⊕살펴보건대 자리의 제도를 보면 세 자리를 모두 합쳐 한 길이다.

두 자리와 중간의 빈 자리를 합쳐 모두 한 길이다.〔兩席幷中間空地共一丈也〕-주-

사계가 말하기를, "문세(文勢)를 보면 두 자리 사이에 한 길의 길이가 들어가니, 주의 설명이 의심스럽다." 하였다.

손님이 포갠 자리를 걷으려 하면 주인이 두 번 만류한다.〔客徹重席,

主人固辭.〕

정씨의 주에 "철(徹)은 치우는 것이다. 포갠 자리를 치우는 것은 혐의하기 때문이다. 두 번 사양하는 것을 고(固)라고 한다." 하였다. ◑《정의》에 "〈예기(禮器)〉에 '제후의 자리는 세 겹이고 대부의 자리는 두 겹이다.' 하였고, 또 〈향음주례(鄕飮酒禮)〉에 '공의 자리는 세 겹이고 대부의 자리는 두겹이다.' 하였다. 존귀한 자는 많고 비천한 사람은 적으므로 주인은 손님을 위해 여러 겹의 자리를 깔고, 손님은 혐의하여 스스로 치우는 것이다." 하였다.

빈 자리에 앉을 때는 뒤로 물러나 앉고 음식이 차려진 자리에 앉을 때는 앞으로 다가가 앉는다.〔虛坐盡後, 食坐盡前.〕

《정의》에 "허(虛)는 비었다는 뜻이니, 비었다는 것은 먹고 마시는 자리가 아니라는 말이다. 뒤로 물러나 감히 앞으로 다가가지 않는 것은 혐의하기 때문이다." 하였다. ○〈옥조(玉藻)〉의 "공연히 앉을 때는 자리 앞에 한 자를 남긴다.〔徒坐不盡席尺〕"의 주에 "도(徒)는 공연히〔空〕이니, 먹고 마시거나 강론하고 질문하는 자리가 아니라는 것이다. 공연히 앉을 때 자리 앞에 한 자를 남기는 것은 앞에 구하는 바가 없음을 보이기 위해서이다." 하였다. ○《정의》에 "음식이 차려진 자리에 앉을 때는 앞으로 다가가 앉는다는 것은 먹고 마시는 자리를 말한다. 옛날에는 땅에 자리를 깔고, 그릇은 모두 자리 앞의 땅에 진설하였다. 만약 자리가 뒤와 가까우면 자리를 더럽히므로 앞으로 다가가 앉는 것이다." 하였다.

존경해야 할 분을 모시고 앉을 때는 자리를 남기지 않는다.〔侍坐於所

尊敬，無餘席.〕

《정의》에 "선생이 한 자리에 앉고 내가 한 자리에 앉으면, 나는 반드시 존자와 가까운 끝에 앉아서 더 이상 빈 공간이 없게 한다는 말이다. 선생을 가까이 하고자 마치 부축하는 것처럼 하며 질문에 대비하니 지나치게 멀리 앉을 수 없다. 또 뒷사람이 오는 것을 대비하므로 그 아래의 공간을 비워놓고 기다리는 것이다." 하였다.

상객이 오면 일어난다.〔上客起〕

《정의》에 "상객은 높은 분의 상객이다. 높은 분이 보면 일어나므로 모시는 자도 따라서 일어나야 한다. 그러나 음식과 횃불이 들어와서 일어나면 높은 분은 일어나지 않는다." 하였다.

횃불은 아랫부분이 보이지 않게 한다.〔燭不見跋〕

〈사상례(士喪禮)〉의 주에 "땅에 있으면 요(燎)이고 손에 잡으면 촉(燭)이다." 하였다.

무릎을 꿇고 신을 들고 조금 앞으로 다가간다.〔跪取稍移近前〕-"어른을 향하여 신을 신는다.〔鄕長者而屨〕"의 주-

살펴보건대, 이 말은 젊은이가 물러날 때 무릎을 꿇고 당초에 섬돌 옆에 벗어놓은 신을 들고 조금 옮겨 자기 앞으로 다가간다는 말이니, 바야흐로 물러나고 있으므로 신을 들고 앞으로 다가가 장차 발을 넣어 신으려는 것이다.

두 사람이 나란히 앉거나 나란히 서 있으면 가서 끼어들지 말고, 두

사람이 나란히 서 있으면 그 사이로 지나가지 않는다.〔離坐離立, 毋往參焉, 離立者, 不出中間.〕

정씨의 주에 "이(離)는 둘이다." 하였다. ○《정의》에 "《주역》 상사(象辭)에 '두 밝음이 이괘(離卦)를 만든다.' 하였으니 이는 이(離)가 둘이라는 것이다. ○만약 두 사람이 나란히 앉아 있거나 두 사람이 나란히 서 있는 것을 보았다면, 두 사람이 은밀히 논하는 것이 있을까 하여 내가 곧장 가서 끼어들 수 없다. '두 사람이 나란히 서 있으면 그 사이로 지나가지 않는다.'라는 것은, 두 사람이 나란히 서서 자기가 갈 길을 막고 있으면 피해야지 곧장 그 사이로 지나갈 수 없다는 말이다." 하였다.

둘이 짝이 된 것을 이(離)라고 한다.〔兩相麗之謂離〕-주-

《증운(增韻)》에 "이(麗)는 붙는다는 뜻이다." 하였다.

깨끗이 닦는다.〔涗潔〕-"남자와 여자는 섞여 앉지 않는다.〔男女不雜坐〕"의 주-

세(涗)는 《광운》에 맑다〔淸〕는 뜻이라고 하였다. 수(輸)와 예(芮)의 반절이며 제운(霽韻)이다.

여자가 혼인을 허락하면 오색 끈을 매니, 큰 일이 있지 않으면 그 집 문에 들어가지 않는다.〔女子許嫁纓, 非有大故, 不入其門.〕

정씨 주에 "여자가 혼인을 허락하면 오색 끈을 매니, 남을 따르는 도가 있기 때문이다. 큰일은 집안에 재변이나 질병이 있는 경우이니, 그러한 뒤에야 들어간다." 하였다. ○《정의》에 "여자는 부인의 통칭이다. 부인은 바탕이 약하여 스스로 굳게 지킬 수 없으니 반드시 매인 곳이 있어야 한다. 그러므로 항상 오색 끈을 맨다. 오색 끈을 매는 경우는 두 가지가 있으니, 하나는 어릴 적 항상 차는 향주머니의 오색 끈이고, 다른 하나는 혼인을 허락하였을 때 매는 오색 끈이다. 여기서는 혼인을 허락하였을 때 매는 오색 끈이다. 어째서 그러한지 아는가? 〈내칙〉에 '아직 관례와 계례를 올리지 않은 남녀는 오색 끈을 맨다.' 하였는데, 정씨는 향주머니를 차는 오색 끈이라고 하였다. 또 〈사혼례〉에 '주인이 직접 신부의 오색 끈을 벗겨준다.'라고 하였는데, 정씨 주에 '부인은 15세에 혼인을 허락하고 계례를 하며, 이어서 오색 끈을 차서 매인 곳이 있음을 밝힌다.' 하였다. 또 〈내칙〉에 '며느리가 시부모를 섬기면 오색끈을 맨다.' 하였으니, 이를 말한 것이다. 그러므로 두 가지 오색 끈이 있다는 것을 알 수 있다. 여기 '혼인을 허락하면'은 15세를 말한다." 하였다.

아내를 얻은 사람에게 축하할 때는 "아무개가 아무개를 시켜 당신에게 손님을 청할 일이 있다는 소식을 듣고 아무개를 시켜 예물을 바칩니다."라고 한다.〔賀取妻者曰, 某子使某, 聞子有客, 使某羞.〕

《정의》에 "모자사모(某子使某)는 심부름꾼의 말이다. '모자(某子)'는 축하하는 사람의 이름이고, '사모(使某)'는 심부름꾼이 스스로 일컫는 이름이니, 저 사람이 나를 오게 하였다는 말이다. '문자(聞子)'는 아내를 얻은 사람을 자(子)라고 부르는 것이다. 객(客)은 고을의 동료와 벗 따위이다. '사모수(使某羞)'에서 모(某)는 심부름꾼의 이름이고 수(羞)는 바친다는 뜻이다. 그대가 빈객을 불렀으니 음식이 필요할 것이므로 나로 하여금 이 술과 음식을 가지고 그대에게 주어 손님에게 바치게 한다는 것이다." 하였다.

자식의 이름을 지을 때는 나라의 이름으로 짓지 않고, 해와 달의 이름으로 짓지 않고, 드러나지 않은 질병의 이름으로 짓지 않고, 산천의 이름으로 짓지 않는다.〔名子者, 不以國, 不以日月, 不以隱疾, 不以山川.〕

《정의》에 "자식의 이름을 지을 때 나라의 이름으로 짓지 않는다는 것은 본국의 이름으로 이름을 짓지 않는다는 것이다. 그러므로 《춘추》 환공(桓公) 6년의 전(傳)에 대한 두씨(杜氏)의 주에 '본국의 이름으로 이름을 짓지 않는다.' 하였다. 이와 같다면 다른 나라의 이름으로는 이름을 지을 수 있다.[5] 그러므로 환공 12년에 '위후 진(衛侯晉)이 졸하였다.' 하였고, 양공(襄公) 15년에 '진후 주(晉侯周)가 졸하였다.' 하였으니 이것이다. ○해와 달의 이름으로 이름을 짓지 않는다는 것은 갑, 을, 병, 정으로 이름을 짓지 않는다는 것이다. 은(殷)나라에서 이렇게 이름을 지은 이유는 은나라는 질박하여 이름을 휘하지 않았기 때문이다. 그러나 《춘추》를 살펴보면 노 희공(魯僖公)의 이름은 신(申)이고, 채 장공(蔡莊公)의 이름은 갑오(甲午)이니, 주(周)나라 말기의 난세에 예법대로 할 수 없었기 때문이다. 어떤 이는 일(日)과 월(月) 두 글자로 이름을 짓지 않는 것이라고 한다." 하였다. ○"드러나지 않은 질병으로 짓지 않는다."는 정씨의 주에 "드러나지 않은 질병은 옷 속의 질병이니, 흑둔(黑臀), 흑굉(黑肱)과 같은 이름을 말한다. 겉으로 드러나는 병은 비록 말할 수는 없더라도 그나마 지적할 수는 있는데, 이 경우는 피할 수 있는 때가

5 이와……있다 : 대본에는 '如是他國既得爲名'으로 되어 있는데, 《예기정의》에 의거하여 '既'를 '即'으로 바로잡아 번역하였다.

없다." 하였다. ○《정의》에 "살펴보건대 선공(宣公)[6] 2년에 진(晉)나라에서 조천(趙穿)을 시켜 공자 흑둔을 주(周)나라에서 맞이하여 즉위시켰다고 하였고, 《국어(國語)》〈주어(周語)〉에 '선자(單子)가 말하기를 「내가 들으니 진 성공(晉成公)이 태어날 적에 신이 볼기에 검은 점을 찍어 진나라를 소유하게 하였다고 하니, 이는 하늘이 명한 것이다.」 하였다.' 하였으니, 이유가 있어 이름지은 것이다. 소공(昭公) 원년에 초(楚)나라 공자 흑굉(黑肱)이라 하였고, 소공 31년에 주(邾)나라의 흑굉(黑肱)이라고 하였으니, 이유가 있어서 이름지었거나 난세라서 예의를 몰랐기 때문이다. ○산천의 이름으로 짓지 않는다는 것은, 《좌전》에 '신유(申繻)가 말하기를, 「관명으로 이름을 지으면 직무를 버리게 되고 산천으로 이름을 지으면 제사지내는 주인을 버리게 된다. 진(晉)나라는 희후(僖侯) 때문에 사도(司徒)를 폐지하였고, 송(宋)나라는 무공(武公) 때문에 사공(司空)을 폐지하였고, 선군(先君) 헌공(獻公)과 무공(武公) 때문에 두 산의 이름을 폐지하였다.' 하였는데, 두씨 주에 '사도는 중군(中軍)으로 고치고 사공은 사성(司城)으로 고쳤다. 노 헌공(魯獻公)의 이름은 구(具)이고 무공(武公)의 이름은 오(敖)이다. 살펴보건대 《국어》에 「범헌자(范獻子)가 노나라에 빙문 가서 구산(具山)과 오산(敖山)을 묻자, 노나라 사람이 고을 이름으로 대답하였다. 범헌자가 말하기를 『어찌하여 구산, 오산이라고 하지 않는가?』 하니, 『선군인 헌공과 무공의 휘이기 때문이다.』라고 대답하였다.' 하였다." 하였다.

6 선공(宣公) : 대본에는 '晉'으로 되어 있는데, 《예기정의》에 의거하여 '宣'으로 바로잡아 번역하였다.

절임 종류이니 가두(加豆)이다.〔菹類, 加豆也.〕-"음식을 올리는 예는 효(殽)를 왼쪽에 두고 자(胾)를 오른쪽에 둔다.〔凡飮食之禮, 左殽右胾〕"[7]의 주-

살펴보건대, 〈교특생(郊特牲)의 "가두는 땅에서 나는 것이다."의 주에 "가두는 《주례》 주에 '시동이 음식을 먹은 뒤 시동에게 아헌을 하면서 추가로 올리는 두(豆)이다.' 하였다." 하였다. 이로 보건대 이른바 가두는 음식을 먹을 때 추가로 올리는 두이다.

종류별로 조금씩 덜어 두(豆) 사이의 땅에 둔다.〔每品出少許, 置於豆間之地.〕-"주인이 손님을 인도하여 제사를 지낸다.〔主人延客祭〕"의 주-

살펴보건대 옛사람이 먹고 마실 때는 땅에 자리를 깔고 조두(俎豆)는 모두 자리 앞의 땅에 진설하였다. 여기서 이른바 '두 사이의 땅'은 조두를 진설한 자리 앞의 땅이다.

세 번 밥을 먹으면 주인이 손님을 인도하여 자(胾)를 먹게 하고, 그러한 뒤에 효(殽)를 골고루 먹는다.〔三飯, 主人延客食胾, 然後徧殽.〕

정씨 주에 "먼저 자를 먹고 뒤에 효를 먹으니, 자가 높기 때문이다. 효를 먹을 때는 견(肩 어깨 부위)까지 골고루 먹으니, 견을 먹으면 배부르다." 하였다. ○《정의》에 "〈공사대부례(公食大夫禮)〉에 '손님이 세 번 밥을 먹고 고기국물을 마신다.' 하였다. 살펴보건대 세 번 밥을 먹는다는 것은 장(醬)과 다른 반찬만 먹고 자(胾)는 아직 먹지 않은 것이다. 그러므로 세 번 밥을 먹은 뒤 주인이 손님을 인도하여 자(胾)를 먹게 한다. 이 때문에 세 번 밥을 먹은 뒤 자(胾)를 먹는

7 효(殽)를……둔다 : 효는 뼈에 붙은 고기이고 자는 저민 고기이다.

것이다. 공사례(公食禮) 역시 자(胾)를 추가로 먹는 음식으로 여기므로 손님이 세 번 밥을 먹기 전에는 먹지 않는다. 그러므로 정씨가 말하기를, '효(殽)를 장에 찍어 정찬(正饌)을 먹는다.' 하였으니, 정찬은 자(胾)가 아니다. '그러한 뒤에'는 자를 다 먹은 뒤라는 말이다. 편(徧)은 두루라는 뜻이다. 주인이 모두 인도하여 손님에게 배불리 먹게 하고 효를 골고루 먹게 하는 것이다. 순살코기는 음(陰)이고 음은 비천하다. 뼈가 붙어 있으면 양(陽)이니 양은 존귀하다. 존귀하므로 나중에 먹는 것이다. 견을 먹으면 배부르다는 것은, 살펴보건대 〈특생소뢰(特牲少牢)〉에 '처음에는 효를 먹고 다음으로 척(脊 등뼈 부위)을 먹고 다음으로 격(骼 겨드랑이 부위)을 먹은 뒤 견(肩)을 먹는다.' 하였으니, 이것이 견까지 골고루 먹는 것이다." 하였다.

정씨가 말하기를, "밥을 먹을 때마다 고기국물을 마시고 효(殽)를 장(醬)에 찍어 정찬(正饌)을 먹는다." 하였다〔鄭云, 每飯歠湆, 以殽擩醬, 食正饌也.〕-주-

살펴보건대, 정찬은 밥을 먹을 때마다 고기국물을 마시는 것이다. 자(胾)는 가두(加豆)에 속하니 정찬이 아니다. ○읍(湆)은 본디 급(肞)으로 쓰니 통용하여 읍(湆)으로 쓴다. 육장(肉醬)은 갱(羹)이다. 《예기》 대갱(大羹)의 주에 "고깃국물이다." 하였고, 소에 "고기의 즙이다." 하였다. ○유(擩)는 선운(先韻)이며 본디 연(撋)으로 되어 있으니 간혹 유(擩)라고 쓴다. 문지르는 것〔挼莎〕과 같다. 《주례》 유제(擩祭)의 주에 "간과 폐의 절임을 소금 젓갈에 적셔 제사지낸다." 하였다. ○장(醬)은 《운회》에 "젓갈이니 육장(肉醬)이다. 채저(菜菹) 또한 장이라고 한다." 하였다. ○사계가 말하기를 "유(擩)

는 물들인다는 뜻이니 유장(擩醬)은 장에 물들이는 것이다." 하였고 또 말하기를, "정(正)자는 아래 위가(爲加)의 가(加)와 상대되니, 그 정찬을 먹는다고 풀이해야 한다." 하였다.

주인이 골고루 먹기 전에 손님은 입가심을 하지 않는다.〔主人未徧, 客不虛口.〕

정씨 주에 "허구(虛口)는 입가심을 말한다." 하였다. ○《정의》에 "주인이 효(殽)를 골고루 먹지 않았으면 손님은 비록 골고루 먹었더라도 곧장 물로 입가심할 수 없다." 하였다.

어른을 모시고 식사할 때 주인이 직접 음식을 내오면 절하고 먹는다.〔侍食於長者, 主人親饋則拜而食.〕

《정의》에 "이는 어른을 모시고 손님이 되었을 때의 예를 밝힌 것이다. '주인이 직접 음식을 내오면 절하고 먹는다.'라는 것은, 내가 어른을 모시고 있더라도 주인이 직접 음식을 내와 나에게 주면 나는 절하고 사례한 다음에 먹는다는 뜻이다." 하였다.

밥그릇과 장그릇을 거두어 돕는 사람에게 준다.〔徹飯齊, 以授相者〕

살펴보건대 《주례》 〈천관〉의 "사의(食醫)는 왕의 육사(六食), 육음(六飮), 육선(六膳), 백수(百羞), 백장(百醬), 팔진(八珍)[8]의 조제

8 육사(六食)……팔진(八珍) : 육사는 도(稌), 서(黍), 직(稷), 양(粱), 맥(麥), 고(苽)의 여섯 가지 곡식으로 지은 밥이며, 육음은 수(水), 장(漿), 예(醴), 양(涼), 의(醫), 이(酏)의 여섯 가지 음료이다. 육선은 소, 양, 돼지, 개, 기러기, 물고기의

를 조화롭게 하는 일을 관장한다. 밥을 조화롭게 하는 것은 봄에 견주고, 국을 조화롭게 하는 것은 여름에 견주고, 장을 조화롭게 하는 것은 가을에 견주고, 음료를 조화롭게 하는 것은 겨울에 견준다."의 주에 "제(齊)는 조화롭게 하는 것이며, 시(眡)의 음은 시(視)이다." 하였다. ○〈공사대부례〉에 "손님이 먹기를 바치면 북쪽을 향하여 양(粱)과 장(醬)을 가지고 내려온다." 하였다. ○《정의》에 "상자(相者)는 주인을 도와 음식을 바치는 자이다. 손님이 치운 밥그릇과 장그릇을 그에게 준다." 하였다. ○〈옥조(玉藻)〉의 "주인이 스스로 그 장을 두면 손님이 스스로 치운다."의 주에 "장은 음식맛의 주인이므로 주인이 스스로 차리고 손님도 스스로 치운다. 예는 보답을 중시하기 때문이다." 하였다.

연례(燕禮)에서는 재부(宰夫)를 헌주(獻主)로 삼는다.〔燕禮以宰夫爲獻主〕-"어른을 모시고 술을 마실 때〔侍飮長者〕"의 주-

〈연의(燕義)〉에 "손님과 주인을 두고 술을 마시는 예이다. 재부를 헌주로 삼는 것은 감히 군주와 예를 대등히 할 수 없기 때문이다."의 주에 "헌주는 주인을 대신하여 술잔을 들어 손님에게 바친다. 군주는 존귀하여 신하가 감히 손님과 주인의 예를 대등히 행할 수 없다. 재부는 음식 만들기를 주관하는 관원이다. 비천하므로 대등한 예를 행해도 혐의가 없다." 하였다.

여섯 가지 고기이며, 백수와 백장은 온갖 음식과 장이다. 팔진은 순오(淳熬), 순모(淳母), 포돈(炮豚), 포장(炮牂), 도진(擣珍), 지(漬), 오(熬), 간요(肝膋)의 여덟 가지 진귀한 음식이다.

향음주례(鄕飮酒禮), 사례(射禮), 궤식례(饋食禮)는 모두 방(房)과 호(戶) 사이에 술동이를 두어 손님과 주인이 함께 한다. 연례(燕禮)와 대사례(大射禮)는 모두 양쪽 기둥 서쪽에 술동이를 두고, 술동이의 앞면이 군주를 향하게 하니, 군주가 독차지하기 때문이다.〔鄕飮酒射饋食禮, 皆尊于房戶之間, 賓主共之也. 燕禮大射, 皆尊于兩楹之西, 尊面向君, 君專之也.〕-주-

제후의 연례와 대사례는 동쪽 기둥의 서쪽에 술동이를 놓되 북쪽에서 남쪽을 향하여 진설한다. 따르는 자는 술동이 동쪽에서 서쪽을 향하고, 따르는 자의 왼쪽에 상준(上尊)[9]을 놓는다. 술동이의 앞면에는 코가 있고, 코는 군주을 향하니, 군주가 이 은혜를 독차지함을 보이는 것이다. 향음주례 및 경대부 연례의 경우에는 술동이를 방(房)과 호(戶)의 사이에 진설하되 동서로 술동이를 늘어놓는다. 술동이의 앞면은 남쪽을 향하고 따르는 자는 북쪽을 향하며 서쪽에 상준을 놓는다. 이때 주인은 조계(阼階)에서 서쪽을 향하고, 손님은 호(戶)의 서쪽, 유(牖)의 앞에서 남쪽을 향하여 손님과 주인이 술동이를 사이에 두고자 하니, 감히 마음대로 할 수 없음을 보이는 것이다. ○〈옥조〉의 "군주만 술동이를 향한다.〔惟君面尊〕"의 주에 "군주는 앉으면 반드시 술동이를 향하니, 은혜가 군주에게서 나오고 군주가 독차지함을 보이는 것이다." 하였다.

아버지는 남은 음식으로 아들을 제사지내지 않고, 남편은 남은 음식으로 아내를 제사지내지 않는다.〔父不祭子, 夫不祭妻.〕

9 상준(上尊) : 윗자리에 놓는 술동이이다.

주자가 말하기를, "남은 음식으로는 제사지내지 않으니, 아버지는 아들을 제사지내지 않고, 남편은 아내를 제사지내지 않는다는 옛 주의 설명은 옳지 않다. 지금 생각해보니 단지 감히 남은 음식을 가지고 가서 신에게 제사지낼 수 없다는 것이다. 비록 높은 아버지라도 낮은 아들에게 제사지낼 수 없고, 높은 남편도 낮은 아내에게 제사지낼 수 없으니, 감히 귀신이 먹고 남은 나머지로 다시 제사지낼 수 없기 때문이다." 하였다. ○사계가 말하기를, "아버지를 제사지내고 남은 음식으로 아들을 제사지내지 않고, 남편을 제사지내고 남은 음식으로 아내에게 제사지내지 않는 것은 공자가 군주에게 음식을 하사받을 경우 제사지내고 남은 음식일까 하여 사당에 올리지 않았던 뜻이다. 주의 설은 잘못인 듯하다." 하였다.

남이 먹고 남은 음식으로 제사지내면 불경하고, 낮은 사람에게 베푼다면 어른의 도리가 아니다.〔食人之餘而祭則褻。施於卑者則非尊者之道〕-주-

살펴보건대 제사라는 것은 선대를 제사지내고 비로소 먹는 것이다. 만약 남이 먹고 남은 음식으로 한다면 불경하다. 그러므로 제사지내지 않는다. 아들과 아내가 먹은 음식은 모두 낮은 사람의 음식이다. 만약 제사지내고 남은 음식을 낮은 사람에게 베푼다면 어른의 도리가 아니다. 그러므로 제사지내지 않는다. 그러나 이 주의 설명은 틀린 듯하다.

게으르고 그릇되어 바르지 않은 말〔惰詑不正之言〕-"바르지 않은 일을 말하지 않는다.〔言不惰〕"의 주-

살펴보건대, 게으르고 그릇되어 바르지 않은 말은 곧 태만하고 허망하여 바르지 못한 말이다. 공씨의 소에 이른바 "말이 장난스럽고 말을 화려하게 꾸민다."라는 것이 바로 게으르고 그릇되어 바르지 않은 것이다.

측석(側席)은 치우쳐서 펴는 것이다.……각기 겹치는 수가 있다.〔謂偏設之……各有重數.〕-"자기 자리만 펴고 앉는다.〔側席而坐〕"의 주-

살펴보건대, 치우쳐서 편다는 것은 자리를 바르게 펴지 않고 치우친 곳에 편다는 것이다. ○각기 겹치는 수가 있다는 것은 〈예기(禮器)〉에 이른바 "제후는 세 겹이고 대부는 두 겹이다."라는 따위이다.

옆에서 단술을 받는다.〔側受醴〕-소주-

《의례》 빙례(聘禮)의 "공이 옆에서 단술을 받는다.〔公側受醴〕"의 주에 "장차 손님에게 마시게 하려는 것이다." 하였다. 소에 "공이 서쪽으로 손님을 향하고, 재부(宰夫)는 동상(東廂)에서 와서 공의 옆에 있으면서 함께 공에게 준다."

〈교특생〉에 이른바 "자리를 하나만 깔고 술잔을 받는다."라는 말이다.〔郊特牲所謂專席而酢〕-소주-

〈교특생〉의 "대향(大饗)에는 군주가 세 겹의 자리를 깔고 술잔을 받고, 삼헌(三獻)의 개(介)[10]에게는 군주가 자리를 하나만 깔고 술잔을 받는다."의 주에 "대향은 제후가 서로 조회할 적에 주인 노릇하

10 개(介) : 부사(副使)에 해당하는 직책이다.

는 군주가 손님을 대접하는 예이다. 제후의 자리는 세 겹이니, 지금 두 군주의 예가 대등하므로 세 겹의 자리를 깔고 손님이 주는 술잔을 받는 것이다. 제후가 경(卿)을 보내어 빙문하는 경우로 말하자면, 경은 예의상 삼헌을 해야 하니, 그 상개(上介)는 대부(大夫)이다. 그러므로 '삼헌의 개'라고 한 것이다. 대부의 자리는 비록 두 겹이지만 지금 개 때문에 한 등급을 낮추어 자리를 하나만 까는 것이 합당하다. 군주의 자리는 비록 세 겹이지만 이 경우는 두 겹을 치우고 홑자리에 나아가 이 개가 주는 술잔을 받는다." 하였다.

물이 줄면 물고기와 자라를 바치지 않는다.〔水潦降, 不獻魚鼈.〕

《정의》에 "하늘이 물이 줄게 만들면 물고기와 자라를 얻기 어렵다." 하였다.

집에서 기른 새는 목을 비틀지 않고 바친다.〔畜鳥者則勿佛也〕

《정의》에 "축(畜)은 기른다는 뜻이다. 기르면 순해진다. 새가 사람에게 길러지면 사람을 물어 해치지 않는다. 그러므로 다치지 않게 바친다." 하였다.

쌀을 바칠 때는 양고(量鼓)로 바친다.〔獻米者, 操量鼓.〕

《은의》에 "동해 낙랑(樂浪) 사람은 12곡(斛)이 들어가는 것을 고(鼓)라고 부르며 쌀을 헤아린다. 그러므로 양고라고 한다. 쌀을 바치는 자는 그릇을 들고 바친다." 하였다.

간장을 가져다 바친다.〔操醬齊〕

살펴보건대 윗글 "밥그릇과 장그릇을 치운다.〔徹飯齊〕"의 주에 "제(齊)는 장의 부류이다."라고 하였다. 이로 보건대 장제(醬齊)는 곧 장이다. 제(齊)는 《운회》에 조화시킨다는 뜻이라고 하였다. 아마도 조화시킨 맛의 장이므로 장제라고 한 듯하다.

땅과 집을 바치는 자는 문서를 바친다.〔獻田宅者, 操書致.〕

《정의》에 "서치(書致)는 판자에 그림을 그리고 자세히 써서 어른에게 바치는 것을 말한다. 이상의 물건들은 움직일 수 있으므로 치(致)라고 하지 않았으나, 땅과 집은 땅에 붙어 있으므로 판도(板圖)에 쓰고 그려서 바친다. 그러므로 서(書)라고 하고 또 치(致)라고 한 것이다.

오른손으로 소(簫)를 잡는다.〔右手執簫〕

《정의》에 "소(簫)는 활의 머리이니, 조금 날카롭고 비스듬하여 퉁소와 비슷하므로 소라고 한다. 활의 머리를 소(弰)라고 하니, 소(弰)와 소(簫) 역시 비슷한 말이다. ◐ 《운회》에 "소(弰)는 활끝이다." 하였다.

손 아래에 대고 손잡이를 잡는다.〔接下承弣〕

《정의》에 "접하(接下)는 손님의 손 아래에 손을 대는 것이다. 손님이 왼손의 손바닥을 아래로 하여 손잡이를 잡았으므로 지금 주인이 왼손의 손바닥을 아래로 하여 손님의 왼손 아래에 대고 활을 잡는 것이다. 만약 주인이 오른손으로 손잡이를 잡으면 이는 곧 주인이 활을 거꾸로 잡는 것이다. 손님은 활의 위쪽 끝을 주인에게 주고,

주인은 왼손의 손바닥을 아래로 하여 손님의 손 아래에 손을 대므로 또 오른손을 뒤집는다. 이는 손님과 주인이 주고받을 적에 모두 왼손의 손바닥을 아래로 하여 손잡이를 잡고 오른손을 뒤집어 활의 끝을 잡는 것이다." 하였다.

주인은 왼손의 손바닥을 아래로 하여 손님의 손 아래에 대고 손잡이를 잡는다. 또 오른손을 뒤집어 활의 아래쪽 끝을 잡고서 받는다.〔主人郤左手, 以接客之下而承其弣, 又覆右手, 以捉弓之下頭而受之.〕-주-

살펴보건대, 손님이 활을 줄 적에 왼손으로 손잡이를 잡으므로 주인이 받을 적에도 왼손으로 손잡이를 잡는다. 손님이 오른손으로 활끝을 잡으므로 주인이 받을 적에도 오른손으로 활의 아래쪽 끝을 잡는다.

칼을 줄 때는 칼 머리를 왼쪽으로 한다.〔進劍者左首〕

《정의》에 "〈소의(少儀)〉에 '검의 머리를 만지작거린다.〔澤劍首〕' 하였는데, 정씨가 말하기를, '택(澤)은 희롱한다는 뜻이다.' 하였으니 바로 칼의 고리이다. 또 '칼은 칼날을 뒤로 하여 고리를 준다.〔刀郤刃授穎〕' 하였는데, 정씨가 말하기를, '영(穎)은 고리이다.'라고 하였다. 〈소의〉를 살펴보면 수(首)는 고리이다. 칼날 쪽을 남에게 주지 않는 것은 공경하기 때문이다. 《춘추》 정공(定公) 10년에 '숙손(叔孫)의 어인(圉人)이 공(公)을 죽이고자 거짓으로 예를 모르는 척하며 칼 끝으로 주었다.'[11] 하였는데 두씨가 말하기를, '칼날의 끝으로

11 숙손(叔孫)의……주었다 : 숙손성자(叔孫成子)가 무숙(武叔)을 후사로 세우려

준 것이다.〔以劍鋒末授之〕' 하였다. 봉(鋒)을 끝으로 풀이하면 환(鐶)은 머리이다." 하였다.

수(首)는 칼에 붙인 고리이다.〔首劍拊環也〕-주-

살펴보건대 부환(拊環)은 〈소의〉에 이른바 택수(澤首)와 같은 듯하다.

창고달을 앞으로 한다.〔前其鐏〕

정씨 주에 "날카로운 아랫부분을 창고달〔鐏〕이라고 하니, 창고달 부분을 잡는 것이다." 하였다.

자루를 앞으로 한다.〔前其鐓〕

정씨 주에 "평평한 아랫부분을 자루〔鐓〕라고 하니, 자루 부분을 잡는 것이다." 하였다.

말과 양을 바칠 때는 오른손으로 끌고 간다.〔效馬效羊者右牽之〕

《정의》에 "효(效)는 바치며 보이는 것이다. 말과 양은 힘이 세고 사람도 오른손이 힘이 세므로 오른손을 사용하여 끌고 가는 것이다." 하였다.

하자 공약모(公若藐)가 반대하였다. 무숙은 이에 원한을 품고 공약모를 죽이려 하였는데, 무숙의 어인이 "내가 이 검을 가지고 조당(朝堂)을 지나가면 공약모는 반드시 검을 구경하려 할 것입니다. 내가 거짓으로 예를 모르는 체하고 칼끝으로 공약모에게 주면 그를 죽일 수 있습니다."라고 하고 마침내 그 말대로 공약모를 죽였다.《春秋左氏傳 定公 10年》 어인은 말을 돌보는 하인이다.

개를 바칠 때는 왼손으로 끌고 간다.〔效犬者左牽之〕

《정의》에 "〈소의〉를 살펴보건대 '개를 바칠 때는 오른손으로 끌고간다'라고 하였는데 이는 들개이다. 기르는 개는 사람을 물지 않으니 막을 필요가 없다. 지금 이것은 음식으로 채우는 개이므로 막는 것이다." 하였다.

새를 바칠 때는 머리를 왼쪽으로 한다.〔執禽者左首〕

《정의》에 "왼쪽은 양(陽)이고 머리도 양이다. 머리를 왼쪽으로 한다는 것은 옆으로 바친다는 말이다. 모든 새가 그러하니, 끌지 않으므로 잡는 것이다." 하였다.

새끼 양과 기러기는 수놓은 천으로 덮는다.〔飾羔雁者以績〕

〈사상견례(士相見禮)〉에 "하대부는 기러기를 사용하고 상대부는 새끼 양을 사용한다." 하였다. ○궤(繢)는 《운회》에 그림이라는 뜻이며 회(繪)라고도 쓴다고 하였다.

주옥을 받을 때는 움켜쥔다.〔受珠玉者以掬〕

정씨 주에 "국(掬)은 손 안이다." 하였다. ○《정의》에 "주옥은 귀중하니 조심해야 한다. 떨어뜨릴까 걱정해서이다." 하였다.

활과 칼, 포저(苞苴)와 단사(簞笥)를 남에게 보낼 때……사자와 같은 용모를 갖춘다.〔凡以弓劍苞苴簞笥問人……如使之容〕

정씨 주에 "포저는 물고기와 고기를 싼 것이니, 어떤 이는 갈대를, 어떤 이는 띠풀을 사용한다. 단사는 밥을 담는 것이다. 둥근 것을 단이라 하고 모난 것을 사라고 한다." 하였다. ○《정의》에 "문(問)은 안부를 묻는 기회에 물건을 보내는 것이다. '물건을 들고서 지시를 받을 때 사자와 같은 용모를 갖춘다.'라는 것은, 사자가 이 위의 물건들을 들고 바치며 어른의 지시를 받는 것이 마치 신하가 임금을 위해 사신으로 가면서 임금의 명을 받는 것처럼 한다는 말이다. 먼저 그 위의와 진퇴를 익혀 그가 사신 가는 나라에 도착하였을 때의 몸가짐 및 용모와 같이 만들려는 것이므로 이렇게 말하였다." 하였다.

주와 소의 설도 통한다.〔註疏說亦通〕……-"군자는 남이 호의를 다하기를 바라지 않는다.〔君子不盡人之歡〕"의 소주-

정씨 주에 "환(歡)은 음식을 말하며, 충(忠)은 의복과 같은 물건을 말한다." 하였다. ◑《정의》에 "음식은 모여서 즐기는 도구이니 호의를 받아들이기 쉽다. 의복은 음식에 비해 어렵고 반드시 충성과 헤아림에 관계되므로 충이라고 이름한 것이니, 각기 이유가 있다." 하였다.

공자는 길을 나서면서 자하(子夏)에게 비옷을 빌리지 않았다.〔孔子出行, 不假雨具於子夏.〕-소주-

《공자가어》에 "공자가 길을 나서는데 비가 내렸으나 우산이 없었다. 문인이 '상(商)이 가지고 있습니다.' 하니, 공자가 '상의 사람됨은 재물을 아낀다. 내가 듣기로 남과 사귈 적에는 장점을 치켜세우고 단점을 미루어야 오래 간다고 하였다.' 하였다." 하였다.

군자는 손자를 안아주고 아들은 안아주지 않는다.〔君子抱孫不抱子〕

《정의》에 "손자를 안아주고 아들은 안아주지 않는다는 말의 뜻은 다음과 같다. 제사를 지내는 예에 반드시 시동이 필요하고 시동은 반드시 손자로 하니, 지금 아들과 손자 항렬이 모두 어리면 반드시 손자를 안고 시동으로 삼으니 아들을 안고 시동으로 삼을 수 없다. 그러한 이유는 손자는 조부의 시동이 될 수 있으나 아들은 부친의 시동이 될 수 없기 때문이다. 〈증자문〉에 '성인이 되어 죽은 사람을 제사지낼 때는 반드시 시동을 세우는데, 시동은 반드시 손자로 한다. 손자가 어리면 사람을 시켜 안게 하고, 손자가 없으면 동성(同姓)에서 취해야 한다.'라고 하였으니 이것이 손자를 안는 법이다. '손자가 없으면 동성에서 취한다.'라는 말은 오복(五服) 이내의 손자가 없으면 오복 이외의 동성을 취한다는 말이다. 만약 새로 상을 당하여 우제를 지낼 때는[12] 남녀가 각기 시동을 세운다. 그러므로 〈사우례〉에 '남자는 남자 시동을 세우고 여자는 여자 시동을 세운다.' 하였다. 부제(祔祭)를 지낸 뒤에야 남자 시동 하나만 쓴다. 부제는 점차 길해지는 것이기 때문이다. 모든 길제에는 시동 하나만 쓰므로 〈제통(祭統)〉에 '탁자 하나를 함께 설치한다.' 하였다." 하였다. -〈제통〉 주에 "사람이 태어나면 형체가 다르다. 그러므로 부부의 인륜은 구별에 있다. 죽으면 정기에 차이가 없으므로 탁자 하나를 함께 설치한다. 그러므로 축문에 '아무 비(妃)를 배향한다.'[13]라고 하는 것이다." 하였다.-

12 만약……때는 : 대본에는 '若親喪虞祭之時'으로 되어 있는데, 《예기정의》에 의거하여 '親'을 '新'으로 바로잡아 번역하였다.

13 아무 비(妃)를 배향한다 : 대본에는 '以某妣配'으로 되어 있는데 《예기대전》에 의거하여 '妣'를 '妃'로 바로잡아 번역하였다.

시동은 반드시 식(式)[14]을 한다.〔尸必式〕

《정의》에 "사당 문 밖에서는 시동의 존귀함을 펼 수 없어 감히 대등한 예를 하지 못하여 수레에서 내릴 수 없으므로 식으로 공경을 표하여 답한다. 그러나 시동이 사당 안에 있으면 존귀함을 펴서 주인의 절에 답할 수 있다. 지금은 길에 있어 그 존귀함을 여전히 굽힌다. '임금이 수레에서 내리면 식을 한다.'라는 것은 길에 있을 때는 존귀함을 펴지 못하여 감히 대등한 예를 할 수 없다가, 사당 안에 이르러 예가 펴지면 대등하므로 답한다는 것이다.

수레를 탈 때는 반드시 궤를 사용한다.〔乘必以几〕

《정의》에 "궤는 식(式)의 위에 있다. 존귀한 자가 공경해야 할 일이 있으면 손으로 잡는다. 궤 위에는 덮개가 있으니, 임금은 양가죽으로 만들고 범가죽으로 선을 두른다." 하였다.

승국(勝國)의 사직에 제사지낼 때는 사사(士師)가 시동이 된다.〔祭勝國之社稷, 則士師爲尸〕-주-

사사는 형관(刑官)이니, 사사를 쓰는 것은 간략히 하는 것이다. ○살펴보건대, 승국은 내가 이긴 나라를 말하니, 하(夏)나라는 은(殷)나라의 승국이고, 은나라는 주(周)나라의 승국이다.

상(殤)을 제사지낼 때는 시동이 없다.〔祭殤無尸〕-주-

14 식(式) : 수레의 타는 자리 앞에 가로놓인 막대인데, 이를 잡고 경의를 표하는 행위 역시 식이라고 한다.

〈증자문〉의 "공자가 말하기를 '성인이 되어 죽은 사람을 제사지낼 때는 반드시 시동을 세운다. 시동은 반드시 손자를 쓰니, 성인이 되어 죽은 사람을 제사지낼 때 시동이 없으면 이는 상(殤)으로 여기는 것이다.' 하였다."의 주에 "성인은 위의를 갖추었으니 반드시 시동을 두어 신의 위의를 형상한다. 이것이 성인을 제사지낼 때 반드시 시동을 세우는 이유이다. 상을 제사지낼 때는 시동을 세우지 않으니, 나이가 어려 성인의 위의가 없기 때문에 형상하기 부족하므로 시동을 세우지 않는다. 만약 성인이 되어 죽은 사람을 제사지내면서 시동이 없다면 이는 상으로 대우하는 것이다." 하였다.

사당 문 밖에서는 시동의 존귀함이 온전하지 않다.〔廟門之外, 尸尊未全.〕-주-

〈제통〉의 "시동이 사당 문 밖에 있으면 신하인가 의심스럽고, 사당 안에 있으면 온전히 군주이다."의 주에 "시동은 본디 신하를 시동으로 삼으나 신을 형상하면 군부처럼 존귀하다. 그러나 사당 밖에 잇으면서 들어가지 않으면 여전히 신하인가 의심스럽고, 사당에 들어간 뒤에는 군부의 존귀함을 온전히 형상한다." 하였다.

오르내릴 적에 조계로 다니지 않는다.〔升降不由阼階〕

《정의》에 "조계는 주인의 계단이다. 효자는 죽은 부모를 살아 있는 부모처럼 섬긴다. 그러므로 상중에도 사모하여 마치 부친이 있는 것처럼 여기니, 차마 부친을 따라 조계로 오르내리지 못한다. 만약 부제(祔祭) 이후라면 조계로 오르내릴 수 있다." 하였다. 〈사우례〉에 "졸곡 이후에는 애자(哀子)라 일컫고, 부제를 지낼 때는 효자(孝

子)라 일컫는다. 부제는 길한 경우와 같으니, 효자는 조계로 오르내릴 수 있다." 하였다.

머리 감고 몸을 씻고 술 마시고 고기 먹는 것은 권도로 제정한 것이다.〔沐浴與飮酒食肉, 以權制者也.〕-"머리에 부스럼이 나면 머리를 감는다.〔頭有瘡則沐〕"의 주-

살펴보건대, 〈상복사제(喪服四制)〉에 은혜로 제정한 것과 의리로 제정한 것과 절도로 제정한 것과 권도로 제정한 것이 있다. 대머리는 통건을 쓰지 않고, 곱추는 옷을 벗어 어깨를 드러내지 않고, 절름발이는 발을 구르지 않으며 늙고 병든 자는 술과 고기를 금지하지 않는 것이 권도로 제정한 것이다.

산 사람을 알면 조문하고, 죽은 사람을 알면 애도한다.〔知生者弔, 知死者傷.〕

정씨 주에 "〈잡기〉에 '제후가 사람을 시켜 조문할 적에 「저희 군주가 그대에게 상이 있다는 소식을 듣고는 저희 임금이 저를 보내었으니, 어찌하여 불행한 일을 당하였습니까.」라고 말한다.' 하였다. 이는 살아 있는 사람에게 하는 말이고, 애도하는 말은 듣지 못하였다. 어떤 사람은 '하늘이 재앙을 내려 그대가 당하였으니 어찌하여 불행한 일을 당하였습니까.'라고 말한다. 이는 죽은 사람에게 하는 말이니, 본디 애도하는 말인 듯하다." 하였다.

상가에 조문하며 부조할 수 없으면〔弔喪不能賻〕

《공양전》에 "돈과 재물을 부(賻)라 한다." 하였고, 《곡량전》에 "산

사람에게 주는 것을 부라 한다." 하였다.

묘에 가서……반드시 상엿줄을 잡는다.〔適墓……必執紼〕

정씨 주에 "묘(墓)는 묘역이다." 하였다. ○《정의》에 "관에 맨 끈이 불(紼)이고 수레에 맨 끈이 인(引)이다." 하였다.

군자는 경계하고 조심하여 남에게 본색을 잃지 않는다.〔君子戒愼, 不失色於人.〕

살펴보건대 여기 '본색을 잃지 않는다.'라는 것은 비단 갑옷을 입고 투구를 썼을 때의 본색만이 아니라 '상을 당하여 웃지 않는다.' 이하로 '음악을 들으면 탄식하지 않는다.'까지 각기 그 일에 따라 모두 본색이 있다. 이 때문에 군자는 가는 곳마다 경계하고 조심하여 그 본색을 잃지 않는다. 상을 당하여 웃지 않으면 상을 당한 본색을 잃지 않고, 남에게 읍할 때 자리를 비키면 남에게 읍하는 본색을 잃지 않고, 영구를 바라보며 노래하지 않으면 영구를 바라보는 본색을 잃지 않는다.

나라의 군주가 식(式)을 하면……사(士)는 수레에서 내린다.〔國君撫式……士下之.〕

정씨 주에 "무(撫)는 기댄다는 뜻이다. 식에 기대어 조금 숙이니, 높이고 공경하는 뜻이다. ○《정의》에 "사는 대부의 신하이니, 대부와 군주의 관계와 같다." 하였다.

서인이 군자를 만나면 용모를 꾸미지 않고 종종걸음으로 나아가고 물

러난다.〔庶人見君子不爲容, 進退趨走〕-소주-
《의례》〈사상견례(士相見禮)〉에 보인다.

형벌은 대부에게까지 올라가지 않는다.〔刑不上大夫〕
《정의》에 "오형(五刑)과 3천 가지 죄목을 제정하였으나 대부가 지은 죄에 대한 죄목은 정하지 않았다. 그러한 이유는 대부는 반드시 덕이 있는 자를 쓰므로, 만약 그 형벌을 미리 정하면 이는 군주가 어진 이를 모르는 것이기 때문이다." 하였다.

팔의로 정한다.〔以八議定之〕-주-
《주례》〈추관(秋官)〉 소사구(小司寇)에 "여덟 가지 벽(辟) 법이라는 뜻이다. 을 나라의 법에 붙인다. 붙인다는 뜻이다. 형벌의 부칙은 첫째 의친지벽(議親之辟), -종실 중에 죄가 있는 자이다.- 둘째 의고지벽(議故之辟), -고(故)는 친구를 말한다.- 셋째 의현지벽(議賢之辟), -현(賢)은 덕행이 있는 자를 말한다.- 넷째 의능지벽(議能之辟), -능(能)은 재주가 있는 자를 말한다.- 다섯째 의공지벽(議功之辟), -큰 훈공이 있고 공을 세운 자를 말한다.- 여섯째 의귀지벽(議貴之辟), -죄를 저지른 귀한 사람이니, 바로 대부 이상이다.- 일곱째 의근지벽(議勤之辟), -힘을 다해 나라를 섬긴 자를 말한다.- 여덟째 의빈지벽(議賓之辟)이다."-신하로 삼지 않는 자를 말하니, 삼각(三恪)과 이대(二代)[15]의 후손일 것이다.- 하였다.

15 삼각(三恪)과 이대(二代) : 삼각은 황제(黃帝), 요(堯), 순(舜)의 후손이며 이대는 하(夏)나라와 은(殷)나라이다.

모시고 사전씨에게 간다.〔奉而適師甸氏〕-주-

사계가 말하기를 "사전씨는 국경과 교외를 담당하는 관원이다. 작위가 있는 자와 왕의 동족은 모시고 사전씨에게 가니, 숨기기 위해서이다. 그러므로 저자와 조정에서 형벌하지 않는다." 하였다.

문지기가 여제를 시해하였다.〔閽弑餘祭〕-"형벌 받은 사람은 군주 옆에 두지 않는다.〔刑人不在君側〕"의 주-

《춘추》에 "노 양공(魯襄公) 29년, 문지기가 오자(吳子) 여제(餘祭)를 시해하였다." 하였다. 《공양전》에 "문지기는 누구인가. 형벌을 받은 사람이다. 군자는 형벌 받은 사람을 가까이하지 않으니, 형벌 받은 사람을 가까이하는 것은 죽음을 가볍게 여기는 방도이다." 하였다. ○《좌전》에 "오(吳)나라가 월(越)나라를 쳐서 포로를 잡아 문지기로 삼아 배를 지키게 하였다. 오자 여제가 배를 둘러보는데 문지기가 칼로 시해하였다." 하였다.

병거는 혁로이다.〔兵車, 革路也〕-"병거에서는 식을 하지 않는다.〔兵車不式〕"의 주-

《운회》에 "노(路)는 본디 노(輅)라고 쓰니, 노(輅)라고 한 것은 도로를 다닌다는 말이다." 하였다. ○《주례》에 오로(五路)가 있으니, 옥로(玉路)는 제사를 지내는 데 쓰고, 금로(金路)는 손님을 만나고 동성(同姓)의 제후를 봉하는 데 쓰고, 상로(象路)는 조정에서 정무를 보고 이성(異姓)의 제후를 봉하는 데 쓰고, 혁로는 군사에 나아가고 사위(四衛)[16]를 봉하는 데 쓰고, 목로(木路)는 사냥하고 번국(蕃國)[17]을 봉하는 데 쓴다.

사(史)는 붓을 싣고 가고, 사(士)는 말을 싣고 간다.〔史載筆, 士載言.〕

정씨 주에 "회동을 따를 때 각기 자기 직무를 가지고 일을 기다린다는 말이다." 하였다. ○《정의》에 "왕이 거둥하면 사(史)가 반드시 쓰고, 왕이 만약 가면 사(史)가 쓰는 도구를 싣고 따른다. 사(士)는 맹약을 담당하는 사(士)를 말한다. ○최영은(崔靈恩)[18]이 말하기를 '반드시 회맹에 관한 말[19]을 싣고 가는 것은 옛 회맹을 찾거나 옛 회맹의 예를 쓸 때 알아야 하기 때문이다. 그러므로 싣고 따라가는 것이다.' 하였다." 하였다. ○사계가 말하기를 "사(士)는 사(史)의 속관(屬官)인 듯하다." 하였다.

사(史)는 국사(國史)이다.〔史, 國史也〕-주-

살펴보건대, 국사는 국사를 담당하는 관원이다.

앞에 물이 있으면 파랑새를 그린 깃발을 세운다.〔前有水則載青旗〕

정씨 주에 "재(載)는 깃발 끝에 걸어 사람들을 경계하는 것을 말한다. 예법에 군주가 가면 사(師)가 따르고, 경(卿)이 가면 여(旅)가 따른다. 선봉이 이를 들면 군사들은 무엇이 있는지 알게 되니, 드는 것은 각기 비슷한 것으로 형상한다." 하였다. ○사계가 말하기를 "재

16 사위(四衛) : 왕기(王畿)를 둘러싼 구복(九服) 가운데 사방의 위복(衛服)에 해당하는 나라를 말한다.

17 번국(蕃國) : 구복의 가장 바깥에 있는 나라이다.

18 최영은(崔靈恩) : 남조(南朝) 양(梁)나라의 경학자이다.

19 회맹에 관한 말 : 대본에는 '會盟之事'으로 되어 있는데 《예기정의》에 의거하여 '事'를 '辭'로 바로잡아 번역하였다.

(載)의 음과 뜻은 대(戴)이니, 원래 글자대로 읽어야 할 듯하다. 재필(載筆), 재언(載言)의 부류와 같다.

우는 솔개를 그린 깃발을 세운다.〔載鳴鳶〕

《정의》에 "단지 솔개라고만 하지 않고 우는 솔개라고 한 것은 솔개가 울지 않으면 바람이 불지 않으므로 울 때처럼 입을 연 모습으로 그리는 것이다." 하였다.

앞에 수레와 말이 있으면〔前有車騎〕

《정의》에 "거기(車騎)는 상대편의 수레와 말이다." 하였다.

앞에 군사가 있으면〔前有士師〕

정씨 주에 "사사(士師)는 군사들이다." 하였다. ○살펴보건대, 사사(士師)는 사졸이라는 말과 같은 듯하다.

군사는 경계해야 하는 것이 아니다.〔士師非所當警備者〕-주-

살펴보건대, 사사가 군사들이라는 말이라면 역시 상대편의 군사들을 말하는 듯하다. 그러므로 《정의》에 "만약 앞에 군사들이 있는 것을 보면 장대 끝에 범가죽을 걸어 군사들로 하여금 보고 방비하게 한다. 그런데 지금 경계해야 하는 것이 아니라고 하였으니 어째서인가?

앞에는 주작, 뒤에는 현무, 왼쪽에는 청룡, 오른쪽에는 백호를 그린 깃발을 세운다.〔前朱雀後玄武, 左青龍右白虎.〕

《정의》에 "앞에서는 군대가 가다가 만나는 경우의 예를 밝혔고, 여기서는 군대의 행렬이 천문을 본떠 진법으로 삼았다는 점을 밝혔다. 군대의 앞은 빨라야 하므로 참새를 사용한다. 군대의 뒤는 막아야 하므로 현무를 사용한다. 현무는 거북이다. 거북이는 등껍질이 있어 적의 침입을 막을 수 있다. 왼쪽은 양(陽)이고 양은 생겨나게 할 수 잇다. 그 용이 변하여 생겨나는 모습을 형상하였다. 오른쪽은 음(陰)이고 음은 죽일 수 있다. 범은 죽이는 동물이다. ○하윤(何胤)이 말하기를 '나는 새, 독이 있는 뱀, 솟구치는 용, 날뛰는 범, 이 네 가지 동물은 대적할 수 없다.' 하였다. 지금 군사의 행렬에 이 네 짐승을 깃발에 그려 전후좌우의 군진(軍陣)을 표시한다." 하였다.

초요(招搖)는 앞에 있다.〔招搖在上〕

정씨 주에 "초요는 북두칠성의 자루 끝에 있으니 가리키는 곳을 주관한다." 하였다. ○《정의》에 "북두칠성의 끝으로 열두 달의 건(建)을 가리키면 사방의 별이 어긋나지 않는다. 지금 군대의 행렬이 본받아 이 북두성을 군중에 만들고 위로 들어 사방의 정방향을 가리켜 사방의 진이 어긋나지 않게 한다. 그러므로 '초요는 앞에 있다.'라고 한 것이다. 그러나 북두칠성을 모두 만드는데 초요만 말한 것은 가리키는 것을 거론하여 위주로 삼은 것이다. ○《춘추운두추(春秋運斗樞)》에 '북두칠성의 첫째는 천구(天樞), 둘째는 선(琁), 셋째는 기(璣), 넷째는 권(權), 다섯째는 형(衡), 여섯째는 개양(開陽), 일곱째는 요광(搖光)이다. 첫째부터 넷째까지가 괴(魁)이고 다섯째부터 일곱째까지가 표요광(標搖光)이다.' 하였으니 이것이 초요이다." 하였다.

사졸의 분노를 고취한다.〔急繕其怒〕

정씨 주에 "급(急)은 견(堅)과 같다. 선(繕)은 경(勁)으로 읽는다. 깃발에 초요성을 그려서 군세고 강한 움직임과 군대의 위엄과 분노로 천제(天帝)를 형상한다." 하였다. ○《주례》 선인(繕人)의 주에 "선(繕)은 강함〔勁〕이다." 하였다.

술의 숫자는 모두 모방한다.〔旒數皆放之〕-주-

최영은이 말하기를 "이는 군대의 행렬이 사방에 깃발을 두어 하늘을 본받는다는 말이다. 이 깃발에 달린 술의 숫자는 모두 해당 별을 모방한다. 용기(龍旗)는 아홉 술, 작기(雀旗)는 일곱 술, 호기(虎旗)는 여섯 술, 귀사기(龜蛇旗)는 네 술이니, 모두 별의 숫자를 모방하여 하늘을 본받았다." 하였다. ○살펴보건대, 이는 청룡(青龍)은 별이 아홉이므로 깃발의 술이 모두 아홉이고, 주작은 별이 일곱이므로 깃발의 술이 모두 일곱이다. 백호와 현무도 이와 같다. ○소(旒)는 《운회》에 드리운 옥이라고 하였다. 소는 흐른다〔流〕는 말이니, 위에서 아래로 드리워 움직이면 흐르는 물처럼 구불구불하다.

형제의 원수를 만나면 무기를 가지러 집으로 돌아가지 않는다.〔兄弟之讎, 不反兵.〕

《정의》에 "형제는 친형제를 말한다. 무기를 가지러 집으로 돌아가지 않는다는 것은 무기를 지니고 다닌다는 말이다. 만약 길에서 원수를 만났는데 무기를 지니지 않아 집으로 가지러 돌아가면 돌아올 때쯤에는 원수가 이미 도망하여 끝내 찾을 수 없다. 그러므로 항상 무기를 지니고 있다가 만나면 바로 죽이는 것이다." 하였다.

친구의 원수와는 같은 나라에 살지 않는다.〔交遊之讎, 不同國.〕

《정의》에 "교유(交遊)는 벗이다. 벗을 위해서도 원수를 갚는다. 그러므로 앞에서는 '부모가 살아 있으면 벗을 위해 죽는 것을 허락하지 않는다.' 하였으니, 부모가 죽으면 붕우를 위해 원수를 갚을 수 있다는 것을 알 수 있다. 여기서 '같은 나라에 살지 않는다.'라고 한 것은 다섯 등급[20]의 한 나라에 함께 살지 않는다는 말이다." 하였다.

상을 당해서는 게을리하지 않는다.〔臨喪不惰〕

살펴보건대, '상을 당해서는〔臨喪〕'은 중국본에 '제사를 당해서는〔臨祭〕'으로 되어 있다.

스스로 고기 그릇을 거둔다.〔自徹其俎〕

살펴보건대, 이는 윗글의 "손님이 스스로 밥그릇과 장그릇을 거둔다."라는 뜻과 같다. 스스로 밥그릇과 장그릇을 거두는 것은 손님이 주인을 공경하기 때문이며, 스스로 고기 그릇을 거두는 것은 신하가 군주를 공경하기 때문이다.

졸곡이 지나면 휘(諱)한다.〔卒哭乃諱〕

정씨 주에 "귀신의 이름을 공경하는 것이다. 휘는 피한다는 말이니, 살아 있는 사람의 이름은 피하지 않는다." 하였다.

음이 같은 이름은 휘하지 않고, 두 글자로 된 이름은 한 글자만 휘하지

20 다섯 등급 : 공(公)・후(侯)・백(伯)・자(子)・남(男)의 작위를 말한다.

않는다.〔不諱嫌名, 二名不偏諱.〕

정씨 주에 "피하기 어렵기 때문이다.[21] 혐명(嫌名)은 소리가 비슷한 이름을 말하니, 우(禹)와 우(雨), 구(丘)와 구(區) 같은 경우이다. 편(偏)은 두 글자 이름을 일일이 휘하지 않는다는 말이다. 공자의 모친 이름은 징재(徵在)이니, 재(在)를 말하는 경우 징(徵)을 일컫지 않고, 징을 말하는 경우 재를 일컫지 않는다." 하였다.

대부가 있는 곳에서는 공적인 휘가 있다.〔大夫之所, 有公諱.〕

정씨 주에 "군주의 휘를 피하는 것이다." 하였다. ○〈옥조(玉藻)〉에 "대부가 있는 곳에서는 공적인 휘만 있고 사적인 휘는 없다." 하였다.

시서(詩書)는 휘하지 않고 예문(禮文)을 대해서는 휘하지 않는다.〔詩書不諱, 臨文不諱.〕

하윤(何胤)이 말하기를, "시서는 가르치고 배울 때를 말한다. 임문(臨文)은 예문을 가지고 일을 할 때를 말한다." 하였다. ○〈옥조〉에 "가르치고 배우거나 예문을 대해서는 휘하지 않는다." 하였다.

부인의 휘는 군주를 앞에 마주하더라도 휘하지 않는다.〔夫人之諱, 雖質君之前不諱.〕

《정의》에 "부인은 군주의 아내이다. 신하가 비록 군주를 앞에 마주하여 말하더라도 휘하지 않는다." 하였다. ○사계가 말하기를 "부인

21 피하기 어렵기 때문이다 : 대본에는 '謂其難避也'으로 되어 있는데 《예기정의》에 의거하여 '謂'를 '爲'로 바로잡아 번역하였다.

은 바로 군주의 부인이다. 부인의 휘는 문을 나가지 않는다. 그러므로 신하가 군주를 마주하여 말하더라도 오히려 휘하면 안 된다." 하였다.

부인의 휘는 문을 나가지 않는다.〔婦諱不出門〕

진갱(陳鏗)이 묻기를 "〈잡기〉에 '모친이 휘하는 친정 부모의 이름을 아들은 집안에서 휘하고, 아내가 휘하는 친정 부모의 이름을 남편이 그 옆에서 말하지 않는다.'라고 하였는데, 여기서는 모친이 휘하는 경우와 같으니 어째서입니까?" 하니, 전경(田瓊)이 답하기를 "〈잡기〉는 존비(尊卑)를 나누었으므로 자세히 말하였고, 〈곡례〉는 '문을 나가지 않는다.'라는 말에 근거하여 대략 말하였다." 하였다.

도성에 들어가면 풍속을 묻고 집에 들어가면 휘를 묻는다.〔入國問俗, 入門問諱.〕

정씨 주에 "국(國)은 성 안이다. 《정의》에 "휘를 묻되 문을 한계로 삼는 것은 주인이 나와서 대문 밖에 이르러 손님을 맞이하여 문으로 들어와야 비로소 서로 만나므로 문을 한계로 삼는 것이다." 하였다.

거북으로 점치는 것을 복(卜)이라 하고, 시초로 점치는 것을 서(筮)라고 한다.〔龜爲卜, 筴爲筮〕

서(筴)는 《운회》에 "본디 책(策)으로 쓰고 협(莢)으로도 쓰니, 시초이다." 하였다. ○유향(劉向)이 말하기를, "시초〔蓍〕는 노인〔耆〕을 말하며 거북〔龜〕은 오래되었다〔久〕는 뜻이다. 거북은 천년 동안 살아 영험하고 시초는 백년 동안 살아 신령하다. 오래 살기 때문에 길흉을 분변할 수 있다." 하였다.

그러므로 "의심이 나서 시초점을 치면 그르다고 하지 않으며, 날을 정하여 일을 하기로 하였으면 반드시 실천한다." 하였다.〔故曰疑而筮之則弗非也, 日而行事則必踐之.〕

《정의》에 "옛말을 인용하여 끝맺었다. 거북점과 시초점은 옳고 그름을 정하기 위한 것이다. 만약 의심하면서 시초점을 친다면 그르다고 할 사람이 없다. 거북점을 말하지 않은 이유는 따라서 알 수 있기 때문이다. ○왕씨(王氏)가 말하기를, '점을 쳐서 행할 만한 날을 얻었다면 반드시 따라서 실천해야 한다.' 하였다." 하였다.

구설에는 천(踐)을 선(善)으로 읽었다.〔舊說讀踐爲善〕-주-

정씨 주에 "천(踐)은 선(善)으로 읽으니, 소리가 잘못된 것이다." 하였다. ○《정의》에 "점을 쳐서 길일을 얻어 일을 행하면 반드시 좋다는 말이다." 하였다.

수레의 끌채 하나에 네 마리 말의 멍에를 메운다.〔車一轅而四馬駕之〕-"채찍을 잡고 고삐를 나누어 잡는다.〔執策分轡〕"의 주-

원(轅)은 《설문해자(說文解字)》에 주(輈 끌채)라고 하였다. 《시고(詩詁)》에 "수레 앞의 굽은 나무 위의 고리를 주(輈)라고 하니, 원(轅)이라고도 한다." 하였다.

양쪽 가장자리에 있는 말을 비마(騑馬)라 하고, 참마(驂馬)라고도 한다.〔兩邊名騑馬, 亦曰驂馬〕-주-

비(騑)는 《설문해자》에 참(驂)이니 옆에 있는 말이라고 하였다. ○참(驂)은 《설문해자》에 세 마리 말을 멍에 메는 것이라고 하였다. 《시경》 주에 "하(夏)나라는 두 마리 비마를 멍에 메었으니 여(麗)라고 하고, 은(殷)나라는 한 마리 비마를 더하여 참(驂)이라고 하였다. 주(周)나라는 또 한 마리 비마를 더하여 사(駟)라고 하였다." 하였다. ○참승(驂乘)의 주에, "안사고(顔師古)가 말하기를 '수레를 타는 법은 존귀한 자가 왼쪽에 타고 말을 모는 자가 가운데 타고 또 한 사람이 오른쪽에 타서 기울어지는 것을 막는다. 이 때문에 융거(戎車)를 거우(居右)라 하고, 나머지를 참승(驂乘)이라 하니, 참(驂)은 셋이라는 뜻이다. 세 사람을 취하여 뜻으로 삼은 것이다.' 하였다." 하였다.

군주가 마부의 손을 눌러 수레를 멈추고 수레 오른쪽을 돌아보며 수레에 타라고 명한다.〔君撫僕之手而顧命車右就車〕

《정의》에 "무(撫)는 눌러서 멈추는 것이다. 마부의 손은 고삐를 잡고, 수레는 마부를 통해서 가니, 군주가 수레를 멈추게 하고 싶으므로 마부의 손을 눌러서 멈추는 것이다. ○처음에 문 안에 있을 때는 용사가 뒤따라 달리며 수레의 뒤에 있으나 지금은 수레가 이미 대문에 도착하여 위험한 곳으로 나가니 비상한 일이 있을까 걱정하므로 수레 오른쪽을 돌아보며 수레에 타라고 명하는 것이다." 하였다.

그렇지 않으면 손바닥을 아래로 하여 아래에서 잡는다.〔不然則自下拘之〕

《정의》에 "마부가 수레 위에 있으면서 주인을 향해 고삐를 주면, 주인은 마부의 손 밖으로 손을 내밀어 잡지 않고, 손을 마부의 손 아래로 내밀어 마부의 손 안 위쪽으로 잡아서 마부가 주는 것을 쓰지 않는다는 점을 보인다." 하였다.

〈근례(覲禮)〉에 "편가(偏駕)[22]는 왕의 도성문에 들어가지 않는다.〔偏駕不入王門〕" 하였다.-"손님의 수레는 대문에 들어가지 않는다.〔客車不入大門〕"의 주-

〈근례〉는 《의례》의 편명이다. ○《의례》의 주에 "옆에 있는 것이 자기와 같으면 편(偏)이라고 하니, 동성(同姓)은 금로(金輅), 이성(異姓)은 상로(象輅), 사위(四衛)는 혁로(革輅), 번국(蕃國)은 목로(木輅)이다. 멍에 매어 왕과 함께하는 것을 편(偏)이라고 한다. 편거는 왕의 도성문에 들어가지 않으니, 묵거(墨車)[23]를 타고 조회하는 것이 이것이다. 편가의 수레는 객관에 둔다." 하였다.

〈공사-음은 사이다.- 대부례〉에 "손님이 타고 온 수레는 대문 밖 서쪽에 둔다." 하였다.〔公食大夫禮, 賓乘車在大門外西方〕-주-

〈공사대부례〉는 《의례》의 편명이다. ○《의례》의 주에 "손님이 조정에 나아가 도착할 때가 되면 내려서 간다. 뒤에서 오는 수레는 도로 서쪽에 서고, 손님이 자리에 도착하면 멈춘다. 경과 대부의 자리는 수레의 앞이다." 하였다.

22 편가(偏駕) : 옥로(玉路), 금로(金路), 상로(象路), 혁로(革路), 목로(木路)의 다섯 가지 수레를 천자가 타면 정가(正駕)라 하고, 금로 이하를 제후가 타면 편가라 한다.

23 묵거(墨車) : 장식 없는 검은 수레로 대부(大夫)가 탄다.

제후가 손님의 예로 왕을 알현하지 않는다면 묵거(墨車)와 용기(龍旂)[24]로 대문에 들어갈 수 있다.〔諸侯不以客禮見王, 則墨車龍旂, 可以入大門.〕-주-

살펴보건대, 손님의 수레는 대문에 들어갈 수 없으므로 만약 손님의 예로 알현하지 않는다면 묵거로 대문에 들어갈 수 있는 것이다.

〈근례〉에 "묵거와 용기로 조회한다." 하였다.〔覲禮墨車龍旂以朝〕-주-

《의례》의 소에 "묵거는 대부의 제도이다. 아래에 '편가는 왕의 도성문에 들어가지 않는다.' 하였는데, 편가는 금로, 상로 따위이다. 왕의 도성문에 들어가지 않고 객관에 두고, 이 묵거를 타고 조회한다." 하였다.

개나 말을 남에게 바칠 때는 고삐를 잡는다.〔以犬馬獻人則執緤靮〕-주-

〈소의〉의 "개는 고삐를 잡는다."의 주에 "설(緤)은 개를 끄는 줄이다." 하였다. ○작(靮)은 《운회》에 "말고삐이다. 〈단궁〉에 '말의 굴레와 고삐를 잡는다.' 하였는데, 방씨가 '굴레로 말을 묶고 고삐로 말을 당긴다.' 하였다." 하였다.

말이 예물에 적합하면 규[25]를 전할 뿐이다.〔以馬合幣則達圭而已〕-주-

《예기》〈빙의(聘儀)〉의 "규와 장 한 가지만으로 예를 이룬다.〔圭璋

24 용기(龍旂) : 용을 그린 깃발이다.

25 규(圭) : 제후가 왕에게 조회할 때 손에 드는 옥이다. 조회한 뒤에 드는 것은 장(璋)이라 한다.

特達]"의 소에 "빙례(聘禮)를 행할 때 규와 장만 들고 특별히 천자를 뵐 수 있고 나머지 예물을 더하지 않는다." 하였다. ○살펴보건대, 말은 당에 오르지 못하므로 말은 뜰에 있고 단지 규만 당 위로 전하는 것이다.

말을 받들어 뵐 적에는 남에게 줄 뿐이다.〔奉馬而覲, 則授人而已〕-주-

《의례》〈근례〉에 "후씨(侯氏)-제후이다.-가 비단 묶음과 말을 받들어 서쪽 섬돌 앞에서 두 번 절하고 머리를 조아리며 말을 내어 남에게 준다." 하였다.

군자는 노인에게 식을 하고 경(卿)의 자리를 지날 때는 수레에서 내린다.〔君子式黃髮, 下卿位.〕

《정의》에 "군자는 군주를 말한다. ○황발(黃髮)은 몹시 늙은 사람이다. 사람이 처음 늙으면 머리가 희어지고, 몹시 늙으면 머리가 노랗게 된다. ○경의 자리는 노문(路門)[26]의 안쪽이니 문의 동북쪽에 있다." 하였다.

능배(蓌拜)

《정의》에 "능(蓌)은 꺾는 것이다. 군대의 모습은 굳세니, 갑옷을 입고 몸을 굽혀 절하면 그 위엄 있는 군대의 용모를 꺾고 손상한다." 하였다.

26 노문(路門) : 천자의 대궐에 있는 다섯 개의 문 가운데 가장 안쪽에 있는 것이다.

기거(奇車)를 타지 않으며……큰소리로 기침하지 않는다.〔不乘奇車……不廣欬〕

노씨(盧氏)가 말하기를, "법대로 만들지 않은 수레이다." 하였다. ○《정의》에 "광(廣)은 넓고 크다는 뜻이다." 하였다.

바퀴의 높이는 여섯 자 여섯 치이고 지름이 하나이면 둘레는 셋이니, 한 길 아홉 자 여덟 치이다.〔輪高六尺六寸, 徑一圍三, 得一丈九尺八寸.〕-"서 있을 때는 다섯 바퀴 거리의 앞을 본다.〔立視五巂〕"의 주-

살펴보건대 둘레는 여섯 자에 셋을 곱하여 삼 육 십팔이니 한 길 여덟 자를 얻고, 또 여섯 치에 셋을 곱하여 한 자 여덟 치를 얻으니, 합하여 계산하면 총 한 길 아홉 자 여덟 치이다. 이것이 1규(規)[27]이다.

노마[28]와 나란히 서다.〔齒路馬〕

살펴보건대 '치(齒)'는 주에 나이를 헤아리는 것이라고 하였으나 온당치 않은 듯하다. 노마의 나이를 헤아렸다고 어찌 벌을 줄 수 있겠는가. 나란히 선 것을 '치'라고 하니, 노마와 나란히 서 있으면 불경하므로 벌이 있는 듯하다.

27 규(規) : 수레바퀴 하나의 둘레에 해당하는 단위로, 규(巂)와 같다.

28 노마(路馬) : 군주의 수레 노거(路車)를 끄는 말이다.

천자의 기물을 잡을 때는……사(士)의 기물을 잡을 때는 끌어내린다.〔執天子之器……士則提之.〕

살펴보건대, 윗단락은 범범하게 말한 것이고, 이 단락에 와서야 비로소 천자, 제후, 대부, 사의 등급을 나누어 기물을 받드는 예를 말하였다. ○정씨(鄭氏 정현(鄭玄)) 주에 "형(衡)은 가슴과 나란하다는 말이다." 하였다. 그렇다면 상형(上衡)은 가슴보다 높은 것이다. 위에서 "받들 때 가슴 높이에 둔다.〔奉者當心〕"라고 하였으니, 무릇 물건을 받들 때는 반드시 가슴 높이에 두어야 한다. 그러나 천자만은 지극히 존귀하므로 천자의 기물을 받들 때는 반드시 가슴보다 높아야 하고, 감히 가슴 높이에 두는 예로 받들지 못하는 것이다. ○'대부의 기물을 잡을 때는 아래로 내린다.'의 정씨 주에 "수(綏)는 타(妥)로 읽으니, 떨어뜨린다〔妥之〕는 것은 가슴보다 낮춘다는 말이다. 탕(蕩)과 과(果)의 반절이다." 하였다. ○'사의 기물을 잡을 때는 끌어내린다.'는 바로 위에서 "물건을 들 때는 띠 높이에 둔다."라는 말과 같은 뜻이다.

대부를 주라고 부른다.〔大夫稱主〕-"주군의 기물을 잡는다.〔執主器〕"의 주-

〈방기(坊記)〉의 "집에는 두 주인이 없다.〔家無二主〕"의 주에 "대부는 군(君)이라고 부르지 않고 주(主)라고 부르니, 나라의 군주를 피해서이다." 하였다.

서는 모습은 꺾고 낮춘다.〔立容辨卑〕-"서 있을 때는 경쇠처럼 몸을 굽힌다.〔立則磬折〕"의 소주-

변(辨)은 꺾는다〔貶〕는 뜻이다. ○〈옥조(玉藻)〉의 본주(本註)에 "폄비(貶卑)는 자랑하지 않는 모습이다." 하였다.

옥을 잡을 때 깔개가 있으면 석의를 드러내고, 깔개가 없으면 습의를 입는다.[29]〔執玉, 其有藉者則裼, 無藉者則襲.〕

정씨 주에 "자(藉)는 조(藻 옥받침)이다. 석의를 드러내고 습의를 입는 것은 화려함과 소박함이 변하는 것이다. 조가 있으면 화려하고, 석의를 드러내어 아름다움을 드러내는 것도 화려하다. 조가 없으면 소박하고, 습의를 입어 아름다움을 가리는 것도 소박하다. 규장(圭璋)[30]만 보내면 습의를 입고, 벽종(璧琮)[31]에 속백(束帛)[32]을 덮으면 석의를 드러내는 것 역시 이와 같다." 하였다.-살펴보건대, 〈옥조〉의 "습의를 입는 것은 아름다움을 덮기 위해서이다.〔服之襲也, 充美也〕"의 주에 "충미(充美)는 그 화려하고 아름다움을 덮는다는 말과 같다." 하였으니 여기의 충미와 같은 뜻이다.- ○《정의》에 "옥을 잡을 때는 반드시 그 조(藻)를 두어 옥을

29 옥을……입는다 : 석의(裼衣)는 갖옷 위에 입는 옷, 습의(襲衣)는 석의 위에 입는 옷이다.

30 규장(圭璋) : 규는 모난 옥, 장은 둥근 옥으로 모두 예식에 사용한다.

31 벽종(璧琮) : 벽은 둥근 구멍이 있는 둥근 옥이며, 종은 둥근 구멍이 있는 모난 옥이다.

32 속백(束帛) : 예식에 사용하는 비단 묶음이다.

받든다. 만약 수식을 다하여 아름다움을 드러낼 때는 반드시 양쪽 끝에 조를 드리우되 아래를 향하여 드리우게 하니, 이를 두고 '깔개가 있다.〔有藉〕'라고 한 것이다. 이때 옥을 잡은 사람은 몸 위의 겉옷을 벗어 안에 있는 석의를 드러낸다. 그러므로 '깔개가 있으면 석의를 드러낸다.〔有藉者則裼〕'라고 하였다. 소박함을 일삼아 아름다움을 덮을 때는 옥을 받드는 조(藻)가 아래로 드리워지지 않게 하고 굽혀서 손에 넣으니, 이를 두고 '깔개가 없다.〔無藉〕'라고 한 것이다. 이때 옥을 잡은 사람은 웃옷을 가려 습의로 석의를 덮는다. 이를 두고 '깔개가 없으면 습의를 입는다.〔無藉者則襲〕'고 한 것이다. 이는 옥을 잡은 사람이 조빙(朝聘)하여 예를 행할 때 석의를 드러낼 때도 있고 습의를 입을 때도 있다는 말이다." 하였다. ○《정의》에 "정씨 주에 말한 내용은 경전에서 석의와 습의를 말하였으므로 사람의 석의와 습의에 근거하여 옥에도 석의와 습의가 있음을 밝히고자 한 것이다. '규장만 보내면 습의를 입는다.'의 뜻은 다음과 같다. 상공(上公)이 왕(王)에게 규(圭)와 말〔馬〕을 바치고, 후(后)에게 장(璋)과 가죽〔皮〕을 바치는데, 가죽과 말은 당에 올라갈 수 없으므로 올라가는 것은 규장 뿐이다. 규장은 보물이니 드러내 보일 수 없고 반드시 다른 물건으로 덮어야 한다. 그러므로 '규장만 보내면 습의를 입는다.' 하였다. '벽종에 속백을 덮으면 석의를 드러낸다.'의 뜻은 다음과 같다. 후(侯), 백(伯), 자(子), 남(男)이 천자에게 벽(璧)과 백(帛)을 바치고, 후에게 종(琮)과 금(錦)을 바치는데, 백과 금으로 옥을 받들었으니 위에는 오직 가볍고 고운 물건으로 덮고 석의를 드러내는 것이다. 그러므로 '벽종에 속백을 덮으면 석의를 드러낸다.' 하였다. '역시 이와 같다.〔亦是〕'라고 한 것은 비단 사람만 석의를 드러내고 습의를 입을 뿐만 아니라 그 옥도 석의를 드러내고 습의를 입는 의리가 있다는 것이다. 이는 황씨(皇氏 황간(皇侃))의 설이다. 웅씨(熊氏 웅안생(熊安生))는 '위에서는 빈(賓)과 개(介)[33] 두 사람이 석의를 드러내고 습의를 입는다는 점을 밝혔고, 「규장만 바친다」 이하에서는 또 손님과 주인이 각자 석의를 드러내고 습의를 입는다는 점을 밝혔다. 조회할 때는 규장만 사용하니 손님과 주인이 모두 습의를 입고, 연향을 할 때는 벽종에 속백을 덮으니 손님과 주인이 모두 석의를 드러내는 것도 이와 같다는 말이다.' 하였다. ○살펴보건대, 이 뜻은 《예기》 빙례(聘禮) 주소(註疏)에 자세히 보인다.

옛사람의 옷 중에 몸에 가까운 것으로는 포(袍)와 탁(襗)이 있다.〔古人之衣, 近體有袍襗.〕-주-

탁(襗)은 《설문해자》에 바지〔袴〕라고 하였다.

장첩(長妾)

《정의》에 "웅씨(熊氏)가 말하기를 '사(士)에게는 처(妻) 하나와 첩(妾) 둘이 있으니, 장첩이라고 말한 것은 제(娣 처의 여동생)를 말하는 것이다.' 하였다. 그러므로 〈사혼례(士昏禮)〉의 정씨 주에 '제(娣)가 높고 질(姪 처의 조카딸)이 낮다.' 하였으니 아마도 그러한 듯하다." 하였다.

세부(世婦)는 두 명의 잉첩(媵妾)이다.〔世婦兩媵也〕-주-

33 빈(賓)과 개(介) : 현명한 처사(處士)로, 빈이 높고 개가 다음이다.

살펴보건대, 두 명의 잉첩은 질(姪)과 제(娣)인 듯하다. 따라서 시집가서 첩(妾)이 되고 세부(世婦)가 된 질과 제이다. 지금 본문을 보니 이른바 경로(卿老), 세신(世臣), 가상(家相)은 비록 가문과 나라가 다르지만 그 뜻은 하나이다. 이른바 세부(世婦), 질(姪), 제(娣), 장첩(長妾)은 비록 높고 낮음이 다르지만 그 사람은 하나이다. 더구나 웅씨가 장첩을 제(娣)라고 하였으니 그 뜻이 더욱 분명하다.

대부의 아들은 감히 스스로 사자(嗣子) 아무개라고 일컫지 않는다. 〔大夫之子, 不敢自稱曰嗣子某.〕

초씨(焦氏)가 묻기를 "《춘추》에 군주가 살아 있으면 세자(世子)라 일컫고, 군주가 죽으면 아들 아무개라고 일컬으며, 장사지낸 뒤에는 아들이라고 일컬었으니, 사자 아무개라고 말한 경우는 없다. 또 대부의 아들은 무어라 일컬어야 하는가?" 하니, 장일(張逸)이 답하기를 "이 경우는 아들 아무개라고 하는 것을 피할 뿐이다. 대부의 아들 호칭은 듣지 못하였다. 사자 아무개라고 일컫는 것은 은(殷)나라 예법인 듯하다." 하였다.

감히 세자와 같은 이름을 짓지 못한다.〔不敢與世子同名〕

〈잡기〉에 "군주의 휘와 같으면 자(字)를 일컫는다." 하였다.

예를 행할 때 풍속을 바꾸려 하지 않는다.〔行禮不求變俗〕

살펴보건대, 정씨가 말하기를, "위 무공(衛武公)은 은허(殷墟)에 거주하였으므로 은(殷)나라의 예를 따랐다." 하였다. 웅씨가 말하기를, "《좌전》 정공(定公) 4년에 노공(魯公)을 봉하여 상엄(商奄)의 백성을 그대로 소유하게 하고, 강숙(康叔)을 은허에 봉하여 상(商)나라의 정사로 백성을 계도하였으며, 당숙(唐叔)을 하허(夏墟)에 봉하여 하(夏)나라의 정사로 백성을 계도하였으니, 모두 옛풍속을 따랐다.……" 하였다. 이 두 설로 보건대 이른바 풍속을 바꾸지 않는다는 것은 그가 간 나라의 옛풍속을 바꾸지 않은 것이니, 진씨(陳氏 진호(陳澔))의 지금 주와는 다르다. 그러나 진씨 주의 설명이 나은 듯하다.

제사지내는 예절, 거상하는 옷, 곡읍하는 자리〔祭祀之禮, 居喪之服, 哭泣之位.〕

살펴보건대, 이 세 가지는 모두 풍속을 바꾸지 않는 일을 말한 것이다.

출입하며 나라에 알린다.〔出入有詔於國〕

《정의》에 "출입(出入)은 길사와 흉사가 있어 서로 왕래하는 것이다. 조(詔)는 알리는 것이다. 떠난 지 이미 3대가 지났으나 본국의 군주가 여전히 후사를 세워 대가 끊어지지 않은 경우, 만약 길사와 흉사가 있으면 본국의 경대부와 함께 왕래하고 출입하며 서로 가서 알려준다. 그러므로 '출입하며 나라에 알린다.' 하였다." 하였다.

여씨(呂氏 여대림(呂大臨))가 말하기를 "이 책을 읽는 것은 배운 것을 익히려고 해서가 아니다." 하였다.〔呂氏曰, 讀是書, 非肄業也.〕-"장사지내기 전에는 상례(喪禮)를 읽는다."의 주-

살펴보건대 이는 "이 책을 읽고 그 일을 알아서 일에 임하여 예를 잃지 않고자 해서이지, 항상 일삼아 익히려는 것이 아니다."라는 말이다.

거북껍질과 시초, 안석과 지팡이는 공문에 들어가지 못한다.〔龜筴几杖, 不入公門.〕

《정의》에 "거북껍질과 시초는 신하의 거북껍질과 시초를 말한다." 하였다. ○살펴보건대, 윗글에 "군주 앞에서 점대를 거꾸로 놓거나 거북껍질을 뒤집어 놓는다.〔倒策側龜於君前〕"라고 하였으니, 거북껍질과 시초도 공문에 들어갈 수 있다. 거북껍질과 시초는 길흉을 점치기 위한 것이니, 윗글에서 말한 '거북껍질과 점대'는 점치는 관원이 길흉을 점칠 때를 만나 군주 앞에 가서 점을 치는 것이고, 여기서 말한 '거북껍질과 시초'는 평상시에 길흉을 점칠 일이 없는데 공문에 가지고 들어가는 것이니, 미리 도모한다는 혐의가 있으므로 들어가지 않는다.

포(苞)는 표(藨)로 읽으니, 표괴(藨蒯)의 풀로……끈이 있다.〔苞讀爲藨, 以藨蒯之草……有纚.〕-포구(苞屨)[34]의 주-

표(藨)는 《설문해자》에 "풀이름이니 녹곽(鹿藿 여우콩)이다." 하였다. 《광운》에 "자리를 짤 수 있다." 하였고, 《증운》에 "신을 삼을 수 있다." 하였다. ○괴(蒯)는 괘운(卦韻)이다. 《설문해자》에서는 풀이라고 하였다. 《광운》에 "모(茅)의 부류[35]이니, 이것으로 자리를

34 포구(苞屨) : 풀로 만든 신으로, 자최상에 신는다.

35 모(茅)의 부류 : 대본에는 '類'로 되어 있는데 《고금운회거요(古今韻會擧要)》에 의거하여 '茅' 1자를 보충하여 번역하였다.

짠다." 하였다. ○《의례》〈상복(喪服)〉 자최장(齊衰章)에 "소구(疏屨)는 표괴로 만든 신이다." 하였다. ○사계(沙溪 김장생(金長生))가 말하기를 "이(纚)는 갓끈이다." 하였다.

판자에 쓰다〔書方〕

〈사상례(士喪禮)〉 하편에 "부의를 판자에 쓰니, 9행, 7행, 5행이다." 하였다.-《정의》에 "많으면 9행, 적으면 7행, 5행이다." 하였다.- ○방(方)은 판자이다. 100자 이상은 모난 판자에 쓰므로 서방(書方)이라 한다.

계손이 염유를 시켜 중니에게 전세(田稅)를 묻게 하였다.〔季孫使冉有, 訪田賦於仲尼.〕-"공무는 사사로이 의논할 수 없다.〔公事不私議〕"의 주-

《좌전》에 "계손이 전지에 세금을 부과하려고 염유를 시켜 중니에게 묻게 하였다. 중니가 '나는 모른다.' 하였다. 세 번 보내고 마지막에 말하기를 '그대는 국가의 원로이니 그대의 대답을 기다려 시행할 것인데 어찌하여 그대는 말하지 않는가?' 하였다. 중니는 대답하지 않고 사사로이 염유에게 말하기를 '군자가 일을 처리할 때는 예를 헤아려 은혜를 베풀 적에는 후한 쪽을 취하고 일은 중도에 맞게 거행하며, 세금을 거둘 적에는 박한 쪽을 따른다. 이와 같이 하면 구부(丘賦)[36]로 충분하니, 만약 예를 헤아리지 않고 탐욕을 부려 만족할 줄 모른다면 비록 전지에 세금을 부과하더라도 장차 또 부족해질 것이다. 또 그대의 계손이 만약 법에 맞게 시행하고자 한다면 주공의

36 구부(丘賦) : 1구(丘)에서 내는 세금이다. 1구는 16정(井)이며, 정은 마을 하나를 말한다.

법이 있다. 만약 구차하게 시행하고자 한다면 또 무엇하러 묻는가.' 하고 듣지 않았다." 하였다.

우인은 희생으로 쓰는 소의 호(互), 분(盆), 요(簝)를 바친다.〔牛人供牛牲之互與盆簝之類.〕-"가구를 마련할 때는〔凡家造〕"의 주-

호(互)는 《주례》의 본주에 "정 사농은 복형(楅衡)[37] 따위라 하였고, 정현은 지금 도축하는 집에 매다는 육격(肉格)-격(格)은 《설문해자》에 나무가 긴 모양이라고 하였다.-이다." 하였다. ○《주례》에 "우인은 분(盆)과 요(簝)를 바치고 일을 기다린다." 하였는데, 요는 고기를 담는 바구니이다. ○사계가 말하기를 "호(互)는 아(牙)의 옛글자로 통용한다. 난도(鸞刀)로 잘라서 피는 분(盆)에 담고, 고기는 요(簝)에 담은 뒤에 고기를 호(互)에 진설하여 팽인(亨人)에게 주어 삶는다." 하였다.

제후의 대부는 소뢰이니, 여기서 말한 희(犧)는 소이다.〔諸侯大夫少牢, 此言犧牛.〕-주-

살펴보건대, 소뢰는 양과 돼지이다. ○털빛이 한 가지이고 섞이지 않은 것을 희(犧)라고 한다.

전지와 녹봉이 있는 자는 먼저 제복을 마련한다.〔有田祿者, 先爲祭服.〕

《정의》에 "만약 전지와 녹봉이 있어 제기를 마련할 수 있더라도 먼저 제복을 마련한 뒤에 제기를 마련한다. 사람의 모습은 각기 달라 의복

37 복형(楅衡) : 소뿔에 가로댄 나무이다.

이 크고 작은 것이 있어 빌릴 수 없으므로 먼저 만들어야 한다. 제기 따위의 물건은 용량도 같고 기능도 같으므로 공유할 수 있고, 제도가 동일하여 잠시 빌릴 수 있으므로 나중에 마련한다." 하였다.

제기를 가지고 국경을 넘지 않는다.……제기를 맡긴다.〔祭器不踰竟……寓祭器.〕

정씨 주에 "어버이를 욕되게 할까 걱정해서이다." 하였다. ○《정의》에 "덕이 없어 쫓겨나는데 여전히 그 제기를 함부로 쓴다면 이는 어버이를 욕되게 하는 것이다. 우(寓)는 맡긴다〔寄〕와 같다. 사물이 사용되지 않으면 벌레가 생기고 좀이 슨다. 그러므로 같은 관원에게 맡겨 그로 하여금 사용하게 하여 부서지지 않게 하고, 돌려받아 다시 사용하기를 기대한다. 대부와 사의 의리는 모두 그러하다." 하였다.

소의(素衣), 소상(素裳), 소관(素冠)

《정의》에 "의(衣), 상(裳), 관(冠)이 모두 흰색이니 흉사를 위한 장식이다." 하였다.

가선을 떼어낸다.〔徹緣〕

《정의》에 "흰옷 안에도 중의(中衣)가 있다. 길한 때의 중의는 채색 선을 사용하지만, 이는 흉상(凶喪)이므로 떼어내고 순수한 흰색으로 한다." 하였다.

제구(鞮屨)

《정의》에 "제구는 신코를 꾸미지 않은 신이다. 신은 신코를 장식으로 삼는데, 흉한 상황이므로 신코가 없다. 신은 각기 치마의 색을 따르는데, 지금은 흰 치마이므로 신이 흰색이다." 하였다.

소멱(素簚)

멱(簚)은 《운회》에 본디 멸(幭)로 쓰니, 통용하여 멱(幦)으로 쓴다고 하였다. 《시경》 〈한혁(韓奕)〉에 "수레 앞턱을 동일 가죽에 호피 덮개〔鞹鞃淺幭〕"라고 하였는데, 모시(毛詩)에 "천(淺)은 짧은 털의 호랑이 가죽이다. 멸(幭)은 수레 앞턱나무를 덮는 것이다." 하였다. 《주례》 주에 "수레 덮개이다." 하였다.

후재집

제35권

차기 태극도설

箚記 太極圖說

차기○태극도설 箚記○太極圖說

태극도설 太極圖說

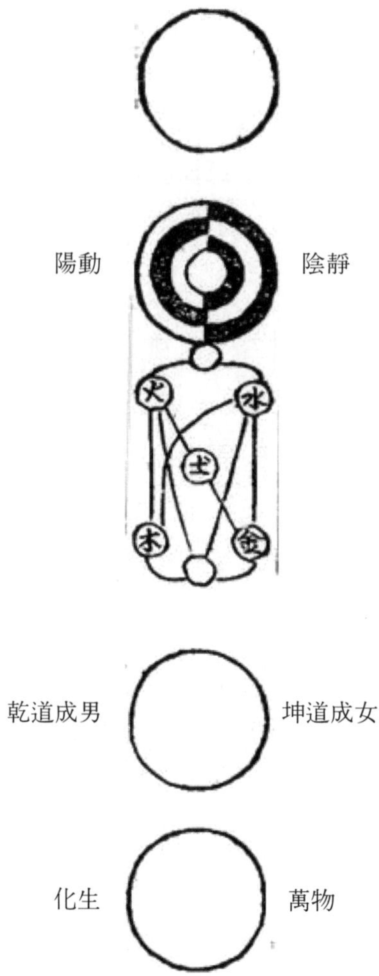

무극이 태극이다.〔無極而太極〕

살펴보건대, '무극이태극(無極而太極)'은 '무극한 것이 태극하다.'라고 말하는 것과 같다. ○은 곧 태극이다. 태극은 본래 혼혼충충(渾渾沖沖)[1]하여 방위도 없고 형상도 없고 소리와 냄새도 없다. 다만 이치가 있을 뿐이기 때문에 다시 '무극' 자를 더하였다. 이른바 '무극'이라는 것은 단지 그 ○이 본디 방위와 형상과 소리와 냄새가 없음을 형용한 것일 뿐이다.

△-화제가 바뀌는 곳에 둥근 권(圈)을 사용하면 태극의 권과 서로 혼동되기 때문에 모난 권을 사용하여 구별한다.- 이른바 '태극'이라는 것은 곧 만물의 이치이고, 이치는 본디 형체가 없다. 그러므로 만물에 나아가 그 이치의 궁극〔極至〕을 말하여 '태극'이라 하고, 태극에 나아가 그 본체가 본디 형상이 없는 것을 말하여 '무극'이라 한다. 그러나 만약 단지 태극만 말하고 무극을 말하지 않으면 이른바 '태극'이라는 것이 마치 하나의 형상이 있는 사물같이 된다. 반드시 태극을 말하고 또 무극을 말한 뒤에야 태극이 원래 형체가 없으며 태극과 무극이 본래 같은 것으로 태극 위에 별도로 하나의 형상도 없고 그림자도 없는 것이 무극이 되는 것이 아니라는 것을 알게 된다. 주자가 말하기를, "무극을 말하지 않으면 태극이 하나의 사물과 같이 되어 만화(萬化)의 근본이 되기 부족하고, 태극을 말하지 않으면 무극이 공적(空寂)에 빠져 만물[2]의 근본이 될 수 없다."

1 혼혼충충(渾渾沖沖) : 태극이 어떠한 형상도 없음을 형용하는 말로, 저자가 결합하여 사용하는 표현으로 보인다. '혼혼'은 태극의 혼연(渾然)함으로 즉 불가분의 상태를 나타낸 말이고, '충충'은 태극의 충막(沖漠)함으로 즉 형상이나 조짐이 없는 것을 나타내는 말한다.

2 만물 : 대본에는 '萬化'로 되어 있는데, 《주자전서》 13책 〈태극도설해(太極圖說

하였으니, 이 말이 정밀하고 친절하여 한 글자도 가감할 수 없다고 이를 만하다.

△'무극이태극'은 두 가지로 보아서는 안 된다. 중간에 '이(而)'를 놓은 것이 매우 분명하니, 극이 없는〔極無〕 중에 궁극의 이치가 있음을 이른다.

△'태(太)'는 큼이 지극하여 다시 더할 수 있는 것이 없음이다. '극(極)'은 그 큼이 여기에 이르러 이미 궁극이어서 더는 갈 곳이 없음이다. 천지 만물의 이치가 더할 수 없이 크고 더 갈 수 없이 궁극에 있어서, 그 형체를 말하려고 하면 들을 수 있는 소리도 없고 찾을 수 있는 냄새도 없기 때문에 '무극'이라고 한다는 말이다. 그러나 이것은 또 공허한 적멸로 노장(老莊)에서 말하는 '무(無)'는 아니다. 소리와 냄새가 없고 형체가 없는 중에 실리(實理)가 존재하여 삼라만상이 이미 갖추어져 있다. 이것이 천지 만물을 낳을 수 있는 이유이고 그 이치가 일찍이 부족한 바가 있은 적이 없는 이유이다.

△'태극'은 하나의 이치 외에 별개의 것이 있는 것이 아니다. 음양에 있어서는 음양의 이치가 음양의 극이 되고, 오행에 있어서는 오행의 이치가 오행의 극이 되며, 만물에 있어서는 만물의 이치가 만물의 극이 되니, 태극은 그 모든 것의 총칭이다. '무극'은 태극 외에 또 별개의 것이 있는 것이 아니다. 태극의 형체가 없고 모양이 없는 것이 바로 무극이다.

△천지 사이에 음과 양 두 기가 끝없이 순환한다. 이 밖에 다시 다른 일이 없으니 음이 되고 양이 되는 원리가 곧 태극이다. 태극의 이치가

解)〉에 의거하여 '萬物'로 바로잡아 번역하였다.

없으면 음양의 기도 없다. 때문에 주자(周子)가 특별히 음양 위에 태극을 뽑아 두었으니, 바로 태극이 음양의 주인이 됨을 보인 것이다. 그러나 단지 음양 이전에 별개의 사물이 불쑥 독립하여 음양을 떠나 따로 태극이 되었다는 말은 또 아니다. 다만 태극이 먼저 있어서, 움직여 양을 낳고 고요하여 음을 낳는 것을 말한 것이다. 음양은 기이고 태극은 이치이다. 기는 자취가 있고 이치는 형체가 없다.

△태극이 있으면 곧 음양이 있다. 태극이 음양이 없으면 붙을 곳이 없고, 음양이 태극이 없으면 또 밑바탕이 없으니 나누어 보아서는 안 된다. 그러나 반드시 십분 분명하게 태극은 태극이고 음양은 음양이어서 태극이 음양 이전에 있고 음양이 태극 이후에 있음을 구분하여야 하니, 또 뒤섞어 보아서도 안 된다.

△음양 이전에 애초에 별도로 이른바 '태극'이라는 것이 있는 것이 아니다. 태극은 처음부터 음양을 떠나지 않았고 음양은 처음부터 태극을 떠나지 않았다. 다만 그 순서를 말하면 이 실리(實理)가 있은 뒤에 곧 이 기가 생긴 것이다. 이것이 태극이 움직여 양을 낳고 고요하여 음을 낳는 원리이다. 만약 태극이 없다면 음양이 무엇을 밑바탕으로 하여 생기겠는가. 그러므로 음양은 태극이 아니고, 음양이 되는 원리가 태극이다. 그사이에 단지 아주 미세한 차이가 있을 뿐이니, 자세히 살펴보아야 할 부분이다.

△태극을 위주로 말하면 태극이 곧 능히 음양을 낳고, 음양을 위주로 말하면 태극이 곧 음양 안에 포함된다.

△태극은 단지 천지 만물의 이치이다. 이 이치는 본디 충막(沖漠)하여 조짐이 없고 혼융하여 끝이 없다. 천지가 아직 생겨나지 않은 중에 이 이치가 이미 천지가 생겨나기 전에 갖추어져 있고, 만물이 아직

생겨나지 않은 중에 이 이치가 이미 만물이 생겨나기에 앞서 갖추어져 있다. 이치가 있으면 곧 천지 만물을 낳고 천지 만물이 이미 생겨나면 이 이치가 곧 또 천지 만물 중에 있다.

△태극은 이치이다. 이미 이 이치가 있다면 곧 이 기운이 있고, 이미 이 기운이 있다면 음양이 나뉘어 변화가 무궁하며 변화가 무궁하여 만물이 화생하여 그 기품(氣稟)에 따라 각각 그 이치가 있다. 그러므로 합하여 보면 만물이 전체가 하나의 태극이고, 나누어 보면 하나의 사물이 각각 하나의 태극을 갖추고 있는 것이다.

무슨 말인가. 대개 이치는 본디 하나일 뿐이다. 처음에 치우침과 바름, 순수함과 잡박함의 차이가 없다. 다만 유행하는 기는 불안정하고 뒤섞여 들쭉날쭉 고르지가 않다. 이에 이 기를 부여받은 자는 처음에 치우침과 바름, 순수함과 잡박함의 차이가 있다. 그러나 치우침과 바름, 순수함과 잡박함 가운데 제각각 주재하는 이치가 있지 않은 경우가 없다. 그러므로 하나의 근원으로 미루면 음양의 이치는 곧 태극의 이치이고 오행의 이치는 곧 음양의 이치이며 사람의 이치는 곧 사물의 이치이고 사물의 이치는 곧 사람의 이치로 그 이치는 본디 하나일 뿐이니, 이것이 이른바 '만물이 전체가 하나의 태극이다.'라는 것이다. 이것이 이른바 '(만물이) 전체가 하나의 태극이다.'라는 것이다.

기품(氣稟)을 말하면 물의 본성과 불의 본성이 다르고 쇠의 본성과 나무의 본성이 다르며 사물의 본성과 사람의 본성이 다르고 소와 말의 본성과 개와 양의 본성이 다르고 까마귀와 까치의 본성과 난새와 봉황의 본성이 다르다. 그러나 얻은 바의 이치는 본디 부족함이 없으니 이것이 이른바 '하나의 사물이 각각 하나의 태극을 갖추고 있다.'라는 것이다.

그러나 각각 갖추고 있는 태극이 곧 전체의 태극이니 본디 두 개의 태극이 있는 것이 아니다. 주자가 말하기를, "하늘의 일은 소리도 없고 냄새도 없으나 실로 조화의 관건이고 만물의 밑바탕이다." 하였으니, 곧 이것을 이른 것이다.

△'극(極)'이라는 글자는 '궁극〔極至〕'의 뜻이다. 이를테면 옥극(屋極), 북극(北極)과 같은 것이다. 옥극은 뭇 재목이 모두 모인 것이고, 북극은 뭇 별들이 모두 모인 곳이다. 태극은 뭇 이치가 모두 모인 곳이다. 사방팔면(四方八面)에서 다 함께 모여들어 이 건축의 끝 지점에 이르러 더는 갈 곳이 없다는 점에서 그 의미가 같다. 그러나 옥극과 북극은 모두 형체가 있는 극(極)이고, 태극은 형체가 없는 극이다. 저것으로 이것을 비유하면 '극' 자의 의미는 같지만 형체가 있고 없다는 점에서는 같지 않다.

△사람에게 있는 것으로 관찰해보면 성(性)이 태극과 같고 마음이 음양과 같고 오성(五性)이 오행과 같고 선악이 남녀와 같고 만사가 만물과 같다. 만사 만물에서 다시 위로 미루어 가서 극처에 이르면 다시 혼연한 태극이다.

주(註): 주자가 말하였다. "하늘의 일은-이른바 '태극'이다.- 소리도 없고 냄새도 없으나-이른바 '무극'이다.- 실로 조화의 관건이고 만물의 밑바탕이다.-이것은 태극이 천지 만물의 관건이고 밑바탕이라는 말이다.- 그러므로 '무극이태극(無極而太極)'이라고 하였으니, 태극 외에 다시 무극이 있는 것이 아니다."-무극과 태극이 두 극이 아니라는 말이다.- 또 말하였다. "태극은 상(象)과 수(數)가 나타나기 전에 그 이치가 이미 갖추어진 명칭이다.-무릇 천지 만물은 상과 수가 있지 않은 것이 없지만 그 이치는 이미 상과 수가 형성되기 전에 이미 갖추어져 있으니, 곧 이른바 '태극'이다. 상은 사상(四象) 같은 유이고, 수는 음수와 양수 같은 유이다.-" 또 말하였다. "천지에 있어서는 천지 가운데에 태극이 있고, 만물에 있어서는 만물 가운데에 태극이 있다.-이것은 곧 만물이 각각 하나의 태극을 갖춘 것이다. 천지 만물은 모두 음양이 있은 뒤의 사물이지만 태극이 그 안에 있지 않음이 없다.-"

또 말하였다. "음양(陰陽)에 나아가 그 본체(本體)를 가리킨 것이다.-그림의 ◎이 하나의 권(圈)으로 보면 음양에 나아가 본체를 가리킴을 알 수 있다. 이른바 '음양'이라는 것은 곧 그림의 좌우의 ◐◑이 이것이다. 이른바 '본체'라는 것은 곧 그림 중간의 ○이 이것이다. 본체는 곧 태극이다.-"

채씨(蔡氏 채연(蔡淵))가 말하였다. "음양이 생겨나기 이전의 입장에서 말하면 이른바 '태극'이라는 것이 반드시 마땅히 먼저 있었을 것이고,-곧 그림의 ○이 한 권(圈)이다.- 음양이 이미 생겨난 뒤의 입장에서 말하면 이른바 '태극'이라는 것이 곧 음양의 가운데에 있는 것이다.-곧 그림의 ◎이 한 권(圈)이다.- 음양 이외에 별도로 태극이 있어서 항상 음양의 주재가 된다고 말하는 자는 참으로 열자(列子)의 '낳지도 않고 화하지도 않는다.〔不生不化〕'[3]는 오류에 빠진 것이다.-만물이 화생(化生)하기 전에 이미 화생의 이치가 있으니, 이 이치가 있으면 바로 능히 화생한다. 이치는 형상이 없으면서 주재함이 있는 것을 이른다. 열자는 그렇지 않아

3 열자(列子)의……않는다 : 《열자》 〈천서편(天瑞篇)〉의 말이다. 전후 맥락을 보면 "낳음이 있으면서도 낳은 체하지 않고 화(化)함이 있으면서도 화한 체하지 않으니, 낳은 체하지 않는 자는 낳고 또 낳으며, 화한 체하지 않는 자는 화하고 또 화한다.〔有生不生, 有化不化, 不生者能生生, 不化者能化化.〕" 하였는데, 여기서는 '낳지 않고 화하지 않는다.'라는 말만을 문제 삼은 것이다.

서 단지 공허와 적멸을 위주로 하니, 이렇다면 이러한 이치가 전혀 주재함이 없어서 단지 허공에 매달린 사물이 될 뿐이다. 이에 태극을 낳지도 않고 화하지도 않는다고 보게 된 것이니, 이치를 주장하지 않아 이치를 진짜 없다고 여기기 때문이다.-"

섭씨(葉氏 섭채(葉采))가 채씨의 '음양미생(陰陽未生)'의 설을 풀이하기를, "만약 '하나의 양이 처음 움직이는 곳, 만물이 생겨나지 않은 때.〔一陽初動處, 萬物未生時.〕'를-이것은 소강절(邵康節 소옹(邵雍))의 〈복괘시(復卦詩)〉이다.- 잘라내서 말한다면 하나의 양이 아직 움직이지 않았을 때를[4] '음양미생(陰陽未生)'이라고 이를 수 있다." 하였다.-우재(尤齋 송시열(宋時烈)) 선생이 섭씨의 이 설을 논박하기를, "음 이전이 양이고 양 이전이 음이니, 음양이 어찌 다 함께 생겨나지 않았을 때가 있겠는가. '음이 생겨나지 않았다.'나 '양이 생겨나지 않았다.'라고 말하는 것은 가능하지만 둘을 나란히 하여 '음양이 생겨나지 않았다.'라고 말하는 것은 불가능하다." 하였다.-

태극이 움직여 양을 낳아 움직임이 극에 달하면 고요하고,[5] 고요하여 음을 낳아……음으로 나뉘고 양으로 나뉘어 양의가 확립한다.〔太極動而生陽, 靜而生陰……分陰分陽, 兩儀立焉.〕

살펴보건대, 의 가운데 ○는 태극이다. 좌변의 은 곧 ○이 동하여 양을 낳은 것이다. 의 는 곧 양 가운데에 음이 있는 것이다. 우변의 은 곧 ○이 고요하여 음을 낳은 것이다. 의 는 곧 음

4 하나의……때를 : 대본에는 빠져 있는데, 《근사록》 권1 〈도체(道體)〉에 의거하여 '一陽未動之時'를 보충하여 번역하였다.

5 태극이……고요하고 : 대본에는 "太極動而生陽 靜而生陰"로 되어 있는데, 《주자전서》 13책 〈태극도설해(太極圖說解)〉에 의거하여 "動極而靜"을 보충하여 번역하였다.

가운데에 양이 있는 것이다. 그리고 그 ◖과 그 ◗은 모두 하나의 ○에서 생겨난 것들이다.

그러므로 ◖은 양이 움직인 것이고 양이 움직인 것은 태극의 작용이 유행하는 것이다. ◗은 음이 고요한 것이고 음이 고요한 것은 태극의 본체가 확립하는 것이다. 이른바 '작용이 유행한다.'라는 것은 ○이 움직여 양이 되면 그 기가 발아하고 생장하며 가지를 치고 부연하는 것을 주로 하니 곧 만물이 바탕하여 시작하는 것이다. 사시(四時)에 있어서는 봄과 여름이 되고, 사덕(四德)에 있어서는 원(元)과 형(亨)이 되고, 인성에 있어서는 감응하여 마침내 통하는〔感而遂通〕 때이다. 이른바 '본체가 확립한다.'라는 것은 ○이 고요하여 음이 되면 그 기가 엉기고 맺히며 닫치고 감추는 것을 주로 하니 곧 만물이 바탕하여 완성하는 것이다. 사시에 있어서는 가을과 겨울이 되고, 사덕에 있어서는 이(利)와 정(貞)이 되고, 인성에 있어서는 고요히 움직이지 않은〔寂然不動〕 때이다. 이것은 ○의 본체와 작용이 나뉘는 원리이다.

그러나 그 본체와 작용은, 두 개의 범주로 단절함을 말하는 것은 또 아니다. 단지 움직임이 극에 이르면 다시 고요하고 고요함이 극에 이르면 다시 움직여서 하나의 양이 끝나면 또 하나의 음이고 하나의 음이 끝나면 또 하나의 양이며[6] 한 개가 늘어나면 한 개가 감소하여 양◖이 음◗의 뿌리가 되고 음◗이 양◖의 뿌리가 된다는 것이다. 옛날부터 지금까지, 처음부터 끝까지, 탄생에서 죽음까지, 폄에서 굽

6 하나의……양이며 : 대본에는 '一陽了便一陰了'로 되어 있는데, 문맥의 내용과 맞지 않아, 《易經蒙引》〈繫辭上傳〉의 "上天之道, 一陰了又一陽, 一陽了又一陰."에 의거하여 문맥에 맞게 보충해서 번역하였다.

힘까지 음양의 기가 그 사이에서 순환하고 왕래하는 것이 아님이 없다. 그러나 그 순환하고 왕래하는 때에 씨와 날로 서로 뒤섞이면서도 단서(端緖)를 잃지 않는 것은 주재하는 태극○이 있기 때문이다.

무슨 말인가. 태극은 이치이다. 양을 낳기 전에 이미 양의 이치가 있었기 때문에 능히 양을 낳는 것이고, 음을 낳기 전에 이미 음의 이치가 있었기 때문에 능히 음을 낳는 것이다. 주재하는 이치가 없다면 곧바로 어그러지게 된다. 이것이 태극이 있은 뒤에야 능히 움직여 양을 낳고 고요하여 음을 낳아 움직임이 극에 이르러 고요하고 고요함이 극에 이르러 다시 움직여 만고토록 어긋나지 않는 이유이다.

△태극이 움직여 양을 낳아 움직임이 극에 이르러 고요하고 고요하여 음을 낳아 고요함이 극에 이르러 다시 움직인다는 것은 곧 태극이 움직이거나 고요하여 음과 양을 낳음을 통합하여 말한 것이다. 그 아래 이른바 '한 번 움직이고 한 번 고요함이 서로 그 뿌리가 된다.'라는 것은 곧 위의 움직임이 극에 이르러 고요하고 고요함이 극에 이르러 다시 움직인다는 말을 풀이한 것이다. 이른바 '음으로 나뉘고 양으로 나뉘어 양의가 확립한다.'라는 것은 곧 움직여 양을 낳고 고요하여 음을 낳는다는 위의 말을 풀이한 것이다. 서로 그 뿌리가 된다는 것은 그 '유행(流行)'으로 말한 것이고, 양의가 확립한다는 것은 '정위(定位)'로 말한 것이다.

△태극이 움직여 양을 낳고 고요하여 음을 낳는 것을 어떻게 알 수 있는가? 이것은 쉽게 말할 수 없다. 다만 봄이 되어 양기가 생기는 것을 보면 천지 사이에 있는 많고 무성한 모든 사물이 발동하고 늘어나고 펼쳐지려는 뜻을 가지지 않는 경우가 없으니, 칩거하던 것이 움직이고 닫혔던 것이 열리고 떨어졌던 것이 펼쳐지고 시들었던 것이 무성해

진다. 이것은 모두 양이 하는 바로 이처럼 할 수 있는 원리가 태극이다. 가을이 되어 음기가 생기는 것을 보면 천지 사이에 있는 많고 무성한 모든 사물이 수렴하고 폐장(閉藏)하려는 뜻을 가지지 않는 경우가 없으니, 움직이던 것이 칩거하고 열렸던 것이 닫히고 펼쳤던 것이 떨어지고 무성했던 것이 시든다. 이것은 모두 음기가 하는 바로 이처럼 할 수 있는 원리가 태극이다. 이러한 지점에서 보면 묵묵히 상상할 수 있을 것이다.

△천지 사이에 어떤 일, 어떤 사물이 음양이 아니겠는가. 유행으로 말하면 추위와 더위, 낮과 밤이 이것이다. 정위로 말하면 위아래, 사방이 이것이다. 사람으로 말하면 남자는 양이고 여자는 음이며 사물로 말하면 나는 것은 양이고 잠기는 것은 음이다. 혼(魂)은 양이고 백(魄)은 음이며 앞은 양이고 뒤는 음이며 우러름은 양이고 굽어봄은 음이며 홀수는 양이고 짝수는 음임에 이르기까지, 양의 입장에서 보면 양 가운데 또 음이 있고 음의 입장에서 보면 음 가운데 또 양이 있으니 끌어와 확장하면 모두 그렇지 않음이 없다.

△태극과 음양이 선후가 있는가? 태극은 이치이고 음양은 기이다. 이치와 기는 본디 서로 떨어져 있지 않다. 애당초 말할 만한 처음과 끝, 근본과 말단이 없는데 어디에서 그 선후가 있음을 보겠는가. 다만 충분히 자세하게 추론해 보면 기가 생기지 않았을 때 이미 이치가 있고 기가 생기고 나서 이치가 기 가운데 깃드니, 이치가 아니면 기는 바탕을 삼을 곳이 없고 기가 없으면 이치가 의지할 곳이 없다.

그러므로 기가 움직이면 이치가 움직이는 기에 타지만 기가 움직이기 전에 그 움직임의 이치는 이미 갖추어져 있고, 기가 고요해지면 이치가 고요한 기를 타지만 기가 고요해지기 전에 그 고요함의 이치가 이미 갖추어져 있다. 이로써 보면 결국 이치가 먼저 있고 기가 나중에 있는 것이다. 그러므로 '태극은 형이상의 도(道)이고 음양은 형이하의 기(器)이다.'라고 하였다. 이미 '형이상이다', '형이하다'라고 말하였으니, 이치가 먼저이고 기가 나중이라고 말해야 한다.

△음양이 나뉘기 전 충막(沖漠)하여 조짐이 없을 때는 단지 이 이치만 있다. 이 이치가 있고 나면 곧 움직여 양을 낳고 고요하여 음을 낳는다. 움직였다가 다시 고요해지고 고요했다가 다시 움직여서 순환하고 유행하여 반복이 끝나지 않는데, 기가 이와 같은 까닭은 다른 것이 아니라 이치가 본디 이와 같기 때문이다.

△움직이고 고요한 것은 기이고, 움직이게 하고 고요하게 하는 것은 이치이다. 이치는 본디 형체가 없어서 기를 타고 운용하기 때문에 기가 움직이면 타고 있던 이치도 따라서 움직이고 기가 고요하면 타고 있던 이치도 따라서 고요해진다. 이 이치는 기 위에 실려 있어서 자연히 움직였다 고요하고 고요했다가 다시 움직인다. 비유하자면 사람이 배에 타고 있는 것과 같아서 배가 가면 사람도 가고 배가 정지하면 사람도 정지한다. 그렇다면 움직임과 고요함은 태극이 아니고 단지 태극에 움직임과 고요함이 있는 것이다. 다만 이치는 보기 어렵고 기는 보기 쉽기 때문에 쉽게 볼 수 있는 것을 통하여 보기 어려운 것을 알 뿐이다.

△동정(動靜)과 음양은 하늘의 명(命)이 아닌 것이 없는데 이 명은 동정과 음양 사이에서 유행하니 이른바 '한번 음이었다가 한번 양이 되는 것이 도이다.'라는 것이다. 도는 태극이다. 도체의 지극히 큼을 말하면 '태극'이라고 하고 태극의 동정을 말하면 '명'이라고 한다. 그 명칭은 비록 다르지만, 그 실상은 한가지이다.

△음과 양은 기이고, 음이 되고 양이 되게 하는 것은 도이다. 예를

들면 양이 끝나면 음이 되고 음이 끝나면 다시 양이 되는 것과 추위가 끝나면 더워지고 더위가 끝나면 다시 추워지는 것은 바로 이 도리가 순환하여 그치지 않아 저절로 이와 같은 것이니, 이른바 '하늘의 명은 거룩하여 그치지 않는다.'라는 것이다.

△도는 음양의 이치인데 '음양이 도이다.'라고 하지 않고 '한번 음이 되고 한번 양이 됨을 도라고 이른다.'라고 한 것은, 음양을 곧장 도라고 한 것이 아니라 바로 한번 음이 되었다가 다시 양이 되어 자연스럽게 순환하며 멈추지 않는 원리가 곧 도라고 여긴 것이다. 정자(程子)가 말하기를, "'형이상의 것을 도라고 한다.'[7] 하였는데, 이 말로 보면 음양은 바로 형이하의 것이니 어찌 도라고 할 수 있겠는가." 하였다. 그렇다면 음양을 곧장 도라 하지 않고 한번 음이 되고 한번 양이 되는 것을 도라고 한 것은 분명한 말이라고 이를 만하다.

△기(氣)는 기(器)이고 도는 이치이다. 모든 일과 사물이 모두 이 도리를 가지고 있으니, 이른바 '사물이 있으면 반드시 법칙이 있다.〔有物必有則〕'는 것이다.

△태극은 형이상이고 이치이며, 음양은 형이하이고 기이다. 형이상과 형이하는 비록 분별이 있지만, 이치와 기는 본디 경계가 없다. 비유하면 물이 그릇에 담겨 있는 것과 같아 분별이 있으면서도 서로 떨어뜨릴 수 없는 것이다. 기(器)를 도라고 할 수도 없고 기(器)와 도를 나눌 수도 없다. 가령 사람으로 말한다면 사람의 형체가 바로 기(器)로 이치

7 형이상의……한다 : 《주역》 〈계사전 상(繫辭傳上)〉의 "형이상의 것을 도라고 하고, 형이하의 것을 기라고 한다.〔形而上者謂之道, 形而下者謂之器.〕"라는 말을 인용한 것이다.

가 저절로 그 안에 있는 것이다.

△움직여 양을 낳고 고요하여 음을 낳으니 볼 수 있는 형상과 자취가 있는 것이 곧 이른바 형이하의 기(器)이다. 이 이상으로 형상도 자취도 없어서 애초에 찾을 수 있는 소리와 냄새가 없는 것이 곧 이른바 형이상의 도이다. 큰 것으로 말하면 천지도 형체가 있으며 작은 것으로 말하면 한 가지 일, 한 가지 물(物)도 모두 형체가 있으니, 이것이 기(器)이고 그 이치는 도이다. 천하에 이치가 없는 기(器)와 기(器)가 없는 이치는 있지 않으니, 곧 기(器)로써 구하면 이치는 그 안에 있다. 이치와 기(器)는 애초에 서로 떨어져 있지 않으니, 만약 기(器)를 버리고 이른바 이치라는 것을 따로 찾는다면 반드시 공허함에 빠질 것이다.

△천지 사이에 음양이 유행하여 옛날부터 지금까지, 처음부터 끝까지 그치지 않고 순환하여 조금의 중단도 없어서 진실한 이치는 있고 순간의 거짓은 없기 때문에 한 포기 풀과 한 그루 나무의 처음과 끝도 모두 실리(實理)가 한 것이다. 성인(聖人)의 마음은 순수함이 또한 그치지 않아 태어나면서부터 죽을 때까지, 처음부터 끝까지 수미를 관철하여 조금의 거짓도 없어서 진실무망(眞實無妄)하지 않은 것이 없기 때문에 예를 들어 한 가지 일, 한 가지 행실의 처음과 끝도 모두 진실한 마음이 한 것이다. 주자의 '성인이 성인인 까닭은 성(誠)일 뿐이다.〔聖人之所以爲聖, 誠而已.〕'라는 말이 이것이다. 모든 일과 사물은 처음이 있으면 반드시 끝이 있으니, 그 시작할 때에는 실리가 처음에 있고 그 마칠 때에는 실리가 끝에 있다. 만물을 시작하고 만물을 마치는 것은 모두 이치가 하는 것이다. 그러므로 '성(誠)은 성인의 근본이니, 사물의 종시(終始)이며 명(命)의 도이다.'라고 하였다.

△움직여 양을 낳고 고요하여 음을 낳아 만고토록 변치 않는 것은

실리가 하는 것이다. 지금 하나의 사물에 나아가 관찰해보면 처음부터 끝까지 역시 실리이다. 예를 들어 한 송이 꽃과 한 포기 풀이 봄기운이 막 이르렀을 때는 생기가 충만하여 꽃이 피고 잎이 무성하다가 봄기운이 사그라들면 꽃은 떨어지고 잎은 메마르니, 필 때 반드시 피고 무성할 때 반드시 무성하고 메마르고 떨어질 때 반드시 메마르고 떨어지는 것은 주장하는 자가 존재하는 것이다. 이러한 곳에서 사물의 처음과 끝을 볼 수 있으니 모두 실리가 한 것이다.

△사덕(四德)으로 말하면, 원(元)과 형(亨)은 성(誠)이 통하는 것이니 '잇는 것이 선이다.〔繼之者善〕'이고 이(利)와 정(貞)은 성(誠)이 돌아오는 것이니 '이루는 것이 성이다.〔成之者性〕'[8]이다. 사시(四時)로 말하면, 봄과 여름은 성(誠)이 통한 것이니 '잇는 것이 선이다.'이고, 가을과 겨울은 성이 돌아오는 것이니 '이룬 것이 성이다.'이다. 하루를 가지고 말하면, 해시(亥時)에 음기가 엉겨 왕성했다가 자시(子時)에 이르러 하나의 양이 다시 생겨나니, 이것이 12시의 순서가 자시에 이르러 이어지는 것이다. 주역의 괘로 말하면, 〈곤괘(坤卦)〉에서 음기가 양기를 막았다가 〈복괘(復卦)〉에 이르러 하나의 양이 다시 생겨나니, 이것이 64괘의 순서가 〈복괘〉에 이르러 이어지는 것이다.

예를 들어 곡식이 막 싹이 났을 때는 바로 '잇는 것이 선이다.'는 것이고, 꽃이 피고 열매가 맺힐 때에 이르면 저절로 물사(物事)를 이루

8 잇는……성이다 : '계지자선(繼之者善)'과 '성지자성(成之者性)'은 《주역》〈계사전 상〉의 말이다. 주자는 《주역본의》에서, "잇는다는 것은 발(發)함을 말하고 선(善)은 화육의 공을 말한다. 이룬다는 것은 그 갖춤을 말하고 성(性)은 사물이 받은 것을 말한다. 사물이 생기면서 성이 있어서 제각기 도(道)를 갖추었음을 말한 것이다."라고 주석하였다.

니 바로 '이루는 것이 성이다.'는 것이다. 예를 들어 사람과 동물이 태보(胎褓)에 있을 때는 바로 '잇는 것이 선이다.'는 것이고, 출생할 때에 이르면 또 저절로 물사를 이루니 바로 '이루는 것은 성이다.'라는 것이다. 곡식의 열매는 또 곡식을 낳고 사람과 동물의 자식은 또 사람을 낳으니 바로 또 '잇는 것이 선이다.'는 것이고 또 '이룬 것이 성이다.'라는 것이다. 통하고 돌아오고 잇고 이루는 즈음에 이와 같이 되는 까닭은 바로 주재하는 진실한 도리가 있기 때문이다.

△음양에 선후가 있는가? 음양은 본디 하나의 기이다. 유행하고 왕복하기를 마치 고리처럼 끝이 없으니 양이었다가 곧 음이 되고 음이었다가 곧 양이 된다. 양의 기는 음에 근거하고 음의 기는 양에 근거하니 어찌 말할 만한 선후가 있겠는가. 양에서 미루어 올라가면 양 이전이 음이고, 음에서 미루어 올라가면 음 이전이 양이다. 이는 양의 윗면에 또 음이 있는 것이고 음의 윗면에 또 양이 있는 것이다. 양에서 미루어 내려가면 양 다음이 음이고, 음에서 미루어 내려가면 음 다음이 양이다. 이는 양 뒷면에 또 음이 있는 것이고 음의 뒷면에 또 양이 있는 것이다. 주자가 말한 '앞으로 미루어도 그 처음에 합해지는 곳을 보지 못하고, 뒤로 끌고 가도 그 끝에 분리되는 곳을 보지 못한다.〔推之於前而不見其始之合, 引之於後而不見其終之離.〕'라는 것이 곧 이것이다. 그렇다면 양이 음보다 먼저라고 말할 수 없고 또한 음이 양보다 나중이라고 말할 수도 없다.

유행의 묘함으로 말하면 하나의 기이다. 상대하는 본체로 말하면 두 개의 기이다. 두 개의 기라는 것은 예를 들면 움직임과 고요함이 때가 같지 않으며 음과 양이 자리가 같지 않아 그 본체가 항상 대립하니 바로 '음과 양이 상대가 된다.〔陰與陽對〕'라는 것이 이것이다. 하나의 기라는 것은 음기가 생겨나서 발양(發揚)하고 생장하는 곳이 바로 양기가 되고, 양기가 사그라들어서 응집하고 수렴하는 곳이 바로 음기가 된다. 음기가 사그라들고 나면 별개의 기가 있어서 다른 데서 돌출하여 양이 되는 것도 아니고, 또 양기가 다하고 나면 별개의 기가 있어서 다른 데서 돌출하여 음이 되는 것도 아니다. 비유하면 솥 안의 물이 끓으면 뜨거워지고 끓는 것이 멈추면 차가워지니, 뜨겁고 차가움은 비록 다르지만, 그 물은 두 개의 물이 아닌 것과 같다. 음양의 왕래하는 기가 어찌 이것과 다르겠는가. 그러므로 하나의 기가 자라면 양이 되었다가 하나의 기가 사그라들면 음이 되고 다시 자라면 다시 양이 되고 다시 사그라들면 다시 음이 되어 유행함이 그치지 않아 끝없이 순환하니 이것을 어찌 선후의 관점에서 볼 수 있겠는가.

△태극이 움직여 양을 낳고 고요하여 음을 낳으니, 먼저 움직이고 뒤에 고요해지는 것이 아닌가? 움직임은 원래 태극의 작용이고 고요함은 원래 태극의 본체이다. 본체와 작용이 서로 바탕이 되어 순환이 끝이 없으니 음의 고요함 중에 본래 양의 뿌리가 있고 양의 움직임 중에 본래 음의 뿌리가 있다. 움직임이 반드시 고요해지는 것은 음에 뿌리를 두기 때문이고 고요함이 반드시 움직이는 것은 양에 뿌리를 두기 때문이다. 고요함이 없으면 움직임을 낳을 수 없고 움직임이 없으면 고요함을 이룰 수 없다. 미루어 올라가서 그 처음을 보지 못하는 것은, 움직임이 이루어지기 전에 애당초 고요함이 없는 것이 아니라 움직임에 이른 뒤에야 비로소 고요함이 있는 것이다. 주자(周子)의 말은 단지 '움직임'에서 말을 시작한 것뿐이다.

△음양은 본디 선후가 없지만, 양의 움직임과 음의 고요함으로 상대하여 말하면 양이 먼저이고 음이 나중인 듯하다. 예컨대 일 년은 정월

을 새해를 시작하는 단서로 삼고 한 달은 초하루를 새달을 시작하는 단서로 삼으며 하루는 인시(寅時)를 새날을 시작하는 단서로 삼는 따위와 같다. 그러나 이것은 우선 일 년, 한 달, 하루에 나아가 말을 만든 것일 뿐이다. 그 실상은 일 년 전에 또 일 년이 있고 한 달과 하루 전에 또 한 달과 하루가 있는 것이지, 애초에 분명하게 두 개의 다른 일로 구별되는 것은 아니다. 그렇다면 순환하고 서로 섞여 본래 시작과 끝이 없는 것이니 선후로 말할 수 없다.

△음양이 순환하여 애초에 시작과 끝이 없으니 하나의 시작을 잡을 수 없다. 지금 단지 이 하루를 가지고 말한다면 양기는 자시(子時)의 반에서 생겨서 오시에 성하고 음기는 오시의 반에서 생겨나서 자시에 성하다가 자시의 반에 이르러 다시 양기가 생기니, 중간에 조금의 간격이나 빈틈이 없다. 이로써 미루어 가면 한 달과 일 년도 모두 그렇지 않음이 없다. 〈구괘(姤卦)〉와 〈복괘(復卦)〉를 보면 알 수 있다.[9]

주(註): 주자가 말하였다. "태극에 동정(動靜)이 있음은-태극이 한번 움직이고 한번 고요함에 음양이 유행하여 그치지 않는다.- 천명(天命)이 유행하는 것이니-명은 명령의 명과 같다. 태극이 움직이고 고요함에 음양이 유행하여 만물이 생겨나면서 이 기를 받아 형상을 이루고 이 이(理)를 품부 받아 본성을 이룬다. 이것은 조정의 명령이 사람에게 관직을 제수하여 사람이 각기 임무를 받는 것과 같으니, 곧 하늘이 명을 부여하는 것이다.- 이른바 '한번 음이 되고 한번

9 구괘(姤卦)와……있다 : 〈구괘(姤卦)〉는 초육(初六)이 여러 양효 아래에 있어 하나의 음이 처음 생기는 괘이고, 〈복괘(復卦)〉는 초구(初九)가 여러 음효 아래에 있어 하나의 양이 처음 생기는 괘이다.

양이 되는 것을 도라 한다.'라는 것이다.-음양은 기이고 한번 음이 되고 한번 양이 되는 것은 바로 천명이 유행하는 것이다. 도는 이치이니 곧 태극이다. 한번 음이 되고 한번 양이 되는 원리가 곧 태극임을 말한 것이지 음양이 태극이 된다는 말은 아니다.- 성(誠)은-곧 진실한 이치이니, 이른바 '무극의 진〔無極之眞〕'이다. △주자가 말하였다. "성은 진실한 이치로 저절로 그러한 것이니 수양을 할 필요가 없는 것이다." 또 말하였다. "성이 곧 이른바 태극이다."- 성인의 근본이며-근본〔本〕은 본령(本令)의 '본' 자와 같다. 성인이 성인이 되는 까닭은 성(誠)일 뿐이다. 그러므로 근본이라고 말하였다. 성(聖)은 태극의 전체를 완전하게 갖추고 있기 때문에 한 번 움직이고 한 번 고요함이 모두 진실하고 거짓이 없다. △주자가 말하였다. "성(誠)은 지극히 진실하여 거짓이 없는 것을 이른다." 하늘이 부여한 바, 사물이 받은 바의 바른 이치이다. 사람이 모두 소유하고 있지만, 성인(聖人)이 성인이 되는 까닭은 다른 것이 아니라 성인만이 능히 이것을 온전하게 할 수 있기 때문일 뿐이다.- 사물의 시작과 끝이니-성(誠)은 곧 실리이다. 일마다 사물마다 실리를 가지고 있지 않은 것이 없기 때문에 철두철미하게 조금의 중단도 없고 처음부터 끝까지 조금의 빈틈도 없는 것이다. 지금 한 가지 일을 들어 말하면 봄이 만물을 낳고 겨울이 만물을 감추는 것과 같아서 그사이에 원래 흠결이 없으니 이것이 바로 실리이다. △주자가 말하였다. "하나의 사물이 있으면 그 이룰 때에 반드시 시작하는 바가 있으며 그 무너질 때 반드시 끝나는 바가 있다. 시작하게 하는 원리는 실리가 이르러 유(有)로 향하는 것이고, 그 끝나게 하는 원리는 실리가 다하여 무(無)로 향하는 것이다. 만일 이 이치가 없다면 이 사물도 없다. 이것이 성(誠)이 사물의 시작과 끝이 되는 까닭이다." 또 말하였다. "초목이 싹이 발생할 때부터 말라 죽고 섞어서 흙으로 돌아갈 때까지 모두 이 실리가 있는 것이다."- 명(命)의 도이다.-음양의 유행하여 그치지 않아 오행의 기운이 차례대로 펼쳐져 사시가 운행하여 만물을 화생하는 것은 하늘의 명령이다. 이것이 성이 명의 도가 되는 까닭이니,

이른바 '하늘의 명은 거룩하여 그치지 않는다.'라는 것이다. 장자(張子 張載)가 말하기를, "지성은 천성이고, 그치지 않음은 천명이다." 하였는데, 바로 이것을 이른다.- 그 움직임은-곧 태극이 움직여 양을 낳음이다.- 성(誠)이 통하는 것이다.-곧 실리가 통하여 양기가 생겨나는 것이니, 바로 조화가 유행하여 아직 성립하지 않은 초기로 《통서(通書)》에서 말한 '원(元)과 형(亨)은 성(誠)이 통한 것이다.'가 이것이다. △주자가 말하기를, "원(元)은 시작이고 형(亨)은 통함이니, 통한다는 것은 막 나와서 사물에 부여되는 것이다." 하였다. 또 말하기를, "원과 형은 기가 막 유행하여 아직 사물에 붙지 않은 것이다." 하였다. △북계 진씨(北溪陳氏 진순(陳淳))가 말하였다. "천명의 큰 조목은 단지 원(元), 형(亨), 이(利), 정(貞)일 뿐이다. 기(氣)의 측면에서 논하면 사물이 처음 생겨나는 곳이 원이 되고 사시로는 봄이 되며, 사물이 성장하는 곳이 형이 되고 사시로는 여름이 된다. 이(理)의 측면에서 논하면 원은 생리(生理)의 시작이고, 형은 생리의 통함이다.- 잇는 것이-양기가 발생하여 끊임없이 이어지는 뜻이다. △주자가 말하기를, "계(繼) 자는 바로 동(動)의 시작이니, 만약 단지 한 번 열리고 한 번 닫힐 뿐 이어짐이 없다면 곧 닫히고 만다." 하였다.- 선(善)이니-선은 주자가 말한 '화육의 공'[10]이 이것이다. 인물이 생겨나기 전에 이미 인물을 낳는 이(理)가 있는데 이 이는 본디 선하다. 그러므로 그 조화가 유행하면 인물이 끊임없이 생겨나니, 그 끊임없이 생겨나는 원리가 바로 선이다. 그러므로 '잇는 것은 선이다.' 한 것이다. △주자가 말하였다. "잇는 것은 기가 막 나와서 아직 이룬 바가 없는 것을 이르고, 선은 이가 막 행하여 아직 확립된 바가 없는 것의 명칭이니, 양의 등속이고 성(誠)의 근원이다."- 만물이 바탕으로 하여 시작하는 것이다.-만물의 탄생은 모두 이것을 바탕으로 하여 시작으로 삼는다. △《역전(易傳)》에[11] "건원(乾元)은 하늘의 덕의 큰 시작이므로 만물의 탄생

10 화육의 공 : 279쪽 주8 참조.

은 모두 이것을 바탕으로 하여 시작으로 삼는다." 하였다. △주자가 말하기를, "저 원(元) 자는 사물을 낳는 인(仁)이니, '이를 바탕으로 하여 시작한다.〔資始〕'는 그 기를 얻는 것이고 '이를 바탕으로 하여 생겨난다.〔資生〕'는 그 형체를 이루는 것이다.- **고요함은**-곧 태극이 고요하여 음이 되는 것이다.- **성(誠)이 돌아오는 것이다.**-곧 실리가 돌아와 음기가 돌아오는 것이니, 바로 만물이 이미 이 이(理)를 얻어 모두 돌아가 감추는 때로 《통서》에서 말한 '이(利)와 정(貞)은 성이 돌아온 것이다.'가 이것이다. △주자가 말하기를, "이(利)는 이룸이고 정(貞)은 바름이니, 돌아온다는 것은 각기 얻어서 자기에게 간직하는 것이다." 하였다. 또 말하기를, "이와 정은 기가 능히 하나의 사물을 이루는 것이다." 하였다. 북계 진씨가 말하였다. "기(氣)의 측면에서 논하면 사물이 이로움을 완성하는 곳이 이(利)가 되고 사시로는 가을이 되며 사물이 거두고 감추는 곳이 정(貞)이 되고 사시로는 겨울이 된다. 정은 바르고 굳으니〔正固〕, 생의(生意)가 이미 정해진 것으로 말하였으므로 '바르다'라고 하였고, 감추고 수렴하는 것으로 말하였으므로 '굳다'라고 하였다. 이(理)의 측면에서 논하면 이(利)는 생리(生理)의 완성이고, 정(貞)은 생리의 견고함이다.- **이루는 것이**-음기가 돌아와 수렴하고 응집하는 때이다. △주자가 말하기를, "막 조화가 두루 유행하되 아직 형질에 붙지 않았을 때는 바로 양에 속하고, 막 형질에 접하여 인물이 되고 금목수화토(金木水火土)가 되어 움직일 수 없을 때는 바로 음에 속한다." 하였다.- **성(性)이니**-성은 곧 정자가 말한 '사물이 받은 것이 성이다.'[12]가 이것이다. 인물이 태어나면 각기 그 본래 선한 이(理)를 품부 받아 성(性)으로 삼기

11 《역전(易傳)》에 : 다음에 인용한 것은 주자의 《주역본의》의 내용이다.

12 사물이……성이다 : 이 말을 여기에서는 정자(程子)의 말로 인용하고 뒤에서는 다시 주자의 말로 인용하고 있다. 이 말은 《주역전의(周易傳義)》 권1 〈건(乾)〉의 주자 본의(本義)에 보이는데, 본래는 이천(伊川) 정이(程頤)의 말이다. 《주자어류》에서 여러 차례 이천의 말로 인용하고 있다.

때문에 사물은 모두 성을 가지고 있다. 성에는 선하지 않은 것이 없으니, 이른바 '이루는 것이 성이다.'이다. △주자가 말하기를, "이룸은 사물이 이미 완성된 것이고, 성(性)은 이(理)가 이미 확립한 것이다. 음의 등속이고, 성(誠)이 확립한 것이다." 하였다. 또 말하기를, "계(繼)와 성(成) 두 글자는 모두 기(氣)의 의미에 이어지는 말이고, 선(善)과 성(性) 두 글자는 모두 이(理)를 말하였을 뿐이다." 하였다. 또 말하였다. "도는 음에서 갖추어져 양에서 행해진다. 계(繼)는 그 발함을 말한 것이다. 선(善)은 화육의 공을 이르니, 양의 일이다. 성(成)은 그 갖춤을 말한 것이다. 성(性)은 사물이 받은 것을 이른다. 사물이 태어나면 성이 있어서 각각 이 도를 갖춤을 말하니, 음의 일이다."- 만물이 저마다 그 성명(性命)을 바르게 간직하는 것이다.-주자가 말하기를, "하늘이 부여한 것이 명(命)이고 사물이 받은 것이 성(性)이니, 만물이 각기 품부된 바름을 받으면 실리가 이에 각각 한 사물의 주재자가 된다는 말이다." 하였다. 또 말하기를, "각각 성명을 바르게 간직한다는 것은 바로 풀 한 포기, 나무 한 그루가 각각 그 이(理)를 얻는 것이다.- 움직임이 극에 이르면 고요해지고 고요함이 극에 이르면 다시 움직여서 한번 움직이고 한번 고요함이 서로 그 뿌리가 되는 것은 명(命)이 유행하여 그치지 않는 까닭이다.-음양은 유행하는 것이 있으니, 예를 들면 추위와 더위가 오고 가는 따위가 이것이다. 한번 움직이고 한번 고요함이 서로 그 뿌리가 되는 것은 하나의 기(氣)가 순환하는 오묘한 작용〔妙用〕이다. 명은 곧 천명이다.- 움직여 양을 낳고 고요하여 음을 낳아 음으로 나뉘고 양으로 나뉨에 양의(兩儀)가 확립하는 것은 분(分)이 일정하여 바뀌지 않는 까닭이다.-음양은 정해진 분수가 있으니, 예를 들면 천지의 방위 따위가 이것이다. 음으로 나뉘고 양으로 나뉨에 양의가 확립하는 것은 두 개의 기가 대립하는 정해진 본체〔定體〕이다. 분(分)은 정해진 분수〔定分〕이다.- 태극은 본연의 묘함이고-묘함은 곧 이(理)이다. 주재자로 말한 것이다.- 움직이고 고요함은 타는 기틀이다.〔乘之機〕-승(乘)은 올라타서 실리는 것이다. 기(機)는 곧 기기(氣機)이다. 태극이 움직이는 기틀〔動機〕을 타면 양을 낳고, 고요한 기틀〔靜機〕을 타면 음을 낳는다.- 태극은 형이상의 도이고-태극은 이(理)이다. 모양과 몸체가 없기 때문에 '형이상의 도'라고 하였다.- 음양은 형이하의 기(器)이다.-음양은 기(器)이다. 형상과 자취가 있기 때문에 '형이하의 기'라고 하였다. △이 두 구절은 곧 도와 기(器)를 나누어 말한 것이다.- 움직이고 고요함이 때가 같이 않고-예를 들면 밤은 고요하고 낮은 움직이며 봄과 여름은 움직이고 가을과 겨울은 고요한 따위이다.- 음양이 자리가 같지 않으나 태극이 있지 않은 곳이 없고-예를 들면 하늘은 양이고 땅은 음이며 동쪽과 남쪽은 양이고 서쪽과 북쪽은 음인 따위이니, 태극이 있지 않은 곳이 없음을 말한 것이다. △이 두 구절은 바로 이른바 '기(器)는 곧 도이다.'라는 것이다.- 충막하여 조짐이 없으나-태극의 본체가 혼연하고 충막하여 형상도 없고 조짐도 없다는 말이다.- 동정과 음양의 이(理)가 이미 그 안에 모두 갖추어져 있는 것이다.-동정과 음양의 이가 이미 충막하고 조짐이 없는 중에 모두 다 갖추어져 있음을 말한 것이다. △이 절은 이른바 '도는 곧 기(器)이다.'라는 것이다. 상하로만 구분하면 사람이 오로지 볼 수 있는 것을 시작으로 삼을까 걱정되고, 도와 기(器)를 합하지 않으면 사람이 노장(老莊)의 정추(精粗)의 오류에 빠질까 걱정된다. 그러므로 반드시 이와 같이 말해야만 된다.-"

섭씨가 말하였다. "'움직여 양을 낳아 움직임이 극에 이르면 고요해지고……유행하는 묘함이 무궁함에 미루어 감을 말한 것이다.-이른바 '작용은 천지의 앞에 일어난다.'라는 것이다. 태극의 움직임과 고요함의 오묘한 작용이〔妙用〕 유행하면 천지도 여기에서 나오니, 음을 낳고 양을 낳아 저절로 끝없이 순환한다.- '한번 움직이고 한번 고요함이 서로 그 뿌리가 되어……상대하는 본체가 일정하여 바뀌지 않음을 말한 것이다.-이른바 '본체는 천지 이후에 성립한다.'라는 것이다. 음과 양이 나뉜 후 양의(兩儀)가 비로소 성립하여 그 본체가 항상 저절로 대립하고 한번 고정되어 움직이지 않는다.- 그러나 자세히 나누면 '움직여 양을 낳고 고요하여 음을 낳는다.'라는 것은 유행하는 가운데 정해진 분수가 일찍이 어지럽지 않다는 것이고-유행하는 중에 또한 정해진 분수가 있다는 말이다.- '한번 움직이고 한번 고요함이 서로 그 뿌리가 된다.'라는 것은-오묘한 작용이다.- 상대하는-음으로 나뉘고 양으로 나뉘어 양의가 확립함이다.- 가운데에 오묘한 작용이 실제로 서로 유통하는 것이다.-정해진 분수 가운데 또한 오묘한 작용이 있다는 말이다.-"

양이 변하고 음이 합하여 수화목금토를 낳으니,……사시가 운행한다.〔陽變陰合而生水火木金土……四時行焉.〕

살펴보건대, ○이 움직이고 고요하여 음양을 낳고, 음양이 변하고 합하여 오행을 낳는다. ○은 태극이다. 은 움직이는 양과 고요한 음이다. 는 양이 변하여 음과 더불어 사귀고, 음이 따라서 양과 더불어 합하는 것이다. 는 양이 성하면 변하여 음이 되기 때문에, ○의 좌변이 수(水)를 낳되 우변의 음의 지위에 거하니, 곧 음이 양에 뿌리를 두는 것이다. 음이 성하면 변하여 양이 되기 때문에 ○의 우변이 화(火)를 낳되 좌변의 양의 지위에 거하니 바로 양이 음에 뿌리를 두는 것이다. 은, 화(火)가 성대한 양으로 왼쪽에 거하는데 목(木)이 화 다음에 오는 것은 양이 어리기 때문이다. 은, 수(水)가 성대한 음으로 오른쪽에 거하는데 금(金)이 수 다음에 오는 것은 음이 어리기 때문이다. 는 토가 충기(沖氣)[13]로 음양이 서로 대등하여 어느 한쪽이 승함이 없기 때문에 가운데에 거한다. 은 수와 화가 좌우에 거하고 목과 금이 수와 화 다음에 있고 토가 가운데에 거하니 바로 음양이 오행을 낳는 순서이다. 곧 하늘이 1로 수를 낳고 땅이 2로 화를 낳고 하늘이 3으로 목을 낳고 땅이 4로 금을 낳고 하늘이 5로 토를 낳으니, 이른바 '양이 변하고 음이 합하여 수화목금토를 낳는다.'라는 것이 이것이다.

는 수, 목, 화, 토, 금이 각각 작은 획으로 연결되어 있으니 바로 오행이 상생(相生)하는 순서이다. 그 가운데에 화에서 토로, 토에서 금으로 따로 작은 획이 있어 토의 가운데를 관통하니 곧 토왕(土旺)이 늦여름의 본래 위치에 있으면서 능히 가을인 금을 낳는다는 뜻이다. 바로 수가 목을 낳고 목이 화를 낳고 화가 토를 낳고 토가 금을 낳고 금이 다시 수를 낳으니, 이른바 '오행의 기운이 차례대로 펼쳐져 사시가 운행한다.'는 것이 이것이다. 또 오행에 각각 하나의 권(圈)이 있는 것은 오행이 각각 하나의 태극인 것이다. 나누어 말하면 오행이 각각 고유한 성(性)이 있어 서로 빌릴 수 없고, 합하여 말하면 오행이 모두 음양 가운데서 생겨난다.

△양이 변하고 음이 합하여 오행이 먼저 생겨나니, 오행 중에서 수(水)와 화(火)가 가장 먼저 생겨난다. 수와 화는 기(氣)이니, 순식간에 유동하여 모양은 있지만, 바탕은 없기 때문에 아래로 적시고 위로 타오

13 충기(沖氣) : 원래 《노자》 42장에 나오는 말로, 백서본(帛書本)에는 '중기(中氣)'로 되어 있다. 이 말은 음양의 기운이 서로 뒤섞여 어느 한쪽으로 치우치지 않은 상태를 가리킨다. 퇴계는 충(沖)을 '화(和)', 혹은 '중(中)'으로 보았다. 《退溪文集 卷39 答李公浩》

르며 음양과 더불어 서로 오르고 내려 토(土)가 제어할 수 없다. 다음으로 목(木)과 금(金)을 낳으니, 비로소 맺히고 견고해져 바탕을 이루어 각기 정해진 본체가 있게 되어 모두 토에 의지한다.

천지가 만물을 낳을 때 가볍고 맑은 것을 먼저 낳고 무겁고 탁한 것을 뒤에 낳는다. 하늘이 1로 수를 낳고 땅이 2로 화를 낳으니, 수와 화가 가볍고 맑기 때문에 가장 먼저 생겨난다. 하늘이 3으로 목을 낳고 땅이 4로 금을 낳으니, 금과 목이 수와 화보다 무겁고 탁하기 때문에 그 생겨남이 수와 화 다음이다. 하늘이 5로 토를 낳으니, 토는 또 금과 목보다 무겁고 탁하기 때문에 그 생겨남이 또 금과 목 다음이다. 이것이 이른바 '양이 변하고 음이 합하여 수화목금토를 낳는다.'라는 것이니, 그 순서가 저절로 이와 같은 것이다. 그 바탕으로 말하면 비록 그 모양을 각기 달리하지만, 그 기(氣)로 말하면 다섯 기가 곧 하나의 기의 운행이니, 분명하게 이것과 저것으로 나뉘어 있는 것은 아니다.

△오행이 생성되면 수에 홀수와 짝수의 다소(多少)가 있는데, 홀수는 양이 되고 짝수는 음이 된다. 하늘이 1로 수(水)를 낳으면 땅이 6으로 이루어주니, 수(水)는 홀수는 작고 짝수는 크다. 땅이 2로 화(火)를 낳으면 하늘이 7로 이루어주니, 화는 짝수는 작고 홀수는 크다. 1은 양의 수의 시작이고 2는 음의 수의 시작이다. 수(水)가 양의 수의 시작에서 생겨나 음의 수인 6에서 완성되고, 화가 음의 수의 시작에서 생겨나 양의 수인 7에서 완성되었다는 말이다. 목(木)의 '하늘이 3으로 낳으면 땅이 8로 이루어줌〔天三地八〕'과 금(金)의 '땅이 4로 낳으면 하늘이 9로 이루어줌〔地四天九〕'의 경우도 이것을 미루어 알 수 있다.

생수(生數)와 성수(成數)를 나누어 보면 다음과 같다. 수(水)는 양의 시작-1-에서 생겨나고 목은 양의 성대함-3-에서 생겨나며, 화는 음의 시작-2-에서 생겨나고 금은 음의 성대함-4-에서 생겨난다. 그렇다면 수(水)는 양의 시작이고 목은 양의 성대함이며 화는 음의 시작이고 금은 음의 성대함이다. 곧 하도(河圖)의 수가 수(水)를 소양(少陽)으로, 목을 노양(老陽)으로, 화를 소음(少陰)으로, 금을 노양(老陽)으로 삼은 것이 이 때문이다.

생수와 성수를 합하여 보면 다음과 같다. 수(水)가 양의 시작에서 생겨나면 땅이 6으로 이루어주니 음의 수가 전적으로 성대한 것이고, 화(火)가 음의 시작에서 생겨나면 하늘이 7로 이루어주니 양의 수가 전적으로 성대한 것이다. 목(木)이 양인 3에서 생겨나서 땅의 8에서 완성되니, 1에서 3에 이르면 양의 수가 점점 커지는 것이다. 금(金)이 음인 4에서 생겨나고 하늘의 9에서 완성되니, 2에서 4에 이르면 음의 수가 점점 커지는 것이다. 그렇다면 화는 양의 성대함이고 목은 양이 아직 성대하지 않은 것이며, 수는 음의 성대함이고 금은 음이 아직 성대하지 않은 것이다. 곧 사시의 순서가 목이 소양인 봄에 속하고 화가 태양(太陽)인 여름에 속하며 금이 소음인 가을에 속하고 수가 태음(太陰)인 겨울에 속하는 것이다. 그러므로 목과 화는 양이고 금과 수는 음이라고 한 것이다.

그러나 수와 화는 변하지만, 목과 금은 한번 정해지면 변하지 않는 것은 어째서인가? 화는 처음 음에서 생겨나서 음의 기가 미약하기 때문에 양을 만나면 변하고, 수는 처음 양에서 생겨나서 양의 기가 미약하기 때문에 음을 만나면 변한다. 목은 양의 기가 점점 많아진 뒤에 생겨나기 때문에 비록 음의 수인 땅의 8을 만나더라도 변하지 않으며 금은 음의 기가 점점 많아진 뒤에 생겨나기 때문에 양의 수인 하늘의 9를 만나더라도 변하지 않는다. 게다가 수와 화는 기(氣)로 모양은 있지만 바탕이 없기 때문에 만나는 것에 따라 변하며, 금과 목은 이미 모양과 바탕이 이루어졌기 때문에 한 번 정해지면 변하지 않는다. 이것이 수와 화는 변하지만, 금과 목은 변하지 않는 이유이다.

△다섯 가지 중 화와 목과 토는 양에 속하고 금과 수는 음에 속한다. 그러나 다섯 가지가 또 각기 하나의 음과 하나의 양이 있다. 예를 들면, 수는 음이지만 수의 성질은 밖은 어둡고 안은 밝아서 밝은 것은 양이고 어두운 것은 음이며, 화는 양이지만 화의 성질은 밖은 밝고 안은 어두워서 어두운 것은 음이고 밝은 것은 양이며, 목은 양이지만 목의 성질은 부드럽고 따뜻하여 따뜻한 것은 양이고 부드러운 것은 음이며, 금은 음이지만 금의 성질은 굳세고 차가워 차가운 것은 음이고 굳센 것은 양이다. 또 예를 들면, 수의 가볍고 맑은 부분은 양이고 혼탁한 것은 음이며, 화의 타오르는 것은 양이고 재가 되는 것은 음이다. 금과 목의 경우에는 형체는 음이지만 광채는 양이다. 토는 충기(沖氣)를 받아 음과 양이 고르니, 이것은 또 사물의 시작과 끝을 이루는 것이다. 그러므로 다른 네 가지가 운행할 때에 토가 그 안에 있지 않은 적이 없어서, 반드시 토와 함께하며 의지하는 것이다.

△목의 기는 동쪽에서 왕성하니 봄에 속하고, 화의 기는 남쪽에서 왕성하니 여름에 속한다. 토는 중앙에 거하여 기가 네 계절의 마지막 달과 무기(戊己) 방향에서 왕성한데 늦여름에 더욱 왕성하다. 금의 기운은 서쪽에서 왕성하니 가을에 속하고, 수의 기는 북쪽에서 왕성하니 겨울에 속한다. 양의 기운이 봄인 목에서 왕성하기 시작하여 여름인 화에서 가장 성대해지니, 가장 성대해지면 노양(老陽)이 되어 변하여 음이 된다. 그러므로 음의 기운이 가을인 금에서 왕성하기 시작하여 겨울인 수에서 가장 성대해지니, 가장 성대해지면 노음(老陰)이 되어

변하여 양이 되기 때문에 양의 기운이 다시 봄인 목에서 다시 왕성해져서, 순환하고 왕복하면서 끝없이 운행하여 네 계절이 이루어진다.

△오행을 그 바탕으로 말하면 '금목수화토'이고, 그 기(氣)로 말하면 '춘하추동'이고, 그 위치로 말하면 '동서남북'이고 그 이(理)로 말하면 '원형리정(元亨利貞)'이고 그 성질로 말하면 '조습강유(燥濕剛柔)'이다. 토는 사방에 분속되고 사시의 끝에 붙어 왕성하기 때문에 자기만의 위치도 없고 자기만의 기(氣)도 없다. 사람에게 있어서는 오장(五臟)의 경우 신장은 수이고 심장은 화이고 간은 목이고 폐는 금이고 비장은 토이며, 오성(五性)의 경우 지는 수이고 예는 화이고 인은 목이고 의는 금이고 신은 토지만, 그 실제는 하나이다.

△《서경》〈홍범(洪範)〉의 "첫째 오행은, 첫 번째는 수이고 두 번째는 화이고 세 번째는 목이고 네 번째는 금이고 다섯 번째는 토이다." 하였으니, 이 또한 음양이 오행을 낳는 순서로 말한 것이다.

주(註): 주자가 말하였다. "태극이 있으면-그림의 ○이다.- 한번 움직이고 한번 고요하여 양의(兩儀)가 나뉜다.-곧 그림의 이다.- 음양이 있으면 한번 변하고 한번 합하여-그림의 이다.- 오행이 갖추어진다.-그림의 이다.- 그러나 오행은 바탕이 땅에서 갖추어지고 기가 하늘에서 운행하는 것이다.-상생하고 교대하며, 순환하며 운행하는 것으로 말하였다.- 바탕으로-곧 바탕이 땅에서 갖추어져 각기 정해진 모양이 있는 것이다.- 그 생성의 순서를 말하면-곧 음양의 홀수와 짝수가 생기는 것이다.- '수화목금토'로-곧 하늘이 1로 수를 낳고 땅이 2로 화를 낳고 하늘이 3으로 목을 낳고 땅이 4로 금을 낳고 하늘이 5로 토를 낳는 것이다.- 수와 목은 양이고-하늘의 1과 하늘의 3은 모두 양이다.- 화와 금은 음이다.-땅의 2와 땅의 4는 모두

음이다.- 기(氣)로-곧 기가 하늘에서 운행하여 상생하고 교대하는 것이다.- 그 운행의 순서를 말하면-곧 목은 봄에 유행하고 화는 여름에 유행하고 토는 늦여름에 왕성하며 금은 가을에 유행하고 수는 겨울에 유행하는 것이다.- '목화토금수'로-곧 목이 화를 낳고 화가 토를 낳고 토가 금을 낳고 금이 수를 낳으며 수가 다시 목을 낳는 것이다.- 목과 화는 양이고-목은 봄에 속하고 화는 여름에 속하니 모두 양이다.- 금과 수는 음이다.-금은 가을에 속하고 수는 겨울에 속하니 모두 음이다. △낳는 순서에 있어서는 수가 양이 되고 화가 음이 되니, 수가 양의 수에서 생겨나고 화가 음의 수에서 생겨나기 때문이다. 유행하는 순서에 있어서는 화가 양이 되고 수가 음이 되니, 수가 음인 겨울에 왕성하고 화가 양인 여름에 왕성하기 때문이다. 목과 금은 음과 양이 한번 정해지면 변하지 않으니 목은 양의 수에서 생겨나 양인 봄에 왕성하고 금은 음의 수에서 생겨나 음인 가을에 왕성하기 때문이다. 수(水)가 생겨날 때는 양의 수가 작지만 음의 수인 땅의 6을 만나 변하면 음이 한창 성대하기 때문에 수가 겨울에 왕성한 것이다. 화가 생겨날 때는 음의 수가 작지만 양의 수인 하늘의 7을 만나 변하면 양이 한창 성대하기 때문에 화가 여름에 왕성한 것이다. 목은 양의 수가 점점 커진 뒤에 생겨나기 때문에 비록 음수인 땅의 8을 만나더라도 변하지 않는다. 그러나 그 양의 기(氣)는 아직 미약해서 화의 성대함과는 같지 못하기 때문에 봄에 왕성한 것이다. 금은 음수가 점점 커진 뒤에 생겨나기 때문에 비록 양의 수인 하늘의 9를 만나더라도 변하지 않는다. 그러나 그 음의 기는 아직 미약해서 수의 성대함과는 같지 못하기 때문에 가을에 왕성한 것이다. 홀수와 짝수의 크고 작은 수와 왕성함이 사시에 분포된 순서를 가지고 보면 알 수 있다.- 어떤 이가 묻기를, "양은 왜 '변한다.〔變〕'고 말하고-양의 성질은 움직이기 때문에 능히 변한다.- 음은 어찌하여 '합한다.〔合〕'고 말하는가?-음의 성질은 고요하기 때문에 능히 합한다.-" 하니, 답하기를 "양이 움직이면 음이 따르기 때문에-《주역》에 '양이 위에 움직이면 음이 기뻐하여 따른다.'[14]라고 한 것이 바로 이 뜻이다.- '변한다.'라고 하고 '합한다.'라고 한 것이다." 하였다.

섭씨가 말하였다. "두 기가-움직이는 양과 고요한 음이다.- 변하고 합하여 낳는 것은 대립하는 본체에 근원하고,-수와 목은 양에서 생겨나고 화와 금은 음에서 생겨나는 것이다. 이것은 음으로 나뉘고 양으로 나뉨에 양의가 확립하는 정해진 본체에 근원한다.- 하나의 기가-양이 사라지는 곳이 곧 음이 되고 음이 사라지는 곳이 곧 양이 되는 것이다.- 순환하여 낳는 것은 유행하는 작용에 근본한다.-봄인 목이었다가 여름인 화가 되며, 여름인 화였다가 가을인 금이며, 가을인 금이었다가 겨울인 수가 되며 겨울인 수였다가 다시 봄인 목이 되는 것이다. 이것은 움직임이 극에 이르면 고요해지고 고요함이 극에 이르면 움직이는 오묘한 작용이다. △오행을 정해진 본체로 말하면 바탕도 다르고 기도 다르지만, 근원으로 말하면 바탕은 비록 다르더라도 기는 하나이다.-"

오행은 하나의 음양이고……태극은 본디 무극이다.〔五行一陰陽也……太極本無極也.〕

음양이 변하고 합하여 오행을 낳는다. 하나의 양이 나뉘어 목과 화가 되고 하나의 음이 나뉘어 금과 수가 되어 사상(四象)이 확립하니, 오행에서부터 그 근본을 미루면 오행이 곧 하나의 음과 양이다. 태극이 움직이고 고요하여 음과 양을 낳는다. 움직이는 것은 양이고 고요한 것은 음이어서 양의로 나뉘니, 음양에서부터 그 근본을 미루면 음양이

14 양이……따른다 : 이 말은 《주역》 〈귀매(歸妹)〉괘 상전(象傳)에 대한 정이(程頤)의 주석에 있는 말로, 대본의 '陰悅而隨之'와 다소 글자의 출입이 있지만, 의미상 크게 다르지 않아 대본을 따라 번역하였다.

곧 하나의 태극이다. 이른바 태극에 이르러서도 또 말할 수 있는 소리와 냄새와 형상이 없기 때문에 '본디 무극이다.'라고 한 것이다. 위에서부터 아래로 이르면 무극에서 태극○으로, 태극에서 음양◎으로, 음양에서 오행에 이른다. 거슬러 올라가 근원을 궁구하면 오행에서 음양◎으로, 음양에서 태극○으로, 태극에서 무극에 이른다. 나누어 다섯이 되는 것이 남음이 있어서 아니며, 합하여 하나가 되는 것이 부족함이 있어서가 아니다. 순서대로 세면 1에서 5에 이르고, 역으로 세면 5에서 1로 돌아온다. 음양과 오행이 무극의 묘함을 갖추지 않음이 없음을 밝히는 것이다.

△오행은 하나의 음과 양이니 오행을 버리고 따로 음양을 따질 곳이 없고, 음양은 하나의 태극이니 음양을 버리고 따로 태극을 따질 곳이 없으며, 태극은 본디 무극이니 태극을 버리고 따로 무극을 따질 곳이 없다. 그러므로 주자가 "오행이 하나의 음양이고 음양이 하나의 태극이라는 것은 태극인 뒤에 따로 음양오행을 낳아 음양오행 위에 먼저 태극이 있다는 것이 아니다. 무극한 것이 태극이고 태극인 것이 무극이라는 것은 무극한 뒤에 따로 태극을 낳아 태극 위에 먼저 무극이 있다는 것이 아니다." 하였으니, 의미심장한 말씀이다.

△오행이 음양에서 떨어지지 않으니, 오행 위에 따로 이른바 음양이 있는 것이 아니다. 음양이 태극 밖에 있지 않으니, 음양 위에 따로 이른바 태극이 있는 것이 아니다. 태극이 본디 무극이니, 태극 위에 따로 이른바 무극이 있는 것이 아니다. 음양에 태극이 그 안에 있는 것이고 오행에 음양이 그 안에 있는 것이니 그 실재는 하나이다.

△태극이 음양을 낳는 것은 동(動)과 정(靜)의 이치가 있기 때문이고, 음양이 오행을 낳는 것은 노(老)와 소(少)의 다름이 있기 때문이

다. 그러므로 오행으로 나누어서 말하면 목은 소양이고 화는 노양이고 금은 소음이고 수는 노음이며, 합하여 말하면 목과 화는 양이고 금과 수는 음이니, 이것이 이른바 오행이 하나의 음양이라는 것이다. 음양으로 나누어 말하면 음은 태극이 고요한 것이고 양은 태극이 움직이는 것이며 합하여 말하면 음양이 곧 태극이니, 이것이 이른바 음양이 하나의 태극이라는 것이다. 음양과 오행을 통틀어 말하면 오행과 음양이 곧 하나의 태극이고 태극은 뭇 이치가 모두 모인 것으로 원래 소리도 냄새도 없어서 형상을 명명할 수 없는 것이다.

△오행으로 말하면 수와 화는 모양은 있고 바탕은 없지만, 금과 목은 바탕이 있다. 음양과 오행으로 말하면 음양은 기(氣)는 있고 모양은 없지만, 오행은 바탕이 있다. 오행과 음양과 태극으로 말하면 오행은 바탕이 있고 음양은 기는 있고 모양은 없지만, 태극은 기도 없고 또 모양도 없다. 이것이 이른바 무극이다. 바탕과 기와 이(理) 세 가지가 비록 다르지만 이가 기와 바탕 가운데 있지 않은 적이 없다.

주(註): 주자가 말하였다. "오행이 갖추어지면 조화와 발육의 도구가 갖추어지지 않음이 없다.-오행은 변화하고 유행하여 만물을 발육하여 모든 사사물물이 오행에서부터 발생하지 않는 것이 없다. 이것이 이른바 '도구〔具〕'로 기구(器具)의 구(具)이다.- 그러므로 또 여기에 나아가 근원을 미루어-오행으로부터 다시 근원을 미루어 위로 올라감을 말한 것이다.- 혼연한 하나의 본체가-음양오행과 태극이 혼연한 하나의 본체임을 말한 것이다.- 무극의 묘함이 아닌 것이 없고 무극의 묘함이-하늘의 일은 소리도 없고 냄새도 없는 것이니 이른바 이(理)이다.- 또한 각기 한 사물 안에 갖추어지지 않은 적이 없음을 밝힌 것이다.-오행과 음양이 각기 이 이(理)를 갖추었음을 말한 것이다.- 오행은-바탕이 다르고 사시는 기운이 다르나 모두-음양을 벗어나지 못한다.-오행이 그 바탕이 같지 않고 사시가 그 기가 또한 다르지만, 그 실제는 음양 두 기 안을 벗어나지 않는다.- 다섯 가지 다른 것과 두 가지 실제가-다섯 가지 다른 것은 '금목수화토' 다섯 가지의 다름을 말하고, 두 가지 실제는 음과 양 두 기의 실제를 말한다. 실제는 실제로 있음을 이른다. △주자(周子)의 《통서》에 '다섯 가지 다름과 두 가지 실제, 두 개의 근본은 하나이다.' 하였다. 주자(朱子)가 말하기를 '오행의 다름은 두 기의 실제에 근본하고, 두 기의 실제는 또 한 이(理)의 극에 근본한다.' 하였다. 다섯 가지 다름과 두 가지 실제에 대해 묻자 주자(朱子)가 말하기를 '두 기를 「실제」라고 지목한 것은 이것이 실제로 있는 이(理)라고 말한 것이다.- 남거나 부족함이 없다.-다섯 가지가 남음이 있는 것이 아니며, 두 가지가 부족함이 되는 것이 아니다.- 음양이 자리가 다르고-음과 양은 항상 대립하니 두 가지는 자리가 같지 않다.- 동정이 때가 다르나-동과 정이 서로 순환하니 두 가지는 때가 같지 않다.- 모두 태극을 떠나지 못한다.-음양이 그 자리가 이미 다르고 동정이 그 때가 같지 않으나 그 실제는 곧 태극인 하나의 이(理) 가운데를 떠나지 않는다.- 정하고 거침과 근본과 말단이-정함과 근본은 태극이고 거침과 말단은 음양이다.- 피차가 없다.-애초에 하나가 이것이 되고 하나가 저것이 되는 것이 아니다.- 태극이 된 원리에 이르러서는 또 언명할 만한 소리와 냄새가 없다."

섭씨가 말하였다. "이 〈태극도〉는 〈계사전〉의 '역에 태극이 있으니-태극은 곧 상수가 아직 드러나지 않은 전체이다.- 이것이 양의를 낳고-—가 양이 되고 --가 음이 되니, 양의 수는 1이고 음의 수는 2이니 이것이 양의이다.- 양의가 사상을 낳는다.'라는 뜻을-양 위에 하나의 양이 생성되면 ⚌이 되고 태양이라 이르며, 하나의 음이 생성되면 ⚍이 되고 소음이라 이르며, 음 위에 하나의 양이 생성되면 ⚎이 되고 소양이라고 이르며, 하나의 음이 생성되면 ⚏이 되고 태음이라고 이르니, 이것이 사상(四象)이다.- 미루어 밝힌 것이다. 다만 《주역》은 괘효로 말하였고-위에서 말한 '—가 양이 되고 --가 음이 된다.'라는 따위가 이 경우이다.- 〈태극도〉는 조화로 말하였으니-태극이 음양을 낳고 음양이 오행을 낳는다는 것이 이 경우이다.- 괘효는 진실로 조화를 본뜬 것이다.-괘효가 음양오행을 형상화하여 그린 것이라는 말이다.-

오행이 생겨남에 각각 하나의 본성을 가진다.〔五行之生也, 各一其性.〕

살펴보건대, 양이 변하고 음이 합하여 오행이 생겨나니, 이른바 은 그 품부받은 바의 기운이 이미 다르고 형성된 바의 재질도 달라서 수(水), 화(火), 목(木), 금(金), 토(土) 각각 별도의 하나의 물(物)이 된다. 이것이 다섯 가지의 기질(氣質)이 다르게 되는 까닭이다. 그 기질이 이미 같지 않다면 부여된 본성도 각각 기질이 같지 않은 상황에 떨어져 기질에 의해 한정되기 때문에 그 본성도 따라서 각각 같지 않다. 수(水)는 수의 본성이 있고 화(火)는 화의 본성이 있고 금(金)과 목(木)과 토(土)도 금과 목과 토의 본성이 있다.-수의 본성은 습하고 화의 본성은 건조하며 금의 본성은 강하고 목의 본성은 부드러우며 토의 본성은 실하다.- 이른바 '각각 하나의 본성을 가진다.'라는 것이 이것이다.

△이른바 본성은 곧 태극을 가리켜 말한 것이다. 오행을 합하여 말하면 전체가 하나의 태극이고, 나누어 말하면 각각 하나의 태극을 갖추고 있다. 무슨 말인가? 이치는 본래 하나일 뿐이다. 그러므로 수화목금토가 생기기 전에 이미 수화목금토가 생겨나는 이치가 있어서 화의 이치와 목의 이치가 같고 목의 이치와 금토의 이치가 같은 것이지 애당초 수가 습한 이치가 이미 있는데 불이 건조한 이치가 따로 있는 것이 아니며, 또 목이 부드러운 이치가 이미 있는데 금은 강하고 토는 실한

이치가 따로 있는 것이 아니다. 그러므로 다섯 가지의 이치를 총괄해서 보면 태극의 혼연한 전체이니, 이른바 '전체가 하나의 태극이다.'라는 것이다.

비록 그렇지만 이 이치가 이미 있다면 반드시 이 기운이 있는 것인데, 기운이란 청탁(淸濁)과 경중(輕重)이 들쭉날쭉 고르지 않은 것이고, 이치란 이 기운을 타고 유행하는 것이다. 들쭉날쭉 고르지 않은 기운이 종류에 따라 응집하여 오행의 기질을 이룬다면 이 이치도 그 다섯 가지 기질을 따라서 따로 하나의 본성이 된다. 그러므로 하늘의 1이 수의 기운을 낳고 땅의 6이 수의 바탕을 이루는데 이 이치가 저 기질 가운데로 떨어지면 수의 본성을 이룬다. 땅의 2가 화의 기운을 낳고 하늘의 7이 불의 바탕을 이루는데 이 이치가 저 기질 가운데로 떨어지면 불의 본성을 이룬다. 하늘의 3과 땅의 6이 목에 대해, 땅의 4와 하늘의 9가 금에 대해, 하늘의 5와 땅의 10이 토에 대해서도 역시 그렇지 않은 경우가 없다. 이에 수는 수대로 화는 화대로 금은 금대로, 목과 토는 목과 토대로여서 수의 본성과 화의 본성이 같지 않고 금의 본성은 목과 토의 본성과 같지 않아 서로 빌려줄 수도 서로 빼앗을 수도 없으니, 이른바 '각각 하나의 태극을 갖추고 있다.'라는 것이다. 이로 말미암아 보면, 태극의 전체가 각각 다섯 가지 중에 갖추어져 있어 따로 하나의 본성이 된다는 것을 곧 알 수가 있다.

△태극의 이치는 본래 혼연한 전체인데 저 오행의 기질에 떨어진 뒤에는 각각 그 기질을 따라서 따로 하나의 본성이 된다. 이에 건조하고 습하고 강하고 부드럽고 실한 구분이 곧바로 생긴다. 이와 같은 까닭은 다른 것이 없다. 태극의 이치가 이미 기질 가운데 떨어져서 한정되는 바가 생겼기 때문이다. 비유하자면 하나의 둥근 진주가 맑은

곳에 있으면 깨끗하고 탁한 곳에 있으면 더럽고 화염 속에 있으면 뜨겁고 찬 곳에 있으면 차가운 것과 같다. 하나의 진주도 있는 곳에 따라서 그 성질이 다른 이유는 기질에 한정되기 때문임에 불과하다.

△오행이 하늘에 있어서는 수화목금토의 기운이 되고 땅에 있어서는 수화목금토의 바탕이 되고 사람에 있어서는 인의예지신의 본성이 되니, 주자의 이른바 '인의예지신의 본성이 곧 수화금목토의 이치이다.'라는 것이 이것이다. 인은 나무에 속하고 의는 금에 속하고 예는 화에 속하고 지는 수에 속하고 신은 토에 속하니, 남헌 장씨(南軒張氏)의 이른바 '오행은 각각 그 하나를 전담한다.'라는 것이 이것이다.

△사람의 오성(五性)은 오행의 이치를 받은 것이다. 대개 목의 본성은 부드럽고 따뜻하기 때문에 목의 이치를 받으면 자애(慈愛)를 베푸는 인(仁)이 되고, 화의 본성은 건조하고 밝기 때문에 화의 이치를 받으면 절문(節文)을 만드는 예(禮)가 되고, 금의 본성은 강하고 견고하기 때문에 금의 이치를 받으면 과단을 행하는 의(義)가 되고, 수의 본성은 습하고 유동적이기 때문에 수의 이치를 받으면 두루 통하는 지(智)가 되고, 토의 본성은 실하고 무겁기 때문에 토의 이치를 받으면 돈후한 신(信)이 된다. 그러나 오행이 받은 기운이 이미 다르다면 사람에게 부여된 것의 후박(厚薄)에 따라 본성 또한 같지 않다. 그러므로 목의 기운을 치우쳐 받으면 그 본성이 지나치게 부드러워 반드시 나약하게 될 것이고, 화의 기운을 치우쳐 받으면 그 본성이 지나치게 건조하여 반드시 성급하게 될 것이고, 금의 기운을 치우쳐 받으면 그 본성이 지나치게 강하여 반드시 강포하게 될 것이고, 물의 기운을 치우쳐 받으면 그 본성이 지나치게 유동적이어서 반드시 교활하게 될 것이고, 토의 기운을 치우쳐 받으면 그 본성이 지나치게 실하여 반드

시 고집스럽게 될 것이다. 그러나 만일 그 치우친 곳을 알아서 실제로 학문의 공부로 깊이 다스린다면 그 치우친 곳이 결국 완전해져서 치우치지 않게 될 것이니, 이것이 성인이 학문하는 일을 귀하게 여기는 까닭이다.

△오행이 기운이 다르기 때문에 이 기운이 응축하여 만물의 바탕을 이루면 만물은 다른 기운을 따라서 유별로 바탕을 이루어 각각 같지 않다. 비단 사람이 동물과 바탕이 다를 뿐 아니라 사람이 사람과도 바탕이 다른 것은 대개 기운이 같지 않은 것에 연유한다. 기질이 이미 같지 않은 데다 이 이치가 저 기질이 같지 않은 가운데에 떨어지면 그 기질에 따라 본성이 치우치고 온전한 차이, 통하고 막히는 차이, 어둡고 밝은 차이, 강하고 약한 차이가 생겨서 만 가지로 같지 않을 것이니, 이것이 바로 '기질지성(氣質之性)'이다.

주(註): 남헌 장씨(南軒張氏)가 말하기를, "오행이 받은 바탕이 비록 같지 않으나, 태극의 이치가 없었던 적은 없다.-오행의 바탕이 비록 달라도 태극 본연의 이치는 오행 가운데에 각각 갖추어져 있지 않은 것이 없다.- 오행이 각각 그 하나의 본성을 가져서-즉 각각 하나의 태극을 갖춘 것이다.- 인의예지신의 이치가 되니-즉 주자의 이른바 '인의예지신의 본성이 곧 수화금목토의 이치이다.'라는 것이 이것이다.- 다섯 가지가 각각 하나씩 전담한다.-목은 인, 화는 예, 금은 의, 수는 지, 토는 신과 같이 각각 그 하나를 전담하는 것이다.-" 하였다.

무극의 진리와 이기오행의 정기가 오묘하게 합하고 엉기어, 건도는 남(男)을 이루고 곤도는 여(女)를 이루어……만물이 낳고 낳아 변화가 무궁하게 된다.〔無極之眞, 二五之精, 妙合而凝, 乾道成男, 坤道成

女……萬物生生而變化無窮焉.〕

살펴보건대, 무극의 진실한 이치○와 음양 오행 의 정밀한 기운이 서로 섞이고 부딪쳐 씨줄과 날줄로 착종되어 융화하여 간격이 없어서 묘하게 합하고 엉기니, 이른바 는 바로 진(眞)과 정(精)과 묘합(妙合)의 상(象)이다. 대개 음양오행의 정기가 무성하게 결합하고 무극의 진리가 저 기운 가운데 붙어있어서 묘하게 합하고 엉기어 만물이 형성되니, 그렇다면 기운이 바탕이 되고 이치가 본성이 되니, 바탕은 피와 살과 오장과 모든 뼈가 이것이고, 본성은 건순(健順)과 인의예지(仁義禮智)가 이것이다. 주자의 이른바 '기운이 형체를 이루면 이치도 거기에 부여된다.'라는 것이다.

태극과 이기오행이 묘하게 합하고 엉기는 때에 만물이 또 각각 종류대로 형성되기 때문에 하나의 음과 하나의 양과 남(男)과 여(女)의 상이 이미 나뉘어 건도(乾道)가 남을 이루고 곤도(坤道)가 여를 이루니, 이것은 바로 사람과 동물을 함께 말한 것이다. 건(乾)은 양이니 그 본성이 강하고 곤(坤)은 음이니 그 본성이 유하다. 양강(陽剛)은 아비의 도이고 음유(陰柔)는 어미의 도이다. 그러므로 남의 본성은 강하고 여의 본성은 부드럽지만 남이 강하고 여가 부드러운 가운데 태극이 혼연한 전체로 그 안에 있지 않은 적이 없다. 아래의 ○은 바로 주자의 이른바 '남과 여가 각각 하나의 본성을 가지고 있지만 남과 여가 하나의 태극이다.'라는 것이다. 이것은 애당초 만물이 아직 종류가 있지 않은 때에 단지 이치와 기운이 묘하게 합하고 엉겨 형성되는 것임을 말한 것이니, 이른바 '기화(氣化)'이다.

건도가 남을 이루고 곤도가 여를 이루어 남과 여가 생기고 나면 이에 만물에도 각각 남과 여가 있어 형상이 사귀고 기운이 감응하여 변화하고 생겨나서 만고토록 무궁무진하다. 그러나 그 변화하고 생겨나는 만물이 만 가지로 같지 않음이 있지만 태극의 전체는 또한 그 안에 있지 않은 적이 없다. ○의 아래 ○는 바로 주자의 이른바 '만물이 각각 하나의 본성을 가지지만 만물이 하나의 태극이다.'라는 것이다. 이것은 만물이 이미 종류가 있은 뒤에야 남과 여가 서로 교합하여 변화하고 생성됨이 무궁하게 됨을 말한 것이니, 이른바 '형화(形化)'이다.

△'진(眞)'은 이치이고, 정(情)은 기운이다. 이 이치가 있은 뒤에 반드시 이 기운이 있으니, 이미 이 기운이 있다면 이치는 곧 기운 안에 있어서 이치가 기운과 더불어 묘하게 합하고 엉기면 능히 사물을 형성한다. 이것이 천하에 이치 밖에 기운이 없고, 또한 본성 밖에 사물이 없는 까닭이다.

△천지가 만물을 조화할 수 있는 원리는 다만 음양오행의 기운일 뿐이다. 이 기운을 주재하는 것은 태극의 이치이다. 그러므로 사람과 동물이 태어날 때 반드시 이 기운을 받은 뒤에야 이 형체를 가지고, 반드시 이치를 얻은 뒤에야 각각 자신의 성명(性命)을 바르게 할 수 있는 것이다. 대개 기운은 조화의 도구이고, 이치는 조화의 주인이다. 기는 조화를 할 수 있지만, 이치는 도리어 조화를 할 수 없고 다만 조화를 주재할 뿐이다. 비유하자면 장인(匠人)이 집을 만들면 주인이 있어 그 집을 주재할 뿐인 것과 같다. 장인이 없으면 집을 만들 수 없고 주인이 없으면 집을 주재할 수 없다. 장인은 비유하자면 기운이고 주인을 비유하자면 이치이다. 그러므로 기운이 없으면 바탕을 이룰 수 없고, 이치가 없으면 본성을 이룰 수 없다. 이것이 바로 이른바 '진실하고 정밀하며 묘하게 합하여 엉긴다.'라는 것이다. 묘하게 합한다는 것은 융화하여 간격이 없다는 뜻이니, 즉 기운 이치를 떠나지

않고 이치가 기운을 떠나지 않음을 이르는 말이다.

△부모가 있은 뒤에 부모의 형체를 받아 태어나는 것은 '형화(形化)'이고 남과 여가 있기 전에 음양의 기운으로 태어나는 것은 '기화(氣化)'이다. 만약 형화가 있기 전에 진실로 기화가 없다면 천지 사이의 모든 사람과 물(物)은 애당초 어디에서 생겨나겠는가.

△'만물이 낳고 낳아 변화가 무궁하다.'는 즉 형화가 있은 뒤에 만물이 각각 암수가 있어 생성하고 변화하여 그 변화의 이치가 끝이 없는 것이다. 여기에서 바로 천명이 유행하여 쉬지 않음을 보게 된다.

△천지 역시 기화(氣化)이다. 대개 혼돈이 아직 나뉘지 않아 하나의 물(物)이 생기기 전은 다만 이치와 기운이 혼합하고 음과 양이 서로 뒤섞여 있다가 양의(兩儀)가 비로소 나뉘는 때가 되면 가볍고 맑은 것은 올라가 하늘이 되고 무겁고 탁한 것은 내려가 땅이 되어 천지가 비로소 형성되었으니, 이것은 분명 기화이다. 천지가 이미 기화하였다면 사람과 물이 기화하는 것이 이상할 것이 못 된다.

△썩은 풀이 반딧불로 변화하고 썩은 나무에서 굼벵이가 생긴다. 또 입으로 숨을 내쉬면 기운이 엉겨 물이 되고 시루를 찌면 기운이 막혀서 노을이 되며 소나무 아래에는 복령(茯笭)이 생기고 나무 위에는 기생(寄生 토사(兎絲))이 있는 것과 같으니, 모두 기화이다.

△지금 사람이 새로 연못을 팠는데 오래되자 물고기가 있게 되었다면, 이 물고기는 애초에 풀어 놓은 것도 아니고 다른 곳에서 옮겨 온 것도 아니다. 물이 있다면 물고기가 자연히 생긴 것이니, 이것은 분명히 기화이다.

△사람과 동물이 각각 하나의 태극을 가졌고 그 이치가 하나의 근원이 같기 때문에 태극도가 처음부터 끝까지 똑같이 하나의 동그라미이

다. 바로 사람과 물(物)이 획득한 이치가 모두 하나의 태극으로 일찍이 분별이 있지 않다는 것을 밝히기 위해서이다. 다만 사람과 물이 다름이 있는 것은 단지 기질이 천만 가지로 같지 않기 때문일 뿐이다.

주(註): 주자가 말하기를 "천하에 본성 밖의 물(物)이 없어서 본성이 있지 않은 곳이 없다.-모든 물이 각각 그 본성을 갖추어서 본성이 없는 물이 없다는 말이다. 주자의 이른바 '이 물이 있으면 이 본성이 있고, 이 물이 없으면 이 본성이 없다.'는 것이 이것이다.- 이것이 무극과 이기오행이 융화하여 간격이 없는 것이다.-이 이치가 있어야 바야흐로 이 기운이 있으니, 이 기운이 있으면 곧 이 이치가 실리기 때문에 이치와 기는 본래 융화되어 간격이 없어서 서로 떨어지지 않으니, 즉 이른바 '묘하게 합한다.'라는 말이다.- 진(眞)은 이치로 말한 것이니 무망(無妄)을 이른다.-태극의 이치가 진실하여 무망하니 즉 이른바 '진실한 이치'라는 말이다.- 정(精)은 기운으로 말한 것이니 전일하다는 명칭이다.-이기오행의 기운이 정밀하여 전일함을 말한 것이다. 여기의 정(精)은 천지저정(天地儲精)의 정(精)과 같다.- 응(凝)은 모임이다. 기가 모여서 형체를 이룬다.-이기오행의 기운이 무성하게 모여 결합해서 엉겨서 형체를 이룸을 말한다.- 대개 본성이 주재가 되고-본성은 태극이니, 즉 이른바 '이치'이다. 하늘에 있어서는 이치라고 하고 이것을 사람이 얻으면 본성이라고 한다. 대개 태극은 항상 기운의 주재가 되기 때문에 본성이 주재가 된다고 한 것이다.- 음양과 오행이 씨줄과 날줄로 착종되고-본성이 주재가 되고서 이기오행의 기운이 씨줄과 날줄로 그 사이에서 착종되니, 즉 이치가 기운과 융화하여 간격이 없는 것이다.- 다시 각각 종류대로 엉겨 모여서 형체를 이룬다.-건(乾)은 남(男)이 되고 곤(坤)은 여(女)가 된다.- 양(陽)으로서 굳센 것이 남이 되니 곧 아비의 도이다.-양은 본성이 굳세기 때문에 남이 되니 아비의 도가 된다.- 음(陰)으로서 순한 것이 여가 되니 곧 어미의 도이다.-음은 본성이 순하기 때문에 여가 되니 어미의 도가 된다.- 이것은 사람과 물의 처음에-천지의 처음에 사람과 물이 처음 생겼을 때를 말한다.- 기화(氣化)하여 생겨난 것이다.-아직 종류가 있지 않고 다만 기운이 이루어진 것이다.- 기운이 모여 형체가 형성되면-기운이 엉겨 이루어진 뒤에 사람과 물이 비로소 종류가 생긴다는 말이다.- 형체가 사귀고 기운이 감응하여 마침내 형화(形化)하여-남과 여가 형체가 사귀어 사람과 물이 변화하여 생겨난다는 말이다.- 사람과 물이 낳고 낳아 변화가 무궁하다.-형화한 뒤에 사람과 물이 낳고 변화하여 변화가 무궁무진하다.- 남과 여의 관점에서 보면 남과 여가 각각 하나의 본성을 가지지만-남과 여가 각각 하나의 태극을 갖추고 있다는 것이다.- 남과 여는 하나의 태극이다.-남과 여의 이치를 합하여 말하면 남과 여는 바로 한 개의 태극이다.- 만물의 관점에서 보면 만물이 각각 하나의 본성을 가지지만-만물이 각각 하나의 태극을 갖추고 있다는 것이다.- 만물은 하나의 태극이다.-만물의 이치를 합하여 말하면 만물은 바로 한 개의 태극이다.- 대개 합하여 말하면 만물 전체가 하나의 태극이고,-만물의 이치를 총합하여 말하면 단지 전체가 혼연한 한 개의 태극이다.- 나누어 말하면 하나의 물이 각각 하나의 태극을 갖추고 있다.-만물의 이치라는 점으로 말하면 모든 물이 또 각각 혼연한 태극의 전체를 갖추고 있다.- 자사(子思)가 말하기를, '군자가 큰 것을 말하면 능히 실을 수 있는 것이 없고, 작은 것을 말하면 능히 쪼갤 수 있는 것이 없다.' 하였는데, 이것을 이른다.-본성 밖의 물이 없기 때문에 큰 것을 말하면 그 큼이 지극히 커서 밖이 없다. 그러므로 천하에 능히 그것을 실을 수 있는 것이 없는 것이다. 본성이 있지 않은 곳이 없기 때문에 작은 것을 말하면 그 작음이 지극히 작아서 안이 없다. 그러므로 천하에 능히 그것을 깨뜨릴 수 있는 것이 없는 것이다.-

오직 사람이 빼어남을 얻어 가장 영명하다. 형체가 이미 생기고 나서 정신이 지각을 발동하면 오성이 감응하여 작동해서 선과 악이 나뉘고 만사가 나온다.〔惟人也得其秀而最靈. 形旣生矣, 神發知矣. 五性感動, 而善惡分, 萬事出矣.〕

살펴보건대, 이기오행(二氣五行)이 만물을 변화하고 생성하는데 오직 사람이 받은 것이 홀로 그 빼어남을 얻어 그 마음이 가장 영명하다. 대개 사람이 동물과 비록 그 기운을 똑같이 받았지만, 사람은 그 바르고 통창한 것을 얻었기 때문에 그 마음이 영명하여 성명(性命)의 전체에 가려진 바가 없다. 동물은 그 치우치고 막힌 것을 얻었기 때문에 그 마음이 막혀서 성명의 전체에 지각하는 바가 없다. 이것이 사람이 동물과 분별이 있어 사람이 만물 중에 가장 영명한 까닭이니, 즉 정자(程子)의 이른바 '천지의 축적된 정기 가운데 오행의 빼어남을 얻어 사람이 되었다.'는 것이다.

사람이 태어나면 이미 형체가 있고 저절로 정신이 있다. 형체는 응집하여 고정되는 것으로 음이 하는 것이고, 정신은 운용하고 지각하는 것으로 양이 하는 것이다. 형체는 음에서 생겨나 응집하고 정신은 양에서 발하여 운용하니, 그 마음에 갖추어진 오상(五常)의 본성이 저절로 사물에 감응하여 작동하지 않을 수 없다. 예를 들어, 아비에게 감응하면 효도하고 임금에게 감응하면 충성하고 형에게 감응하면 공손하고 어른에게 감응하면 공경한다. 그 밖의 음식과 성색(聲色)과 냄새와 맛 등에 감응하는 것도 모두 그렇지 않음이 없어서 사물에 감응하여 작용할 때에 그 기미가 다시 선과 악의 나뉨이 있으니, 법도에 맞는 것은 선이고 법도에 맞지 않는 것은 불선이다. 그 만나는 바에 따라 모두 감응하는 바가 있으니, 그렇다면 천하만사가 비록 어지럽게 교착되었지만, 오성에서 흘러나온 것이 아닌 것이 없으니, 이것은 천하의 사물이 비록 천 가지 형체이고 만 가지 종류지만 모두 오행에서 나온 것과 같은 것이다.

대체로 본성은 태극이고 마음은 음양의 동정이다. 형신(形神)은 음양의 나뉨이고 오성(五性)은 오행(五行)의 이치이다. 오성이 감응하여 작동하는 것은 다섯 기운이 뒤섞이는 상이고, 선악의 나뉘는 것은 남자가 되고 여자가 되는 나뉨이고, 만사가 나온다는 것은 만물이 변화하여 생성하는 상(象)이다. 그러므로 〈태극도해〉에서 "오성은 오행의 덕이고, 선악은 남녀의 나뉨이고, 만사는 만물의 상이다."라고 한 것이다.

△이기오행이 교감하여 만 가지로 변하기 때문에 사람과 동물이 생겨날 때 저절로 맑음과 탁함, 치우침과 온전함의 같지 않음이 있다. 그러나 당초에 조물자가 본디 마음이 없어서 기운이 모인 바의 사람과 동물이 뒤섞여서 생겨난 것이지 맑고 온전한 것은 사람에게 주고 탁하고 치우친 것은 동물에게 준 것이 아니다. 다만 품부 받을 때에 맑고 온전한 것을 받으면 사람이 되고, 탁하고 치우친 것을 받으면 동물이 되는 것이다.

△천지 사이에 태어나 재료가 되어 형체가 되는 것은 천지의 기운이고, 받아서 본성이 되는 것은 천지의 이치이다. 그러나 재료가 되어 형체가 되는 것은 본래 치우치고 바른 차이가 있기 때문에 받아서 본성이 되는 것이 이에 따라 밝고 어두운 차이가 있게 된다. 예를 들어 사람의 머리는 둥글어 하늘의 형상을 본받아 위에 있고 발은 평평해 땅의 형상을 본받아 아래에 있어서 위로도 곧고 아래로도 곧으며 평정하고 단정한 것은 천지의 바른 기운 받았기 때문이다. 예를 들어 금수는 횡으로 태어나고 횡으로 걸어서 머리는 앞에 있고 다리는 아래에 있으며, 초목은 거꾸로 태어나고 거꾸로 심어져 머리가 아래로 향하고

끝이 반대로 위에 있는 것은 천지의 치우친 기운을 받았기 때문이다. 그 기운이 발라서 그 형상도 바르니, 이 때문에 지식이 있어 도리를 아는 것이다. 그 기운이 치우쳐서 그 형상도 치우쳤으니, 이 때문에 지식이 없어 도리에 어두운 것이다.

△이치는 하나이지만 기운은 만 가지로 다르다. 그러나 이치가 이미 기운을 탔다면 이치도 만 가지로 다르다. 이치가 하나인 것은 본연지성(本然之性)이고, 만 가지로 다른 것은 기질지성(氣質之性)이다. 대개 그 기질이 이와 같기 때문에 거기에 올라탄 이치도 이와 같다. 예를 들어 금수는 이와 같은 기운을 품부받았기 때문에 단지 이와 같은 일만 이해하니, 소가 밭을 갈고 말이 달리고 개가 도둑을 방비하고 닭이 시간을 알리는 따위는 단지 한 가지 일이다. 사람의 경우는, 이와 같은 기운을 품부 받았기 때문에 이와 같은 일을 이해할 수 있어서 일마다 물마다 할 수 없는 것이 없고 알지 못하는 것이 없으니, 이것이 사람과 동물이 다른 이유로 이른바 '기운이 이와 같기 때문에 이치도 이와 같다.'라는 것이다. 그러나 기질지성과 본연지성은 본디 하나의 본성이니 별도로 다른 본성이 있는 것이 아니다. 그러므로 이치로 말하면 사람과 동물이 온전하지 않은 것이 없으며, 기운으로 말하면 사람과 동물이 치우치고 온전함이 없을 수 없는 것이다.

△대체로 기운의 정수(精秀)를 얻은 경우엔 사람이 되고 그 기운의 찌꺼기를 얻은 경우엔 동물이 되는데, 정수 중에 더욱 정수인 것이 있고 찌꺼기 중에 더욱 찌꺼기인 것이 있으며 또 정수 중에 찌꺼기가 있으면서 또 찌꺼기의 심한 것이 있는 경우가 있고 찌꺼기 중에 정수가 있으면서 또 정수 중에 뛰어난 것이 있는 경우가 있으니, 이것은 일괄해서 논할 수 없다. 그러나 사람과 동물의 큰 구분으로 말하면, 사람은

정수의 기운을 얻고 동물의 찌꺼기의 기운을 얻기 때문에 사람의 기질이 비록 천만 가지 층위로 가지런하지 않더라도 마음속에 오성이 두루 갖추어져 있으니 결국에는 통명하고 영명한 물(物)이 되고, 동물의 기질도 천만 가지 층위로 가지런하지 않아 그사이에 비록 조금의 지각이 있더라도 끝내 한 곳에 치우쳐 더이상 미루어 가지 못하니 결국에는 치우치고 막힌 물이 되는 것이다.

△사람은 이 기운의 맑은 것을 품부 받는데, 기운이 맑으면 마음이 밝기 때문에 이 이치가 통하여 막히는 바가 없다. 동물은 이 기운의 탁한 것을 품부 받는데, 기운이 탁하면 마음이 어둡기 때문에 이 이치가 막혀서 아는 바가 없다. 어쩌다 통하는 곳이 있더라도 단지 일단에 불과하니, 예를 들면 벌과 개미의 군신 사이가 단지 의(義)에 있어서 약간의 밝은 점이 있고 호랑이와 이리의 부자 사이가 단지 인(仁)에 있어서 약간의 밝은 점이 있고 꾀꼬리의 부부 사이가 단지 예(禮)에 있어서 밝은 점이 있지만, 나머지를 미루어 가지 못한다. 사람은 오성이 다 갖추어져 있어 통하지 않는 것이 없기 때문에 만물 중에 가장 영명한 것이다.

△무릇 사람이 태어나면 반드시 형체가 있다. 형체가 있으면 반드시 정신이 있고 정신이 있으면 반드시 지각이 있으며 지각이 있으면 오상(五常)의 본성이 저절로 외물에 따라서 감응하여 작동한다. 감응하여 작동함이 있으면 선과 악이 여기에서 나뉘고 만사가 여기에서 나오게 된다.

△형체는 기가 모인 것이고, 백(魄)은 정(精)의 영(靈)이고, 혼(魂)은 기운의 영(靈)이다. 형체가 이미 갖추어졌다면 신기(神氣)가 발하고 심지(心知)가 열린다.

△무릇 물(物)이 태어날 때 비록 하찮은 초목이라도 이미 형체가 있다면 저절로 하나의 정신이 있다. 예를 들면 봄과 여름이 되면 자연히 낳고 자랄 줄 알며 가을과 겨울이 되면 자연히 시들고 떨어질 줄 아는 것이 바로 정신이다. 사람에게 있어서는 마음이 곧 정신이니, 아비를 만나면 그 마음이 자연히 효도할 줄 알고 형을 만나면 자연히 공경할 줄 아는 것 따위이니, 이른바 '형체가 이미 생기고 나서 정신이 지각을 발동한다.'라는 것이 이것이다.

△천지 사이에는 단지 음양(陰陽)만이 있는데, 이른바 음양이라는 두 가지는 있지 않은 곳이 없다. 그러므로 남녀로 음양에 짝하기도 하고 선악으로 음양에 짝하기도 하고 형신(形神)으로 음양에 짝하기도 하니, 다만 그가 말하는 곳이 어디인지를 볼 뿐이다. 그러나 비단 남(男)이 양(陽)이고 여(女)가 음(陰)일 뿐만 아니라 남녀 중에 다시 각각 음양이 있고, 비단 선(善)이 양이고 악(惡)이 양일뿐만 아니라 선악 중에 다시 각각 음양이 있으니, 만나는 부류에 따라 확장하면 그렇지 않은 물(物)이 없다.

△외물에 감응하여 작동해서 선과 악이 나뉜다는 것은, 대개 작동할 때 혹 성명(性命)의 바름에 근원하기도 하고 혹 형기(形氣)의 사사로움에서 생기기도 하는데 성명의 바름에 근원하기 때문에 선이 되고 형기의 사사로움에서 생기기 때문에 방종하여 악이 됨을 면치 못하는 것일 뿐이다.

주(註): 주자가 말하였다. "이것은 뭇사람이 움직임과 고요함〔動靜〕의 이치를 갖추고 있지만-사람마다 각각 태극과 동정(動靜)의 이치를 갖추고 있다는 말이다.- 항상 움직임에서 잘못됨을 말한 것이다.-동(動)은 이치가 기운을 타서 발현하는 곳이니, 즉 이른바 정(情)이 이것이다. 뭇사람은 매양 사욕에 가려지기 때문에 사욕이 일어나고 정(情)이 우세하여 흘러가 돌아오지 못하니, 이 때문에 항상 움직임에서 잘못된다.- 대개 사람과 물(物)이 태어날 때 태극의 도를 가지고 있지 않은 경우가 없다.-사람과 물이 각각 하나의 태극을 갖추고 있다는 말이다.- 그러나 음양오행의 기운과 바탕이 교차하여 운행해서-음양은 기운은 있지만 바탕이 없고, 오행은 바탕도 있고 겸하여 기운도 있다. 이른바 '교차하여 운행한다.'라는 것은 음양오행의 기질이 교합하여 운행한다는 말이다. 주자가 '음양은 기운이고 오행은 바탕이다. 이 바탕이 있기 때문에 물사(物事)를 만들어 낼 수 있는 것이다. 오행이 비록 바탕이지만 그것이 또 오행의 기운이 있어서 물사를 만든다고 해야 자연스럽다.'라고 말한 것이 바로 이것이다.- 사람이 품부 받은 것이 그 빼어난 것을 얻었기 때문에 그 마음이 가장 영명하여-맑고 빼어난 기운을 품부 받았기 때문에 그 마음이 자연히 통명하고 영명하다. 가장 영명하다는 것은 그 영명함이 만물 중에 으뜸이라는 말이다.- 그 본성의 온전함을 잃지 않을 수 있으니-그 마음이 영명하기 때문에 본성의 전체에 통명하여 잃지 않을 수 있는 것이다. 즉 혼연한 태극이다.- 이른바 천지의 마음이고-마음이 이미 가장 영명하여 조금의 어둡고 가려진 것이 없다면 청명하고 통철하여 지극히 비어있고 지극히 크니 바로 천지의 마음이다. 대개 우리 사람의 마음은 원래 천지의 마음이다. 그러므로 정자가 '한 사람의 마음이 곧 천지의 마음이다.'라고 한 것이다.- 사람의 표준이다.-마음은 사람의 태극이다. 진씨(陳氏)가 말하기를, '마음이 태극이 된다는 것은 단지 만물의 이치가 나의 마음에 모두 모여 있으니 이 마음이 혼연한 하나의 이치일 뿐이라는 것이다.' 하였다.- 그러나 형체가 음(陰)에서 생겨나고 정신이 양(陽)에서 나오면-음양 두 기운이 엉겨 모인 뒤에 형체가 이루어지는데 그 가운데서 음기가 형체가 되고 양기가 정신이 된다. 그 음이 엉겨 형성하는 것을 주로하기 때문에 형체를 생성하고, 양은 발산하는 것을 주로 하기 때문에 능히 신지(神知)를 낸다. 주자가 말하기를, '형체는 음이 하는 것이고 신지는 양이 하는 것이다. 대개 음은 합하는 것을 위주로 하니, 모으고 이루는 모든 것은 음이 하는 것이다. 양은 물리치는 것을 위주로 하니, 떨치고 흩는 모든 것은 양이 하는 것이다.' 하였으니, 바로 이것을 이른다.- 오상(五常)의 본성이 외물에 감응하여 작동해서 양인 선과 음인 악이 또 부류에 따라 나뉘어서-오성이 외물에 따라 감응하여 작동하는데 작동하여 법칙에 맞는 것은 선이고 법칙에 맞지 않는 것은 악이다. 선악의 기미가 여기에서 나뉘니, 선은 양의 부류이고 악은 음의 부류이다.- 서로 다른 오상이 흩어져 만사(萬事)가 된다.-오상의 본성은 외물에 따라 감응하여 발현해서 그 작용이 만 가지로 다르기 때문에 흩어져 만사가 된다. 대개 천하의 일은 모두 오성에서 흘러나오는 것이다.- 대개 이기오행이 만물을 변화하여 생성하는데 사람에게 있어서 또 이와 같다.-사람과 만물이 모두 천지 사이에서 생겨나지만, 이것은 특히 사람의 경우를 두고 말한 것이다.- 전체가 태극인 성인이-성인은 혼연하니 전체가 태극이다.- 안정시키지 않으면-고요함을 주로 하여 그 움직임을 안정시키는 것이다.- 욕심이 일어나 정(情)이 승하고-욕심이 마음에서 동하여 정이 이치보다 승하게 된다.- 이해(利害)가 서로 공격하여-이해의 사사로움이 마음속에서 어지럽게 서로 공격한다.- 사람의 표준이 서지 않아-그 마음이 어둡고 가려서 영명하지 못하기 때문에 사람의 표준이 서지 않는 것이다.- 금수와의 거리가 멀지 않을 것이다.-그 형체가 비록 사람이지만 또한 금수와 매한가지일 뿐이다.-"

성인이 중정인의(中正仁義)로써 안정시키되 고요함을 주로 하여 사람의 표준을 세웠다. 그러므로 성인은 천지와 더불어 그 덕을 합하며 일월과 더불어 그 밝음을 합하며 사시와 더불어 그 순서를 합하며 귀신과 더불어 그 길흉을 합하는 것이다.〔聖人定之以中正仁義而主靜, 立人極焉. 故聖人與天地合其德, 日月合其明, 四時合其序, 鬼神合其吉凶.〕

살펴보건대, 뭇사람은 오성이 감응해 작동하여 선과 악이 부류에 따라 나뉘니, 이것이 천하의 움직임이 어지러이 교차하는 이유이고 길흉(吉凶)과 회린(悔吝)이 생기는 원인이다. 오직 성인(聖人)은 품부받은 기운이 청명하고 부여받은 바탕이 순수하여 조금도 어둡고 잡박하지 않기 때문에 그 태극과 동정(動靜)의 덕을 온전히 하여 그 마음이 외물에 동요되지 않고 그 밝음이 사욕에 가려지지 않을 수 있는 것이다. 한 번 움직이고 한 번 고요하면서 각각 그 지극함에 나아가 천하의 일에 대하여 항상 고요히 움직이지 않는 가운데 감통하니, 이른바 '중정인의(中正仁義)'는 바로 동정(動靜)의 덕으로 혼연한 본체가 온전히 갖추어진 것이다.

대개 뭇사람은 항상 움직임에서 잘못되어 사욕이 일어나고 정(情)이 우세한 문제가 있기 때문에 성인이 중정인의(中正仁義)로써 안정시키고 중정인의 가운데서 다시 고요함을 위주로 하는 것이다. 고요함을 위주로 하면 이 마음이 항상 담담하게 고정되어 천하 사물의 무궁한 변화에 응대하면서도 사욕이 일어나고 정이 우세하며 이해(利害)가 서로 상충하는 문제가 저절로 없을 수 있다. 이것이 성인이 반드시 고요함을 위주로 하는 까닭이니, 이른바 '사람의 표준〔人極〕'이 이에 세워져서 그 효과가 결국 천지와 일월과 사시(四時)와 귀신이 어길 수 없는 바가 있는 데에 이를 것이다.

△앞의 구절은 사람과 동물 중에 사람에 관해서만 말하였고, 이 구절은 뭇사람 중에 성인에 관해서만 말하였다.

△사람이 오행의 기운을 품부 받아 태어나지만, 그 받는 것이 혹 편중된 곳이 없을 수 없다. 예를 들어 목(木)의 기운을 받은 것이 편중되면 측은지심(惻隱之心)은 충분하지만 그 밖의 것은 부족함이 있고,

화(火)의 기운을 받은 것이 편중되면 사양지심(辭讓之心)은 충분하지만 그 밖의 것은 부족함이 있는 따위이다. 오직 성인은 음양이 덕을 합하고 오성이 균등하니, 이것이 그 마음이 일정하고 그 본성이 치우치지 않아 물욕에 동요되지 않는 까닭이다.

△사람이 음양과 오행의 빼어난 기운을 받아서 태어나는데 오직 성인은 다시 빼어난 중에 빼어난 것을 얻었다. 그러므로 받은 기운이 청명하고 부여된 바탕이 순수하여 표리(表裏)와 정추(精粗)에 밝고 통철하지 않은 것이 없다. 그 형체는 비록 사람이지만 전체는 혼연한 천리여서 수양을 하지 않아도 곧바로 나면서부터 알고 편안히 행할 수 있다. 뭇사람들의 경우에는 받은 기운에 밝고 어두운 차이가 있고 부여된 바탕에 착하고 사특한 차이가 있고, 밝거나 어둡고 착하거나 사특한 것에 또 얼마간의 다양한 층위가 있으니 이 이치가 이미 기질에 구애된 것이다. 그러므로 오성이 외물에 감응하여 작동할 때에 이르면 선과 악이 이로부터 나뉘고 만사가 이로부터 나와서 결국에는 사욕이 일어나고 정(情)이 우세하며 이해가 서로 상충하여 천리의 공변됨이 끝내 인욕의 사사로움을 이기지 못하는 데에 이른다.

만일 성인이 중정인의(中正仁義)로써 안정시키되 고요함을 주로 하는 도가 없다면 어떻게 사물의 변화에 응대하고 천하의 움직임을 하나로 할 수 있겠는가. 이른바 '사람의 표준'이 끝내 확립하지 못하는 바가 있을 것이다. 그러므로 네 가지로 안정시키면서 능히 고요함을 주로 한다면 이 마음이 항상 담담하게 사욕이 없어서 거두어 나의 내면에 둘 것이다. 사물과 접하기 전에는 혼연한 전체여서 고요히 움직이지 않고, 사물과 접한 뒤에는 감응하여 마침내 통하여 발동할 때마다 모두 법도에 맞으니, 이것이 성인이 고요함을 주로 하는 것을 귀하게 여겨서 결국에는 능히 자기의 본성을 다하여 다른 이의 본성을 다하는 까닭이다.

△뭇사람이 항상 움직임에서 잘못되는 까닭은 그 사욕이 일어나고 정(情)이 우세하여 방종하여 악을 저지르기 때문이다. 오직 성인은 그런 줄 알아서 반드시 중정인의의 도로써 안정시킨다. 중(中)과 인(仁)은 움직임〔動〕이고, 정(正)과 의(義)는 고요함〔靜〕이다. 중정인의(中正仁義)는 움직임과 고요함이 두루 유행하는데 그 움직임은 반드시 고요함을 위주로 한다. 그러므로 사욕이 그 본성을 동요시키지 못하고 정(情)이 그 이치를 이기지 못해서 교화를 시행하여 그 사욕을 제어하면 능히 단속하게 해서 서로 이끌어 선에 나아갈 수 있다.

△중정인의(中正仁義)는 원형이정(元亨利貞)과 춘하추동과 같다. 이(利)와 정(貞)은 본체이고 원(元)과 형(亨)은 작용이니, 이(利)와 정(貞)이 있은 뒤에야 원(元)과 형(亨)이 될 수 있다. 가을과 겨울은 정(靜)이고 봄과 여름은 동(動)이니, 가을과 겨울이 있은 뒤에야 봄과 여름이 올 수 있다. 그러므로 주자가 말하기를, "정(正)은 중(中)의 바탕이고, 의(義)는 인(仁)의 끊음이다. 고요함을 위주로 한다는 것은 정(正)과 의(義)를 위주로 하는 것이니, 정(正)과 의(義)는 바로 이(利)와 정(貞)이며, 중(中)은 형(亨)이고 인(仁)은 원(元)이다." 하였으니 뜻깊은 말씀이다.

△천지의 조화는 반드시 봄과 여름에 발생하고 가을과 겨울에 수장(收藏)한다. 발생은 양(陽)이고 동(動)이니 태극의 작용이고, 수장은 음(陰)이고 정(靜)이니 태극의 본체이다. 본체가 선 뒤에 작용이 행해질 수 있고, 음이 고요한 뒤에 양이 움직일 수 있다. 만약 가을과 겨울의 수장이 없다면 어찌 내년 봄과 여름의 발생이 있겠는가. 그러므로 인

(仁)과 중(中)은 베풀고 운용하는 뜻이 있으니, 양(陽)이고 동(動)으로 바로 태극의 작용이 행해지는 것이다. 의(義)와 정(正)은 숙살과 수장의 뜻이 있으니, 음(陰)이고 정(靜)으로 바로 태극의 본체가 확립하는 것이다. 인(仁)과 중(中)은 봄과 여름에 짝하고 의(義)와 정(正)은 가을과 겨울에 한다. 정(正)은 능히 중(中)하는 이유이고 의(義)는 능히 인(仁)하는 이유이니, 성인이 움직일 때 반드시 고요함을 위주로 하는 것은 조화가 운용될 때 반드시 수장(收藏)에 뿌리를 두는 것과 같다.

△가을과 겨울의 기운이 차갑게 엉겨 깊이 간직되어 서리와 눈이 얼어붙고 초목이 시들며 여러 동물이 모두 칩거하여 많은 기운을 감추어 밖으로 새나갈 수 없게 된 뒤에야 다음 해 봄과 여름에 발생하는 것이 힘이 있어 형형색색의 만물이 저절로 하나하나 자라고 무성해진다. 그러므로 겨울에 따뜻하여 서리와 눈이 없어서 감추고 차가워지지 못하면 양기가 곧 새어 나와 다음 해의 발생이 필시 십분 힘이 없어서 만물이 절로 무성하지 못할 것이니, 그 이치가 분명하다.

사람의 마음도 본디 이와 같다. 평상시 아무 일도 없을 때 반드시 고요히 욕심이 없고 담담하게 고요히 잇고 수렴하고 안정하여 달려가는 바가 없어 물욕에 동요되지 않아 가을과 겨울이 깊이 감추는 것과 같은 점이 있으면 이 마음이 항상 안정되어 주장이 있어 혼연한 전체여서 저절로 어둡고 가리는 일이 없을 것인, 비록 어지럽고 흔들리는 가운데 있고 주선하고 응대하는 때에 있더라도 착란을 일으키는 바가 없을 것이다. 이것은 다른 이유가 없으니, 그 내면이 전적으로 고요하여 평소 주장이 있어 외물이 오면 순하게 대응하기 때문이다. 만약 아무 일도 없을 때 이 마음이 이미 한가롭고 고요하지 않아 생각이

어지럽게 일어나고 이해가 서로 공격하여 밖에서는 사욕이 꾀이고 안에서는 심지(心志)가 동요하여 어지럽게 요동쳐서 가만히 안정할 줄 모른다면 본연의 체(體)가 이미 그 바름을 상실했는데, 더구나 그 움직일 때 어떻게 두루 응하며 세세히 알맞아 하나하나 법도에 맞겠는가. 그러므로 성인이 이 점에 대해 반드시 안정시키기를 중정인의(中正仁義)로 하고, 중정인의 가운데 또 고요함을 위주로 하는 것이다.

△사람의 표준을 세운다는 것은 바로 이른바 '성인이 하늘을 이어 표준을 세운다.'라는 것이 이것이다. 안정시키기를 중정인의로 하되 고요함을 주로 한다는 것이 바로 사람의 표준을 세우는 것이다. 중정인의 외에 따로 사람의 표준을 세우는 방법이 있는 것이 아니다.

△천지와 일월과 사시와 귀신은 모두 태극과 음양과 오행의 이치를 벗어날 수 없지만, 성인은 이 이치를 온전히 갖춘 자이다. 이것이 고요함을 주로 하는 일이 천지와 덕을 합치하고 일월과 밝음을 합치하고 사시와 순서를 합치하고 귀신과 길흉을 합치할 수 있는 까닭이다.

△천지와 그 덕을 합치한다는 것은 바로 중용의 이른바 '천지에 세워도 어긋나지 않는다.'라는 것이고, 일월과 그 밝음을 합치한다는 것은 바로 이른바 '해와 달이 교대로 밝은 것과 같다.'라는 것이고, 사시와 그 순서를 합치한다는 것은 바로 이른바 '사시가 번갈아 운행하는 것과 같다.'라는 것이고, 귀신과 그 길흉을 합치한다는 것은 바로 이른바 '귀신에게 물어보아도 의심이 없다.'라는 것이다. 대개 천지의 덕과 일월의 밝음과 사시의 순서와 귀신의 길흉은 모두 천리(天理)이다. 성인은 이치를 온전히 갖추고 있으니 그 이치가 천지와 일월과 사시와 귀신과 하나인 것이다. 그렇다면 합치하는 이유가 어찌 다른 데에 있겠는가. 다만 이 이치가 하나이기 때문이다.

△성인의 덕이 지극히 커서 포함하지 않는 것이 없으니 천지의 덕과 합치하는 것이고, 성인의 밝음은 지극히 공변되어 비추지 않는 곳이 없으니 일월의 밝음과 합치하는 것이다. 부드러워야 할 때는 부드럽고 강해야 할 때는 강하고 고요해야 할 때는 고요하여 자연스럽게 이치를 따라 행하는 것과 같은 것은 바로 사시의 순서와 합치하는 것이다. 나아갈 만하면 나아가고 물러날 만하면 물러나고 벼슬할 만하면 벼슬하고 그만둘 만하면 그만두어 지극한 성(誠)은 미래를 아는 따위와 같은 것은 바로 귀신의 길흉과 합치하는 것이다.

주(註): 성인의 도는 인의중정(仁義中正)일 뿐이다.-인의중정은 성(性)의 네 가지 덕이다. 인과 중은 용(用)이고 정과 의는 체(體)이다. 한번 움직이고 한번 고요할 때 모든 것이 네 가지 지극함이 아닐 때가 없다. 성인의 도는 이 네 가지일 뿐이다. △북계 진씨가 말하였다, "〈태극도〉에서 '중정인의(中正仁義)'를 말하고 주석 마지막에 또 '인의중정'을 말하였는데 상호 간에 말하여, 이로써 이 이치의 순환이 단초가 없어서 어느 것이 먼저고 어느 것이 나중인지 확정할 수 없음을 보인 것이고, 또한 사시(四時)의 '춘하추동(春夏秋冬)'을 '추동춘하(秋冬春夏)'라고 말하는 것과 같아서, 이로써 이 기(氣)의 움직이고 고요함이 단초가 없고 음양이 시작이 없음을 보인 것이다.[15]"- 사욕이 없기 때문에 고요하다.-담박하게 욕이 없고 고요히 움직이지 않는다. △어떤 이가 '욕이 없기 때문에 고요하다.'에 대해 물었는데, 주자가 말하기를, "사욕이 일어나고 정이 우세하면 고요할 수 없다." 하였다.- 주자가 말하였다. "이는 성인이 움직임과 고요함의 덕을 온전히 하나-태극의 움직임과 고요함의

15 이로써……것이다 : 대본에는 '以此見氣'로 되어 있는데, 《北溪大全集》에 의거하여 '以見此氣'로 바로잡아 번역하였다.

덕을 온전히 함이다.- 항상 고요함에 근본을 둠을 말한 것이다.[16]-움직임과 고요함 가운데 고요함을 위주로 한다.- 사람은 음양오행(陰陽五行)의 빼어난 기운을 받아 태어나는데 성인은 태어날 때 또 그 빼어난 것 중에 빼어난 것을 얻었다. 그러므로 그 행함이 알맞고〔中〕-중(中)은 알맞음을 행하여 과불급(過不及)이 없는 호칭이다. 그러므로 '행함이 알맞다.'라고 한 것이다.- 그 처함이 바르고〔正〕-정(正)은 마땅함에 처하여 치우친 바가 없는 것이다. 그러므로 '처함이 바르다.'라고 한 것이다.- 그 발현함이 어질고〔仁〕-인(仁)은 베풀고 발생하는 뜻이 있다. 그러므로 '발현함이 어질다.'라고 한 것이다.- 그 재단함이 의롭다.〔義〕-의(義)는 결단하고 성취시켜주는 의리가 있다. 그러므로 '재단함이 의롭다.'라고 한 것이다.- 한번 움직이고 한번 고요함에 태극의 도를 온전히 하여 이지러진 바가 없으니, 앞서 이른바 '사욕이 일어나고 정이 우세하며 이해(利害)가 서로 상충한다.'라는 것이 이에 안정된다.-천리(天理)의 공변됨이 물욕의 사사로움에 가려지지 않기 때문에 능히 안정될 수 있는 것이다.- 그러나 고요함이란 성(誠)이 돌아오는 것이고-바로 위에서 말한 '그 고요함은 성이 돌아오는 것이다.'가 이것이다.- 성(性)의 진실함이니,-진실함은 망령됨이 없음을 이르니, 바로 무극(無極)의 진실함이다.- 만일 이 마음이 고요히 욕이 없어 고요한 것이 아니면 또한 어떻게 사물의 변화에 대응하여-이 마음이 항상 담박하게 욕이 없어서 고요히 움직이지 않아 이해(利害)의 사(私)가 우세하지 않기 때문에 저절로 사욕이 일어나고 정이 우세한 문제가 없어서 능히 사물의 무궁한 변화에 대응할 수 있는 것이다.- 천하의 움직임을 하나로 하겠는가.-'하나로 한다〔一〕'는 바로 '안정된다〔定〕'이다. 고요함을 주로 하기 때문에 능히 천하의 움직임

16 말한 것이다 : 대본에는 빠져 있는데, 《근사록》에 의거하여 '言'을 보충하여 번역하였다.

을 안정시킬 수 있는 것이다.- 그러므로 성인의 중정인의가 움직임과 고요함에 두루 유행하나 그 움직임은 반드시 고요함을 위주로 하니, 이것이 천지에 사이에 위치를 정해-〈서명(西銘)〉에서 말한 '나는 미미한 존재로 그 가운데에 섞여 있다.〔予茲藐然, 乃混然中處.〕'라는 것이 이것이다. 가운데에 위치를 정했기 때문에 천지와 더불어 참여하여 삼재(三才)가 되는 것이다.- 천지와 일월과 사시와 귀신이 어기지 못하는 까닭이다.-사람은 천지와 일월과 사시와 귀신과 그 이치가 하나이다. 이치가 하나이기 때문에 서로 더불어 뒤섞여 합하여 어길 수 없는 바가 있는 것이다.- 반드시 체(體)가 확립된 뒤에 용(用)이 행해질 수 있으니,-〈태극도해〉에 '중(中)과 인(仁)과 감(感)은 이른바 양(陽)이니 태극이 용(用)이 행해지는 것이고, 정(正)과 의(義)와 적(寂)은 이른바 음(陰)이니 태극의 체(體)가 성립하는 것이다.- 정자가 건과 곤의 움직임과 고요함에 관해 논하면서 '전일(專一) 하지 않으면 곧장 이룰 수 없고 모으지 않으면 발산하지 못한다.' 하였는데, 또한 이러한 뜻이다."-정자가 말하기를, "건(乾)은 양이니, 움직이지 않으면 강하지 않다. 고요할 때는 전일하고, 움직일 때는 곧바로 이룬다. 전일하지 않으면 곧바로 이룰 수 없다. 곤(坤)은 음(陰)이니, 고요하지 않으면 부드럽지 않다. 그 고요함은 취합하는 것이고 그 움직임은 여는 것이다. 취합하지 않으면 발산할 수 없다.-

이과재(李果齋 이방자(李方子))가 말하였다. "오성이 감동함에 선과 악이 나누어진다고 하였으니, 이것이 오성에 모두 움직임과 고요함이 있는 것이다.-고요함은 바로 사물과 아직 접하기 전이고, 움직임은 바로 사물과 이미 접한 후이다.- 성인은 능히 그 본성을 안정하여 고요함을 주로 하기 때문에-안정시키기를 중정(中正)과 인의로 해서 그 움직임에 반드시 고요함을 위주로 한다.- 움직임에 선하지 않음이 없어서-고요함을 주로 하기 때문에 그 움직임이 절도에 맞지 않음이 없는 것이다.- 인심과 태극이 확립하는 것이다.-이 마음이 항상 고요하여 사욕에 움직이지 않기 때문에 그 혼연한 전체를 잃지 않아 태극이 확립하는 것이다.- 사람이 태어나 고요함은 성(性)의 본체이니-이른바 '고요함은 성(誠)이 돌아오는 것이다.'라는 것과 '이루는 것은 성(性)이다.'라는 것이니, 성(性)의 본체가 지극히 고요함을 볼 수 있다.- 담담하게 욕심이 없어야 정을 주로 할 수 있으니-욕심이 없으면 사욕에 움직이게 되지 않기 때문에 능히 고요함을 주로 할 수 있는 것이다.- 이는 극(極)을 세우는 요령이다.

섭씨가 말하였다. "이 〈태극도〉의 말뜻은 모두 《주역》에서 나왔으니, 《주역》은 음양을 근본으로 하여 인사(人事)에 미룬 것이다. 그 덕은 '인의(仁義)'이고 그 쓰임은 '중정(中正)'이니, 요컨대 음과 양, 두 단초에 불과할 뿐이다. 인의를 하면서 중정이 아니면 인(仁)은 구차히 안일을 구함이 되고 의는 잔인하고 각박함이 되는 따위이다. 그러므로 《주역》은 중정을 더욱 중하게 여기는 것이다."-살펴보건대, 섭씨의 이 말은 '역(易)의 뜻으로 본다.'라는 것에 해당되지만, 〈태극도〉의 뜻으로 미루면 서로 반대가 된다. 〈태극도〉의 뜻은 '정의(正義)'가 체가 되고 중인(中仁)이 쓰임이 되는데, 지금 '그 덕은 인의이고 그 쓰임은 중정이다.'라고 하였으니, 이것은 인(仁)이 반대로 본체가 되고 정(正)이 반대로 쓰임이 되었다. 게다가 〈태극도〉의 뜻은 중정인의(中正仁義)가 각각 그 하나를 전담하여 성(性)의 네 가지 덕(德)이 되니, 중(中)은 예(禮)이고 정(正)은 지(智)이다. 다만 〈태극도〉에서 '예지(禮智)'라고 하지 않고 '중정(中正)'이라고 한 것은 다만 '중정'이라는 글자가 '예지'와 비교해 더욱 친절하기 때문이다. 그렇다면 중정인의(中正仁義)가 성(性)의 네 가지가 되어 본디 경중이 없다. 그런데 지금 인의(仁義) 하면서 중정(中正)이 아니면 인(仁)은 구차히 안일을 구함이 되고 의(義)는 잔인하고 각박함이 된다. 이것은 중정(中正)은 무겁고 인의는 가벼운 것으로 인의가 반드시 중정한 뒤에 인이 되고 의가 되니, 각각 그 하나를 전담하여 성의 네 가지 덕이 된다는 것이 어디에 있는가. 다만 움직임과 고요함이 순환하는 것으로 말하면 중인(中仁)은 움직임이 되고 정의(正義)는 고요함이 된다. 움직임과 고요함 중에 고요함이 위주가 되니, 〈태극도〉의 본의는 이와 같고 섭씨가 한 말과는 같지 않다. 어떤 이가 묻기를, "어찌하여 '예지(禮智)'라고 말하지 않고 '중정(中正)'이라고 말합니까? 이 〈태극도〉가 본디 역의 도리를 발명한 것이기 때문에 단지 '중정'이라고만 말한 것이 아닙니까?" 하니, 주자가 답하기를, "이 역시 어찌하여 그런지 잘 알지 못하겠다. 다만 '중정' 두 글자가 더 힘이 있다." 하였다.-

군자는 이것을 닦기 때문에 길하고, 소인은 어기기 때문에 흉하다.〔君子修之吉, 小人悖之凶.〕

살펴보건대, 성인의 기질은 맑고 순수하여 조금의 혼탁함과 잡박함이 없고 태극의 본체를 혼연히 온전하게 갖추었기 때문에 중정인의(中正仁義)하고 동정(動靜)이 두루 유행하여 조금의 흠결도 없으니, 이것이 수양할 필요 없이 저절로 나면서부터 알고 편안히 행하여 하늘과 하나가 되는 이유이다. 군자는 그 기운이 맑은 것이 많고 탁한 것이 적으며 그 기질이 순수한 것이 많고 잡박한 것이 적기 때문에 능히 총명하여 쉽게 개발되는 것이다. 그러나 조금 있는 탁함과 잡박함은 반드시 수양하는 공부를 한 뒤에 변화시키고 사라지게 하여 청명하고 순수함에 이를 수 있어서, 태극의 본체를 온전히 하여 욕심이 동하고 정(情)이 우세한 걱정이 없을 수 있으니, 이것이 군자가 수양하여 길한 까닭이다. 소인은 태극의 전체를 갖추지 않은 적은 없지만 다만 그 기질이 탁하고 잡박하며 또 수양하는 공부에 힘을 쓰지 않기 때문에 몽매함이 지극하여 자포자기를 편안히 여겨서 천리의 공(公)이 인욕의 사(私)를 이길 수 없어 천리를 거슬러 못하는 짓이 없으니, 이것이 소인이 어겨서 흉한 까닭이다.

△군자가 조심하고 두려워하여 감히 조금도 소홀하지 않은 것이 바로 이른바 '수양'이다. 닦으면 길하니, 길하다는 것은 복을 얻는 것으로 말한 것이다. 소인이 방탕하고 사치하여 못하는 짓이 없는 것이 바로 이른바 '어김'이다. 어기면 흉하니, 흉하다는 것은 화를 얻는 것으로 말한 것이다.

△〈태극도〉가 이전에는 성(性)의 본원과 도의 체통을 말하였고 여기에 이르러 비로소 공부하는 곳을 말하였으니, 바로 '닦아서 길하고, 어겨서 흉하다.'라는 것이 이것이다.

△지금 떨어질 수 없는 일상생활의 사물로 말하면, 크게는 부자와 군신과 부부와 붕우에, 작게는 의복과 음식과 기거와 언행에 본래 한 개의 당연한 이치가 있다. 이것을 끌어다 거듭 적용하여 모두 분류로 확장시키면 모든 일과 물건에 또한 하나의 당연한 이치가 있지 않은 경우가 없으니, 이른바 '만물이 각각 하나의 태극을 갖추고 있다.'라는 것이다. 이치를 따라서 닦으면 모든 일과 사물이 각각 그 법칙에 합당하니, 아버지면 자애롭고 아들이면 효성스럽고 임금이면 의롭고 신하면 충성스러우니, 그러므로 길한 것이다. 이것을 미루어 가면 있는 곳마다 이치를 따르니 어디를 간들 길하지 않겠는가. 이치를 거슬러 어기면 모든 일과 사물이 각각 그 법칙을 잃으니, 아버지가 되어 자애롭지 않고 아들이 되어 효성스럽지 않고 임금이 되어 의롭지 않고 신하가 되어 충성스럽지 않으니, 그러므로 흉한 것이다. 이것을 미루어 가면 있는 곳마다 이치를 거스르니 어디를 간들 흉하지 않겠는가.

주(註): 주자가 말하였다. "성인은 태극의 온전한 체를 갖추어, 한번 움직이고 한번 고요함에 가는 곳마다 중정인의(中正仁義)의 극이 아님이 없으니,-태극의 동정(動靜)의 덕을 온전히 하였기 때문에 한번 움직이고 한번 고요함에 중정인의의 극이 아님이 없는 것이다.- 수양할 필요 없이 저절로 그러한 것이다.-조금의 생각과 노력이 필요 없이 자연스럽게 이치에 합당한 것이다.- 이에 이르지 못하여 닦는 것은 군자가 길한 까닭이고-수양할 필요 없이 저절로 되는 영역에 이르지 못하여 조심하고 두려워하여 감히 이치를 어기지 못하는 것이 군자가 길한 까닭이다.- 이것을 알지 못하여 어기는 것은 소인이 흉한 까닭이니,-천리의 당연한 법칙을 알지 못하여 욕심이 동하고 정(情)이 우세하여 사욕을 따르고 이치를 거스르는 것은 소인이 흉한 까닭이다.- 닦고 어김은 또한 공경과 방자함 사이에 달려있을 뿐이다.-군자가 닦아서 길한 것은 그 공경 때문이고, 소인이 어겨서 흉한 것은 그 방자함 때문이다.- 공경하면 욕심이 적어 이치가 밝아지니-공경하면 이 마음이 사욕에 동요되지 않아 천리가 밝아질 것이다. △이하는 닦아서 길한 일만을 전적으로 말한 것이다.- 욕심을 적게 하고 또 적게 하여 없음에 이르면-이 마음이 항상 공경하면 사욕이 저절로 적어질 것이다. 적어지고 더욱 적어지면 적음에서 없음에 이르게 된다.- 고요할 때는 마음이 비고 동할 때는 곧바로 이루어서-고요할 때는 비고 밝으며, 움직일 때는 곧바로 이룬다.- 성인을 배울 수 있을 것이다.-성인은 배워서 할 수 있는 것이다.-"

그러므로 말하기를 '하늘의 도를 세움은 음과 양이고, 땅의 도를 세움은 유(柔)와 강(剛)이고, 사람의 도를 세움은 인과 의이다.'하였고 또 말하기를 '처음을 근원하여 보고 끝을 맞추어 본다. 그러므로 탄생과 죽음의 설을 안다.' 하였다.〔故曰立天之道曰陰與陽, 立地之道曰柔與

剛, 立人之道曰仁與義, 又曰原始反終, 故知死生之說.〕

살펴보건대, 태극이 처음 나뉘어 양의(兩儀)가 비로소 성립하면 하늘이 위에서 덮어주고 땅이 아래에서 실어주어 사람이 둘 사이에서 태어나 삼재(三才)가 이에 갖추어지게 된다. '하늘의 도를 세움은 음과 양이다.'는 기운으로 말한 것이고, '땅의 도를 세움은 유와 강이다.'라는 기질로 말한 것이고, '사람의 도를 세움은 인과 의이다.'는 이치로 말한 것이니, 삼재의 도가 이에 성립한다. 도는 태극이니, 이 세 가지가 태극을 갖추지 않음이 없기 때문에 '하늘의 도를 세움', '땅의 도를 세움', '사람의 도를 세움'이라고 하여 모두 도로써 말한 것이다. 하늘에 있어서는 '음양'이고, 땅에 있어서는 '강유(剛柔)'고 사람에 있어서는 '인의'다. 강과 인은 양(陽)에 속하고 유와 의는 음(陰)에 속한다. 명명한 것은 비록 다르지만, 그 이치는 두 가지가 있는 것이 아니다.

그리고 양과 강과 인은 발생하고 통창하는 것을 주로 하니, 지위로는 동쪽과 남쪽에 거하고 때로는 봄과 여름에 속한다. 만물이 여기에 이르러 비로소 생겨나니, 이른바 '사물의 처음'이다. 음과 유와 의는 수렴하고 퇴장(退藏)하는 것을 주로 하니, 지위로는 서쪽과 북쪽에 거하고 때로는 가을과 겨울에 속한다. 만물이 여기에 이르러 비로소 닫히니, 이른바 '사물의 끝'이다. 그러므로 양과 강과 인을 처음으로 삼아 근원하여 보면 반드시 음과 유와 의의 끝이 있고, 음과 유와 의를 끝으로 삼아 맞춰보면 반드시 양과 강과 인의 처음이 있을 것이다. 처음은 사물의 탄생이고 끝은 사물의 죽음이다. 그 처음을 근원하여 보아 탄생의 원리를 알면 그 끝을 맞춰보아 죽음의 원리를 알게 될 것이다. 그러므로 정자(程子)가 "처음을 근원하여 보면 그 끝을 족히 알 수 있고, 끝을 맞춰보면 그 처음을 족히 알 수 있다."라고 말한 것이 바로 이것을 이른다. 천지 사이에 조화가 유행하고 고금을 관통하는 것은 다만 음양, 강유와 인의, 종시와 사생의 도뿐이다.

△하늘에 있어서 기운으로 말하면 '음양'인데 하늘은 양에 속하니 이것은 양 중의 음양이다. 땅에 있어서 기질로 말하면 '강유'인데 땅은 음에 속하니 이것은 음 중의 음양이다. 사람에 있어서 이치로 말하면 '인의'이니, '인의'는 음양이 기운을 합하고 강유가 기질을 이루어 이치가 갖추어졌으니, 이는 인도(人道)의 극이 된다. 기운이 하늘에서 유행하여 그 기운이 비록 만 가지이지만 요점은 음양을 벗어나지 않으니, 추위와 더위가 오고 가는 따위가 이것이다. 기질은 땅에 갖추어져 그 기질이 비록 만 가지이지만 요점은 강유를 떠나지 않으니, 산이 솟고 내가 흐르는 따위가 이것이다. 이치가 사람에게 깃들어 있어 그 이치가 발현되는 것이 비록 만 가지로 같지 않지만, 또한 인의를 벗어나지 않으니, 어버이를 섬기고 형을 따르는 따위가 이것이다.

기운에는 봄과 여름과 가을과 겨울의 순서가 있는데 봄과 여름은 양이고 가을과 겨울은 음이다. 기질에는 나무와 돌과 물과 흙의 종류가 있는데 나무와 돌은 강이고 물과 흙은 유이다. 이치에는 인의예지(仁義禮智)의 본성이 있는데 예는 인이 드러난 것이고 지는 의가 감춰진 것이다. 하늘은 음양의 도가 아니면 하늘의 도가 확립되지 못할 것이고, 땅은 강유가 아니면 땅의 도가 확립되지 못할 것이고, 사람은 인의가 아니면 사람의 도가 확립되지 못할 것이다. 세 가지가 비록 다른 점이 있는 것 같지만 그 이치는 본디 하나일 뿐이다. 그러므로 나누어 말하면 하늘의 음양과 땅의 강유와 사람의 인의는 바로 각각 하나인 태극이고, 합하여 말하면 음양과 강유와 인의의 이치는 통틀어 하나의 태극이다.

△음양과 유강은 모두 음과 유를 먼저 말하고 양과 강을 나중에 말하였다. '사람의 도를 세움을 인과 의이다.'라고 한 부분은, 인은 양이고 강이며 의는 음이고 유이다. 여기에서만 유독 인을 먼저 말하고 의를 나중에 말한 것은 어째서인가. 혹 인의 쓰임은 유하고 의의 쓰임은 강하기 때문이 아닌가? 아니면 그 문맥상 말을 한 것이 우연히 이와 같은 것인가?

△'음과 양', '유와 강', '인과 의', 이것은 세 가지 극의 도이다. 세 가지 극은 세 가지가 각각 지극함의 이치를 갖춤을 말한 것이다. 그러므로 하늘의 도는 음양의 기운에 불과하니 음이 되고 양이 되는 원리는 태극이며, 땅의 도는 강유의 기질에 불과하니 강이 되고 유가 되는 원리는 태극이며, 사람의 도는 인의의 이치에 불과하니 인이라 이르고 의라 이르는 것은 곧 태극이다. 태극은 곧 도라 이르는 것이다. '태극'은 이치가 지극히 이른 것으로 말한 것이고, '도'는 태극이 있는 곳에 따라서 통행하고 발현하는 것으로 말한 것이니, 두 가지 이치가 있는 것은 아니다.

△처음을 근원하여 보고 끝을 맞춰보기 때문에 탄생과 죽음의 설을 아는 것이다. 천지 사이에 두 기운이 유행하여 한 번 오면 한 번 가고 한 번 피면 한 번 굽혀서 오고서 가지 않는 경우와 피고서 굽히지 않는 경우가 없다. 오고 폄은 사물의 처음이고, 가고 굽힘은 사물의 끝이다. 처음은 바로 기운이 날마다 이르러 만물이 불어나는 시기이고, 끝은 바로 기운이 날마다 돌아가 만물이 흩어지는 시기이다. 즉 처음이 있어 생겨나면 반드시 끝이 있어 죽는 것이다. 그러므로 모임이 있으면 반드시 흩어짐이 있고 폄이 있으면 반드시 굽힘이 있고 낮이 있으면 반드시 밤이 있고 옛날이 있으면 반드시 지금이 있고 봄이 있

으면 반드시 겨울이 있다. 이것이 바로 한 번 정해져 바뀌지 않는 이치이다. 천지도 끝과 시작이 있는데 하물며 사람은 어떠하겠는가. 그러므로 처음을 근원하여 보면 탄생의 설을 알고 끝을 맞추어 보면 죽음의 설을 안다. 여기에서 조물주의 변화의 무궁한 오묘함을 볼 수 있다. △한 기운이 유행하여 굽히고 펴며, 사라지고 자라난다. 그 펴고 자라나는 것은 양이 된다. 양은 발생을 주로 하여 그 기운이 강하다. 강하고 발생시키기 때문에 능히 만물을 낳으니, 이것이 바로 인(仁)의 뜻이다. 굽히고 사라지는 것은 음이 된다. 음은 수렴을 주로 하니 그 기운이 유하다. 유하고 수렴하기 때문에 능히 만물을 시들게 하니, 이것이 바로 의(義)의 뜻이다. 그러므로 양과 강과 인은 사물의 처음이고, 음과 유와 의는 사물의 끝이라고 한 것이다. 능히 그 처음을 근원 하여서 탄생의 원리를 알면 그 끝을 맞추어서 죽음의 원리를 알게 된다.

주(註): 주자가 말하였다. "음양이 상을 이룸은 천도(天道)가 확립하는 것이고 강유가 기질을 이룸은 지도(地道)가 확립하는 것이고 인의의 덕을 이룸은 인도(人道)가 확립하는 것이니, 도는 하나일 뿐이다.-음양과 강유와 인의의 이치는 똑같이 하나의 태극이다.- 일에 따라 나타나므로 三才의 구별이 있는 것이고,-하늘의 음양과 땅의 강유와 사람의 인의의 분별이 있다.- 이 가운데 또 각각 본체와 쓰임의 구분이 있으니-양과 강과 인은 쓰임이고, 음과 유와 의는 본체이다.- 그 실상은 하나의 태극이다.-그 실상은 전체가 하나의 태극이다.- 양과 강과 인은 물건의 처음이고-양과 강과 인은 발생시키고 널리 베푸는 뜻이 있어 만물이 이에 배태(胚胎)되니, 때문에 '처음'이라 한 것이다.-음과 유와 의는 물건의 끝이니-음과 유와 의는 수렴하고 사라지는 뜻이 있어 만물이 이에 폐장(閉藏)되니, 때문에 '끝'이라 한 것이다.- 능히 그 처음을 근원 하여 탄생의 원리를 알면 그 끝을 맞추어 죽음의 원리를 알게 된다.-천지 사이의 만물은 처음이 있어서 탄생이 있으면 반드시 끝이 있어서 죽음이 있다.- 이는 천지의 사이에 조화의 기강이 되고 고금에 유행하여 말로 형용할 수 없는 오묘함이니,-음양과 강유와 인의와 종시와 사생의 이치는 끝없이 유행하여 조화의 기강이 되니 예부터 지금까지 저절로 이와 같다.- 성인이 《주역》을 지음은 그 대의가 여기에서 벗어나지 않는다. 그러므로 이것을 인용하여 그 말을 증명한 것이다.-《주역》의 대의는 음양과 강유와 인의와 종시와 사생을 벗어나지 않는다. 그러므로 여기에서 인용하여 증명한 것이다.-" 섭씨가 말하였다. "하늘에 있어 기운으로 말하면 음양이고, 땅에 있어 기질로 말하면 강유이고, 사람에 있어 덕으로 말하면 인의이니, 이는 태극의 본체가 확립하는 것이다. 탄생과 죽음은 물건의 끝과 처음이니, 죽음과 탄생의 설을 알면 두 기운이 유행하는 오묘함을 알 것이니, 이는 태극의 쓰임이 행해지는 것이다."-살펴보건대, 섭씨의 이 설은 주자가 〈태극도〉를 해석한 뜻을 잃은 듯하다. 주자가 말하기를, "양과 강과 인은 사물의 처음이고, 음과 유와 의는 사물의 끝이다." 하였으니, 그렇다면 이른바 음양과 강유와 인의는 바로 종시(終始)와 사생(死生)의 도이다. 지금 섭씨가 음양과 강유와 인의를 태극의 본체라 하고 종시와 사생을 태극의 쓰임이라고 하였으니 주자의 설과 같지 않은 점이 있다.-

위대하다, 역이여! 그 지극하도다.〔大哉易也, 斯其至矣.〕
살펴보건대, 《주역》이라는 책은 광대하고 자세하여 갖추지 않은 것이 없다. 그러나 그 대의를 말하면 음양과 강유와 인의와 종시와 사생의 이치를 벗어나지 않는데, 이것이 모두 이 〈태극도〉에서 다하였다. 그러므로 '위대하다, 역이여! 그 지극하도다.'라고 한 것이다.

주(註): 채절재(蔡節齋)가 말하였다. "역에 태극이 있다고 하였으니, 역은 변역(變易)이니, 공자께서 말한 '형체가 없는 역'이라는 것이다. 태극은 지극함이니, 변역함에 일정한 형체가 없는 가운데 지극한 이치가 있음을 말한 것이다. 그러므로 주자(周子)가 《태극도설》에서 특별히 '무극이태극(無極而太極)'으로 역에 태극이 있는 뜻을 밝혔다. 이른바 '무극이태극'이라는 것은 또한 그 형체가 없는 역이면서 지극한 이치가 있음을 말한 것이다.-채씨의 이 말은 병통이 있는 듯하다. 이른바 '역(易)에는 태극이 있다.'의 '역'이라는 글자는 본디 주된 뜻이 있으니, 발명(發明)과 무극(無極)의 뜻으로 보아서는 안 된다. 역은 변역을 이르니, 바로 주자가 말한 '엇갈리고 뒤섞이며 교대하여 변환하는 이름이다.'라는 것이다. 음과 양, 두 기운은 엇갈리고 뒤섞이며 교대하여 변환한다. 그러므로 '형체가 없는 역'이라고 이르니, 형체가 없음은 바로 변역하여 정해진 형체가 없다는 것이다. 역에는 태극이 있음은 음양이 변역하는 가운데 곧 지극한 이치가 있음을 이른다. 그러므로 주자(朱子)가 "역에는 태극이 있음은 을 이르니, 좌변의 은 양이고 우변의 은 음이며 가운데 ○은 태극이다. 음양이 움직이기도 하고 고요하기도 하여 변역함에 형체가 없는데 태극이 항상 그 안에 있으니, 이것이 바로 이른바 '역에는 태극이 있다.'라는 것이다. 이것으로 보면, 공자께서 말한 '형체가 없는 역'은 음양이 변역함에 정해진 형체가 없는 것으로 말한 것이니, 태극이 형도 없고 체도 없음을 가지로 말한 것이 아니다. 태극은 이치이고 음양은 기운이다. 태극이 움직여 양을 낳고, 고요하여 음을 낳으니, 태극의 앞에 변역함에 형체가 없는 물건이 어찌 다시 있겠는가. △이 〈태극도〉의 앞에서 혼연한 하나의 이치를 말하였고, 중간에서 음양을 생성하고 오행을 생성하여 사시가 순서를 따르고 만물이 변화하여 탄생하여 선악이 나뉘고 만사가 옴과 군자는 닦아서 길하고 소인은 어겨서 흉함을 말하였고, 마지막에서 세 가지 극의 도를 말하고 '위대하다 역이여!'로 끝맺었으니, 바로 《중용》에서 맨 먼저 하나의 이치를 말하고, 중간에 흩어져 만사가 되고, 마지막에 다시 합하여 하나의 이치가 되는 뜻이다.-

후재집

제36권

잡저
雜著

잡저 雜著

사계의 《경서변의》에 대한 의문을 기록하다
沙溪經書辨疑中記疑

《예기(禮記)》〈예운(禮運)〉 주(註)의 조천(朝踐) ○사계가 말하기를 "퇴계는 '조천은 조전(朝奠)과 같다.' 하였고, 어떤 이는 '조천과 조전은 길흉이 다르고 예의 취지도 다른데 어떻게 생각하는가?' 하였다." 하였다. ○살펴보건대 《주례(周禮)》〈춘관(春官)〉 조천의 주에 "조천은 날고기를 바치고 단술을 따라 비로소 제사를 지내고, 왕후(王后)[1]가 조사(朝事)의 두(豆)와 변(籩)[2]을 올리는 것을 말한다." 하였다.-조천은 또 《통전(通典)》에 보인다.- 그런데 퇴계와 사계 두 선생은 이렇게 말하였으니 어째서인가.

〈예기(禮器)〉 천자지석(天子之席) 주의 "삼중은 사석이며 재중은 삼

1 왕후(王后) : 대본에는 '後'로 되어 있는데, 《주례주소(周禮註疏)》에 의거하여 '后'로 바로잡아 번역하였다.

2 조사(朝事)의 두(豆)와 변(籩) : 조사는 이른 아침에 제사를 지내는 것을 말하며, 두와 변은 제기(祭器)의 일종이다.

석이다.〔三重四席, 再重三席〕" ○사계가 말하기를 "기왕 '삼중'이라 하고 또 '사석'이라 하여 중과 석에 차이가 있으니 어째서인가. 아마도 가장 아래 땅에 닿은 것까지 함께 계산하면 넷이고, 땅에 닿은 것을 빼면 셋이기 때문인 듯하다." 하였다. ○살펴보건대, '삼중사석'은 〈상복〉의 "교대는 네 가닥으로 꼰 노끈을 세 겹으로 꼰다.〔絞帶三重四股〕"라는 뜻과 같다. 첫 번째 자리 위에 거듭 자리 하나를 깔면 두 자리이니 한 겹이고, 두 번째 자리 위에 또 자리 하나를 깔면 세 자리이니 두 겹이다. 세 번째 자리 위에 또 자리 하나를 깔면 네 자리이니 세 겹이다. 그러므로 네 개의 자리〔四席〕를 깔면 저절로 세 겹〔三重〕이고, 세 개의 자리〔三席〕를 깔면 저절로 두 겹〔再重〕이다. 사계의 말은 의심스럽다.

〈상복소기〉 주의 "부인은 졸곡 때 바꾸지 않고 위아래를 모두 마(麻)로 한다.〔婦人卒哭無變, 上下皆麻〕" ○사계가 말하기를 "위는 수질(首絰)이고 아래는 요질(腰絰)이다. 수질은 남자가 쓰는 치포관(緇布冠)의 기항(缺項)[3]을 형상한다. 부인은 관을 쓰지 않는데 기항을 형상하여 수질을 쓰는 것은 어째서인가?" 하였다. ○살펴보건대 《의례》와 《예기》를 보면 부인은 분명히 수질을 쓰는데 지금 사계는 이와 같이 말하였으니 어째서인가. 또 부인은 졸곡 이후에 수질을 마(麻)에서 갈(葛)로 바꾼다. 그런데 주에서 "졸곡 때 바꾸지 않고 위아래를 모두 마(麻)로 한다." 하였으니 역시 의심스럽다.

3 기항(缺項) : 대본에는 '缺頂'으로 되어 있는데, 《사계전서(沙溪全書)》에 의거하여 '頂'을 '項'으로 바로잡아 번역하였다. 이하도 동일하다.

〈상복소기〉의 "종자(宗子)는 모친이 살아 있어도 아내를 위해 담제(禫祭)를 지낸다.〔宗子母在爲妻禫〕" ○사계가 말하기를 "적자(適子)는 부친이 살아 있으면 아내를 위해 상장(喪杖)을 짚지 않고 담제를 지내지 않는다. 그러나 부친이 죽고 모친이 살아 있으면 상장을 짚고 담제를 지낸다." 하였다. ○살펴보건대 《의례경전통해》를 보면 만약 백세토록 조천(祧遷)하지 않는 종자가 아니라면 모친이 살아 있어도 담제를 지내지 않는다고 하였다. 그런데 지금 사계는 범범하게 논하여 "부친이 죽고 모친이 살아 있으면 상장을 짚고 담제를 지낸다."라고 하였으니 어째서인가. 백세토록 조천하지 않는 종자는 종통(宗統)을 중시한다. 그러므로 종자는 비록 모친이 살아 있어도 상장을 짚고 담제를 지낸다. 그밖의 소종(小宗)은 만약 모친이 살아 있으면 아내를 위해 감히 상장을 짚고 담제를 지낼 수 없다. 그렇다면 〈상복소기〉에 이른바 '종자'는 필시 백세토록 조천하지 않는 종자일 것이다.

《소학》〈선행(善行)〉의 "황금 20근을 가사(加賜)하였다.〔加賜黃金二十斤〕" ○사계가 말하기를 "치사(致仕)한 자에게 으레 하사하는 것 외에 또 추가로 20근을 하사한 것이다." 하였다. ○살펴보건대 역사서에 황금을 '가사'하였다는 말은 이뿐만이 아니다. 예컨대 공수(龔遂)가 발해 태수(渤海太守)에 임명되었을 때 편의대로 일을 처리하도록 청하니, 황상이 허락하고 황금을 '가사'하였다. 이는 편의대로 일을 처리하도록 허락하고 또 황금을 하사하였다는 말이니, 으레 하사하는 것 외에 또 추가로 하사한 것이 아니다. 이로 미루어 보건대, 여기서 이른바 '가사' 역시 관직에서 물러나도록 허락하고나서 또 황금을 하사한 것이다.

〈태극도〉에서 음양의 좌우 위치에 대한 변론
太極圖陰陽左右位次辨

어떤 이가 말하기를,

"〈태극도〉에서 음양의 좌우 위치는 하도(河圖)와 낙서(洛書)의 동서남북[4]이 사람과 같은 것과는 다른데 어째서인가?"

하기에 나는 다음과 같이 말하였다.

"이 〈태극도〉를 보는 사람은 항상 하도와 낙서의 예에 따라 그림을 눕혀 지면에 붙여 그림을 주인으로 삼고 사람을 손님으로 삼아 사람과 그림을 나누어 마주하여 본다. 그러므로 '음정(陰靜)'은 그림의 왼쪽으로 이동하고 '양동(陽動)'은 그림의 오른쪽으로 이동하니, 그 좌우의 방위가 사람과는 같지 않다.[5] 퇴계 선생의 〈천명도(天命圖)〉에 이른바 '천지가 주인이 되고 사람이 손님이 되니, 그 명실(名實)과 향배(向背)가 모두 마땅함을 잃었다.'라고 한 것이 이것이다. 이 〈태극도〉는 본디 천도가 유행하는 묘리를 바탕으로 만 가지 변화를 주관하는 근원을 보였으니, 그림의 윗면은 하늘의 위치이다. 이 때문에 이 그림은 반드시 그 그림 그대로 ◎의 윗부분을 위로 삼고 아랫부분을 아래로 삼아 중앙에 세워놓고 수직으로 보아야 그 음양

4 하도(河圖)와 낙서(洛書)의 동서남북 : 그림의 아래가 북쪽, 위가 남쪽, 왼쪽이 동쪽, 오른쪽이 서쪽이다.

5 음정(陰靜)은……않다 : 〈태극도〉의 왼쪽에 음이 있고 오른쪽에 양이 있는데, 사람은 왼쪽이 양이고 오른쪽이 음이므로 맞지 않는다는 말이다.

의 위치가 비로소 바르게 된다. 어째서인가.

지금 그림을 내 앞에 세우고 그림의 윗부분을 하늘로 향하게 하고 아랫부분을 땅에 붙여-음양권이 태극권 아래에 있고, 오행권이 음양권 아래에 있어 바둑돌을 쌓은 모습처럼 겹친다.- 사람이 하늘을 이고 땅을 밟은 것처럼 만든 뒤에야 사람과 그림이 합쳐져 하나가 되어 주인과 손님으로 간주할 수 없다. ◎를 마치 다른 사람이 내 앞에 서 있는 것처럼 한다면 그림의 좌우와 사람의 좌우가 같아 천지의 저절로 그러한 방위를 잃지 않으니, 〈천명도〉에 이른바 '위에서 시작하여 아래에 이르며, 중앙에 세워서 곧장 보아 내려가는 것이다.'라는 말이 이것이다. 이것이 하도낙서의 위치와는 비록 다르지만 실제로는 저절로 표리가 되고 서로 의미를 드러낸다. 하도와 낙서의 위치는 모두 북쪽으로부터 아래에서 시작하니, 북방에서 양기가 처음 생겨나 양기가 아래에서 위로 올라가는 것을 보인 것이다. 그러므로 그 그림을 눕혀 놓으면 북쪽이 주가 되고, 보는 사람 역시 북쪽에서 보니, 그림과 사람에 손님과 주인의 구분이 없고, 동서남북의 위치가 저절로 바뀌지 않는다.

〈태극도〉의 위치가 위에서 아래로 내려오는 것은 천도가 위에서 운행하여 만물이 아래에서 변화하는 것을 형상하였다. 그러므로 이 그림을 세워 위를 주인으로 삼고, 보는 사람도 위에서부터 보면, 그림과 사람이 역시 손님과 주인의 구별이 없고, 상하좌우의 위치도 바뀌지 않는다. 하도와 낙서는 북쪽에서부터 눕혀서 보고, 〈태극도〉는 위에서부터 세워서 본다. 눕혀서 보는 하도와 낙서를 저렇게 하지 않으면 동서의 위치가 도리어 순서를 잃고, 세워서 보는 〈태극도〉를 이렇게 하지 않으면 좌우의 위치가 도리어 방향이 바뀐다. 그렇다면

〈태극도〉를 세워서 보았을 때의 좌우가 하도와 낙서를 눕혀서 보았을 때의 동서이다. 그림을 그린 곡절은 피차가 다르지만 좌우의 방위는 원래 바뀌지 않았다. 그 묘리가 무궁하여 각기 마땅한 바가 있다는 것을 여기서 볼 수 있다."

이군보의 〈스승을 위한 복제에 관한 설〉에 대한 변론

李君輔師服說辨

> 군보가 말하기를, "임금과 신하는 목숨을 허락하는 것을 중시합니다. 그러므로 비록 오늘 임금을 섬기고 내일 상을 당하더라도 방상(方喪)[6]의 예를 행해야 합니다. 스승과 제자의 경우는 목숨을 허락한 일이 없으니 이는 임금과 신하의 경우와는 다릅니다." 하였다.

이는 일률적으로 논할 수 없습니다. 예컨대 문장과 기예를 가르치고 배우는 평범한 스승과 제자 관계는 본디 말할 것도 없지만, 지금 여기 어떤 사람이 학문과 도덕이 있어 스승의 도를 자임하는데, 내가 그 사람을 존경하고 사모하여 가서 스승으로 섬긴다면 스승과 제자의 중대한 분의가 그날로 정해진 것입니다. 이 때문에 목숨을 허락한 날에 임금과 신하의 의리가 바르게 되고, 가서 스승으로 섬긴 날에 스승과 제자의 분의가 정해진 것입니다. 그런데 다르다고 하니 감히 따르지 못하겠습니다.

> 군보가 말하기를, "스승과 제자는 자신을 성취시키는 것을 중시합니다. 그러므로 자신을 성취시킨 정도의 깊고 얕음에 따라 상복을 입어야 하니, 이는 신하가 오늘 목숨을 허락하면 내일 복상하는 경우에 견주어 동일하게 여길 수 없습니다." 하였다.

임금과 신하 사이는 군신 관계를 맺은 기간의 오래되고 짧음과 은혜와

6 방상(方喪) : 부모상을 본떠 삼년상을 지내는 것이다.

대우의 경중이 다르지만, 대의가 정해진 뒤이므로 똑같이 방상의 상복을 입습니다. 스승과 제자 사이에는 수업을 받은 기간의 오래되고 짧음과 정분의 두텁고 얕음이 차이가 없지 않으나, 중대한 분의가 정해진 뒤이므로 똑같이 심상의 예를 행합니다. 이것으로 저것을 헤아려보면 실로 차이가 없습니다. 또 공자 문하 70제자의 일을 보면, 제자들이 수업을 받은 것이 어찌 같은 때이겠으며, 자신을 성취시켜 준 깊고 얕음이 또 어찌 차이가 없겠습니까. 그러나 공자가 죽자 70제자가 동시에 심상 삼년의 예를 행하였습니다. 지금 만약 자신을 성취시켜 준 깊고 얕음을 가지고 재단하여 상복을 입는다면, 증자(曾子)와 민자건(閔子騫)의 상복은 필시 자유(子游)와 자하(子夏)보다 무거웠을 것이고, 염구(冉求)와 번지(樊遲)의 상복은 사(賜 자공(子貢))와 사(師 자장(子張))에 미치지 못하였을 것입니다. 그런데 어찌하여 똑같이 집을 짓고 삼년 동안 예를 행하였겠습니까.

> 군보가 말하기를, "70제자의 입장에서 자신을 성취시켜 준 공로로 말하자면 깊고 얕음이 없지 않으나, 부자의 입장에서 가르치고 인도한 일로 말하자면 피차가 같으므로 함께 심상을 치른 것입니다." 하였다.

이 말은 옳습니다. 그러나 따로 하나의 설이 되는 것이지 끌어들여 위의 말의 증거로 삼을 수는 없습니다. 만약 형의 말대로라면 제자가 스승을 위해 심상을 입는 것은 오로지 어떻게 가르치고 인도하였는가에 달려 있고, 자신을 성취시켜 준 깊고 얕음에 달려 있는 것이 아닙니다. 형이 위에서 '자신을 성취시켜 준 깊고 얕음에 따라 상복을 입는다.'라는 말과 저절로 모순이 되지 않습니까.

군보가 말하기를, "비록 문장을 가르친 스승이라도 만약 자신을 성취시켜 준 공로가 크다면 심상 삼년을 행해야 합니다." 하였다.

삼가 생각건대 천지 사이에 지극히 높은 것이 도이고 지극히 귀한 것이 덕입니다. 이 때문에 반드시 그 지극히 존귀한 자를 존경하고 사모하여 스승으로 삼아 진심으로 기뻐하며 복종한 뒤에야 심상 삼년의 예를 행할 수 있습니다. 사소한 기예인 문장을 가르친 스승은 비록 자신을 성취시켜 준 한 조각 공로가 있더라도 어찌 똑같이 심상의 예를 행할 수 있겠습니까. 예컨대 필공(筆工)과 묵공(墨工)도 모두 스승이 있는데, 저 수업을 받은 자가 만약 그 방법을 배워 재주를 성취하였다면 역시 자신을 성취시켜 준 공로가 있다고 하면서 심상 삼년을 행할 수 있겠습니까. 그러므로 정자가 말하기를, "기록하고 묻고 글짓는 것으로는 남의 스승이 되기 부족하다. 배우는 것이 외적인 것이기 때문이다. 이른바 스승이란 무엇인가. 이치이며 의리이다." 하였습니다. 정자의 이 말은 명백하여 의심이 없습니다.

군보가 말하기를, "율곡이 다섯 등급의 복으로 나눈 것[7]이 옳습니다." 하였다.

율곡의 설은 정자가 이른바 "정분의 두텁고 박함" 따위의 말에서 나온 듯한데, 정자의 본뜻을 깊이 살피지 못한 듯합니다. 정자의 말은 당초에 스승을 위한 상복을 정하지 않은 뜻을 말한 것 뿐입니다. 그의 생각은 "스승을 위한 상복을 정하지 않은 이유는 무엇인가. 도덕을 가르치

7 율곡이……것 : 이이가 《격몽요결(擊蒙要訣)》에서 스승의 상을 정의(情義)의 깊고 얕음에 따라 심상 3년, 1년, 9개월, 5개월, 3개월로 나눈 것을 말한다.

는 스승과 기예를 가르치는 스승은 스승과 제자의 분의와 일의 체모의 경중이 현격히 다르니 일률적으로 상복을 정할 수 없다. 이 때문에 성인이 이에 대해 상복을 정하지 않은 것이다."라는 것입니다. 이는 단지 상복을 정하지 않은 뜻이 이와 같다고 밝힌 것 뿐, 애당초 도덕을 가르친 스승을 똑같이 섬겼는데 도리어 경중을 헤아려 마치 율곡의 설처럼 어떤 이는 삼년복을 입고 어떤 이는 기년복을 입고 어떤 이는 공복이나 시마복을 입어야 한다는 말이 아닙니다.

군보가 말하기를, "장자가 이른바 '형제와 같고 부모와 같다.'[8]라는 설은 정분이 두텁고 얕음에 따라 상복에 경중이 있다는 증거가 될 수 있습니다." 하였다.

이는 그렇지 않습니다. 지금 변론할 수 있는 한 가지 설이 있습니다. 《예기》에 "벗을 위해서는 마복을 입는다.〔朋友麻〕"-《예기》는 여기까지이다.- 하였습니다. 그러나 벗 중에는 형제와 같은 자도 있고, 종형제와 같은 자도 있으니, 그 정분에 두텁고 얕은 차이가 없지 않은데 똑같이 마복을 입습니다. 이로 말하자면 형제와 같고 부모와 같다는 장자의 설 역시 이와 같은 뜻입니다. '부모와 같고 형제와 같다.'라고 하였으니 그 정분에 차등이 없지 않으나 심상 삼년을 행하기는 마찬가지입니다. 정자가 이른바 '정분의 두텁고 얕음'과 장자가 이른바 '슬픔이 깊고 얕음'[9]은 모두 이를 가리켜 말한 것입니다. 그런데 후세 사람이 도리어

8 형제와……같다 : 장자는 스승 중에는 친구처럼 한 마디 말과 한 가지 의리를 얻는 경우도 있고, 형제처럼 가까이서 배운 경우도 있고, 천지 부모처럼 자신을 성취시켜 준 사람도 있다고 했다.《禮記集說 檀弓上》

이를 가지고 기년복, 공복, 시마복을 입는다는 증거로 삼았습니다. 이는 비록 율곡의 설에서 비롯된 것이지만 자세히 생각하지 못한 듯합니다. 그러므로 저는 이렇게 말합니다. "벗과의 정이 경중은 다르지만 마복을 입기는 마찬가지이고, 스승과 제자의 정분이 두텁고 얕기는 다르지만 심상 삼년을 행하기는 마찬가지이다." 이 문제는 반드시 이렇게 말한 뒤에야 정자와 장자의 설이 비로소 옛 예법과 통하여 막히지 않습니다.

9 슬픔이 깊고 얕음 : 스승에 대한 복은 일률적으로 정할 수 없고, 도를 전해준 지 오래인지 짧은지에 따라 각기 깊고 얕은 슬픔을 다해야 한다는 장자의 말을 가리킨다. 《禮記集說 檀弓上》

위학지방도설

爲學之方圖說

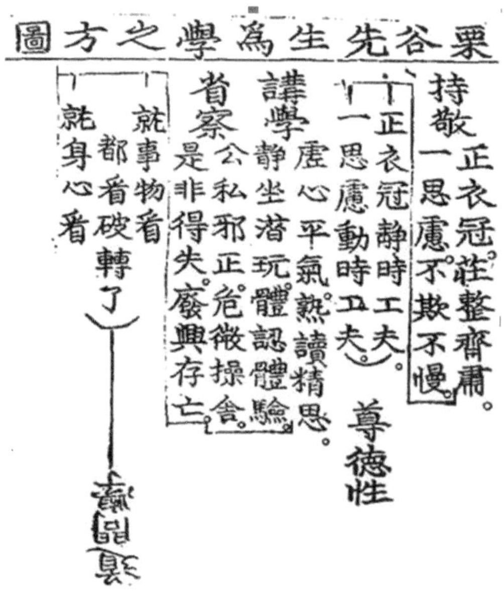

배우는 자는 이를 배울 뿐이다. 세 가지 중에 하나라도 그만두면 배움이 아니다.

〈위학지방도〉는 율곡 선생이 손수 그려 배우는 자에게 보여준 것이다. 내가 삼가 이 그림을 살펴보니 그 강령은 세 가지로, 지경(持敬), 강학(講學), 성찰(省察)이다. 이는 모두 주자가 임백화(林伯和)에게 답한 편지에 나온다.

이른바 지경은 본원을 함양하는 공부를 말하니, 바로 《소학》의 일이다. 이른바 강학과 성찰은 격물치지의 공부를 말하니, 바로 《대학》의 일이다. 이른바 존덕성(尊德性)과 도문학(道問學)은 덕을 닦고 도를 모으는 중대한 단서이니, 바로 《중용》의 일이다. 배우는 방도는 반드시 먼저 《소학》에서 함양하고, 다음으로 또 《대학》으로 나아가며, 끝내는 반드시 《중용》에서 극(極)이 있는 곳으로 모인다.[10] 이것이 선생이 세 책의 설을 합하여 이 그림을 만든 이유이다.

지경에서 이른바 "의관을 바로하고 단정하고 엄숙한 태도를 지킨다."는 고요할 때 경으로 수양하는 것을 말한다. 이른바 '생각을 전일하게 하고 속이거나 태만히 하지 않는다.'는 움직일 때 경으로 수양하는 것을 말한다. 경은 움직일 때와 고요할 때를 모두 관통하니, 지금 만약 고요할 때만 말하고 움직일 때를 말하지 않거나, 움직일 때만 말하고 고요할 때를 말하지 않는다면 이른바 경이라는 것은 겉과 속을 번갈아 수양하는 공부가 없을 것이다. 이것이 선생이 반드시 움직일 때와 고요할 때라는 항목을 지경의 아래에서 말한 이유이다. 이른바 'ㅠ'-의관을 바로하는 것은 고요할 때의 공부이다. 생각을 전일하게 하는 것은 움직일 때의 공부이다.-는 지경의 항목에서 선을 이어 아래로 정(正)과 일(一) 두 글자에 연결하여 움직일 때와 고요할 때의 공부를 나눈 것이다. 이른바 '∪'는 움직일 때와 고요할 때의 공부를 합쳐 존덕성에 총괄하여 예속시킨 것이다.

10 극(極)이……모인다 : 《서경》 〈홍범(洪範)〉의 "극이 있는 곳으로 모이고 극이 있는 곳으로 돌아간다.〔會其有極, 歸其有極.〕"를 인용한 것으로, 극은 제왕이 세상을 다스리는 표준을 말한다.

강학에서 이른바 "마음을 비우고 기운을 평온히 하여 익숙히 읽고 정밀히 생각한다."는 배워서 사물에서 강구하는 것을 말하고, 이른바 "조용히 앉아 잠심하여 완미하며 체인하고 체험한다."는 배워서 심신으로 돌이키는 것을 말한다. 성찰에서 이른바 "공사(公私)와 사정(邪正), 위미(危微)와 조사(操舍)"는 가까이 심신에서 기미를 살피는 것을 말하고, 이른바 "시비와 득실, 흥폐(興廢)와 존망(存亡)"은 멀리 사물에서 기미를 살피는 것을 말한다. 사물과 심신의 이치를 모두 강구하여 살펴야 하니, 지금 만약 사물만 말하고 심신을 말하지 않거나 심신만 말하고 사물을 말하지 않으면, 이른바 배움이라는 것은 정밀하고 거친 것이 하나가 되는 효과가 없을 것이다. 이것이 선생이 사물과 심신의 항목을 강학과 성찰의 아래에서 총괄하여 말한 이유이다.

이른바 'ㅠ'-사물에 나아가 본다. 심신에 나아가 본다. 모두 간파하여 전환한다.-는 강학과 성찰의 항목에서 선을 이어 아래로 두 개의 취(就)자에 연결하여 사물과 심신을 보는 것을 나누었다. "모두 간파한다."는 사물과 심신의 이치를 강학하고 성찰한 뒤에는 모두 간파할 수 있다는 말이다.

이른바 '∪ㅣ'는 사물과 심신을 보는 것을 합쳐 도문학에 총괄하여 예속시킨 것이다. 존덕성을 똑바로 쓴 것은 이 그림을 순서대로 보면 함양의 일에서 시작하여 미루어나가 격물치지의 공부에 이르니-《소학》에서 《대학》에 이른다.-, 주자가 이른바 "경은 마음의 주재이며 만사의 근본이다."라는 것이다. 이 마음이 확립되면 -《소학》의 일이다.- 이를 통해 격물치지하여 사물의 이치를 다하니 -《대학》의 일이다.- 이것이 이른바 존덕성과 도문학이다. -《중용》의 일이다.- 함양을 통하여 궁리와 격물로 나아가니 그 순서가 저절로 똑바로 쓰지 않을 수 없다. 도문학을 거꾸로 쓴 것은 이 그림을 거꾸로 보면 격물치지의 일에서 시작하여 점차 함양의 공부에 이르니, -격물치지가 먼저이고 정심과 수신이 나중이다.- 주자가 이른바 "철저히 이해하여 혈전을 벌이듯 한 뒤에 함양할 수 있다. 만약 도리를 알지 못한다면 무엇을 함양하겠는가."라는 것이다. 또 《중용》에서 명선(明善)을 성신(誠身)보다 앞에 두고 《논어》에서 박문(博文)을 약례(約禮)보다 앞에 둔 이유가 모두 이것이다. 격물치지가 먼저이고 함양이 나중이니, 그 형세가 거꾸로 쓰지 않을 수 없다. 똑바로 보는 경우에는 순서에 따라 똑바로 쓰고, 거꾸로 보는 경우에는 또 형세에 따라 거꾸로 썼으니, 그림을 그려 남에게 보일 적에는 반드시 이와 같이 한 뒤에야 그 뜻이 명백하고 깨닫기 쉽기 때문이 아니겠는가.

이른바 "배우는 자는 이를 배울 뿐이다. 세 가지 중에 하나라도 그만두면 배움이 아니다."는 배우는 방법은 이를 버리고 다른 것을 배워서는 안 되며, 또한 하나라도 그만두면 배움이 아니라는 말이다. 이는 그림 전체의 말을 총괄하여 맺은 것이다. -이상은 그림의 본체를 분석한 것이다.-

비록 그렇지만 여기에는 각기 순서가 있다. 경(敬)은 성인의 학문의 시작을 이루고 끝을 이루는 것이다. 여기서는 시작을 이루는 경을 말하였으므로 지경을 강학과 성찰의 앞에 놓은 것이다. 본원을 함양하여 근본을 확립한 뒤에야 독서와 궁리로 나아가고 생각과 행위를 정밀히 살필 수 있으므로 강학과 성찰을 또 지경의 다음에 두었다. -선후의 순서이다.- 본원의 공부로 말하자면 지경이 중요하고, 기미를 연구하는 일로 말하면 성찰이 중요하다. 그러나 지경만 하고 강학으로 나아가지 않으면 이른바 지경은 반드시 한쪽에 빠져 결국 선학(禪學)으로 귀결되고, 성찰만 말하고 강학의 도움을 받지 않으면 이른바 성찰은 반드시 시비에 현혹되어 끝내 분명히 분변하기 어렵다. 이것이 강학을 두 가지 사이에 둔 이유이다. 지경을 곧장 계승하고 서로 성찰의 바탕이 되니, 두 가지보다 더욱 중요하다. 이것이 강령에 순서가 있는 이유이다.

지경하는 자는 반드시 먼저 의관을 바로하고 단정하고 엄숙한 태도를 지켜 밖에서 막은 뒤에야 생각을 전일하게 하고 속이거나 태만히 하지 않아 안에서 성실해질 수 있다. 강학하는 자는 반드시 먼저 마음을 비우고 기운을 평온히 하여 익숙히 읽고 정밀히 생각하여 책에서 강론하여 밝힌 뒤에야 조용히 앉아 잠심하여 완미하며 체인하고 체험하여 자신에게 얻는 것이 있다. 성찰하는 자는 반드시 먼저 공사(公私)와 사정(邪正), 위미(危微)와 조사(操舍)의 기미를 내 마음 속에서 정밀히 살핀 뒤에야 그 시비와 득실, 흥폐(興廢)와 존망(存亡)이 행위에서 나누어지는 것을 분명히 변별할 수 있으니, 이것이 항목에 순서가 있는 이유이다. 순서대로 보면 《소학》의 함양하는 공부가 먼저이고, 거꾸로 보면 《대학》의 격물치지하는 공부가 먼저이니, 이것은 또 수미(首尾)와 순역(順逆)의 순서이다. 존덕성은 마음을 보존하는 것이고, 도문학은 앎을 지극히 하는 것이다. 마음을 보존하지 않으면 앎을 지극히 할 수 없다. 앎을 지극히 하는 자는 또 마음을 보존하지 않으면 안 되니, 그 선후의 순서를 또한 알 수 있다.

내가 이 설을 짓자 논란하는 자가 말하였다.

"앎과 실천은 중대한 배움으로 두 가지 중에 하나라도 그만둘 수 없는데, 이 그림은 실천 한쪽을 빠뜨렸으니 어찌 의심스럽지 않겠는가."

"존덕성은 실천을 위주로 하고, 도문학은 앎을 위주로 한다. 이 그림은 《소학》의 함양에서 시작하여 《대학》의 격물치지를 다음으로 하고, 끝내는 또 《중용》의 앎과 실천을 겸한 공부에서 회통하니, 이를 두고 어찌 실천 한쪽을 빠뜨렸다고 말할 수 있겠는가."

논란하는 자가 또 말하였다.

"성찰은 신독(愼獨)의 일이니 실천에 소속시켜야 할 듯한데, 이 그림에서는 또 나누어서 도문학에 소속시켰다. 도문학은 격물치지의 일이니 이 또한 의심스럽다."

"이는 그럴 듯하다. 그러나 예전에 보니 주자는 '정밀하게 하다〔惟精〕'를 앎에 소속시키며 풀이하기를 '정밀하면 두 가지 사이를 살펴서 섞이지 않는다.' 하였고, 또 '책을 읽을 때는 마음을 비우고 젖어들어 절실히 성찰해야 한다.' 하였다. 그렇다면 주자 역시 성찰을 학문과 치지의 일로 말한 적이 있는 것이다. 지금 지경, 강학, 성찰 세 가지를 존덕성과 도문학 두 가지로 나누어 짝지었으니, 지경은 자연히 존덕성에 소속시켜야 하고, 강학과 성찰은 자연히 도문학에 소속시켜야 한다. 이렇게 보면 그 뜻은 서로 문제가 되지 않는다.

또 보건대 선생(율곡)이 퇴계(退溪) 선생에게 정 임은(程林隱)의 〈심학도(心學圖)〉를 논하면서 '신독(愼獨)을 「인욕을 막는다.〔遏人欲〕」 한쪽에 두면 성찰하는 일을 모두 소속시켜야 하고, 계구(戒懼)를 「천리를 보존한다.〔存天理〕」 한쪽에 두면 함양하는 일을 모두 소속시켜야 합니다. 그러나 「마음을 다한다.〔盡心〕」는 앎인데 함양에 속하고, 「마음을 바로잡는다.〔正心〕」는 실천인데 성찰에 속하니, 이는 알 수 없습니다.……' 하였다. 그 뜻은 아마도 마음을 다하는 앎은 성찰에 소속시켜야지 함양에 소속시켜서는 안 되며, 마음을 바로잡는 실천은 함양에 소속시켜야지 성찰에 소속시켜서는 안 된다는 것이니, 이는 또 그림의 뜻과 서로 의미를 드러낸다."

논란하는 자가 또 말하였다.

"체인하고 체험한다는 한 조목은 원래 성찰의 일인데 이 그림에서는 강학의 항목에 소속시켰으니, 이것이 어찌 온당하지 않은 일이 아니겠는가."

"삼가 보건대 주자가 말하기를, '독서가 어찌 언어를 보는 것이겠는가. 바로 마음에서 어떠한지 징험하고자 해서이다.' 하였고, 또 말하기를 '독서하는 법은 구두와 글뜻 사이를 조용히 살펴 마음을 보존하고 실천하는 실제를 체험해야 한다.' 하였다. 귀산 양씨(龜山楊氏)가 말하기를 '독서하는 방법은 몸으로 체험하고 마음으로 증험하여 그윽하고 한가로우며 고요하고 한결같은 가운데 조용하고 묵묵히 이해해야 한다.' 하였다. 이 뜻으로 미루어보면 그것이 강학의 항목이 된다는 것을 알 수 있다."

논란하는 자가 또 말하였다.

"홍폐와 존망에 관한 조목은 원래 강학의 일인데 이 그림에서는 또 성찰의 항목에 소속시켰으니, 이 또한 온당치 않다."

"염계(濂溪)의 '기미에는 선과 악이 있다.〔幾善惡〕' 아래의 주석을 삼가 보니, 주자가 말하기를 '주자(周子)가 말한 기(幾)자에는 참으로 사람을 깨우치는 점이 있으니, 가까이는 공사(公私)와 사정(邪正), 멀리는 홍폐(興廢)와 존망(存亡)이 단지 여기에서 간파하면 전환된다.' 하였다. 기미를 살피는 것은 바로 성찰의 일인데 주자는 오히려 홍폐와 존망을 말하였으니, 그것이 성찰의 항목이 되는 것에 어찌 이유가 없겠는가."

논란하는 자가 또 말하였다.

"함양한 뒤에 격물치지를 하면 그 차례가 순조로우나 격물치지한 뒤에 함양하면 그 차례가 도리어 거꾸로 아닌가?"

"어떤 이가 치지와 함양의 선후를 물으니 주자가 말하기를 '치지를 먼저한 뒤에 함양해야 한다.' 하였다. 어떤 이가 '이천(伊川)이 「치지를 하면서 경을 보존하지 않는 자는 없다.」라고 하였는데 어떻습니까?' 하니, '이는 대강을 말한 것이다.' 하였다. 또 '만약 도리를 정밀히 보지 못하였다면 존덕성에서 공부를 해야 하고, 만약 존덕성이 부족하면 강학에 힘을 들여야 한다.' 하였다. 이 몇 가지 설을 보면 두 가지가 서로 바탕이 되니 번갈아 그 공부를 다하지 않을 수 없다는 것을 알 수 있다. 어찌하여 저것은 순조롭고 이것은 거꾸로라고 말할 수 있겠는가.

성현의 말은 같기도 하고 다르기도 하며 눕히기도 하고 세우기도 하여 가리키는 바에 따라 각기 위주로 삼는 것이 있다. 만약 그저 같은 것만 믿고 다른 것을 의심하며, 세운 것을 가지고 눕힌 것의 기준으로 삼아 억지로 견강부회하여 반드시 통하기를 구한다면 반드시 모순되어 맞지 않는 근심이 있어 그 뜻을 끝내 이해할 수 있는 때가 없을 것이다.

대저 선생의 이 그림은 강령과 조목이 비록 간략하지만 의미는 몹시 넓으며, 글자수는 많지 않지만 포괄하는 것이 몹시 크며, 차례가 분명하여 맥락이 관통하고, 조리가 정밀하여 수미가 호응한다. 보는 사람이 참으로 마음을 비우고 한결같은 뜻으로 반복하여 완미하되 먼저 알고 있는 설로 어지럽히지 않는다면 선생의 뜻을 거의 터득할 수 있을 것이다."

위의도

威儀圖

謂之威　有威可畏　戒愼恐懼　整齊嚴肅　有儀可象　謂之儀

頭容直　目容端　口容止　色容莊　聲容靜　手容恭　足容重　氣容肅　立容德

正衣冠　儼若思　安定辭　尊瞻視

行以肆夏　趨以采齊　周旋中規　折旋中矩　進則揖之　退則揚之

在位可畏　施舍可愛　進退可度　周旋可則　容止可觀　作事可法　德行可象　聲氣可樂　動作有文　言語有章

正容體　齊顏色　順辭令

聲爲律　身爲度

無　不　役

養之久　習之熟　居之安

左準繩　右規矩

'인심은 위태롭고 도심은 은미하다'에 대한 의
人心惟危道心惟微義

어떤 이가 나에게 물었다.

"심(心)의 허령(虛靈)과 지각(知覺)은 본디 하나일 뿐인데, 어찌하여 인심과 도심이라는 다른 이름이 있는 것입니까? 또 어찌하여 인심은 위태롭고 도심은 은미하다고 하였습니까? 자세한 설명을 들을 수 있겠습니까?"

내가 말하였다.

"천지의 기(氣)를 받아 음양(陰陽)과 오행(五行)의 정(精)이 오묘하게 모여 엉겨 형체를 이룬 것이 사람이다. 상제(上帝)의 명을 받아 심(心)의 덕을 갖추었으니, 본체가 완비된 것이 성(性)이고, 이 성을 담고 이 형체를 주관하여 만 가지 변화에 대응하는 주인이 심이다.

그러므로 이 심의 작용은 사사로운 형기(形氣)에서 나오는 경우가 있으니, 예컨대 귀가 소리를 들으려 하고, 눈이 모습을 보려 하고, 입이 맛보려 하고, 코가 냄새를 맡고자 하며, 사지와 온몸이 편안하고자 하는 따위이다. 이는 인심을 말한다. 간혹 올바른 성명에서 나오는 경우가 있으니, 예컨대 어버이를 섬기면 효도하려 하고, 임금을 만나면 충성하려 하고, 우물에 빠지려는 어린아이를 보면 측은해 하고, 불의를 보면 부끄러워하고 미워하며, 종묘를 지나면 공경하는 따위이다. 이는 도심을 말한다.

인심은 기(氣)를 위주로 하는데 기는 흘러서 악이 되기 쉽다. 그러므로 '위태롭다'라고 하였다. 도심은 이(理)를 위주로 하는데 이는 지극히 오묘하여 밝히기 어렵다. 그러므로 '은미하다.'라고 하였다. 심(心)이라는 물건은 허령하고 지각하여 막힘없고 빛난다. 발현하기 전에는 혼연하고 고요하며 거울처럼 비고 저울처럼 평평하다. 이때는 단지 심(心)이라고만 할 뿐이니, 어찌 인심과 도심이라는 다른 이름이 있겠는가. 그러다가 기(氣)를 타고 움직이며 사물에 감응하여 발현하면, 때로는 올바른 인의예지에서 나오기도 하고, 때로는 사사로운 이목구비와 사지, 온몸에서 나오기도 하니, 인심과 도심이라는 이름이 이때 생긴다.

도심이 발현하는 것은 샘이 처음 흐르고 불이 처음 타는 것처럼 순식간이라 보기 어렵다. 인심이 발현하는 것은 매가 깍지에서 풀려나고 말이 고삐를 벗어나는 것처럼 날고 뛰어 제어하기 어렵다. 그러므로 도심 아래에 반드시 하나의 미(微)자를 붙이고 인심 아래에 반드시 하나의 위(危)자를 붙인 것이다."

"이미 인심과 도심이라는 다른 이름이 있으니, 심을 둘로 보는 병통에 가깝지 않겠습니까?"

"그렇지 않다. 이른바 인심과 도심은 이름이 비록 다르지만 처음에는 단지 하나의 심일 뿐이다. 오직 이것이 발현하는 곳에서 이 두 가지 단서가 있는 것 뿐이다. 그러나 이 두 가지 단서가 생긴 원인을 따져보면 형기(形氣)와 성명(性命)이 다르기 때문에 불과하다. 발현하는 것이 도심이면 그 이유를 따져서 어디서 이 도심이 생겼는가 따져본다. 이는 심에 있는 성명에서 나온 것이므로 이 도심이 있는 것이다. 발현하는 것이 인심이면 그 이유를 따져서 어디서 이 인심이 생겼는가 따져본다. 이는 형체가 된 혈기에서 나온 것이므로 이 인심이 있는 것이다. 발현하는 곳에 따라 붙인 이름이 저절로 다른 것이다. 지금 만약 심자 위에 인자를 보태거나 도자를 보탠 것만 보고서 마침내 심을 두 가지 물건으로 본다면, 이는 마음 속에 발현하기 전에 이미 두 가지 심이 있어 하나는 여기에 있고 하나는 저기에 있다가 발현할 때에 와서 도심이 되기도 하고 인심이 되기도 하는 것이니, 어찌 착오가 아니겠는가. 그러므로 주자가 말하기를, '단지 하나의 심 뿐이니 도리가 있는 인심이 바로 도심이다.' 하였고, 또 말하기를 '이는 두 가지 물건이 아니다. 단지 한 사람의 마음이 도리에 부합하면 천리이고, 정욕을 따르면 인욕이니, 바로 나뉘는 곳에서 이해해야 한다.' 하였다."

"도심은 올바른 성명에 근원하니 참으로 천리라고 할 수 있습니다. 그러나 인심이 사사로운 형기에서 생긴다고 대뜸 인욕이라고 할 수 있습니까?"

"그렇지 않다. 인심은 한 사람의 사사로운 것으로 내 몸만이 가지고 있는 것이며, 도심은 지극히 올바른 의리로 천하의 지극히 공적인 것이다. 인욕은 사사로운 형기에서 처음 싹터 끝내는 공적인 천리를 없애고 흘러서 악이 된다. 그렇다면 인심은 참으로 천리가 아니지만 역시 인욕도 아니다. 단지 인심이 흘러 악이 된 뒤에야 인욕이라고 할 수 있다.

이목구비와 사지, 온몸은 모두 나의 사사로운 물건이니 공공의 도와 같지 않다. 그러므로 윗면에 사사로움의 뿌리가 있다. 예컨대 굶주리고 배부르고 춥고 따뜻한 따위는 모두 나의 혈기와 형체에서 생기고 다른 사람은 관여하지 않으니, 이것이 이른바 사사로움이다. 처음에는 이 역시 좋지 않은 것은 아니지만 한결같이 따르기만 하면 인욕이 된다. 그러므로 주자가 말하기를, '형기가 모두 좋지 않은 것은 아니지만 단지 의지할 수 없을 뿐이다.' 하였고, 또 말하기를, '육자정(陸子靜 육구연(陸九淵))이 말하기를 「순임금이 만약 인심을 전적으로 좋지 않다고 여겼다면 사람들에게 제거하라고 말하였을 것이다. 지금 위태롭다고만 말한 것은 의지하여 편안히 여겨서는 안 된다는 것 뿐이다.」 하였다.' 하였다. 서산 진씨(西山眞氏 진덕수(眞德秀))가 말하기를, '사사로움은 내게만 있는 것이라고 말하는 것과 같다. 지금 사람들이 사친(私親), 사은(私恩)이라고 말하는 따위이니, 악이 아니다.' 하였다.

아, 인심이 과연 인욕이라면 주자는 곧장 '인심은 인욕이다.'라고 하였을 것이다. 어찌 단지 '사사로운 형기에서 생겨난다.'라고만 말하였겠는가. 주자 이전에는 대부분 인심을 가리켜 인욕이라고 하였다. 그러므로 이천(伊川 정이(程頤)) 선생 역시 인심은 인욕이라고 하였다."

"성인은 도심만 있고 인심이 없으며, 보통 사람은 인심만 있고 도심이 없습니까?"

"이는 또 그렇지 않다. 귀가 좋은 소리를 들으려 하고 눈이 아름다운 모습을 보려 하고, 입이 맛있는 음식을 먹으려 하고, 코가 좋은 냄새를 맡으려 하고, 사지와 온몸이 편안하고자 하는 것은 본디 자연스러운 인심이니, 성인이라도 이러한 마음이 있다. 어버이를 섬기면 효도하려 하고, 임금을 만나면 충성하려 하고, 우물에 빠지려는 어린아이를 보면 측은하게 여기고, 의롭지 않은 일을 보면 부끄러워하고 미워하고, 종묘를 지나면 공경하는 것은 실로 본디 가지고 있는 일정한 본성이니, 보통 사람이라도 이러한 마음이 있다.

이로 보건대, 형기와 성명은 참으로 사람마다 똑같이 가져서 없을 수 없는 것이다. 지금 만약 '성인은 도심만 있고 인심은 없다.'라고 한다면, 성인은 좋은 소리를 듣고 싶고 아름다운 모습을 보고 싶고 맛있는 음식을 먹고 싶고 좋은 냄새를 먹고 싶고 편안히 있고 싶은 마음이 없어 형기에 대해서는 전혀 관여하지 않을 것이다. 만약 '보통 사람에게는 인심만 있고 도심은 없다.'라고 한다면, 보통 사람은 효도하려 하고 충성하려 하고 측은히 여기고 부끄러워하고 미워하고 공경하는 마음이 없어 성명에 대해서는 전혀 모를 것이니, 이것이 옳겠는가. 그러므로 주자가 말하기를 '성인이라도 인심이 없을 수 없으니 배고프면 먹고 목마르면 마시는 따위이다. 소인이라도 도심이 없을 수 없으니 측은지심이 이것이다.' 하였다. 잠실 진씨(潛室陳氏)가 말하기를 '음식남녀의 욕구는 요(堯)·순(舜)과 걸(桀)·주(紂)가 같다. 다만 이치에 맞고 절도에 맞으면 천리이고, 이치가 없고 절도가 없으면 인욕이다.' 하였다. 아, 성인의 혈기는 보통 사람과 차이가 없으니, 어찌 형기에서 나온 마음이 없겠는가. 보통 사람의 성명은 성인과 차이가 없으니, 또한 어찌 의리에서 나온 마음이 없겠는가.

다만 성인은 오로지 도심을 위주로 삼아 인심을 절제하고, 보통 사람은 한결같이 사사로운 정을 따라 그것이 향하는 곳으로 간다. 그러므로 성인의 도심은 매번 드러나는 경지에 이르고, 보통 사람의 도심은 매번 은미하여 걱정이다. 성인의 인심은 항상 편안한 경지에 이르고, 보통 사람의 인심은 항상 위태로워 걱정이다. 이것이 다를 뿐이다."

"그렇다면 이른바 '인심은 위태롭고 도심은 은미하다.'라는 것은 보통 사람을 위해 한 말이고 성인을 위해 한 말은 아닙니까?"

"이 또한 그렇지 않다. 인심이 위태로운 것은 인욕이 싹트기 때문이고, 도심이 은미한 것은 천리가 심오하기 때문이다. 인욕이 싹트므로 성인이라도 일단 생각을 조심하지 않으면 결국 악으로 흐르니, 성인의 인심이라고 해서 과연 유독 위태로울 염려가 없겠는가. 천리가 심오하므로 성인이라도 일단 생각을 살피지 않으면 어두워지기도 하니, 성인의 도심이라고 해서 과연 유독 은미할 우려가 없겠는가. 그러므로 주자가 말하기를, '성인은 오로지 도심이 주재하므로 그 인심이 위태롭지 않다. 만약 인심 뿐이라면 역시 위태롭다. 그러므로 「성인도 유념하지 않으면 미치광이가 된다.」 하였다.' 하였다.

아, 만약 성인의 마음이 과연 위태롭고 은미할 염려가 없다면 문왕은 어찌하여 조심하고 두려워하라는 경계를 남겼겠으며, 맹자는 어찌하여 마음을 잡으면 있고 놓으면 없어진다는 훈계를 남겼겠는가. 오직 성인이라야 그 위태로움을 염려하고 그 은미함을 살필 수 있으니, 이것이 위태로운 것을 편안히 하고 은미한 것을 드러나게 할 수 있는 이유이다. 더구나 이 16자는 순임금이 우에게 경계한 말이니, 보통 사람만을 위해 말하지 않은 것이 분명하다."

"그렇다면 어떻게 해야 위태로워지고 어떻게 해야 은미해집니까?"

"인심은 흐르기 쉬워 제어하기 어렵다. 그러므로 이에 대해 위태롭다고 말한 것이다. 도심은 몹시 은미하여 자세히 살피기 어렵다. 그러므로 이에 대해 은미하다고 말한 것이다. 위태롭다는 것은 '위태로운 나라〔危邦〕', '위태로운 세상〔危世〕'의 위(危)자와 같고, 은미하다는 것은 '정미(精微)하다', '세미(細微)하다'의 미(微)자와 같다. 위태로운 나라와 위태로운 세상은 위태롭다고 할 수는 있지만 망했다고 할 수는 없다. 정미하고 세미한 것은 은미하다고 할 수는 있지만 없다고 할 수는 없다. 그러나 위태로워 편안하지 않으면 망하지 않는 경우가 얼마나 되겠으며, 은미하여 드러나지 않으면 없어지지 않는 경우가 얼마나 되겠는가. 그러므로 주자가 말하기를 '위태롭다고 좋지 않은 것은 아니지만 단지 위험하여 떨어질 듯 떨어지지 않는 사이에 있어 좋지 않은 쪽으로 흐르기 쉽다. 은미한 것은 밝히기 어려우니, 조금 드러나면 자신이 깨닫고, 때로는 또 보이지 않는다.' 하였다."

"이 말은 옳습니다. 이른바 인심과 도심이라는 것은 사단칠정(四端七情)과 차이가 있습니까?"

"정(情)은 하나인데 넷이라고 하기도 하고 일곱이라고 하기도 하는 것은 오로지 이(理)를 말하는 경우와 기(氣)를 겸하여 말하는 경우가 다르기 때문이다. 심(心)은 하나인데 도심이라고 하고 인심이라고 하는 것은 성명과 형기가 다르기 때문이다. 사단은 칠정 중에 이(理) 한쪽을 거론한 것이고, 도심은 나의 심(心)에서 이(理)에 합치하는 부분을 말한 것이다. 인심과 도심은 서로 대립하여 겸하지 않고, 칠정은 사단을 겸하여 그 속에 포함한다. 지금 만약 이쪽과 저쪽을 짝지으면 사단은 도심이니 칠정의 선한 쪽이고, 칠정은 인심과 도심을 총괄한 명칭이다. 심이 발현하지 않은 것이 성(性)이고 이미 발현한 것이 정(情)이니, 인심과 도심 이외에 어찌 따로 이른바 사단칠정이 있겠는가. 이는 심이 발현하는 곳에 나아가 기상과 의미의 차이에 따라 명칭을 달리하여 구별한 것에 불과하다."

"어떤 이는 '도심은 본체이며 인심은 작용이다.'라고 하는데, 이 말은 또 어떻습니까?"

"그렇지 않다. 고요한 심(心)을 본체라 하고, 움직이는 심을 작용이라 한다. 이 인심과 도심은 모두 심의 작용이니, 어찌 인심은 작용이며 도심은 본체라고 이와 같이 나누어 말할 수 있겠는가. 만약 과연 도심이 본체라면 고요한 심은 무엇이라고 가리키겠는가. 이는 실로 《서경》의 본뜻에 어긋나고 주자의 정론에 위배되니, 더 이상 깊이 따지며 자세히 논하고 싶지 않다.

대저 인심과 도심은 모두 심의 발현이다. 도심은 순수하게 선하여 악이 없는 것이고, 인심은 선할 수도 있고 악할 수도 있는 것이다. 일상생활에서 수응하고 변화에 대응하는 사이에 일에 따라 발현하며 각기 한계가 있으니, 오직 배우는 자가 성찰하고 확충하며 잘 다스려 보존하고 기르는 데 달려 있다. 만약 그렇지 않아 인심을 다스리지 못하고 도심을 확충하지 못하여 두 가지가 마음 속에 섞여 있는데도 다스릴 줄 모른다면, 하늘을 나는 매와 물속을 헤엄치는 물고기, 차가운 얼음과 뜨거운 불이 홀연 여기에 있다가 홀연 저기에 있고 또 홀연 천리 밖에 있어 피와 살로 이루어진 몸이 관할할 수 없을 것이다. 이른바 위태롭다는 것은 더욱 위태로워져 악으로 흐르고, 이른바 은미하다는 것은 더욱 은미해져 거의 어두워져 끝내는 천리가 민멸되고 인욕이 방자해져 사람과 금수의 차이가 멀지 않게 될 것이니, 두려워하지 않을 수 있겠는가."

"그렇다면 여기에도 다스리는 방법이 있어 위태로운 것을 위태롭지 않게 하고 은미한 것을 은미하지 않게 할 수 있습니까?"

"여기서 어찌 다른 방법을 찾겠는가. '정밀하게 하고 한결같이 한다.〔惟精惟一〕' 네 글자에 불과할 뿐이다. 정밀하게 하는 것은 성찰하는 공부이고, 한결같이 하는 것은 존양하는 공부이니, 예로부터 성현이 마음을 다스리는 방법은 이보다 나은 것이 없었다. 예컨대 《중용》의 명선(明善)은 정밀하게 하는 것이고, 성신(誠身)은 한결같이 하는 것이며, 택선(擇善)은 정밀하게 하는 것이고, 고집(固執)은 한결같이 하는 것이다. 예컨대 《대학》의 격물치지(格物致知)는 정밀하게 하지 않으면 안 되고, 성의(誠意)는 한결같이 하지 않으면 또 어떻게 할 수 있겠는가. 이는 실로 우리 선비의 가법(家法)으로 영원히 준수하며 잃어서는 안 되는 것이다. 배우는 자가 참으로 정밀하게 하고 한결같이 하는 학문에 종사하여 중단되는 때가 없이 한 가지 생각이 날 때마다 반드시 '이것은 인심인가, 도심인가?'라고 하여, 그것이 사사로운 이목구비와 사지, 온몸에서 발현한 것인 줄 안다면 힘써 막아 흘러넘치지 못하게 하며, 그것이 올바른 인의예지에서 발현한 것인 줄 안다면 한결같은 뜻으로 지켜 변하지 못하게 하여 항상 도심이 위주가 되고 인심이 명령을 듣게 해야 한다. 마치 임금이 구중궁궐에 단정히 있으면서 명령을 내리면 신하들이 받들어 따르며 감히 어기지 못하는 것처럼 한다면, 의리는 항상 보존되고 물욕은 물러나 명령을 들을 것이니, 위태로운 인심이 위태롭지 않아 결국 편안해지고, 은미한 도심이 은미하지 않고 결국 드러나는 것을 볼 수 있다. 결국에는 인심의 발현이 전부 도심의 유행이 되어 동정과 언행이 저절로 지나치거나 미치지 못하는 착오가 없어 진실로 그 중도를 잡을 수 있다.

아, 이 16자는 요, 순, 우가 전수한 심법으로 실로 영원한 성학(聖學)의 연원이다. 선유의 논의가 이루 말할 수 없을 정도로 분분하지만, 그중에서 주자의 설이 가장 명백하고 정확하다. 만약 마음을 가라앉히고 기운을 편안히 하여 조용한 태도로 천천히 탐구하고,

집중하여 익숙히 강론하고, 음미하여 체험한다면, 인심과 도심의 분별, 위태롭고 은미한 구분, 정밀하고 한결같이 하는 법, 중도를 지키는 효과를 알 수 있을 것이다."

동몽학규
童蒙學規

매일 이른 아침에 일어나 반드시 옷을 가다듬고 띠를 바르게 차며 머리를 빗고 얼굴을 씻는다.

각기 자리에 나아가 똑바로 앉아 책상을 마주하여 책을 펴고 조용히 읽는다.

책을 읽을 때는 엄숙히 책을 마주하고 집중하여 음미한다. 입으로는 글을 외면서 마음은 바깥으로 달려가 책은 책대로, 나는 나대로인 병통이 없게 한다.

읽는 서책은 함부로 다루어 상하거나 더러워지지 않게 하고, 던지거나 끌어서 찢어지지 않게 해야 한다. 다 읽으면 반드시 묶어서 정리한 뒤에 일어나며, 절대 비스듬히 기대놓거나 흩어놓아서는 안 된다.

밤에는 반드시 등불을 켜고 책을 읽는다. 만약 정신이 지치고 잠이 오면 뜰을 산보하거나 물을 얼굴에 부어 정신이 맑아지고 잠이 깨기를 기다려 다시 앉아 책을 읽고, 밤이 깊어서야 잠자리에 든다.

읽는 횟수는 백 번, 천 번이 되어야 하며, 반드시 처음부터 끝까지 완전히 익숙해지고 의미를 통달할 때까지 읽는다.

읽을 때는 옛사람이 어버이를 사랑하고 형을 공경하고 스승을 높이고 벗을 가까이한 도를 묵묵히 이해하여 내 몸으로 체득하고, 유치한 뜻을 버리고 옛 버릇을 고치는 따위의 일에 더욱 힘쓴다.

읽는 횟수를 채워서 암송할 수 있으면 차례로 스승 앞에 들어가 손을 맞잡고 단정히 앉아 각기 어제 배운 글을 외고, 외기를 마치면 수업을 받고 물러난다.

욀 때는 생소한지 익숙한지를 보고, 왼 뒤에 그 글뜻을 묻는다. 또 열흘마다 열흘동안 배운 것을 전부 읽게 하여 깊이 통달하기를 기약한다.

조금이라도 한가한 틈이 있으면 의심스러운 의리를 강론하거나 옛일을 논하거나 글을 짓거나 다른 책을 보라. 비루한 이야기와 이해에 관한 말, 장난치는 행동, 쓸데없고 잡스러운 일은 일체 하지 마라.

서로 모욕하지 말고 서로 속이지 말며 서로 떠들지 말고 서로 다투지 마라. 함부로 출입하고 일어나 움직이지 말고, 눕거나 다리를 뻗고 앉지 마라.

아침 저녁 밥을 먹은 뒤나 독서하는 여가에 때때로 글씨 쓰기를 익히되 바르게 쓰도록 힘쓰고 난잡하게 쓰지 마라. 책상과 창, 벽에는 점을 찍거나 획을 그어 낙서하지 마라.

동년배 중에 문리를 일찍 깨우친 자가 있으면 반드시 가서 묻고, 덕업을 일찍 성취한 자가 있으면 반드시 본받는다. 만약 글뜻을 이해하지 못하거나 의심스러운 의리가 있다면 먼저 동년배와 함께 자세히 강론한 뒤에 스승에게 가서 질문한다.

어른이 출입하면 반드시 일어서서 공경을 다하고, 부르면 반드시 대답하고 즉시 달려간다. 어른이 질문하면 반드시 사실에 근거하여 정직하게 대답한다.

어른이 가르치면 명심하고 복종하며, 심부름을 시키면 즉시 받들어 행한다.

어른의 서책과 붓, 벼루 등의 물건은 다른 곳에 옮겨두지 말고, 사사로이 빌리지 마라.

앉을 때는 무릎을 꿇고 손을 맞잡으며, 설 때는 몸을 세우고 발을 가지런히 한다. 걸을 때는 느린 걸음으로 천천히 종종걸음친다. 더워도 옷을 벗지 말고, 피로해도 기대지 마라.

구용(九容)과 구사(九思)[11]를 벽에 쓰고 보면서 규칙으로 삼는다.

11 구용(九容)과 구사(九思) : 구용은 《예기》 〈옥조(玉藻)〉에 나오는 말로, 걸음걸이는 무겁고〔足容重〕, 손은 공손하고〔手容恭〕, 눈은 단정하고〔目容端〕, 입은 조용하고〔口容止〕, 목소리는 고요하고〔聲容靜〕, 머리는 곧고〔頭容直〕, 기상은 엄숙하고〔氣容

재사(齋舍)와 뜰은 아침마다 반드시 청소한다.

학규의 독서 순서

먼저 《동몽수지(童蒙須知)》를 읽고, 다음으로 《효경》을 읽고, 다음으로 《소학》, 《가례》를 읽고, 다음으로 《대학》, 《심경》, 《근사록》을 읽고, 다음으로 《논어》, 《맹자》를 읽고, 다음으로 《중용》을 읽고, 다음으로 《서경》을 읽고, 다음으로 《시경》을 읽고, 다음으로 《예기》를 읽고, 다음으로 《주역》을 읽고, 다음으로 《춘추》와 《강목》을 읽는다. 이밖에 《이정전서(二程全書)》, 《주자대전(朱子大全)》, 《성리대전(性理大全)》, 기타 제자백가 역시 겸하여 보고 두루 통달한다.

肅], 서 있는 모습은 덕스럽고〔立容德〕, 낯빛은 장엄한 것〔色容莊〕이다. 구사는 《논어》 〈계씨(季氏)〉에 나오는 말로, 볼 때는 밝게 보고〔視思明〕, 들을 때는 밝게 듣고〔聽思聰〕, 얼굴빛은 온화하고〔色思溫〕, 용모는 공손하고〔貌思恭〕, 말은 진실하고〔言思忠〕, 일은 공경하고〔事思敬〕, 의심나면 묻고〔疑思問〕, 성나면 어려운 일을 생각하고〔忿思難〕, 이익을 보면 의리를 생각하는 것〔見得思義〕이다.

향촌에 살면서 경계시키는 말

居鄕戒辭

1. 반드시 겸손하게 자처하며 공손하게 남을 대한다. 오만하고 거친 기습은 통렬히 없앤다.

2. 조상과 부형 등에 관계된 일이 아니면 절대 남과 쟁론하지 말라.

3. 고을 사람의 장점과 단점, 문벌의 높고 낮음, 수령이 현명한지 아닌지를 절대 말하지 말라.

4. 절대 부귀를 부러워하고 빈천을 싫어하지 말라. 만약 여기서 힘을 얻지 못하면 나머지는 볼 것이 없다.

5. 고을의 어른에게 감히 무례한 짓을 하지 않는다. 벗 사이에서는 한결같이 진실한 마음으로 대하고, 절대 친압하거나 희롱하지 말라. 젊은이들에게도 효도하고 공경하고 충성하며 신의있고 겸손하고 공손하며 독실히 학문하는 등의 일을 간곡히 권면하라.

6. 만약 어리석고 거친 사람이 이치에 맞지 않는 일로 나를 능멸하고 모욕하면 그와 다투지 말고 그저 가까이하지 않을 뿐이다.

7. 충후하고 정직하며 정성스럽고 성실하며 자상하고 명쾌하여 나에게 유익한 사람을 골라 벗으로 삼고, 절대 방종하고 오만하며 흉악하고 속좁으며 거칠고 포악하며 교묘하게 속이며 음험하고 악독한 사람과 사귀다가 치욕을 자초하지 마라. 그밖의 고을 사람은 귀천을 막론하고 선한 사람은 친애하고 믿으며, 선하지 않은 사람도 너그러이 받아들이되 친애하고 믿지는 말아야 한다.

8. 고을의 무인과 농부들도 사람에 따라 접대하며 정성을 다하여 내가

할 도리를 다해야 하며, 싫어하거나 업신여기는 뜻을 보이지 마라.
9. 절대 자주 출입하며 남과 놀지 마라.
10. 고을 사람들이 모이는 곳에는 가서 참석하지 말라. 만약 부득이 가서 참석하면 가는 즉시 하직하고 돌아오라. 그들과 함께 술에 취해 떠들거나 방종하게 실컷 노느라 덕성과 위의를 손상하지 마라. 여색, 장기, 바둑을 즐기는 곳은 일체 삼가 피해야 한다.
11. 절대 관청을 출입하거나 수령을 찾아뵙지 마라.
12. 고을의 벗 중에 내 과실을 충고하는 사람이 있으면 나는 성심으로 아끼고, 그에게 과실이 있으면 나 또한 성심으로 인도한다.
13. 비방하는 사람이 있더라도 절대 그와 쟁론하지 말고, 잘못이 있으면 고치고 없으면 더욱 힘써라. 뜻밖에 없는 일로 비방을 지어내어 침해하는 자로 말하자면 망녕된 사람일 뿐이니, 성인이라도 어쩔 수 없다.
14. 고을 사람의 혼례와 상례는 힘닿는대로 돕고, 남의 일처럼 보아서는 안 된다.
15. 상을 당한 자가 있으면 즉시 가서 조문한다.-초상(初喪)부터 성복(成服)까지, 장사지낼 때부터 반혼(返魂)할 때까지 가서 보아야 한다.- 만약 거리가 조금 멀거나 일이 있어 가서 조문하지 못하면 친소와 귀천을 막론하고 즉시 편지로 위문한다.
16. 고을의 어른은 모두 내 부형이 친하게 지낸 사람이니 공경하지 않으면 안 된다. 그의 자제는 모두 나와 같은 등급으로 어려서부터 장성할 때까지 정분이 몹시 두텁다. 비록 단점이 있더라도 홀시해서는 안 된다.
17. 고을에 나이가 많고 행실이 훌륭한 사람이 있으면 즉시 가서 스승

으로 삼는다. 비록 나이가 젊더라도 학문이 정밀하고 해박하며 재주와 덕이 뛰어나고 남다르면 각별히 친애하여 그와 교유해야 한다.

18. 고을에 부모에게 효도하고 어른을 공경하며 제사를 공경하고 친척과 화목하며 부부간에 구별이 있고 벗에게 신의 있는 사람, 또는 지조가 고결하거나 학문이 넉넉하여 한 가지 좋은 점이나 한 가지 행실이 본받을 만한 사람에게는 모두 각별히 존경을 다해야 한다. 그밖의 평범한 사람은 그때그때 적절히 헤아려 분수에 따라 대해야 한다.

19. 길에서 집안 어른을 만나면 즉시 말에서 내려 손을 맞잡고 기다려라. 집안 어른이 아니라도 고을의 노인이라면 말을 멈추고 손을 맞잡고 읍하여 공경을 다해야 한다. 연로한 천인의 경우 역시 고삐를 잡고 위문해야 하니, 곧장 지나가서는 안 된다.

20. 남을 대하는 도리는 마땅히 상대를 높이고 자신을 낮추며 남을 먼저하고 나를 뒤로 하기를 힘써야 하니, 기세를 높여 남을 능멸하는 버릇이 있어서는 절대 안 된다.

21. 상인과 무당과 시정잡배 부류는 사람에게 가장 해가 되니 한 번이라도 가까이하면 빠지기 쉽다. 일체 소원하게 대해야 한다.

22. 친구 중에 후하게 대해야 할 사람에게는 모름지기 그 방도를 다하고, 그밖에 자신을 이롭게 하고 남을 해치는 일은 일체 하지 마라.

23. 권세 있는 사람 앞에서는 아첨하지 말고, 가난하고 한미한 사람에게 오만한 태도를 보이지 마라.

24. 고을에 선한 사람을 해치고 바른 사람을 모함하며, 간사하고 사악한 짓을 자행하며, 이익을 탐하여 의리를 잊고, 시세를 좇으며 수치를 잊은 자, 또는 왕래하며 모함하여 친척을 이간질하고 터무니없는 말을 지어내어 이웃을 비방하는 자는 모두 절교하라.

25. 혹시 사소한 일로 원한을 품고서 마침내 모함할 계획을 세우고 터무니없는 말을 지어내어 헤아릴 수 없는 처지로 몰아세우는 사람이 있다면 이는 비단 마음이 흉측한 정도가 아니다. 위에서는 하늘이 내려다보고 옆에는 귀신이 줄지어 서 있으니 어찌 앙화가 없겠는가. 자신이 요행히 면한다면 자손에게 필시 화가 미칠 것이니 가장 경계해야 한다.

26. 교유하는 방도는 신중히 하지 않을 수 없다. 만약 인품이 깨끗한지 더러운지 어진지 어리석은지 따지지 않고 모두와 친하게 지낸다면 결국에는 반드시 어버이를 욕되게 하고 자신을 욕되게 하는 우환이 생길 것이니 간절히 경계해야 한다.

27. 고을의 친구에게 원통하고 억울한 일이 있으면 힘에 따라 도와서 해결해야 하지만, 이밖의 자잘한 부탁은 일체 들어주지 말아서 제 몸을 욕되게 하지 말라.

28. 당파에 치우친 논의는 마음에 몹시 해로우니 절대 입에서 꺼내지 말라.

29. 조세와 환곡은 힘을 다해 실어다 바쳐야 하고, 미루거나 구차히 피할 생각을 하지 말라. 그밖에 마땅히 해야 하는 요역도 모두 마음을 다해서 하라.

30. 고을의 아랫사람도 자애로운 마음으로 대하고, 이치에 맞지 않는 일로 침해해서는 안 된다. 늙은 사람에게는 더욱 공경해야 한다.

31. 항상 '차라리 남이 나를 저버릴지언정 내가 남을 저버리지 않겠다.'라는 뜻을 가슴 속에 두어야 한다.

32. 다른 사람이 관청에 바치는 문서를 절대 쓰지 말라.

이상 총 32조를 자리 옆에 쓰고 아침 저녁으로 보면서 경계한다.

순녕 계약

順寧契約

장자(張子) 〈서명(西銘)〉의 "살아서는 순응하고 죽어서는 편하다."라는 뜻을 취한 것이다.

계회(契會)의 날짜를 정하면 유사가 기일에 앞서 글을 보내 향약 구성원에게 고한다.

모이는 날, 주인은 일찍 일어나 세수하고 머리 빗고 관대를 갖추며 두 기둥 사이에 탁자를 따로 설치한다.-만약 빈터에 모이면 자리 앞 중앙에 탁자를 설치한다.- 술주전자, 술잔과 받침대, 씻는 그릇을 그 위에 놓는다.

상빈(上賓)이 여러 빈(賓)을 인솔하여 각기 관대를 갖추고 문밖에 차례대로 서쪽에 서서 동쪽을 향하고 북쪽을 윗자리로 삼는다. 주인은 문밖에 나가 동쪽에 서서 서쪽을 향하고 남쪽을 윗자리로 삼는다. -주인은 상빈을 똑바로 마주하여 선다.-

주인이 세 번 읍하고 들어가기를 청하면 상빈은 세 번 사양한다. 주인이 먼저 들어가면 상빈 이하는 따라간다. 섬돌에 이르러 주인이 세 번 읍하고 오르기를 청하면 상빈은 세 번 사양한다. 주인이 먼저 동쪽 섬돌로 마루에 올라 동쪽에 서서 서쪽을 향한다. 상빈 이하는 서쪽 섬돌로 올라 서쪽에 서서 동쪽을 향하되 북쪽을 윗자리로 삼는다. 주인이 상빈을 향하여 두 번 절하면 상빈이 답례로 두 번 절한다. 마치면 상빈은 물러나 북쪽 벽 아래에 이르러 약간 서쪽에서 남쪽을 향하여 선다. 주인이 여러 빈을 향하여 두 번 절하면 여러 빈이 답례로 두 번 절한다. 마치면 여러 빈은 마루 앞으로 가서 남쪽에서 동쪽을 윗자리로 삼아 북쪽을 향하여 상빈에게 두 번 절한다. 상빈이 답례로 두 번 절한다. 마치면 여러 빈은 서 있는 곳-마루의 남쪽이다.-에서 동서로 나뉘어 서로를 향하여 두 번 절한다.

주인이 읍하면 상빈 이하는 자리로 나아간다. 상빈 이하는 나이순으로 서쪽에 앉아 동쪽을 향하되 북쪽을 윗자리로 삼는다. 주인은 동쪽에 앉아 서쪽을 향한다. 자리가 정해지면 잘 읽는 사람을 시켜 소리 높여 계약문을 읽게 한다. 자리에 앉은 사람은 모두 손을 맞잡고 엄숙한 모습으로 듣는다.-계원 중에 자리 순서에 방해되는 친척이나 계원 외에 임시로 와서 참여한 자가 있으면 모두 따로 순서를 정한다.-

계약문 契約文

계의 약속은 네 가지이니 첫째는 덕과 일을 권하는 것, 둘째는 과실을 서로 바로잡는 것, 셋째는 예법에 맞는 풍속으로 교유하는 것, 넷째는 환난을 당하면 도와주는 것이다.

덕과 일을 서로 권한다 德業相勸

덕이란 부모에게 효도하고, 나라에 충성하고, 형제와 우애하고, 어른을 공경하고, 자신을 도로 다스리고, 집안을 예로 바로잡고, 말은 반드시 충성스럽고 신의있게 하고, 행실은 반드시 독실하고 공경히 하고, 선을 보면 반드시 행하고, 잘못을 들으면 반드시 고치고, 제사에 정성을 다하고, 상례에 슬픔을 다하고, 친족과 화목하고, 이웃과 화합하고, 자식을 올바르게 가르치고, 남녀에 구별이 있고, 아랫사람을 법대로 다스리고, 분노를 징계하고 욕심을 막고, 여색을 멀리하고, 벗을 가려 어진 이를 가까이 하고, 가난해도 염치와 지조를 지키고, 부유해도 예로 사양하기를 좋아하는 따위이다.

일이란 책을 읽고 이치를 궁구하며, 예를 익히고 수를 밝히며, 구차하지 않게 집안을 경영하고, 남을 돕고 인을 행하며, 약속을 지키고, 부탁을 받아들이고, 환난을 당한 사람을 구하고, 은혜를 널리 베풀고, 남을 선으로 인도하고, 남의 잘못을 바로잡고, 남을 위해 일을 도모하고, 여러 사람을 위해 일을 이루고, 분쟁을 해결하고, 시비를 판결하고, 법령을 두려워하고, 세금을 잘 내는 따위이다.

> 이상의 덕과 일은 향약 구성원이 각자 수행하고 서로 권면한다. 향약 구성원 중에 잘 실천하는 자가 있으면 모이는 날에 향약 구성원들이 들은대로 계장(契長)에게 알리고, 계장은 계원들에게 통지하여 술로 상을 준다.-계장이 직접 술잔을 씻어 절하고 바친다. 주인이 상빈에게 바치는 예와 한결같이 한다.-

과실을 서로 바로잡는다 過失相規

약속을 어기는 과실은 네 가지이다. 첫째는 덕과 일을 서로 권하지 않는 것, 둘째는 과실을 서로 바로잡지 않는 것, 셋째는 예속을 서로 이루지 않는 것, 넷째는 환난을 당해도 서로 도와주지 않는 것이다.

의리를 어기는 잘못은 여섯 가지이다. 첫째는 절도 없이 장난치는 것이다.-술을 실컷 마시고 떠들고 다투거나, 사특한 여색을 가까이하거나, 바둑 장기를 두거나, 의리에 어긋나는 곳을 출입하거나, 행실이 없는 거간꾼과 교유하거나, 학문을 내팽개치고 사무를 방기하는 따위가 모두 이것이다.-

둘째는 성내며 싸우는 것이다.-사소한 일로 다투고 한을 품으며 걸핏하면 화를 내거나, 남이 바로잡아 주는 것을 싫어하여 말로 따지거나, 술기운에 욕하거나, 유감을 품고 다투는 등, 그만둘 수 있는데 그만두지 않고 욕하고 꾸짖으며 성내고 싸우는 따위가 모두 이것이다.

셋째는 잘못된 행동을 많이 하는 것이다.-몸가짐이 조심스럽지 않고 전혀 단속하지 않거나, 움직임에 위의가 없고 행동이 거칠고 패악하거나, 나이 많고 덕 있는 사람을 업신여기거나, 예법을 경멸하거나, 남의 장단점을 따지거나, 강함을 믿고 약자를 업신여기거나, 자신을 높이고 남을 낮추거나, 집안을 다스림에 법도가 없거나, 남을 무례하게 대하거나, 잘못을 알고도 고치지 않거나, 간언을 들을 때마다 거부하거나, 정처를 멀리하고 버리거나, 의관이 지나치게 사치하거나, 세금을 잘 내지 않거나, 비용을 지나치게 낭비하거는 등 예법을 어기는 일이 모두 이것이다.-

네 번째는 말이 충성스럽고 미덥지 않은 것이다.-사실이 아닌 말을 하여 다른 사람을 속이거나, 절도 없이 웃고 떠들며 가볍고 난잡하거나, 단점을 비호하고 잘못을 숨기며 말을 꾸미거나, 농담으로 남을 놀리며 침해하고 업신여기거나, 남과 약속을 하고서 물러나 식언하거나, 남과 함께 일을 하면서 앞에서는 옳다 하고 뒤에서는 그르다 하거나, 헛소문을 함부로 전하여 여러 사람을 현혹시키거나, 남의 잘못을 거짓으로 지어내어 없는 것을 있다고 하거나, 남의 오래된 잘못을 말하거나 남의 개인

적인 비밀을 들추어내는 등 말을 잘못하는 것은 모두 이것이다.-

다섯 번째는 사적인 이익을 지나치게 도모하는 것이다.-남과 교역하면서 남에게 손해를 입히고 자신이 이익을 보거나, 남의 물건을 요구하여 이웃을 침해하고 괴롭히거나, 자기 재물을 아껴 빌려주지 않거나, 남에게 뇌물을 받고 관청에 청탁하거나, 자신의 편의를 도모하느라 다른 사람을 돌아보지 않거나, 가난을 편안히 여기지 못하여 올바르지 않은 방법으로 영위하는 등 사적인 이익을 도모하는 일은 모두 이것이다.-

여섯 번째는 이단을 배척하지 않는 것이다.-음사(淫祀)를 숭상하거나 방기(旁技)에 현혹되거나 좌도(左道)를 물리치지 않는 일은 모두 이것이다.-

이상의 과실은 계원들이 각자 성찰하고 서로 경계하여 만약 계원 중에 어기는 자가 있으면 모이는 날에 계원들이 들은대로 계장에게 알리고, 계장은 계원들에게 통지하여 의리로 서로 깨우친다. 만약 사과하고 고치기를 청하면 중지하고, 그렇지 않으면 벌을 시행한다.

예속으로 서로 사귄다 禮俗相交

세초에 맞이하고 보내는 일에 세 가지가 있다. 첫 번째는 계원이 세초에 먼저 계장을 뵈러 가는 것이다.-1월 1일에 만약 일이 있으면 다음날에 가고, 또 일이 있으면 다다음날에 가되, 닷새를 넘으면 안 된다.-

문밖에 도착하면 먼저 주인에게 알린다. 주인은 의관을 갖추고 마루 위에 서서 기다린다. 손님이 종종걸음으로 들어가면 주인은 손님에게 읍하고 마루에 오르게 하여 서로를 향하여 절하고 읍한다. 손님이 물러나면 주인은 마루 위에서 절하고 보낸다. 손님은 문을 나가 말에 오른다.

두 번째는 계장이 세초에 계원에게 사례하러 가는 것이다.-만약 직접 가지 못하면 글을 갖추거나 자제를 시켜 사례하러 가게 한다.-

문밖에 도착하면 먼저 주인에게 알린다. 주인은 의관을 갖추고 뜰로 내려와 기다린다. 손님이 들어오면 주인은 세 번 읍하고 마루에 올라 서로를 향하여 절하고 읍한다. 손님이 물러나면 주인은 뜰에서 절하고 보내며, 손님이 문을 나가 말에 오르기를 기다린 뒤 마루에 오른다.

세 번째는 계원이 세초에 서로 오가는 것이다.-대등한 계원이다.-

문밖에 도착하면 먼저 주인에게 알린다. 주인은 의관을 갖추고 섬돌 위로 내려와 기다린다. 손님이 종종걸음으로 들어가면 주인은 세 번 읍하고 마루에 올라 서로를 향하여 절하고 읍한다. 손님이 물러나면 주인은 섬돌 위에서 절하고 보낸다. 손님은 문을 나가 말에 오른다.

손님이 주인을 만나 별달리 상의할 일이 없고, 주인이 말을 마치고 화제를 바꾸지 않으면 물러나겠다고 고한다. 주인이 지친 기색이 있거나 하는 일이 있으면 모두 물러난다. 만약 주인이 음식을 대접하며 머물기를 청하면 사례하고 도로 앉는다.

길사와 흉사에 경하하고 조문하는 일에 두 가지가 있다. 첫 번째는 길사가 있으면 경하하는 것이다.

대과에 급제하거나 생원시와 진사시에 입격하거나 처음 벼슬하거나 아들의 관례를 치르는 따위에는 모두 가서 경하하는 것이 좋다. 혼례는 비록 가서 경하하지는 않더라도 물건으로 돕는다. 혼례를 치르는 집에 힘이 부족하면 계원이 기물을 빌려주어 도와주거나 그를 위해 일을 해준다. 오직 힘 닿는대로 하되 노고를 꺼리지 말아야 한다.

두 번째는 흉사가 있으면 조문하는 것이다.

죽음, 수재, 화재 따위는 모두 가서 조문하는 것이 좋다.

계원이 만약 상을 당하면 죽은 날에 상가에서 유사에게 부고를 알린다. 유사가 계원들에게 글을 보내 통지하면 즉시 검은 관에 흰 옷, 검은 대 차림으로 가서 모여 -먼저 부고를 들었으면 통문을 기다리지 않고 먼저 갈 수 있다. 혹시 일이 있으면 사유를 갖추어 단자를 올린다. ○소렴(小斂)하기 전에 손님은 검은 대를 착용하고, 소렴한 뒤에 손님은 흰 대를 착용한다.- 상구를 준비하거나 상례를 논의한다. 주인이 성복하기를 기다려 손님은 흰 옷과 흰 대를 착용하고 일시에 들어가 조문하되, 가장 연장자를 우두머리로 삼는다.-계원이 각기 물건을 내어 부조하되 많고 적음은 물력에 따른다.-

계원들은 각기 예법대로 전을 올린다.

장사지낼 때는 나란히 나아가 연반(延燔)[12]한다. 모여서 장사지낼

12 연반(延燔) : 장사지낼 때 등(燈)을 들고 가는 것이다.

때, 대상(大祥), 소상(小祥), 담제(禫祭)에는 모두 가서 위문한다. 늙고 병들었거나 일이 있으면 글로 위문한다.-주인집에서 술과 고기를 갖추어 손님을 대접해서는 안 되고, 손님도 술과 고기를 받아서는 안 된다. 떡과 과일 종류는 무방하다. ○수재와 화재의 경우는 아래 '환난을 당하면 서로 구휼한다' 조목에 보인다.-

이상은 예속으로 서로 사귀는 일이다. 계원 중에 만약 약속대로 하지 않는 자가 있으면 모이는 날에 계원들이 들은대로 계장에게 알려 벌을 시행한다.

환난을 당하면 서로 도와준다 患難相恤

환난의 일은 일곱 가지이니 첫 번째는 수재나 화재를 당한 경우이다.

피해가 작으면 글로 위문하고, 크면 직접 간다. 만약 그 집에서 이로 인해 양식이 끊기거나 입을 옷이 없으면 여러 사람이 의논하여 재물로 도와준다.

두 번째는 도적을 당한 경우이다.

위의 의례대로 구휼하고 위문한다.

세 번째는 질병에 걸린 경우이다.

병세가 가벼우면 사람을 보내 위문하고, 병세가 위중하면 직접 가거나 의원과 약을 찾아준다. 만약 온 집안 식구가 병으로 누워 농사짓지 못하면 계원들이 힘을 합쳐 노비와 소를 내어 돕는다.

네 번째는 죽은 경우이다.-위에 보인다.-

몹시 가난하여 장사지낼 수 없는 자는 여러 사람이 의논하여 각기 재물을 내어 도와준다.

다섯 번째는 외롭고 어린 경우이다.

계원이 죽었는데 그의 처자가 외롭고 어려 의지할 데 없고 가난하여 스스로 먹고 살 수 없으면, 계원들이 힘을 합쳐 도와준다. 만약 침해하고 속이는 자가 있으면 여러 사람이 힘써 그를 위해 의리를 따진다.

여섯 번째는 억울하게 무고를 당한 경우이다.

계원 중에 남에게 무고를 당하여 스스로 신원할 수 없는 사람이 있는데 형세상 관청에 알릴 수 있으면 그를 위해 말하고, 해결할 방법이 있으면 해결해준다. 그의 집안이 만약 이 때문에 살 곳을 잃으면 여러 사람이 의논하여 재물로 도와준다.

일곱 번째는 가난한 경우이다.

계원 중에 가난을 편안히 여기고 분수를 지키지만 생계가 군색하고 위급하여 먹을 것이 끊어지는 지경에 이른 사람이 있으면 여러 사람이 의논하여 재물로 도와준다.

이상은 환난을 당하면 서로 구해주는 일이다. 계원 중에 만약 약속대로 하지 않는 자가 있으면 모이는 날에 계원들이 들은대로 계장에게 알려 벌을 시행한다.

계에서 벌을 줄 때는 계장이 저지른 잘못의 대소경중에 따라 참작하여 정한다. 계원에게 물어 여러 사람의 논의가 일치한 뒤에 벌을 시행한다.-계장에게 잘못이 있으면 유사가 그 죄를 논하여 벌을 정한다.- 상벌(上罰)은 모두 모인 자리에서 면전에서 꾸짖는 것이고, 중벌(中罰)은 계장과 두 유사가 면전에서 꾸짖는 것이며, 하벌(下罰)은 술 한 잔을 마시는 것이다.-벌을 논할 때 거역하며 받아들이지 않는 자는 계에서 쫓아낸다.-

읽기를 마치면 주인은 자리에서 내려와 탁자 동쪽에서 서쪽을 향하여 선다. 상빈-계장이다.-역시 자리에서 내려와 탁자 서쪽에서 동쪽을 향하여 선다. 주인이 술잔을 들어 직접 씻으면 상빈은 사양한다. 주인이 탁자 위에 술잔을 놓으면 집사가 술주전자를 바친다. 주인이 직접 술주전자를 잡고 술잔에 술을 따르고 술주전자를 집사에게 준다. 마침내 술잔을 들고 상빈에게 바친다. 상빈이 받아 도로 탁자 위에 놓는다. 주인은 서쪽을 향하여 두 번 절한다.-상빈이 나이가 적더라도 역시 두 번 절한다.- 상빈은 동쪽을 향하여 답례로 두 번 절한다.-주인이 나이가 적더라도 역시 두 번 절한다.- 일어나 술을 가지고 동쪽을 향하여 무릎 꿇고 제를 올린다.-땅에 술을 조금 붓는다.- 마침내 마시고 술잔을 집사에게 준다. 두 번 절하면 주인은 답례로 두 번 절한다.

상빈은 주인에게 앞의 의식대로 술을 돌린다.

주인이 여러 빈에게 헌작하는 의식은 앞과 같다. 다만 두 번 절하지 않고, 빈은 술을 돌리지 않는다.-술잔과 받침대를 많이 준비하여 일시에 함께 바친다.-

마치면 자리로 나아가 의리를 이야기하거나 전기(傳記)를 말하거나 계의 일을 논하거나 약조를 강론한다. 이밖에 비루하고 자잘하며 장난스럽고 괴상한 말은 일체 금지한다.

저녁이 되면 해산한다. 자리에 있는 자는 모두 일어서고, 그 자리에서 그대로 모두 두 번 절한 뒤 동시에 읍을 한다. 상빈 이하는 차례대로 나온다.

후재집

제37권

잡저 雜著

잡저 雜著

심의제도고증

深衣制度考證

엄릉 방씨(嚴陵方氏 방각(方慤))가 말하였다. "《예기》 경문에, '순 임금은 심의를 입고 노인을 봉양하는 예를 행하였다.' 하였는데, 전(傳)에 '서인(庶人)은 짧은 갈옷을 입는데, 심의는 천자로부터 서인에 이르기까지 모두 입었다. 그 뜻이 깊기〔深〕 때문에 심의라고 이름을 붙였다.' 하였다."

○동회 진씨(東滙陳氏 진호(陳澔))가 말하였다. "조복과 제복과 상복은 모두 윗옷과 아래옷이 다른데 심의만은 다르지 않으니, 신체를 위아래로〔深邃〕 다 덮었기 때문에 '심의'라고 이름을 지었다."

○경산 구씨(瓊山丘氏 구준(丘濬))가 말하였다. "옛날에 윗옷과 아래옷이 제도가 달랐는데 오직 심의의 제도만 윗옷과 아래옷이 이어져 다르지 않았으니, 천자로부터 서인에 이르기까지 함께 입는 옷이다. 신체를 덮는 것이 위아래로 길고〔深邃〕, 또 취한 뜻이 깊기〔深〕 때문에 심의라고 이름을 지었다."

마름하는 데는 흰 가는베를 쓰고, 재는 데는 지척을 쓴다.〔裁用白細

布, 度用指尺.〕-《가례》, 이하 모두 같다. ○포는 너비가 2척 2촌이다.-

가운데 손가락의 가운데 마디를 촌으로 삼는다. 주(註)는 모두 《가례》의 주석을 위주로 하고, 다른 여러 설을 그 아래에 붙였다.

○《한서》에, "도(度)는 분(分), 촌(寸), 척(尺), 장(丈), 인(引)이니, 길이를 재는 도구이다." 하였다.

○양복(楊復)이 말하였다. "《설문해자》에 '주나라 제도에 촌, 척, 지(咫), 심(尋)은 모두 인체를 기준으로 하였다.' 하였다."

○고증: 10촌이 1척이 되고, 또 부인의 손의 경우 8촌이 1척이 된다. 지(咫)는 주나라의 척이다. 주나라에서는 10촌과 8촌을 모두 1척으로 삼았다. 10촌이 1척인 자로 길이의 단위를 시작하면 10척이 1장(丈)이 되고 10장이 1인(引)이 되며, 8촌을 1척인 자로 길이의 단위를 삼으면 8척이 1심(尋)이 되고 심의 곱절이 상(常)이 된다.

○정한강(鄭寒岡 정구(鄭逑))이 말하였다. "흰 가는베는 마전한 삼으로 짠 것이 맞을 듯하지만, 무명도 부드럽고 질겨서 쓰기에 적합하니 굳이 삼으로 짠 것만 베로 여길 필요가 없다. 베틀로 짠 옷감으로 옷을 만들 수 있는 것이라면 비단을 제외하고 모두 '베'라고 이름 붙이는데 문제가 없다."

윗옷은 모두 네 폭인데, 길이는 옆구리를 지나고 아래로 아래옷에 연결한다.〔衣全四幅, 其長過脅, 下屬於裳.〕

베는 2폭을 써서 중간을 접어 아래로 늘어뜨리니, 앞뒤로 모두 4폭이 된다. 지금의 직령삼(直領衫)과 같지만 겨드랑이 아래를 트지 않는다. 아래로 옆구리를 지나 아래옷에 이어지는 곳은 대략 둘레가 7척 2촌이다. 매 폭마다 아래옷 3폭에 잇는다.

○《가가례의절》〈재의법(裁衣法)〉에, "베 2폭을 써서-베 폭의 너비는 1척 8촌을 기준으로 한다.- 가운데를 접어 앞뒤로 4닢이 되게 한다. 앞쪽에 있는 두 닢은 매 닢 마다 길이가 2척 6촌이다. 마름할 때에 한쪽 가에서부터 마름질을 시작하여 4촌을 잘라 내고 2척 2촌을 남겨 두는데, 점차적으로 비스듬하게[1] 마름질을 하여 가장자리 쪽에 가까워지면 길이를 변동시키지 않는다.-마름질을 시작한 곳에 비하여 4촌 길게 남겨 둔다.- 뒤쪽에 있는 두 닢은 매 닢 마다 길이가 2척 3촌이다. 이 또한 한쪽 가에서부터 마름질을 시작하여 1촌을 잘라 내고 1척 2촌을 남겨 두는데, 점차적으로 비스듬하게 마름질을 하여 가장자리 쪽에 가까워지면 길이를 변동시키지 않는다.-마름질을 시작한 곳에 비하여 1촌 길게 남겨 둔다.- 구씨(丘氏)가 말하였다. "《가례》를 살펴보니, 웃옷의 몸판 길이는 2척 2촌이다. 지금 앞쪽은 4촌을 더 길게 하고 뒤쪽은 1촌을 더 길게 한 것은 재단하는 법이다. 이렇게 하지 않으면 양쪽 옷섶이 겹쳐질 때 웃옷의 옷깃이 교차해서 아랫단이 가지런하지 않게 된다."

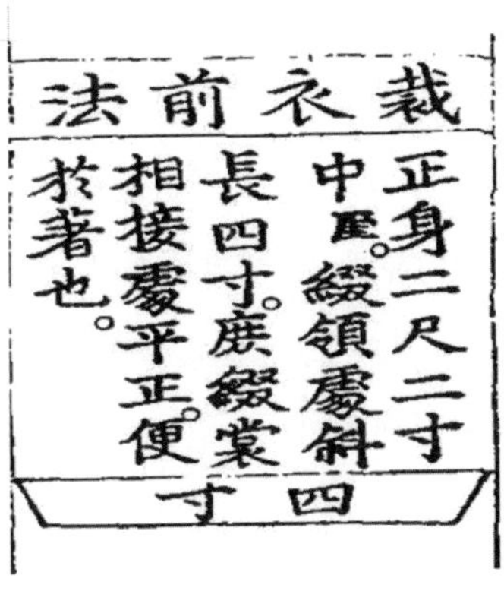

1 점차적으로 비스듬하게 : 대본에는 '漸漸' 다음에 '斜'가 누락되어 보충하여 번역하였다.

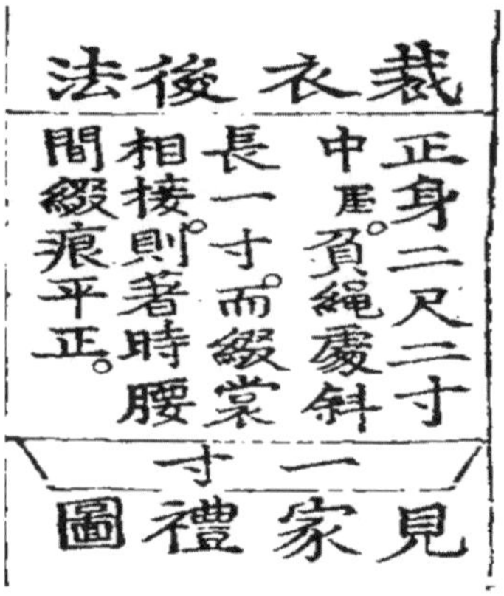

아래옷은 교차하여 잘라 12폭으로 나누어 위로 윗옷에 연결하고 그 길이는 발꿈치에 이르게 한다.〔裳交解十二幅, 上屬於衣, 其長及踝.〕

베 6폭을 써서 매 폭을 잘라 2폭으로 만든다. 한쪽 끝은 넓고 한쪽 끝은 좁게 하는데 좁은 끝이 넓은 끝의 절반이 되게 한다. 좁은 끝을 위로 가게 하여 솔기를 이어 윗옷에 잇는다. 윗옷에 이은 곳의 둘레는 약 7척 2촌이다. 윗옷 1폭에 3폭씩 잇는다. 아랫단이 발꿈치에 닿는 곳의 둘레는 약 1장 4척 4촌이다.

○〈옥조〉의 '심의의 허리둘레는 소매의 세 배이고, 아랫자락을 꿰맨 것은 허리둘레의 갑절이고, 옷섶은 옆에 있다.〔深衣三袪, 縫齊倍腰, 衽當旁〕' 주에, "거(袪)는 소맷부리이다. 1척 2촌으로 둘레가 2척 4촌이다. 허리의 넓이는 2척 4촌의 3배가 되니 곧 7척 2촌이다. 그러므로 '소매의 세 배'라고 한 것이다. 자(齊)는 아래옷의 아래쪽 절반이고 요(腰)는 아래옷의 위쪽 절반이다. '아랫자락을 꿰맨 것이 허리둘레의 갑절'이라는 것은 아래쪽 절반의 너비 1장 4척 4촌을 꿰맨 것이 허리둘레 7척 2촌의 갑절임을 이른다. 임(衽)은 아래옷이 서로 접하는 부분이다. 몸의 양쪽 옆에 있기 때문에 '옷섶은 옆에 있다.'라고 한 것이다.

○구씨가 말하였다. "베 6폭을 써서 매 폭을 비스듬히 잘라 2폭으로 나누어 한쪽 끝은 넓고 한쪽 끝은 좁게 하는데 넓은 끝이 좁은 끝에 비해 갑절이 되게 하니, 좁은 끝은 6촌, 넓은 끝은 1척 2촌이다. 자르기를 마치면 좁은 끝을 위로 향하게 하고 넓은 끝을 아래로 향하게 하여 이어 꿰매 한데 모은다."

○사계가 말하였다. "아래옷 6폭은, 매 폭의 포는 본디 너비가 2척 2촌이다. 처음 자를 때 넓은 끝은 각각 1척 4촌, 좁은 끝은 각각 8촌인데 양옆으로 각각 1촌을 빼서 꿰맨 후 잘라내는 용도로 삼으면 넓은 끝은 딱 1척 2촌이 되고 좁은 끝은 딱 6촌이 되니 바로 3분의 1이다. 6촌짜리 12폭을 가지고 위로 허리에 붙이면 딱 7척 2촌이 되고, 1척 2촌짜리 12폭을 가지고 아래로 아랫자락에 돌리면 딱 14척 4촌이 되니 꼭 맞아서 남거나 부족한 것이 없다. 〈옥조〉에 말한 '심의는 허리둘레가 소매의 세 배이고, 아랫자락을 꿰맨 것이 허리둘레의 갑절이다.'나 〈심의〉에서 말한 '허리둘레를 꿰맨 부분이 아랫자락의 절반이다.'는 모두 서로 참조하여 아울러 갖추어야 하는 글이다. 〈곡거재제도(曲裾裁制圖)〉 아래 주석에 심의의 아래옷을 만드는 제도를 상세하게 갖추어 놓았으니, 바로 이 내용과 같다.

○〈심의〉-편명이다.- '급과(及踝)' 주석에, "과(踝)는 발꿈치이다." 하였다.

曲裾裁制

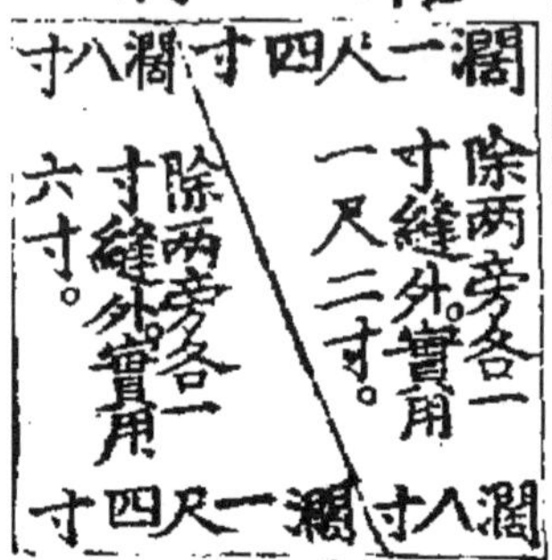

見家禮圖

家禮曲裾註。交解裁之如裳之制。

둥근 소매〔圓袂〕

베 2폭을 써서 각각 중간을 접어 윗옷의 길이와 같게 한다. 윗옷의 좌우에 붙여 그 아래를 꿰매 합하여 소매를 만든다. 그 본래의 너비는 윗옷의 길이와 같지만 점점 둥글게 줄여서 소맷부리에 이르면 그 지름이 1척 2촌이다.

○〈옥조〉의 '소매는 팔꿈치를 두를 수 있어야 한다.〔袂可以回肘〕' 주에, "몌(袂)는 윗옷과 연결된 소매이다. 위아래의 너비가 2척 2촌이고, 팔의 길이는 1척 2촌이다. 그러므로 팔꿈치를 두를 수 있다." 하였다.

○〈심의〉의 '소매의 길이는 뒤집어서 접었을 때 팔꿈치에 이르게 한다.〔袂之長短, 反詘之及肘.〕' 주에, "주(肘)는 팔 중간의 구부러진 관절이다." 하였다.

○남전 여씨(藍田呂氏 여대균(呂大鈞))가 말하였다. "각(袼)의-소매가 윗옷과 접한 곳으로 겨드랑이 아래 봉합한 곳에 해당한다.- 높이는 팔꿈치를 움직일 만하게 하고, 소매의 길이는 뒤집어서 접었을 때 팔꿈치에 이르게 한다. 각은 겨드랑이의 솔기에 해당한다. 2척 2촌이 안되면 팔꿈치를 돌릴 수 없다. 소매를 윗옷의 폭에 잇고 접어서 팔꿈치에 이르게 하면 위와 아래가 각각 1척 2촌이 될 것이다.-2촌은 1촌인 듯하다.-"

○살펴보건대, 여씨의 설이 매우 정교하다. 베의 너비는 각각 그 사람의 지척(指尺)을 기준으로 하니, 윗옷의 몸판이 2척 2촌인 제도면 2척 2촌의 소맷부리가 된다. 넓은 부분을 윗옷에 잇고 뒤집어서 접었을 때 그 중간 부분이 팔꿈치에 이르게 하면 위와 아래가 각각 1척 1촌이 될 것이다.

○양복(楊復)이 말하였다. "살펴보건대, 〈심의〉편에 '소매의 길이는

뒤집어서 접었을 때 팔꿈치에 이른다.'고 하였다. 소매의 길이는 뒤집어서 접었을 때 팔꿈치에 이르는 것을 기준으로 하고 1폭에 구애되지 않는다."

○유장(劉璋)이 말하였다. "그 사람이 비대하면 베 폭도 따라서 넓어지고, 마르면 베 폭도 따라서 좁아지니, 정해진 치수에 구애될 필요 없다."

○유씨가 말하였다. "뒤집어 접어서 팔꿈치에 이르면 접수(接袖)[2]는 애당초 1폭에 구애될 것이 없다."

○〈옥조〉의 '장의와 중의는 1척을 이어서 가린다.〔長中繼掩尺〕' 주에, "장중(長中)은 장의(長衣)와 중의(中衣)이다. 심의와 만드는 제도는 같지만 이름이 다른 것이다. 1척을 이어서 가린다는 것은 1폭의 너비가 2척 2촌으로 반폭을 소맷부리에 이어 붙여서 1척을 가려 덮는 것이다." 하였다.

○엄릉 방씨가 말하였다. "장의·중의와 심의는 대동소이하다. 1척을 이어서 가린다는 것은 소매를 이어서 1척을 가려 덮는 것이니, 이것이 심의와 다른 부분이다."

○살펴보건대, 양씨와 유씨의 말로 보면 윗옷 소매는 1폭에 구애될 필요가 없다. 다만 〈옥조〉의 '장의와 중의는 1척을 이어서 가린다.'와 방씨가 '이것이 심의와 다른 부분이다.'라고 한 말로 보면 심의의 소매는 단지 1폭을 쓴다는 것이 매우 분명하니, 《가례》의 '베 2폭을 써서 윗옷에 잇는다.'는 것과 서로 맞아떨어진다. 더구나 아래 글 '검은 가선

2 접수(接袖) : 《계산기정(薊山紀程)》 권5 〈의복(衣服)〉 편에 "윗옷이 허리까지 오고 소매가 짧아 팔꿈치까지 오는 것을 접수(接袖)라고 한다."라고 하였다.

〔黑緣〕' 아래 주에, "소맷부리에 쓰는 베 이외에 이 가선의 너비만큼을 따로 둔다." 하였는데, 소매에 1폭을 사용하면 그 너비가 부족하기 때문에 소맷부리의 본래 베 이외에 별도로 검은 가선을 이어 붙여서 소매 너비를 보충하는 것이다. 지금 양씨와 유씨의 말을 따라 소매에 1폭을 더하면 이것은 장의와 중의이지 심의가 아니다. 이로써 미루어보면 양씨와 유씨 두 사람의 말이 어떠한지 모르겠다.

○지금 〈심의〉편의 '소매의 길이는 뒤집어서 접었을 때 팔꿈치에 이르게 한다.'는 뜻으로 궁구해보면, 여기서 말하는 '소매'는 소매 전체의 길이이고, 여기서 말하는 '팔꿈치'는 팔 전체의 중간 관절이다. 베의 너비는 본래 2척 2촌인데 심의의 소매는 단지 베 1폭만 쓰니 1폭의 너비가 바로 2척 2촌이 된다. 게다가 보통 사람의 팔길이는 신장의 치수와 같으니, 팔을 구부려 재보면 팔꿈치에서 위로 어깨 아래까지가 1척 1촌이고 팔꿈치에서 아래로 팔목 위까지도 1척 1촌이다. 팔 전체로 보면 베 폭이 2척 2촌의 너비에 꼭 맞는다. 지금 전체 소매 2척 2촌의 폭을 팔에서 중간을 꺾어 뒤집어서 접으면 위와 아래가 각각 1척 1촌이 되어서, 중간을 꺾어 뒤집어 접은 곳이 저절로 팔의 중간 관절에 이르니 그 의미가 매우 분명하여 의심할 것이 없다. 그런데 후세 사람들이 뒤집어 접어 팔꿈치에 이른다는 문장을 잘못 보고서 단지 팔꿈치 아래의 소매를 손목 위로 뒤집어 접어서 팔꿈치에 이른다고 보았다. 그러나 팔꿈치 아래의 소매는 바로 심의의 소매 절반이지 소매 전체가 아니다. 그 너비가 매가 좁으니 결코 뒤집어 접어서 팔꿈치에 이르지 못한다. 이것이 양씨와 유씨 등 여러 학자들이 1폭에 구애되지 않는다는 말을 하게 된 이유이니, 어찌 잘못되지 않았는가. 더구나 본문에서 말한 것은 분명 윗옷의 소매 전체로 말한 것이다. 지금 단지 팔꿈치 아래의

소매 절반을 뒤집어 접어서 팔꿈치에 이르게 한 것이라고 여긴다면 팔꿈치 위의 소매는 자연 그 안에 들어가지 않게 된다. 또 본문에서는 단지 '소매의 길이는 뒤집어 접어서 팔꿈치에 이른다.'고 말했을 뿐이니 팔꿈치 아래를 뒤집어 접어서 팔꿈치에 이르게 한다는 뜻이 어디에 있는가. 이것은 본문의 뜻을 완전히 잃어서 사람들로 하여금 대부분 양씨와 유씨의 말에 잘못되어 왕왕 소매에 1폭을 더하는 자가 있기 때문에 대략 변정(辨正)한다.

네모진 옷깃〔方領〕

양쪽 옷섶을 서로 덮어 옷섶이 겨드랑이 아래에 있으면 양쪽 옷깃이 모인 곳은 저절로 네모지게 된다.

○〈옥조〉의 '겁은 2촌이다.〔袷二寸〕' 주에, "겁(袷)은 둥근 옷깃이니, 너비가 2촌이다." 하였다.

○〈심의〉의 '굽은 겁이 곱자 같다.〔曲袷如矩〕' 주에, "겁은 옷깃이 교차하는 것이다. 옷깃이 교차하면 저절로 곱자 같은 형상이 있다."

○구씨가 말하였다. "너비 2촌의 베 한 조각을 써서 평상복을 만드는 법처럼 옷깃을 만든다. 그런 다음 그 위에 가선을 두른다." 또 말하였다. "요즘 사람 중에 3촌을 비스듬히 들여 옷깃을 재단하는 법을 주장하는 경우가 있는데 근거 없는 억설로 따를 수 없다. 또 윗옷에는 반드시 옷깃이 있은 뒤에 가선을 두를 수 있으니, 참으로 그의 주장과 같다면 이것은 가선은 있고 옷깃은 없는 것이다. 〈옥조〉에서 말한 '겁은 2촌이다.'라고 한 것은 과연 무엇이란 말인가? 더구나 《가례》의 〈심의제도〉 본문에 이미 '네모진 옷깃〔方領〕'이 있고 또 '검은 가선〔黑緣〕'이 있으니, 별개의 것이라는 것이 또한 분명하다."

굽은 옷자락〔曲裾〕-양씨 주에 따라, 쓰지 않는다.- 주(註)의 “옷섶을 잇고 가장자리를 건다.〔續衽鉤邊〕”

채연(蔡淵)이 말하였다. “사마광(司馬光)이 기록한 ‘속임구변(續衽鉤邊)’의 제도는 인용한 증거가 비록 자세하지만 옛 뜻을 얻지 못하였다. 선생께서 이를 문제로 여겨, 이치로써 경문과 복식의 올바름을 깊이 음미하여 그 말을 이해하였다. ‘속임구변’이라는 것은 단지 아래옷의 옆을 이어 붙여 앞 뒤폭을 꿰매지 않고 좌우를 서로 거는 것이 곧 ‘구변’이니, 따로 베 한 폭을 고리처럼 재단하여 아래옷의 옆에 다는 것은 아니다.

○양복이 말하였다. “심의제도는 ‘속임구변(續衽鉤邊)’ 한 구절이 고증하기 어렵다. 정현(鄭玄)이 ‘속임’ 두 글자를 주석한 것이 문의가 매우 분명한데, 다만 소(疏)가 어지럽혔을 뿐이다. 정현의 주에, ‘속(續)은 잇다〔屬〕와 같고, 임(衽)은 아래옷의 옆에 있는 것이다. 이어 붙여서 아래옷의 앞뒤를 구별하지 않는다.’ 하였다. 정현의 뜻은, 일반적인 아래옷은 앞 3폭 뒤 4폭으로 이미 앞과 뒤의 구별이 있으니, 그 옆의 두 폭은 갈라져서 서로 이어지지 않는다. 심의의 아래옷은 12폭을 교차하여 잘라 재단하고 모두 옷섶〔衽〕이라고 명명하였다. 이른바 ‘속임’이라는 것은 아래옷의 옆에 있는 2폭을 가리켜 말한 것이니, 아래옷의 옆 2폭을 이어 붙여서 아래옷의 앞과 뒤를 나누지 않음을 이른다. 또 〈가례의도〉에서 ‘합하여 꿰매고 나서 또 다시 덮어 꿰매어 입기 편하게 한다. 합하여 꿰맨 것을 「속임(續衽)」이라 하고 덮어 꿰맨 것을 「구변(鉤邊)」이라 한다.’ 하였다.”

○구씨가 말하였다. “아래옷의 양 옆은 겨드랑이에서 아래로 밑단에 이르기까지 앞과 뒤가 서로 닿는 부분을 모두 합하여 꿰매어 서로 이어

붙여 열리지 않게 한다.-이것을 '속임'이라 한다.- 또 덮어서 그 가장자리를 꿰매기를 세속에서 말하는 '구침(鉤針)'처럼 한다.-이것을 '구변'이라고 한다.-" 또 말하였다. "속(續)은 이어 붙이는 것이다. 임(衽)은 아래옷의 옆폭이다. 구(鉤)에는 서로 교차하는 뜻이 있고 변(邊)은 아래옷의 가장자리이니, 서로 가려서 교차시키는 것을 이른다."

○살펴보건대, 일찍이 우암이 만든 심의를 보니 아래옷 폭의 옷섶을 이은 곳은 꿰매고 남은 베를 모두 안에 두었고 양쪽 겨드랑이 아래 아래옷 폭의 옷섶을 이은 부분만 꿰매고 남은 포를 모두 밖에 두었는데 밖에 있는 남은 포를 다시 본포의 위에 붙여 꿰매었다. 양 옆 옷섶을 이어 합쳐서 꿰매는 것을 '속임'이라 하고, 남은 포를 본포의 위에 붙여 꿰매는 것을 '복봉'이라 한다.

검은 가선〔黑緣〕

가선은 검은 깁을 쓰는데, 옷깃의 겉과 속은 각각 2촌으로 하고 소맷부리와 아래옷 가장자리의 겉과 속은 각각 1촌 반으로 한다. 소맷부리에 쓰는 베 이외에 이 가선의 너비만큼을 따로 둔다.

○〈옥조〉의 '겁은 2촌이고, 거는 1척 2촌이고, 가선의 너비는 1촌 반이다.〔袷二寸, 袪尺二寸, 緣廣寸半。〕' 주에, "겁(袷)은 둥근 옷깃이니 너비가 2촌이고, 거(袪)는 소맷부리이니 2촌이다." 하였다.

○엄릉 방씨가 말하였다. "겁은 옷깃이니 겹쳐서 합하기 때문에 겁(袷)이라고 한다. 나누면 하나가 되고 합하면 둘이 되기 때문에 2촌이다. 가선 1촌 반은 15푼이다.

○〈심의〉의 '윗옷에 가선을 하고 소맷부리에 가선을 하고 옷섶의 가장자리에 가선을 하는데 각 너비는 1촌 반이다.〔純, 袂緣, 純邊, 廣各

寸半.]' 부분의 고주(古註)에, "순(純)은 가선을 대는 것을 이른다. 소매에 가선을 두른다는 것은 그 소맷부리를 이른다. 가장자리에 가선을 두른다는 것은 윗옷과 아래옷의 가장자리이다. 너비가 각 1촌 반이면 안팎으로 겹쳐서 3촌이 된다." 하였다.

○구씨(丘氏)가 말하였다. "검은 깁을 사용하여 만든다. 옷깃 및 소맷부리와 아래옷 가장자리에 안팎으로 모두 1촌 반을 사용하다. 옷깃 및 아래옷 가장자리는 안과 밖으로 본포 위에 양면으로 끼워 꿰매고, 소맷부리는 본포 밖으로 이어 꿰맨다.-소맷부리의 베 밖으로 이 가선의 너비만큼을 따로 둔다는 것이다.-" 또 말하였다. "《가례》에서는 옷깃의 가선은 2촌을 쓰고 소맷부리와 아래옷의 가장자리는 1촌 반을 쓴다고 하였는데, 지금 그렇지 않은 이유는 《예기》 〈옥조〉에 '겁(袷)은 2촌이고, 가선의 너비는 1촌 반이다.' 하여 옷깃을 아래옷과 소매와 구분하지 않았으니 모두 1촌 반이 되기 때문이다. 이제 옷깃도 1촌 반을 써서 아래옷과 소매와 같게 하려는 것은 옷깃이 조금만 드러나게 하는 것이니, 그렇게 하지 않으면 겁(袷)을 괜히 두는 것이 될 것이다.

큰 띠〔大帶〕-신(紳)의 가선은 반 촌이다.-

띠는 흰 비단을 사용하는데-구준(丘濬)의 《가례의절(家禮儀節)》에는 혹 베를 사용한다고 하였다.- 너비가 4촌으로 겹쳐서 꿰맨다.〔夾縫之〕-《운회》에 '협(夾)은 아우르다〔兼〕이다.' 하였다. 봉(縫)은 바늘로 옷을 꿰매는 것이다.- 그 길이는 허리를 둘러 앞으로 묶는데 두 번 묶어서 두 귀를 만들 정도로 하고, 바로 그 나머지를 늘어뜨려 신(紳)을 삼아 아래로 치맛단과 가지런히 한다. 검은 비단으로 신의 가선을 장식하고 다시 오색 끈〔五采條〕을-《운회》에 '조(條)는 실을 엮은 줄이다.' 하였다.- 다는데, 너비가 3촌이고 띠를 묶은 곳을 동여매는데 길이는 신(紳)과 가지런히 한다.

○《예기》〈옥조〉에, "대부는 소대(素帶)를 두르는데 가선〔辟〕을 하고-주(註)에 '비(辟)는 비(紕)와 같이 읽으니, 가선이다.' 하였다.- 늘어뜨린다.-주에, '대부의 흰 띠는 그 두 귀와 아래로 늘어뜨리는 신(紳)만 가선을 두르고, 허리 뒤는 가선을 두르지 않는다.' 하였다.- 사(士)는 연대(練帶)를 두르는데 엮어서〔率〕-음이 율(律)이다.- 아래로 늘어뜨린 부분만 가선을 한다.〔下辟〕-주에, 연(練)은 증(繒)이다. 사는 연으로 띠를 만든다. 홑겹을 사용하는데 그 양쪽 가장자리를 꿰매기 때문에 '율(繂)'이라고 한다. 허리 및 두 귀는 모두 가선을 두르지 않고 그 신(紳)만 가선을 하기 때문에 '하비(下辟)'라고 한 것이다." 하였다. ○구씨(丘氏)가 말하였다. "지금 본주(本註)의 협봉(夾縫)을 합하는 것은 《예기》에서 말한 것처럼 홑겹으로 하는 것이 옳다."- 대부의 띠는 4촌이고, 사(士)의 치피(緇辟)는 3촌인데 두 번 감아서〔再繚〕 4촌이다.-주에, "4촌은 너비이다. 사의 띠의 가선은 안팎이 모두 검은 색〔緇〕이기 때문에 '검은 띠〔緇帶〕'라고 한다. 대부 이상의 띠는 모두 너비가 4촌이고, 사의 연대(練帶)만 너비가 2촌인데 허리둘레를 두 번 감으면 역시 4촌이다." 하였다. ◇《심의고증(深衣考證)》에, "'두 번 감는다〔再繚〕'는 뜻은 《예기》와 같지 않다. 한 번 감으면 귀가 되고 두 번 감으면 두 귀 됨을 이르니, 또한 교차해 묶는다는 뜻이다." 하였다.-

◇동춘당(同春堂 송준길(宋浚吉))이 다음과 같이 물었다. "심의(深衣)의 큰 띠〔大帶〕는, 반드시 이미 겹으로 꿰맨 것이 4촌인 것을 사용한다고 생각했었습니다. 만약 4촌을 겹으로 접어 꿰맸다면 마땅히 2촌이 되니 그 너비가 너무 좁습니다. 전에 선숙주(先叔主 사계(沙溪))께서 띠신 띠를 보니 매우 넓었습니다. 필시 이미 겹으로 꿰맨 것이 4촌인 것을 사용하신 것입니다. 《예기》〈옥조(玉藻)〉의 진호(陳澔) 주에, '사(士)는 연(練)으로 띠를 만드는데 홑겹을 사용하고 양쪽 가장자리

를 꿰매기 때문에 '율(繂)'이라 한다.' 하였다. 보주(補註)의 '홑겹으로 만든다.'는 설은 필시 여기에서 나온 것입니다. 그러나 주자께서 이미 고금의 알맞은 것을 절충해서 제도를 만들었는데, 지금 어찌하여 《가례》를 버리고 다른 데서 찾아야 합니까."

또 말하였다. "《가례》 본문에는 "너비가 4촌이고, 겹으로 접어 꿰맨다."라고 하였으니, 반드시 4촌을 겹쳐서 꿰매 2촌으로 만드는 것을 이른다고 해서는 안 될 듯합니다. 제가 만든 것은 이미 꿰맨 것이 4촌인 것을 사용하는데, 그렇게 넓지 않으니, 만약 2촌을 사용한다면 그 너비가 너무 좁으니, 어찌 '심수포대(深邃褒大)'한 옷에 맞겠습니까. 다시 《예기》 〈옥조〉를 상고하건대, '대부(大夫)의 큰 띠는 4촌이고, 사(士)는 2촌인데 두 번 감으면 4촌이 된다.'고 한 곳의 진호 주에 '4촌은 너비의 척도(尺度)이다. 사만 너비 2촌의 띠를 사용하지만 허리둘레를 두 번 감으면 이 또한 4촌이다.' 하였습니다. 이에 의거하면 띠의 너비는 본래 4촌이 기준이고 오직 사는 강쇄(降殺)하는 의리에 따라 너비를 줄이지만 반드시 두 번 감아 4촌이란 수의 기준에 맞게 하는 것입니다. 《가례》는 간편함을 따라서 두 번 감는 제도를 생략한 것이니, 그렇다면 4촌의 띠를 사용하는 것은 의심의 여지가 없습니다."

신독재(愼獨齋)께서 다음과 같이 말씀하였다. "《가례》 및 《예기》의 본문을 자세히 보면 한마디 말로 분변할 수 있습니다. 《예기》에 '사(士)는 연대(練帶)이다.'라고 한 곳의 진호 주에 '연(練)은 증(繒)이다.'고 하였고, 《가례》에도 '띠는 백증(白繒)을 쓴다.'고 하였습니다. 그렇다면 증은 바로 사의 띠를 만드는 직물(織物)이니, 어찌 사의 큰 띠를 겹쳐서 4촌 너비가 되도록 만들 리가 있겠는가. 대체로 사의 띠는 홑겹 2촌 너비로 만들어 반드시 두 번 감은 뒤에야 4촌이라는 수의 기준에 맞게 됩니다. 《가례》에서 두 번 감는다는 말은 생략하고 겹쳐서 꿰맨다고 한 것은, 허리에 두 번 감아서 홑겹 4촌의 수를 겹쳐서 2촌이 되게 해서 사의 띠가 원래 홑겹으로 된 2촌 너비를 사용하는 제도에 맞게 한 것이니, 사실은 바로 두 번 감으면 홑겹 4촌의 띠가 되는 것입니다. 단지 두 번 감는 절차는 생략하고 홑겹 4촌의 수는 생략하지 않았으니, 이것이 주자의 본뜻입니다. 그런데 무엇 때문에 굳이 2촌의 규정을 버리고 겹쳐서 4촌으로 만드는 제도를 창시(創始)하겠습니까. 만약 그렇게 한다면, 실제 두 번 감은 것의 갑절이 됩니다. '연(練)'으로 말하면 대부의 제도가 아니고, '겹쳐서 4촌 너비가 되게 한다.'는 것으로 말하면 사의 제도가 아닙니다. 주자가 어찌 이런 근거 없는 제도를 만들었겠습니까. 그러나 《가례》에서 말한 것은 단지 사의 큰 띠만을 논한 것입니다. 만약 이를 근거로 '대부와 사가 모두 통용한다."고 한다면, 옳은지 모르겠습니다." 또 말씀하셨다. "《주자대전(朱子大全)》에 '신(紳)의 양쪽 가에 각각 반 치씩 선을 두른다.'라고 하였고, 보주(補註)에는 '양쪽 가에 각각 한 치씩 꿰맨다.'라고 하였으니 바로 두 치이네. 신(紳)에 가선을 두르는 제도는 마땅히 《주자대전》을 따라야 하네. 두 치의 띠는 흑백이 균등하지만 네 치의 띠는 흑백이 고르지 않아 흰색이 많네. 만약 보주의 설을 따른다면 두 치의 띠는 전체가 검게 되고, 네 치의 띠는 흑백이 균등하게 되네. 기억하건대 선인의 띠는 흑백이 균등하였으니, 반드시 두 치 너비의 띠에 양쪽 가에 각각 반 치씩 가선을 두른 것이 틀림없네."

○또 다음과 같이 물었다. "얼마 전에 영보(英甫 송시열(宋時烈))를 만났는데, 그가 말하기를, '두 번 감는다.〔再繚〕는 두 글자는 본래 《예기》 〈옥조〉에서 나왔으니, 분명 허리를 두 번 감는다는 뜻이다. 《가

례》의 '재료(再繚)'와 달리 보아서는 결코 안 된다. 그 아래의 '두 귀〔兩耳〕를 만든다.'고 한 글은 본래 별도의 일이니, '재료' 자를 이곳에 억지로 끌어다 붙여서는 안 된다." 하였으니, 그의 논의가 참으로 옳습니다. 다만 겹쳐서 꿰매는〔夾縫〕 제도는 옛날의 예와 서로 맞지 않으니, 이것이 도리어 의심스럽습니다." 또 다음과 같이 답하였다. "'재료'란 말이 비록 〈옥조〉에 나오지만, 《가례》의 뜻은 두 귀를 만들기 위해 차용(借用)한 것일 뿐입니다. 어찌 허리를 둘러서 앞에다 매고서 이미 매었는데 재차 감아 맬 리가 있겠는가. 만약 겹쳐서 꿰매어 2촌으로 만들고서 두 번 감는다면 이것은 사실 홑겹 8촌이 됩니다. 사의 띠는 겹으로 만들지 않고, 대부의 띠는 두 번 감는 것이 아닙니다. 이미 〈옥조〉의 제도와도 어긋나고 또 《가례》와도 어긋나는데, 무엇에 근거하여 그렇게 말하는 것입니까."

○신독재(愼獨齋)께서 김익렴(金益廉)의 편지에 답하기를, "옛날 예에 '사(士)의 띠는 연(練)을 써서 홑겹으로 만드는데 너비는 2촌이고 허리둘레를 두 번 감으니, 이 역시 4촌이다.' 하였다. 주자께서 고금을 절충하여 대부(大夫)와 사(士) 모두 다 너비 4촌으로 하고 흰 비단을 겹쳐 꿰매서 2촌으로 만들어 사용하였다. 지금 마땅히 주자가 만든 것을 따라 겹쳐 꿰매 2촌이 되게 하는 것이 좋다. 선친께서 살아 계실 때에도 이와 같이 만드셨다." 하였다.

○살펴보건대, 무릇 글자는 마땅히 먼저 그 출처를 찾은 후에 그 뜻을 해석할 수 있다. 지금 '두 번 감는다.〔再繚〕'는 두 글자는 본래 〈옥조〉의 글이어서, 《가례》에서 이른바 '두 번 감는다.'는 것도 분명히 〈옥조〉에서 나온 것이니 그렇다면 이것은 마땅히 우암 어른의 설이 옳은 듯하다. 어떤지 모르겠다.

치관(緇冠)-솔기가 모두 왼쪽을 향하게 한다.-

종이를 배접하여 무(武)를 만든다.〔糊紙爲之武〕.[3]-《예기》〈곡례(曲禮)〉에, "무(武)는 아래의 도리이다. 그러므로 발이 몸의 아래에 있기 때문에 '무(武)'라고 하고, 관의 테두리〔卷〕도 관의 아래에 있기 때문에 또한 '무'라 한다." 하였다.- 높이는 1촌 정도이며 너비는 3촌이고 길이는 4촌이다.〔高寸許, 廣三寸, 袤四寸.〕-동서를 '광(廣)'이라고 하고 남북을 '무(袤)'라고 한다.- 위에 다섯 개의 골〔梁〕을 만드는데 너비는 무(武)의 길이와 같이 하고 길이는 8촌으로 한다. 정수리의 앞뒤로 걸치게 하는데, 아래로 무를 붙이고 그 양 끝을 각각 반자씩 접되 밖에서 안을 향하게 하고 검게 칠을 한다. 무의 양옆의 반 자 위로 구멍을 뚫어 비녀를 꽂는다. 비녀는 치골(齒骨)등 모든 흰 물건을 쓴다.

○관례(冠禮)의 초가(初加)에 치포관을 쓰는 것은 제후 이하에 통용한다.

○왕보(王普)의 〈심의제도〉에, "치포관은 검은 비단을 사용하여 만드는데, 더 견고한 종이로 만드는 것만 못하다." 하였다.

○살펴보건대, 《예기》〈교특생(郊特牲)〉에, "관례 때에 처음 관을 쓰는데 치포(緇布)로 만든 관이다. 먼 옛날에 베로 관을 만들었는데, 재계에 쓸 때는 검게 물들이다." 하였는데, 주(註)에, "관례의 삼가(三

3 종이를……만든다 : 대본에는 '糊紙爲之武' 다음에 소자쌍행의 주석이 이어져 있어서 '糊紙爲之武'를 한 구로 보았으나, '糊紙爲之'를 한 구로 보고, '武'를 아래 구 '高寸許, 廣三寸, 袤四寸.'에 이어 보는 것이 일반적이다. 그렇게 보면, 해석이 "종이를 배접하여 만든다. 무(武)는 높이는 1자쯤이며 너비는 3자, 길이는 4자이다."가 되어 문맥에 더 맞는다. 다만 대본이 원 편집자의 오류인지, 아니면 저자의 의도인지 판단하기 어려워 우선 대본의 체제에 따라 번역하고 주석에 의문을 남겨 둔다.

加)에 처음에 치포관을 쓰는데, 이것은 먼 옛날에 재계할 때 쓰는 관으로 치포로 만든다. 계(笄)를 사용하지 않고 규(頍)를 사용해 머리카락 가장자리를 싸서 목 뒤 가운데에 묶고 이어 매어서 관을 고정시킨다. 이 관은 후세에 다시 사용하지 않고 초관(初冠)에 잠시 사용하니, 옛날을 잊지 않는 것이다.-《운회(韻會)》에, "규(規)는 머리를 든 모양이고 또 고깔 모양이다. 《시경》〈기변(頍弁)〉에 '우뚝한 고깔모자여〔有頍者弁〕'라고 하였다." 하였다.-" 또 《예기》〈옥조〉에, "처음 관은 치포관(緇布冠)이다. 제후 이하 모두 사용한다. 관례를 한 후에는 버리는 것이 좋다." 하였는데, 주에 "관례 초가(初加)에 치포관을 사용하는데 제후 이하 모두 통용하니, 옛 제도를 보존하는 까닭에 사용하는 것이지 당시 왕의 제도가 아니다. 그러므로 사용한 다음에는 곧바로 버린다." 하였다. 또 《예기》〈유행(儒行)〉의 "공자가 송나라에 있을 때 장보관(章甫冠)을 썼다." 주에 "치포관은 은나라 때에는 '장보(章甫)'라고 불렀다." 하였다. 또 《논어》〈자한(子罕)〉 편의 "공자께서 말씀하시길, 마면(麻冕)이 예이다……." 주에 "마면은 치포관이다. 30승 베로 만든다." 하였다. 또 《논어》〈선진(先進)〉 편 '단장보(端章甫)' 소주(小註)에, "장보는 치포관이다. 하나라에서는 '모퇴(毋追)-음이 모퇴(牟堆)이다.-'라고 하였고, 상나라에서는 '장보'라고 하였고, 주나라에서는 '위모(委貌)'라고 하였으니, 칠포(漆布)로 만드니, 삼대(三代) 때 평상시에 입고서 도를 행하는 관이다." 하였다. 지금 이 몇 가지의 설을 가지고 보면 이른바 관례의 초가에 사용하는 치포관과 《가례》의 심의에서 사용하는 치관(緇冠)은 그 명칭이 이미 다르고 그 제도도 같지 않은데, 훗사람이 뒤섞어 같은 물건으로 만든 것이다. 《상례비요(喪禮備要)》에서조차 치포관을 치관이라고 하였으니, 그 까닭을 모르겠다.

복건(幅巾)

검은 비단〔黑繒〕 6자 남짓을 사용한다. 가운데를 접는데, 오른쪽 가장자리는 접은 곳을 따라 가로로 된 끝동〔幓〕을 만들고, 왼쪽 가장자리는 뒤집어 접는다. 끝동 왼쪽 4~5자 사이에서부터 비스듬히 왼편으로 꿰매며 둥글게 내려와 왼쪽 가장자리를 따라 양 끝에 이르게 한다. 꿰매던 나머지 비단을 다시 뒤집어 안으로 향하게 해서 끝동을 이마 앞으로 싸고, 양 상투 옆에 이르면 각각 띠 하나를 다는데, 너비는 2촌이고 길이는 2자이다. 복건 밖에서 정수리 뒤로 넘겨 서로 묶어 드리운다.

○《주자대전(朱子大全)》에 이르기를, "검은 비단을 6척 남짓 써서 만든다. 한쪽 가장자리를 잘라내어 건액(巾額)을 만들고, 가운데에 해당되는 부분에 깃을 만든다. 양쪽 옆에는 3촌 쯤 되는 곳에 각각 띠 하나를 이어 다는데, 띠의 너비는 2촌 쯤 되게 하고 길이는 2척 쯤 되게 한다. 깃 중간의 윗부분을 따라서 반대로 접는데 폭(幅)의 가운데에 오게 한다. 비스듬하게 꿰매어 뒤쪽으로 향하게 하고, 한쪽 각(角)을 제거하고서 다시 반대로 접어 건(巾)의 정수리 부분이 완전히 둥그렇게 되도록 한다. 그리고는 이마 부분에 있는 깃을 머리 앞쪽에 대고 뒤쪽으로 향하도록 하여 머리를 감싸서 그 띠를 뒤통수에서 묶는다. 묶고 남은 띠는 아래로 드리운다." 하였다.

○《성리대전(性理大全)》 보주(補註)에 이르기를, "검은 비단〔皀絹〕을 6척 남짓 써서 만든다. 가운데에 해당되는 부분을 접어서 두 닢으로 만들고, 오른쪽 접힌 곳을 따라 접어서 하나의 가로로 된 작은 깃을 만든 다음 다시 뒤집는다. 깃의 왼쪽 가장자리의 4, 5촌쯤 되는 곳에서 비스듬하게 꿰매는데 한 길로 왼쪽을 향하여 둥글게 굽으면서 내려오

게 한다. 왼쪽 가장자리를 따라 양쪽 끝까지 와서는 다시 뒤집는데, 꿰매고 남은 비단을 안쪽으로 넣어서 감춘다. 곧장 깃이 이마 앞에 오도록 하여 싸는데 양쪽 귀를 대하여 양편으로 각각 띠 하나씩을 단다. …… 깃을 만들 때는 오른쪽 가장자리의 접은 곳에 손가락으로 조금 들어 올려 오른쪽으로 향하도록 접고, 다시 조금 들어 올려 왼쪽으로 향하도록 접은 다음, 양쪽을 서로 모이는 곳에서 실로 이어 붙이는데 그 중간 부분을 비게 하여 깃을 만든다." 하였다.

○사계(沙溪)가 이르기를, "주자대전과 성리대전 보주를 가지고 보면 건액(巾額)이 있고 다시 깃이 있는 것이 분명하다.: 하였다.

○구씨(丘氏)가 말하였다. "살펴보건대 《예기》 〈심의〉 편에는 관제(冠制)가 없고, 치포관은 옛날에 시가(始加)의 복식으로 착용하였으나 관례를 한 후 버렸으니 상용하는 복식이 아니다. 송나라 사마온공(司馬溫公)에 이르러 비로소 심의를 입고 치관을 쓰고 복건으로 싸맸는데 주자가 그것을 본받았으니, 또한 옛날의 제도가 아니다. 복건의 제도는, 옛날에는 관(冠)은 있고 건(巾)은 없었으니, 건은 다만 그릇이나 과일을 덮는 데에 사용할 뿐 머리에 쓰지는 않았다. 한나라에 이르러 죄인에게서 관을 없애고 검은 쓰개를 쓰게 했는데, 이른바 건책(巾幘)이라는 것으로, 특히 요리사 등의 천한 자의 복식이 되었다. 사대부가 머리 복식으로 삼은 것은 곽임종(郭林宗)의 절각건(折角巾)에서 처음 나타나는데, 이후로 진나라 사람에게 다시 접리건(接䍦巾)이나 백갈건(白葛巾) 등이 있었으니 이에 크게 드러나기 시작했다. 복건은 참으로 옛날의 제도가 아니지만 이어서 사용한 것이 이미 오래되었으니 우선 여기에 써서 고찰할 수 있게 한다." 하였다.

검은 신〔黑履〕

신코〔約〕와 신코장식〔繶〕과 가선〔純〕과 신 끈〔綦〕을 흰색으로 한다.

○유해손(劉垓孫)이 말하기를, "신에 신코가 있다는 것은 신 머리에 끈으로 코를 만든 것을 이른다. 혹 비단 1촌을 접어서 신코를 만들기도 하니, 매듭을 받아 뚫어 꿰는 것이다. 신코장식은 솔기 중간의 꼬인 줄을 이른다. 흰 실로 아래 가선을 두르기 때문에 '억(繶)'이라고 한다. 준(純)은 장식하는 것이다. 신 끈은 발꿈치에 붙이니, 신을 매기 위한 것이다." 하였다.

○《주례》〈천관(天官)〉에 '구(約)는 잡음〔拘〕을 말한다. 신발코를 신 머리에 두어 다닐 때의 경계로 삼은 것이다.' 하였는데, 시선을 아래로 해서 함부로 돌아보지 않음을 말한다. 신코장식은 신 머리와 바닥이 연결되는 곳의 솔기인데 그 가운데를 끈으로 꿰맨다.

○《의례》〈사관례(士冠禮)〉에, "신은 여름에는 칡으로 만든 것을 사용한다. 현단복에는 검은 신을 사용하고-색을 관과 같이 한다.- 신코와 신코장식과 가선은 푸르게 한다. 가선은 너비〔博〕가 1촌이다.-너비〔廣〕가 1촌이다.- 겨울에는 가죽신을 신는 것이 좋다." 하였다.

○《서의(書儀)》에 "검은 신에 흰 가선을 두른 것을 신는다.〔黑履白緣〕-자주(自註)에, '신발 바닥이 겹으로 된 것을 「석(舃)」이라 하고, 바닥이 홑인 것을 「이(履)」라 한다. 《주례(周禮)》에, 「이(履)에는 다섯 가지 색깔이 있다.」 하였는데, 근래에는 붉은색과 검은색의 두 종류 석(舃)만 있다. 붉은색의 석은 귀하고 검은색의 석은 흔하다. 지금 검은 이(履)에 흰 가선을 두른 것을 신는 것은 또한 그 낮은 것을 따른 것이다.' 하였다.- 여름에는 비단신을 신고 겨울에는 가죽신을 신는다.〔夏用繒, 冬用皮.〕-자주(自註)에, '옛날에 여름에는 칡 신을 신고 겨울에는 가죽신을 신었는데, 지금은 칡으로 구를 만드는 사람이 없기 때문에 여러 사람을 따른

것이다.' 하였다.-"

○《의례소(儀禮疏)》에 "신은 아래옷의 색을 따른다. 현단복과 검은 신은 검은 아래옷으로 하는 것이 바르다." 하였다.

○구씨(丘氏)가 말하였다. "살펴보건대 '검은 신〔黑屨〕' 주 아래에, '신코와 신코장식과 가선과 신 끈을 흰색으로 한다.'고 하였고, 권 머리의 그림 아래 주에 '심의는 흰 신을 사용한다.'라고 하였다. 신은 아래옷의 색을 따르니, 심의의 아래옷에 흰색을 썼다면 신도 흰색을 쓰는 것이 합당하다."

심의편

深衣篇

옛날에 심의(深衣)는 제도가 있어서 그림쇠와 곱자와 먹줄과 저울추와 저울대에 맞았을 것이다. 짧아도 살이 드러나지 않고 길어도 땅을 덮지 않으며, 옷섶을 잇고 가장자리를 걸며 허리를 꿰맨 것이 아랫자락의 절반이다.〔古者深衣, 蓋有制度, 以應規矩繩權衡, 短無見膚, 長無被土, 續衽鉤邊, 要縫半下.〕

엄릉 방씨(嚴陵方氏)가 말했다. "심의의 제작은 그 유래가 오래되었기 때문에 옛날에 편(篇)의 머리에 놓은 것이다. 소매는 앞에 있으면서 그림쇠에 맞고, 옷깃은 가운데 있으면서 곱자에 맞고, 솔기는 뒤에 있으면서 먹줄에 맞고, 단은 아래에 있으면서 저울추와 저울대에 맞는다. 짧아도 살이 드러나지 않으면 그 모양이 상스럽지 않으니 비록 절약하였지만 지나치게 검소하지 않으며, 길어도 땅을 덮지 않으면 그 물건을 낭비하지 않으니 비록 풍성하여도 지나치게 사치스럽지도 않았다. 임(衽)은 옷깃이다. 아래옷과 서로 이어지므로 '속임(續衽)'이라고 하였고, 아래옷의 가장자리에 있으면서 굽혀서 갈고리처럼 묶기 때문에 '구변(鉤邊)'이라 한다. 허리를 꿰맨 너비가 아랫단의 절반이다."

소매 밑의 높낮이는 팔꿈치를 움직일 만하게 하고, 소매의 길이는 뒤집어서 접었을 때 팔꿈치에 이르게 한다. 띠는 아래로는 넓적다리뼈에 닿지 않고 위로는 갈비뼈에 닿지 않게 하여 뼈가 없는 부분에 놓이

게 한다.〔袼之高下, 可以運肘. 袂之長短, 反詘之, 及肘. 帶, 下無壓髀, 上毋壓脅, 當無骨者.〕

유씨(劉氏)가 말하였다. "각(袼)은 소매가 윗옷과 접하는 부분으로 겨드랑이 아래에 봉합한 곳에 해당한다. 운(運)은 회전함이다. 〈옥조(玉藻)〉에 '소매는 팔꿈치를 돌릴 수 있을 정도로 한다.〔袂可以回肘〕'는 것이 이것이다. 주(肘)는 팔의 관절부분이다. 매(袂)는 소매〔袖〕이다. 각(袼)의 위아래의 길이는 윗옷의 몸판과 같으니 2척 2촌이다. 윗옷은 4폭인데 허리를 꿰맨 것이 7척 2촌이다. 또 부승(負繩)[4]의 솔기와 옷깃 가장자리의 접어서 넣은 각 1촌을 제외하면, 양쪽 겨드랑이의 남은 부분이 앞뒤로 각각 3촌 쯤 되는데 2척 2촌 폭의 소매를 이어붙이면 2척 5촌이 된다. 그러나 주척(周尺)의 2척 5촌은 지금 옛 자의 2척을 채우지 못하니, 겨우 손과 나란하여 뒤집어 접을 수 있는 여유가 없다. 그런데 '뒤집어 접었을 때 팔꿈치에 이르게 한다.'고 하였으니, 접수(接袖)는 애당초 한 폭으로 국한하지 않은 것이다. 경문에서 '짧아도 살갗이 드러나지 않고 길어도 땅을 덮지 않는다.' 및 '각(袼)은 팔꿈치를 움직일 만하게 하고 소매의 길이는 뒤집어서 접었을 때 팔꿈치에 이르게 한다.'는 모두 사람의 신체가 척도가 되고 척촌(尺寸)을 말하지 않은 것은, 참으로 베의 폭을 재는 자가 고금의 차이가 있고 신체도 크고 작고 길고 짧은 차이가 있기 때문이다. 주자가 '자는 손가락을 사용한다. 중지의 가운데 마디가 촌이 된다.' 하였으니 각자 자신의 몸에 맞게

4 부승(負繩) : 심의(深衣)의 윗옷 등판을 이은 솔기와 아래옷 중앙 솔기를 서로 이은 것으로, 마치 줄처럼 곧다고 하여 붙여진 명칭이다. 《禮記注疏》〈深衣〉편의 공영달(孔穎達)의 소(疏) 참고.

하는 것이다. 심의의 띠는 아래로는 넓적다리뼈에 닿지 않고 위로는 갈비뼈에 닿지 않게 하여 뼈가 없는 부분에 놓이게 하였다면 약간 아래에 가까운 것이다. 그러나 여기서 띠의 제도는 말하지 않았다. 〈옥조〉에 '사는 비단으로 띠를 만드는데, 홑겹으로 하고 늘어뜨린 아랫부분만 가선을 두른다.〔士練帶, 率, 下辟.〕'라고 한 것 등은 모두 조복(朝服)과 제복(祭服)의 띠이다. 주자의 심의 띠 또한 옥조의 문장과 비슷한데 다만 홑이냐 겹이냐가 다를 뿐이다.

열두 폭을 지어서 열두 달에 응한다. 소매는 둥글게 하여 그림쇠에 응하고, 굽은 옷깃은 곱자처럼 하여 네모에 응하고, 등솔기는 복사뼈에 이르게 하여 곧음에 응하고, 아랫단은 저울처럼 하여 평평함에 응한다.〔制十有二幅, 以應十有二月. 袂圜以應規, 曲袷如矩以應方, 負繩及踝以應直, 下齊如權衡以應平.〕

동회 진씨(東滙陳氏)가 말하였다. "겁(袷)은 교차된 옷깃이다. 옷깃이 교차하면 자연히 곱자와 같은 모양이 있다. 과(踝)는 복사뼈이다. 윗옷의 등솔기 및 아래옷의 가운데 솔기가 위아래로 서로 이어진 것이 마치 줄이 곧은 것과 같기 때문에 '부승(負繩)'이라고 한다. 하제(下齊)는 아래옷 끝의 꿰맨 부분이니, 수평을 이루는 저울대처럼 가지런히 하고자 하는 것이다."

○장락 진씨(長樂陳氏)가 말하였다. "열두 달은 천수(天數)이다. 소매를 둥글게 하여 그림쇠에 응하게 하는데, 둥근 것은 하늘의 형체이다. 굽은 옷깃은 곱자처럼 하여 네모에 응하는데, 네모는 땅의 형상이다. 등솔기는 복사뼈에 이르게 하여 곧음에 응하고 아랫단은 저울처럼 하여 평평함에 응하는데, 정직과 평형은 사람의 도(道)이다. 하늘의

큰 수가 12에 불과하기 때문에 달이 12에 이른 뒤에 세공(歲功)을 이루는 것이 심의를 반드시 12폭으로 만든 뒤에 좋은 옷이 될 수 있는 것과 같다. 쉬지 않는 것이 하늘임을 드러내어 소매는 움직여 쉬지 않으며, 움직이지 않는 것이 땅임을 드러내어 옷깃은 정지하여 움직이지 않는다. 평하면 기울지 않고 곧으면 굽히지 않는다."

○구씨(丘氏)가 말하였다. "지금 〈심의〉 장의 문세로 보면 이른바 '열두 폭을 지어서 열두 달에 응한다.'라는 한 구는 옷 전체를 통틀어 한 말인 듯하다. 만약 아래옷만을 말한다면 소매와 옷깃을 언급한 것 앞에 와서는 안 된다. 윗옷과 아래옷은 하늘과 땅을 본받았으니, 이처럼 순서가 뒤바뀌어서는 안 된다. 더구나 아래 문장에서 소매를 말하고 다음에 옷깃을 말하고 그다음에 등솔기를 말한 뒤에 아랫단을 언급한 것에서도 저절로 순서가 있음을 볼 수 있다. 그러나 한(漢)나라 이후로 선유들이 모두 아래옷이라고 하였는데, 어찌 감히 하루아침에 주관적으로 결단해서 반드시 이렇다고 하겠는가."

○또 말하였다. "심의제도는 바로 사마온공(司馬溫公 사마광(司馬光))이 《예기》의 〈심의〉 편을 근거하여 새로 제작한 것이니, 옛날부터 전해오는 것이 아니다. 나는 아래옷의 제도가 〈심의〉 편의 문세와 같지 않다고 의심하다가 뒤에 오흥(吳興) 오계공(敖繼公)의 설을 알게 되었는데, 윗옷 6폭과 아래옷 6폭을 합하여 12폭이라고 하였다. 오초려(吳草廬 오징(吳澄)) 또한 '아래옷을 6폭의 베로 12조각을 만드니 12폭이라고 말할 수 없다. 또 아래옷의 폭만 말하고 윗옷의 폭을 말하지 않은 것은 더욱 불가하다. 윗옷과 아래옷이 각각 6폭인 것은 1년 12달의 6음(陰)과 6양(陽)을 상징한 것이다.' 하였다."

○살펴보건대, "구씨의 이 설은 본 바가 없지 않은 듯하다. 다만 《가

례》의 주자의 설과는 같지 않으니, 따를 수 없을 듯하다."

그러므로 둥근 소매가 그림쇠에 맞게 한 것은 행동할 때 손을 들어 의용(儀容)을 갖추기 위해서이고, 곧은 등솔기와 네모진 옷깃은 그 정치를 곧게 하고 그 의리를 방정하게 하기 위해서이다. 그러므로 《주역》에 이르기를, '〈곤괘(坤卦)〉 육이(六二)의 움직임은 곧고 방정하다.' 하였다. 아랫단을 저울처럼 하는 것은 뜻을 편안히 하고 마음을 화평하게 하기 위해서이다.-《예기정의》에 "그 뜻을 편안하게 하고 그 마음을 고르게 하고자 하는 것이다." 하였다.- 다섯 가지 법이 이미 베풀어졌기 때문에 성인이 이것을 입는 것이다. 그림쇠와 곱자는 사사로움이 없음을 취하고, 먹줄은 곧음을 취하고, 저울은 평평함을 취하기 때문에 선왕이 귀하게 여긴 것이다. 문채(紋彩)를 표현할 수 있고 무용(武勇)을 형용할 수 있으며, 빈객을 접대할 수 있고 군대를 다스릴 수 있다. 완전하고 또 낭비하지 않으니, 선의(善衣)의-정현(鄭玄)의 주에, "조복(朝服)과 제복(祭服)이다." 하였다.- 다음가는 옷이다.〔故規者, 行擧手, 以爲容. 負繩抱方者, 以直其政, 方其義也. 故易曰坤六二之動, 直而方也. 下齊如權衡者, 以安志而平心也. 五法已施, 故聖人服之, 故規矩取其無私, 繩取其直, 權衡取其平, 故先王貴之. 故可以爲文, 可以爲武, 可以擯相, 可以治軍旅. 完且不費, 善衣之次也.〕

《예기의소(禮記義疏)》에, "소매가 둥글어 그림쇠에 맞게 한 것은 행동할 때 손을 들어 읍하고 사양하는 동작을 하여 의용을 차리게 하고자 해서이다. 포방(抱方)은 옷깃이 네모진 것이다. '그 정사를 바르게 한다.〔以直其政〕'는 등솔기〔負繩〕를 풀이한 것이고, '그 의리를 방정하게 한다.〔以方其義〕'는 네모진 옷깃〔抱方〕을 풀이한 것이다." 하였다.

○방씨(方氏)가 말하였다. "12폭이 열두 달에 응한다는 것은 하늘을 우러러 보는 것이고, 그 정사를 바르게 하고 그 의리를 방정하게 한다는 것은 땅을 굽어보는 것이며, 소매 밑의 높이는 팔꿈치를 운용할 만하게 하는 것은 가까이 몸에서 취하는 것이고, 그림쇠와 곱자와 줄과 저울에 응하는 것은 멀리 사물에서 취하는 것이니, 그 제도가 참으로 매우 심오하다. 그러나 현단복(玄端服)과 면류관(冕旒冠)은 공경스러운 빛이 있으니 문채를 낼 수 있고, 갑옷과 투구는 욕보일 수 없는 빛이 있으니 무용을 보일 수 있다. 현단복과 면류관으로 무용을 보일 수 없으며 갑옷과 투구로는 문채를 낼 수 없으니, 두 가지를 겸하는 것은 오직 심의(深衣)뿐이다. 비록 문채를 낼 수 있지만, 현단복과 면류관이 조회를 보고 제사에 참여할 수 있는 것과는 같지 않으니, 다만 예를 도와 빈상(儐相)이 될 수 있을 뿐이다. 비록 무용을 보일 수 있지만, 갑옷과 투구가 전차(戰車)를 탈 수 있는 것과는 같지 않으니, 다만 책략을 짜서 군대를 다스릴 수 있을 뿐이다. 제도에 다섯 가지 법이 있기 때문에 '완전하다〔完〕'고 하였고, 그 재질이 베이고 그 색이 흰색이기 때문에 '낭비하지 않는다.〔不費〕'라고 한 것이다. 길복(吉服)은 조복(朝服)이 으뜸이고 연회복이 그다음이기 때문에 '선의의 다음이다.〔善衣之次〕'라고 한 것이다."

부모와 조부모가 살아 계시면 윗옷에 가선을 두를 때 무늬 있는 천으로 하고, 부모만 계시면 윗옷에 가선을 두를 때 청색 천으로 한다. 만일 고자(孤子)일 경우에는 윗옷에 가선을 두를 때 생초(生綃)로 한다. 윗옷에 가선을 하고 소맷부리에 가선을 하고 옷섶의 가장자리에 가선을 하는데, 각 너비는 1촌 반이다.〔具父母, 大父母, 衣純以績. 具

父母，衣純以青．如孤子，衣純以素．純袂緣純邊，廣各寸半．]

동회 진씨(東滙陳氏)가 말하였다. "회(繢)는 무늬이다. 순(純)은 윗옷의 가선이다. 몌연(袂緣)은 소맷부리에 가선을 두르는 것이다. 순변(純邊)은 옷섶의 가장자리 및 아래에 가선을 두르는 것이다. 각 너비가 1촌 반이고, 겁(袷)은 너비가 2촌이다."

○여씨(呂氏)가 말하였다. "서른 아래로 아비가 없는 경우는 '고(孤)'라고 칭할 수 있다. 서른 살 이상인 경우 아비가 되는 도리가 있어서 '고'라고 말하지 않는다. '순몌연순변(純袂緣純邊)'은 세 가지 일이다."

심의부론

深衣附論

주자가 말하기를, "옛날과 더욱 멀어져서 관복의 제도 중에 겨우 보존되어 볼 수 있는 것은 오직 이것만 남았다. 그러나 먼 곳의 사인(士人) 중에 본 자가 드물어 왕왕 스스로 만드는 경우가 있는데 괴이하고 법도에 맞지 않아 복요(服妖)에 가까우니, 매우 한탄스럽다." 하였다.

면재(勉齋 황간(黃榦))가 쓴 《주문공행장(朱文公行狀)》에, "선생은 날이 밝기 전에 일어나, 심의(深衣)를 입고 폭건(幅巾)을 쓰고 방리(方履)를 신고 가묘(家廟)와 선성(先聖)을 배알하였다." 하였다.

여씨(呂氏 여대림(呂大臨))가 말하였다. "심의(深衣)의 쓰임은 상하가 같은 이름을 쓰는 것을 꺼리지 않으며 길흉에 같은 제도를 쓰는 것을 꺼리지 않으며 남녀가 같은 복식을 하는 것을 꺼리지 않는다. 제후가 아침에는 조복을 입고 저녁에는 심의를 입으며 대부와 사(士)가 아침에는 현단복(玄端服)을 입고 저녁에는 심의를 입는데, 이것이 상하가 같은 이름을 쓰는 것이다. 유우씨(有虞氏)가 심의를 입고 노인을 봉양하였으며, 장군인 문자(文子)의 상에 상복을 벗은 뒤 조문을 받게 되었을 때 상주가 연관(練冠)을 쓰고 심의를 입었으며, 친영(親迎)을 할 때 여자가 길에서 신랑의 부모가 죽으면 심의를 입고 명주로 머리를 묶고서 분상한다고 하였으니, 이것은 길흉에 같은 제도를 쓰고 남녀가 같은 복식을 하는 것이다."

동회 진씨(東匯陳氏 진호(陳澔))가 말하였다. "심의는 제도는 같은데 명칭이 다른 것이 네 가지가 있다. 채색으로 가선을 두른 것을 '심의'라고 하고, 생초(生綃)로 가선을 두른 것을 '장의(長衣)'라고 하고, 베로 가선을 두른 것을 '마의(麻衣)'라고 하고, 조복(朝服)과 제복(祭服) 안에 입는 것을 '중의(中衣)'라고 한다. 다만 대부 이상은 제사를 도울 때는 면복(冕服)을 입고, 직접 제사를 올려서 작변복(爵弁服)을 입을 때는 흰 비단으로 중의를 만든다. 사(士)의 제사에 조복(朝服)을 입을 때는 베로 중의를 만든다. 상복(喪服)도 중의가 있는데, 〈단궁(檀弓)〉에 '연의(練衣)는 누른색으로 안감을 하고 연분홍색 가선을 두른다.'라고 한 것이 이것이다. 다만 소맷부리에 한 자를 이어서 가려서는 안 된다."

낙평 마씨(樂平馬氏 마단림(馬端臨))가 말하였다. "옛사람의 의복 제도가 더는 남아 있지 않고 오직 심의(深衣)만 《예기》에서 매우 자세히 말하고 있다. 그러나 후세에 이것을 입는 자가 있으면 괴상하다고 비난을 받거나 아니면 게으르다고 비웃음을 산다. 강절(康節 소옹(邵雍)) 같은 대현도 나는 지금 사람이니 감히 옛 옷을 입지 못한다는 말을 하였고, 사마온공(司馬溫公)은 반드시 독락원(獨樂園)에 거처한 뒤에 입었으며, 여형공(呂滎公 여희철(呂希哲))과 주문공(朱文公)은 반드시 치사(致仕)한 뒤에 입었다. 그렇다면 세 분 군자께서 관직에 있으면서 세상에 쓰일 때는 또한 감히 이 옷을 입어 세속의 이목을 놀라게 하지 않은 것이다."

구씨(丘氏 구준(丘濬))가 말하였다. "심의(深衣)는 송나라 때에도 입는 사람이 참으로 드물었다. 하물며 수백 년이 지난 지금은 어떠하겠는가. 다행히 주문공의 도가 지금 세상에 크게 밝아져서, 《가례》가 인가(人家)에서 날마다 사용하여 없어서는 안 될 책이 되었다. 관직에 있는 자야 마땅히 현재의 제도를 따라야겠지만, 벼슬하지 않고 은거하는 사람이나 벼슬을 내려놓고 집에 거처하는 사람은 의당 옛 제도에 의거하여 한 벌을 만들어서 살아서는 제사 때나 평상시에 입는 복식으로 쓰고 죽어서는 염습하는 도구로 쓴다면 어찌 복고(復古)의 한 가지 일이 아니겠는가."

후재집

제38권

잡저 雜著

할계록 割鷄錄

잡저○할계록 雜著○割鷄錄

신사년(1701) 예산에 부임했을 때이다.

경내의 상하에게 통유하는 약조

通諭境內上下約條

현감이 부임한 지 벌써 석 달이 지났다. 비록 재주가 모자라고 식견이 얕아 아무런 한 일이 없지만, 백성의 사정과 아전의 습속을 가만히 살펴보니 알지 못하는 곳이 많아 결국 일에 속임수가 많아지고 명령이 혹 중단하기도 하였다. 습속이 갑자기 변하기 어렵지만, 또한 성의가 미쁘지 못한 점이 있어 그렇게 된 것도 있으니, 이것이 현감이 자리에 걸맞다는 것을 스스로 알아서 백성에게 부끄러움이 없을 수 없는 이유이다.

그러나 애당초 걸맞지 않은 것을 헤아리지 않고 직책을 맡았으니, 또 어찌 백성에게 한마디 말로 약속을 하여 서로 권면하고 책려하는 바탕으로 삼지 않아서야 되겠는가. 이에 약간의 약조를 우리 경내의 상하대소 여러분에게 두루 알린다. 말이 비록 심오하지는 않지만 진심에서 나온 것이니, 반드시 각자 깊이 생각하여 꼭 실효를 거두기를 간절히 바란다.

하나. 근래 세도가 야박하고 인심이 거짓되어 위고 아래고 어른이고 아이고 할 것 없이 날조하고 속이는 것을 일삼고 있다. 그래서 관은 아전과 백성을 믿지 않고 아전과 백성도 관가를 믿지 않아 피차 서로 의심하고 정의(情義)가 막히기에 이르렀으니, 이것은 실로 오늘날의 큰 근심거리라 하겠다. 반드시 먼저 이 관문을 통과하고 난 후에야 모든 일을 할 수 있을 것이다. 이제부터는 윗사람과 아랫사람, 어른과 아이가 한결같이 겸양과 양보와 성실과 속이지 않는 것을 주로 하여 철석같이 서로 믿고 음악처럼 조화로우며 일가의 부자와 형제처럼 친하게 지내서 속이고 업신여기는 습속이 조금도 남아있지 않게 한다면 백성의 풍속은 바르게 되고 아전의 습속은 크게 바뀔 것이니, 어찌 아름답지 않겠는가!

하나. 아들과 아우 된 자는 마땅히 효도와 공경을 근본으로 삼아야 한다. 이 두 가지에 근본을 세우고 나면 그 나머지는 자연스레 차례대로 미루어가게 된다. 만일 그렇지 않으면 아무리 문예가 출중하고 재주가 남보다 뛰어난 점이 있더라도 귀할 것이 못된다.

하나. 고을의 어른들은 모두 부형과 가까운 분들이니 무례하게 굴어서는 안 된다. 붕우 간에도 반드시 성심과 공경으로 서로 대해야지 절대 함부로 굴거나 조롱하는 등의 일이 없어야 한다. 나이 어린 자제는 또 마땅히 부지런히 학문에 힘쓰고 자신의 몸을 단속하며 효제와 충신, 겸손과 삼감 등의 일로 간곡하게 권면해야지 단지 과거와 녹봉 및 가업을 경영하고 재산을 관리하는 일로만 이끌면 안 된다. 여색과 노름 등은 일체 금한다.

하나. 경경내에 만약 나이가 높고 행실이 고매해서 사표와 모범이 되는 분이 있으면 현감이 마땅히 직접 가서 알현한다. 나이는 적지만 혹 학문이 정밀하고 넓으며 견식이 뛰어나거나 혹 지조가 고결하고 효성과 우애가 드러난 자라면 고을에서 모두 각별히 논의해 알려서 장려하고 권면하는 바탕으로 삼아야 한다.

하나. 고을에 혹 부모에게 불효하고 형에게 공손하지 않으며 친족과 화목하지 않거나 혹 선한 이를 해치고 바른 이를 모함하며 이익을 좋아하여 의를 잊거나 혹 왕래하며 농간을 부리고 친구를 이간하거나 혹 근거도 없이 말을 만들어내고 이웃을 해하려는 자가 있으면 온 고을에서 그 경중에 따라서 그의 죄를 바로잡으며, 심한 경우에는 관가에 아뢴다.

하나. 이익을 도모하는 데 급급하고 재화를 탐해서 이치에 맞는지의 여부와 일의 시비를 돌아보지 않고 오로지 자신을 이롭게 하고 남을 해치는 일에 힘쓰는 자는 온 고을에서 공론에 따라 벌을 시행하며, 심한 경우에는 이 역시 관가에 아뢴다.

하나. 사대부는 마땅히 절의를 높이고 염치에 힘쓰고 학업에 부지런하고 검약을 소중히 하고 예양에 힘쓰는 것으로 서로 권면하고 항상 스스로 격려해야하니, 그래야 타락에 이르지 않게 된다. 비속하고 구차하며 능멸하고 쟁탈하며 모함하고 이간하는 따위의 일은 모두 견식 있는 자가 부끄러워하는 것이니 절대로 해서는 안 된다.

하나. 면(面) 내에 혹 젊은이가 어른을 능멸하고 서얼이 적자를 능멸하고 아랫사람이 윗사람을 능멸하고 천한 이가 귀한 이를 능멸하고 부자가 빈자를 병탄하고 권력자가 약자를 업신여기거나, 관리가 여염집에 드나들며 민간에서 소란을 일으키고 사찰에 왕래하며 승도들을 침해하는 경우에는 풍헌(風憲)이 그때그때 즉시 관가에 아뢰어 별도로 징벌해 다스리는 바탕으로 삼는다.

하나. 조세와 조적은 반드시 온 힘을 다해 실어 바쳐야지 주저하거나 회피하는 계책을 세워서는 안 된다. 기타 마땅히 해야 하는 요역도 마음을 다해 하고 혹 기한을 넘기거나 모면하려고 해서 죄를 자초해서는 안 된다. 옛사람이 '부세를 성실히 내고 관의 명령을 받들어야 한다.〔謹賦稅奉官令〕'고 하였는데, 이 여섯 글자가 어찌 오늘날 마땅히 본받아야 할 것이 아니겠는가.

하나. 고을에 거하면서 혹 당론을 주장하거나 관에 들어와 혹 사욕을 좇아 청탁하거나 혹 세력이 있다고 고을 사람을 억압하여 양민에게 해를 끼치거나 혹 세력을 믿고서 관의 명령을 멸시하는 일은 모두 사대부의 아름다운 행실이 아니니 반드시 경계해야 마땅하다.

하나. 무지한 촌민이 술을 즐겨서 혹 향도(鄕徒)를 핑계대거나 혹 활쏘기를 핑계대며 술과 고기에 힘써서 종일토록 술독에 빠져, 결국 취기에 말다툼을 하고 노기에 몸싸움을 하기에 이른다. 고소가 분분하고 송사가 넘쳐나는 것은 대부분 이 때문이다. 심한 경우엔 초상을 치르고 매장하는 날이나 대상과 소상을 치르는 날에 이웃을 불러다

술을 마시고 잔치를 벌이는 경우도 있고 혹 굿판을 벌여 꽹과리와 북소리가 종일토록 들리는 경우도 많으니, 예법을 무너뜨리고 풍속을 해치고 더럽히는 것이 이보다 심한 것이 없다. 이와 같은 유는 면임(面任)이 하나하나 적발하여 관에 아뢰어서 통렬히 다스리는 바탕으로 삼는다.

하나. 근래 백성의 습속이 농업에 힘쓰지 않고 오로지 게으름피우고 노는 데만 일삼아 밭 갈고 씨뿌리고 김매고 수확하는 일에 때를 놓치지 않은 경우가 없다. 관가에서 꾸어주는 곡식이나 개인이 빚 놓는 곡식을 여러 차례 받아먹고서 결국 떠돌이로 구걸하여 삶을 보전할 수 없기에 이른다. 추위와 배고픔이 극에 달하면 마침내 도적이 되고 마는데 비록 도적이 되지 않았다 하더라도 사람들이 반드시 도적으로 의심하니, 이것이 모두 농업에 힘쓰지 않은 잘못이다.

위의 12조를 면임이 즉시 경내의 상하대소 사람들에게 통유한다. 그중 글자를 모르는 상놈은 반드시 언문으로 번역하여 효유한다. 현감이 본래 병이 많고 재주가 적은데다 부임한 지도 얼마 되지 않아 두서를 알지 못한다. 오직 백성을 사랑하는 한결같은 마음은 항상 가슴속에 간절하지만 혹 불민하여 경내의 백성과 선비에게 죄를 얻을까 걱정이 되어 이 몇 가지 약조를 만들어 알리니, 우리 백성이 마음을 고쳐먹고 선을 향해가게 하며 또 이것을 말미암아 스스로 자신을 반성하고 죄를 줄이는 계책으로 삼고자 해서이다. 설령 현감이 잘못을 저지르는 일이 있더라도 그 본심을 따져보면 지혜가 미치지 못하고 재주가 부족한 것에 불과하지 사실 의도가 있어서 일부러

저지른 것은 아니다. 이 뒤에 현감이 하는 일이 백성의 마음에 불만스러운 것이 있으면 면임이 또한 공론을 모아서 일이 있을 때마다 서면으로 보고해서 성찰하고 회개하는 바탕으로 삼는다.

경내의 상하의 사람들에게 다시 유시하는 글
再諭境內上下文

현감이 얼마 전에 한 두 약조를 경내의 상하대소 사민에게 통유하였으니, 서로 권면하고 마음을 고쳐 선을 향하게 하고자 해서였다. 그 일이 비록 우활한 듯해도 그 뜻은 사실 우연이 아니었지만 결국 공허한 글이 되고 말아 전혀 실효가 없었다. 속이는 아전의 습속은 예전 그대로고 야박한 백성의 풍속은 날로 심해지고 있다. 이것은 현감의 시행이 마땅함을 잃고 진심이 미쁘지 못한 결과이니, 스스로 부끄러워 자책하기에도 겨를이 없는데 어찌 감히 이것을 백성의 탓으로 돌리겠는가. 졸렬한 말과 얕은 정성으로 백성들이 듣고 감동하기에 부족하다는 것을 스스로 잘 알고 있으니, 생각에 옛 분의 격언과 지론이면 쉬이 인심을 감동시킬 수 있기를 바랄 수 있을 것 같아 이에 다시 고령(古靈) 진선생(陳先生 진양(陳襄))이 선거령(仙居令)이 되었을 때 풍속을 일깨운 글 한 단락을 가져다 알린다.

그 글은 다음과 같다.

"우리 고을 백성들이 아비는 의롭고 어미는 자애롭고 형은 우애하고 아우는 공손하고 자식은 효도하며, 부부간에 은혜가 있고 남녀 간에 분별이 있고 자제는 배움이 있고 마을에는 예절이 있으며, 빈궁과 환난에 친척이 서로 구원하고 혼인과 상사(喪事)에 이웃이 서로 도우며, 농업을 게으르지 말고 도적이 되지 말고 도박을 배우지 말고 쟁송을 좋아하지 말며, 악으로 선을 능멸하지 말고 부자가 빈자를 병탄하지 말며, 길가는 자는 길을 양보하고 밭을 가는 자는 밭두둑을 양보하며 머리가 희끗한 노인이 길에서 짐을 지거나 이지 않는다면 예의가 있는 풍속이 될 것이다."

그 말이 명백하고 친절하며 긴요하고 적절해서 외우고 나면 나도 모르게 존경하는 마음이 일어나니, 이 마음을 똑같이 가지고 있는 우리 모두가 이것을 본다면 어찌 감격하여 분발하는 효과가 없겠는가. 이에 다른 말은 쓰지 않고 이 글을 베껴 써서 경내에 두루 알려서 앞의 뜻을 다시 편다. 만일 이로 인해 경각심을 가지고 다 함께 새로워져서 속이는 자가 변하여 진실해지고 야박한 자가 변화하여 도타워진다면 백리 안의 풍속이 크게 변하여 예산 주변의 온 일대가 모두 예의의 고장이 되는 것을 보게 될 것이다. 비록 이웃 마을의 사람들이 듣더라도 또한 반드시 감탄하고 부러워하며 보고 느껴서 흥기하는 자가 있을 것이니, 어찌 우리 경내 상하 사민(士民)의 광휘가 되지 않겠는가. 진심에서 우러나온 말로 절대 꾸민 것이 아니니, 대충 들어 넘기지 말고 더욱더 격려한다면 매우 다행이겠다.

경내의 어린이를 권유하는 글

勸諭境內童蒙文

옛날 어린이의 배움은 말하고 먹을 줄 안 때부터 어버이를 사랑하고 어른을 공경하며 스승을 높이고 벗을 가까이하며 부지런히 배움에 힘쓰고 자신의 몸을 검속하는 방법으로 가르쳤다. 8세 이상이 되면 소학에 들어가고 15세 이상이 되면 태학에 들어가서 낮 동안에 익히는 것과 일상생활에서 절차탁마하는 것이 성현의 가르침에 침잠하고 덕성을 훈도하는 것이 아님이 없었다. 옛사람이 이른바 '몽매한 이를 바름으로 기른다.〔蒙養以正〕'는 것은 대부분 이 방법을 따랐다.

나는 평소 기이한 병이 있고 지식도 없는데 이 지방에 부임해서 거의 넉 달이 되었다. 공무를 본 여가에 경내의 어린이를 모아서 학규를 정하고 과목을 엄격히 세워 일과로 독서를 하게 하여 조금도 대충 넘어가지 못하도록 하고, 때로 또 서로 문의를 강학하고 의심스러운 부분을 토론하게 하려는 뜻을 내심 가지고 있었다. 그렇게 하면 피차간에 서로 진보하고 성장하는 유익함이 있을 뿐만이 아니라 그 부형도 즐겁게 듣고 기쁘게 따를 것 같아 이에 한두 약조를 아래와 같이 나열하니, 경내의 어린이 중에 따르기를 원하는 자가 있으면 면임이 즉시 문서로 보고하여 때에 맞춰 거행하는 바탕으로 삼는다.

하나. 사대부와 교생(校生)과 서파(庶派)를 따지지 않고 배움에 뜻을 둔 어린이는 모두 와서 배우는 것을 허락한다. 8세 이상은 먼저 《동몽수지》, 《효경》, 《소학》을 읽고 15세 이상으로 문리가 조금 통한 자는 비로소 《대학》 및 《혹문》, 《가례》, 《심경》, 《근사록》, 《논어》, 《맹자》, 《중용》 등의 책을 읽는다.

하나. 각각 면 안에서 문학에 재주가 있고 잘 이끄는 자질이 있어 어린이의 스승이 될 만한 사람 한 명을 선택해서 훈장으로 삼는다. 제도를 바로잡고 지도를 부지런히 하여 경내의 어린이가 보고 느껴 흥기하는 효과가 있게 한다. -○일전에 화악동 서당의 정문(程文)을 보니, 학교를 건립하고 스승을 세운다는 말이 있었는데 그 뜻이 매우 좋았다. 이것은 서당에 스승이 있는 것을 미루어 훈장을 두어서 근방의 어린이를 가르치는 바탕으로 삼은 것이다.-

하나. 독서는 자세히 생각하고 익숙히 읽어서 반드시 지취를 환히 꿰뚫고 몸과 마음으로 체득해 아는 것을 주로 해야지 그저 강설만을 해서 말하고 듣는 거리가 될 뿐이어서는 안 된다. 정자께서 "문의를 알지 못하고서 그 의리를 통달하는 자는 있지 않다."라고 하였고, 또 "작게 의심하면 작게 진보하고 크게 의심하면 크게 진보한다." 한 말씀을 본 적이 있다. 이 말씀이 진실로 의미가 있으니 살펴보지 않아서는 안 된다.

하나. 매달 초하루와 보름에 훈장이 각각 어린이를 인솔하여 향교나 혹 서원에 모이거나, 혹은 불시에 넓고 한가한 곳을 구해서 어린이에게 읽은 책을 강론하게 하거나 의심스러운 의리를 토론하거나 근태를 시험하도록 하여 반드시 모두 배운 바에 유익함이 있기에 힘쓰도록 한다. 그중에 혹 와서 질문하는 자가 있으면 내가 비록 부족하지만 마땅히 아는 지식을 다하여 알려주겠다.

하나. 어린이가 모두 모이는 날에 내가 만약 관가의 긴요한 일이 없으면 마땅히 몸소 그곳에 나아가 훈장과 마주 앉아 함께 강학한다. 어린이 중에 문의를 잘 해석하고 취지를 환히 아는 자가 있으면 상을 내려 권장한다. 비록 잘하지 못하는 자가 있더라도 우선 가르쳐서 점차 진보하기를 기다려야 할 것이다.

하나. 어린이는 각자 자기가 읽는 책에서 생각한 것이 있으면 적어두고 의심이 있으면 찌를 붙여 모두 모였을 때 질문하고 토론할 거리로 삼는다.

하나. 책을 읽고 난 후 또 한가한 날에 서로 예를 익힌다. 절하고 꿇어앉으며 읍하고 사양하며 나아가고 물러나며 오르고 내리는 따위의 예절도 마땅히 알아야 할 것들이다. 배우는 자는 참으로 독서와 강학을 급선무로 여겨야 하지만 예모와 위의도 익히지 않아서는 안 된다.

하나. 유림의 유생 중에 또한 의심스러운 문의(文義)를 따져보고자 하는 자가 있으면 와서 묻기를 바라니 나는 이를 사양하지 않을 것이다. 만일 이로 말미암아 함께 경서를 토론하고 고금을 의론하며 여염의 고락과 정령의 득실에 이르기까지 모두 세세하고 소상하게 의견을 나누어 도움이 되는 바가 있다면 어찌 다행이 아니겠으며, 어찌 아름답지 않겠는가.

향청을 효유하는 글

曉諭鄕廳文

듣자니 향청은 관가의 심장이라고 한다. 관가의 크고 작은 일을 상의하여 보좌하지 않은 것이 없으니 적임자를 얻어 그에게 맡기면 모든 일이 잘 거행되어 백성이 그 생업을 즐기지만 맡긴 사람이 적임자가 아니면 모든 일이 폐해져서 백성들이 생업을 잃게 된다. 그렇다면 그 소임이 또한 가볍지 않고 무겁다고 이를 만하다.

내가 평소 기이한 병이 있고 재주가 또 부족한데다 관직에 부임한 지도 얼마 되지 않아 백성들의 행불행과 일의 득실을 전혀 알지 못하니, 오늘에 믿고 마음을 붙여 한 현의 대소사를 물을 데가 오직 향청밖에 없다.

이에 여러분에게 마음속의 말을 털어놓으니 각자 성심으로 서로 믿고 의리로 서로 처신하여 서로 속이지 말고 서로 의심하지 말며 공적인 일을 핑계로 사적인 일을 이루지 말고 아전과 부화뇌동하여 적폐를 돕지 말라. 백성의 괴로움과 즐거움, 정령(政令)의 옳고 그름 또한 모두 아는 대로 듣는 대로 아침저녁으로 와서 의논하여 상의하는 것을 싫증 내지 말라. 상하대소가 각각 마땅함을 얻어 혹 실추되는 일이 없게 하여 나로 하여금 한 경내의 백성들에게 죄를 얻지 않게 한다면 다행이겠다. 지금 한 말은 사실 진심에서 나온 것으로 밖으로 꾸민 말이 아니니 나의 진실한 마음을 잘 헤아려 서로 면려하고 나의 간절한 뜻을 저버리지 말라. 지금 내가 성심으로 알렸는데 향청이 속임수로 행한다면 마땅히 죄에 대한 책임이 있을 것이니 결코 용서하지 않을 것임을 아울러 잘 알아서 후회를 가지지 말도록 하라.

관리를 훈계하는 글
訓戒官吏文

여러 읍의 폐단을 살펴보면 백성을 병들게 하고 정사를 해치는 일이 수백 가지여서 일일이 셀 수 없지만 그중 가장 심한 것은 하리가 관가를 속이고 백성을 침범해 포학하게 구는 것이니, 이것은 실로 고금의 공통된 문제이다. 수령이 정사를 잘 다스리는지의 여부나 한 경내의 평안과 근심이 모두 여기에 달려있으니, 만약 먼저 이 폐단을 없애지 않는다면 그 해가 그칠 때가 없을 것이다. 이에 훈계 몇조를 유시하니, 너희 아전들이 이제부터 각각 스스로 경계하고 염려하여 전날의 구습을 통렬히 개혁해서 다 함께 개과천선하는 바탕으로 삼는다면 어찌 아름답지 않겠는가.

하나. 충성스럽고 미더우며 속이지 않는 것을 주로 하여 마음을 다해 윗사람을 섬기고, 청렴하고 근면하며 매사에 민첩하게 하는 것을 힘써서 정성을 다해 공사에 봉사한다.

하나. 어버이에게 효도하는 자는 반드시 나라에 충성하며, 동년배에게 미더운 자는 반드시 관가를 등지지 않으며, 욕심이 적은 자는 반드시 탐하지 않고 염치가 있는 자는 반드시 의를 좋아하며, 공손하면 거만한 태도가 저절로 없을 것이고 성실하면 교활한 습속이 저절로 없을 것이다. 이것으로 마음을 잡아 날마다 부지런히 힘써야 할 것이다.

하나. 관청에 함께 있는 자들은 동료 간의 도리와 형제간의 의리가 있어서 형세상 친분이 두텁기 마련이다. 연장자는 반드시 믿음과 의리로 후배를 가르치고 이끌며 연소자는 반드시 겸손과 사양으로 선배를 공손히 섬겨야 하니, 그렇게 하면 관청의 분위기는 자연히 돈독해질 것이다. 이것을 미루어 수령을 섬길 때도 반드시 정성스럽고 참되어 속이지 않으며 충성스럽고 공경하여 거짓이 없어야지 이익을 탐해 의리를 잊고서 서로 배척해서도 안 되고 또 간악한 자를 옹호하고 죄를 덮어주어 서로 작당해서도 결코 안 된다.

하나. 육방(六房) 및 기타 해당 색리는 각각 맡은 바가 있으니 마땅히 이른 아침부터 깊은 밤까지 사려를 다하고 자신의 소임을 저버리는 일이 없어야 한다. 만약 각자 맡은 바의 일로 인하여 때를 틈타 간사한 짓을 꾸며 오직 이익만을 도모한다면 공과 사에 미치는 해를 이루 다 말할 수 없을 정도이니 마땅히 삼가야 한다.-이상의 네 조항은 훈도의 말이다.-

하나. 토지의 연분(年分)을 답험(踏驗)하거나 군정을 뽑을 때나 환곡을 수납하고 방출할 때 및 전세와 대동미 등 각양 세목(稅目)의 작미(作米)와 번포(番布)를 징수할 때와 그 밖의 크고 작은 출역(出役)과 유사시에 으레 이를 이용해서 간악한 짓을 많이 한다. 바로 이러한 때는 마음가짐을 공정히 하여 간악함을 제거한 뒤에야 백성이 의지해 살아가 원통함을 호소하는 근심이 없게 될 것이다. 저 백방으로 간악을 저지르고 탐욕을 부려 만족할 줄 모르는 자들이 아무리 수령을 속이고 백성을 해치는 것으로 스스로 제 계획대로 되었다고 여기더라도 하늘이 위에 있고 귀신이 옆에 있어서 너희들의 간악한 마음과 교묘한 정상을 환하게 비추어보지 않음이 없을 것이다. 재앙이 내릴 때 혹 너희 자신은 면하게 되더라도 반드시 너희 자손에게 미칠 것이니 어찌 두렵지 않겠는가!

하나. 문자를 고치고 서명을 바꾸거나, 위로 수령의 눈을 가리고 아래로 백성의 돈을 갈취하거나, 연줄을 이용해서 청탁하고 몰래 뇌물을 받거나, 사사로이 문서를 훔쳐 재물을 도적질하거나, 자기 마음대로 농간을 부려 고의로 일을 벌이려 하거나, 온화한 말과 공손한 얼굴을 하고 수령의 뜻을 탐색하거나, 이해(利害)를 말해서 수령의 귀를 동요시키거나, 겉으론 공사를 위하는 듯하면서 속으로 사익을 챙기거나, 심지어 민간에 출입하면서 술과 음식을 요구하고 사찰을 왕래하면서 신발과 종이를 으르대어 빼앗기도 한다. 이것은 그 대강만을 말한 것일 뿐 나머지는 다 쓰기 어려우니 해악이 되는 것을 어찌 이루다 헤아릴 수 있겠는가. 그러나 이것은 모두 작은 이익에 빠져 후환을 생각하지 않은 것이니, 훗날에 이르러 간악한 정상이 발각되면 작게는 형벌을 받게 되고 크게는 그 일로 목숨을 잃게 될 것이니 경계하지 않아서야 되겠는가! 경계하지 않아서야 되겠는가!-이상의 두 조항은 경계의 말이다.-

하나. 관청을 통틀어 이방이 제일 으뜸가는 직임을 맡고 있다. 여러 아전의 간악한 짓과 법을 범한 것들을 이방이 하나하나 적발하여 죄상을 가려서 관청의 분위기를 바로잡아야 한다. 만약 그렇게 하지 못하면 이방은 중죄를 면하기 어려울 것이다.

하나. 하리 중에 사리를 알고 염치를 알며 부지런하고 성실하며 성심을 다해 복무하는 자가 있으면 수령이 각별히 임무를 맡기고 또 때때로 늠료(廩料)를 지급하여 특별히 우대하는 뜻을 보이겠다.

위의 여덟 조항은 말은 비록 간략하지만 뜻은 실로 지극하여 너희들의 정문일침이 되고도 남을 것이니, 벽 위에 써서 아침저녁으로 경계하고 살핀다면 권선징악하는 일에 작은 보탬이 없지는 않을 것이다.-이상의 두 조항은 훈도와 경계의 뜻을 함께 말한 것이다.-

경내의 여러 선비에게 권유하는 글

勸諭境內多士文

호서 지방은 본래 훌륭한 선비가 많이 나오는 지역으로 일컬어졌으니 경내의 문학 지사들이 분명 훌륭하여 볼만 할 것이라 생각한다. 그러나 만약 한갓 문장을 짓는 일을 추구하거나 녹을 받는 일에 전심한다면 또한 고인의 이른바 실질에 힘쓴다는 뜻은 아닐 것이다. 전에 보니 정자(程子)께서 과거 공부를 한 달 중 열흘만 하면 되는 공부라 하셨고, 또 말씀하시기를 "과거 준비가 학문에 방해가 되는 것이 걱정이 아니라, 오직 뜻을 빼앗을까 걱정이다." 하였다. 그렇다면 오늘날 선비 된 자가 비록 과거 공부를 그만둘 수는 없겠지만 또 뜻을 빼앗기는 것을 경계하지 않아서야 되겠는가.

내가 이러한 일에 대해, 월나라 사람이 생전 처음 장보관(章甫冠)을 대하거나 여름 벌레가 얼음에 대해 말하는 것 정도로 어쭙잖을 뿐이겠는가. 그러나 여러 선비를 장려하고 면려하는 뜻만은 간절하지 않은 적이 없다. 이에 감히 먼저 산문과 표와 시부와 논 등의 문제(文題)를 경내의 여러 선비에게 보낸다. 이것이 비록 선비를 가르치는 급선무는 아니지만, 또한 학문을 권장하는 하나의 일이 될 수 있다. 글을 짓는데 시든 문장이든 관계없이 오직 실질적인 일에 힘을 쏟고 바른 뜻을 해석해야지, 형식에 얽매이거나 시류에 맞추려고 할 필요는 없다. 이러한 뜻을 면임은 즉시 경내의 선비에게 통유하여, 여러 선비가 내달 초순 전에 와서 동시에 지어 올리면 그 등급을 살피고 문풍을 격려하는 바탕으로 삼도록 하겠다.

각 면에 효유하는 글

曉諭各面文

전에 들으니, 한 읍이 잘 다스려지는지의 여부는 수령이 어진지에 달려있다고 한다. 현감이 이 지역에 부임한 것이 지금 거의 열 달이 다되었는데, 백성을 사랑하고 보살피는 방법이 잘못되고 정치와 교화는 행해지지 않아 온 경내를 두루 보아도 좋은 모습이 하나도 없다. 근래 듣고 본 것을 가지고 말해보면, 지친(至親) 사이에도 쟁송이 끊이지 않고 이웃 내에도 소장(訴狀)이 이어져서, 쌀 한 되나 베 한 자 때문에 조사받는 자리에 들어오는 것을 무릅쓰기를 회나 불고기 좋아하듯 하고 흙 한 치나 땅 한 조각을 다투느라 서로 싫어하여 틈이 생겨 마치 원수를 보듯이 한다.

술을 금하고 소나무의 벌채를 금하는 관령(官令)이 지엄한데 무시하고 거행하지 않으며, 소와 말을 도축하는 것은 국법이 매우 무거운데 조금도 거리낌이 없다. 술기운에 다른 사람을 때려 거의 죽을 지경에 이르게 한 일이 날마다 들리고, 미움을 품고 무고한 일에 얽어서 심지어 옥에 갇히기까지 하는 일이 달마다 일어난다. 어린 사람이 어른을 능멸하고 아랫사람이 윗사람을 능멸하는 일이 계속 이어지며 관령을 어기고 관차(官差)를 구타하는 일을 이루다 헤아릴 수 없다.

부세는 삼가지 않아서는 안 되는데 지체하며 납부하지 않는 것을 능사로 여기고, 환곡은 제때 납부하지 않아서는 안 되는데 법을 피하여 면하는 것을 양책으로 여긴다. 속이는 아전의 습속이 점점 심해져 맡길 만한 충신한 사람이 적어지고, 야박한 백성의 풍습이 날마다 더해가서 높일만한 성실하고 두터운 인물이 없다. 그 밖의 가지가지 악습은 모두 하나하나 들기 어렵다.

이것은 모두 현감이 용렬하고 우활해서 하는 일마다 문제가 생겨서 위엄은 사나운 자들을 제어하기 부족하고 교화는 풍속을 변화시키기에 부족해서 그저 먹고 마시는 것만 일삼으며 백성 위에 붙어 있어서 그런 것이니, 장차 무슨 낯으로 염치를 무릅쓰고 자리에 눌러앉아 스스로 그 죄상을 더하겠는가.

이에 스스로를 반성하는 뜻으로 경내에 두루 알린다. 현감의 좋지 않은 점이나 마땅함을 잃은 조처는 각 면의 존위(尊位)와 풍헌(風憲)이 반드시 보고 들은 것을 하나하나 들어서 아뢴다면 현감이 비록 부족하지만 채납하여 경계하고 성찰하지 않을 수 있겠는가.

각 면의 동계에게 반포하는 약조

頒示各面洞契約條

근래 마을에 학교가 문을 닫고 풍화(風化)가 행해지지 않은 지 오래되었다. 그러므로 궁벽한 시골 마을에서 태어난 자는 어려서부터 어른이 될 때까지, 노인이 될 때부터 죽을 때까지 보고 들은 것이 야박한 풍습이나 비속한 일에 불과하니, 사람의 마음이 어떻게 착할 수 있으며 습속이 어떻게 바를 수 있겠는가. 아, 옛날 성인께서 집안에 글방을 두고 고을에 향학을 두신 법을 지금 세상에서 다시 볼 수 없다면 차라리 우선 동네마다 하나의 계를 만들어서 엄하게 과목을 세우고 신의(信義)를 익숙하게 익히게 하여 강기(綱紀)를 유지하고 풍속을 순박하게 만드는 것이 낫다. 이것은 또한 여씨향약(呂氏鄕約)의 취지이고, 근래 경외(京外)에 통행하는 상례이다. 이에 감히 어리석음과 참람함을 헤아리지 않고 풍교에 절실한 것으로 상하가 행할 수 있는 것 몇 가지 조항을 몇 통 정서(精書)해서 경내에 보내어, 보고 느꺼워 사모하고 본받는 바가 있기를 기대한다. 각 동마다 한 본을 베껴 써 두고서 약조에 따라서 서로 익히고 실행하여 세월에 따라 연마하여 오랜 시간 유지한다면 인륜을 밝히고 풍속을 도탑게 하는 도리에 혹 작은 보탬이 없지는 않을 것이다. 우리 경내의 여러 군자는 어찌 여기에 힘쓰지 않겠는가.

동계(洞契)는 한 동에 있는 상하의 모든 사람이 함께 한 계가 되는 것으로, 계에서 조약으로 삼을 것이 네 가지가 있으니 '윤리를 바로잡음〔正倫理〕', '풍속을 돈독히 함〔敦風俗〕', '환난을 구제함〔救患難〕', '잘못을 규제함〔規過失〕'이다. 이것은 그 대강이고 그 안에 작은 조목이 또 있다. 지금 그만둘 수 없는 것으로 상하가 모두 함께 행할 수 있는 것을 취하여 아래와 같이 기록한다.

계에서 장로 한 사람을 추대해서 도유사(都有司)로 삼고 부지런하고 숙련된 자를 부도유사(副都有司)로 삼는다. 하계(下契)는 그중 조금 식견이 있는 자를 골라서 좌우 유사(有司)-일을 맡은 사원-로 삼고 또 장년 두 사람을 사호(司呼)로 삼는다.-달마다 맡긴다.- 계에 세 종류의 장부를 둔다. 하나는 입약(立約)을 기록하고 하나는 계원을 기록하고-새로 들어오는 자는 들어오는 대로 바로 적는다.- 하나는 계의 물목을 적는데-혼례와 초상 및 다른 일의 사용처 따위에 모두 연월을 기록하여 뒤에 참고할 수 있게 대비한다.- 유사가 이 일을 맡는다. 일이 있으면 크고 작은 것을 따지지 말고 반드시 도유사에게 알려 헤아린 후에 행한다. 봉행 및 출납한 물품은 하유사가 번갈아 맡고, 사호는 도유사와 부도유사와 유사의 명령에 대비한다.

윤리를 바로잡음 正倫理

아비 된 자는 자애롭고 자식 된 자는 효도하며 형은 반드시 우애하고 아우는 반드시 공경하며 부부 사이에는 구별이 있고 장유 간에는 차례가 있으며 벗들 간에는 신의가 있으며 일상생활을 하는 사이에 처신하고 남을 대하면서 각각 그 도리를 다하는 따위에 이르기까지 이를 윤리라고 한다. 사람이 사람인 까닭이 바로 여기에 있다.-만일 윤리에 부족한 점이 있으면 비록 의복을 입고 있다 하더라도 금수와 어떻게 가리겠는가.- 윤리가 바르지 못하면 계를 만든들 무슨 보탬이 있겠는가. 그러므로 윤리를 바로잡는 것을 제일 앞에 둔다.-상세한 것은 본래 상전(常典)이 있어서 살펴보고 알 수 있으니 지금은 생략한다.-

풍속을 돈독히 함 敦風俗

윤리가 바르게 된 다음에 풍속을 돈독히 할 수 있다. 그러므로 풍속을 돈독히 함을 다음에 놓는다. 풍교가 관계된 것이 참으로 한 가지 일이 아니다. 그러나 그 큰 것으로는 살아계시는 부모를 봉양하고 죽은 이를 보내는 일만 한 것이 없고, 그중 죽은 이를 보내는 것이 더욱 큰일이 된다. 그러므로 사람이 이것에 반드시 힘을 다해야 하며 이웃에서 돕는 것은 도타운 방법이다. 그러므로 특별히 상례와 장례를 치르는 한 가지 일에 나아가 조문과 부의 등의 예절을 아래에 나열한다. 혼인도 인가의 중대한 일로 살펴보지 않아서는 안 되기에 혼인을 부기하였고 나머지는 언급하지 않았으니, 큰 것을 거행하면 작은 것은 저절로 따라오기 때문이다.

상례와 장례〔喪葬〕

계원 중에 상이 있으면-상가는 즉시 상유사에게 통지하고, 상유사는 글을 써서 계에 통고한다.- 상유사가 세 소임(所任)을 인솔해 가서 조문하고 이어서 성복(成服) 때까지 호상(護喪)한다.-하계의 상일 경우에는 상유사의 대노(代奴)만 조문의 예를 행할 뿐이다. ○상계의 상은 빈소를 만들기 전에 간다. 계에서 각자 재목과 이엉 등의 물건을 가지고서 빈소를 만들어 주되, 유사 및 세 소임이 처음부터 끝까지 공사를 살핀다.- 계를 같이하는 사람은 각자 물건을 내어 부의한다.-수량은 각자의 형편에 맞춘다.- 장사 때에 미쳐 각자 술과 과실과 횃불을 가지고-빠지면 벌로 쌀을 거두어 상가에 준다. 한 사람당 쌀

한 말을 기준으로 하고 만약 이유가 있어서 빠진 경우는 거두지 않는다.- 가서 상가에 모여서 그 일을 돕는다.-장사일 하루 전에 유사가 계를 함께하는 사람을 인솔하여 각자 밥 지을 쌀을 가지고 상가에 모인다. 새벽에 행상(行喪)하고 장사지낼 곳에 이르러 일을 맡아 해서 그날을 마친다. 혹 이유가 있으면 글을 올린다. 아무 이유가 없는데 불참한 경우에는 벌을 준다.- 동계의 사람이 상을 만나면 그 횟수를 한정하지 말고 약조와 같이 돌봐준다.-상은 부모와 조부모와 자기의 처 및 처부모 및 나에게 의탁한 여러 부모와 여러 형제자매 및 성인 이상의 여러 조카이다. 부모 및 조부모를 승중(承重)한 자는 비록 멀리서 상이 났더라도 허락한다.- ○건량(乾糧)이나 재물을 받기 원하는 자는 정해진 수량대로 준다.-비록 계에 속하지 않은 사람이라도 힘닿는 대로 도와주는데, 다만 이런 경우에는 그때 사정에 맞게 잘 헤아려서 한다.-

혼인(婚姻)

계에 혼인이 있으면 계를 같이 하는 사람이 각자 물건을 내어 도와준다. 이것은 정에 맞게 하는 일이라 정식(定式)을 두기 어렵다.-예전에 퇴계선생께서 친구의 혼례에 쌀 석 되를 보냈다. 집이 가난해서 도와줄 수 없으면 이것을 모범으로 삼아도 괜찮다.- 다만 완전히 빠뜨리는 것은 너무 야박하니 벌을 주는 것이 옳다.-날짜가 되면 하유사가 사호 및 일을 처리할 수 있는 몇 명을 인솔하여 본집에 모여 횃불을 준비하고 또 자리를 펴서 필요한 기물과 각종 물건을 진설해 돕는다.- 계원이 아니더라도 사정을 헤아려 돌봐준다.

환난을 구제함〔救患難〕

다급한 어려움에 사람을 구제하는 것 또한 사람이 마땅히 마음을 다해야 하는 것이다. 그러므로 환난을 구제하는 것을 다음에 둔다.

구제해야 하는 환난은 그 큰 것이 7조로 지금 아래에 열거한다.-환난이 있으면 반드시 상유사에게 알리고 급한 경우에는 먼저 아는 자가 고하고 급하지 않은 경우에는 일을 맡은 자가 알린다. 만약 알리지 않으면 벌을 내려 징계한다.-

수재와 화재-가까이에 있는 사람이 먼저 구원하고 만일 재난을 면하지 못하면 여러 사람이 힘을 내어 구원한다. ○집이 이미 부서졌다면 여러 사람이 각자 이엉 한 묶음씩, 재목 한 그루씩을 내어 힘을 합해 집을 짓는다. 그 날에 일을 마치고, 정분이 도타운 자는 여기에 구애되지 않는다. 다른 일도 모두 이와 같다.-

도적-도둑을 맞은 경우는 여러 사람이 힘을 합해 추포하거나 혹 달려가 관가에 알린다.-

질병-병이 심한 자가 있으면 의원과 약을 찾아준다. 만일 가난하면 여러 사람이 각기 물건을 내어 요양하는 비용을 돕는다.-

초상-위의 장례 조에 보인다.-

외롭고 약한 자-의지할 곳이 없는 고아는 여러 사람이 지낼 곳을 마련해주어 갈 곳이 없게 하지 말라. 만약 침해하고 속이는 자가 있으면 협력하여 구해준다.-

무고-남에게 모함을 당해 과오에 빠진 자는 여러 사람이 신원한다. 심한 경우에는 반드시 관부에 아뢰어 억울함을 풀어준다.-

가난-굶주림이 심한 경우에는 여러 사람이 쌀을 각각 내어 구휼한다.-

잘못을 규제함 規過失

이상의 약조 중에 어기는 것이 있으면 이는 규약을 어기는 것이다. 규약을 어기는 것은 규제하지 않아서는 안 된다. 그러므로 잘못을 규제하는 일로 끝맺는다. 잘못의 큰 것은 그 조항이 열 가지이다. 지금 아래에 나열하여 징계의 바탕으로 삼는다. 그 악을 꾸짖는 것은 그 선을 권하기 위한 것이다.-죄악이 있으면 계를 같이하는 사람이 서로 규제해야 한다. 만일 듣지 않으면 하유사는 반드시 상유사에게 알리고 상유사는 반드시 자세히 관찰하여 바로잡아야 한다. 작은 것은 스스로 결단하고 큰 것은 모두 함께 의논하여 혹 관에 알린다. 알리지 않은 자도 바로잡는다.-

부모에게 불효함.-불효보다 큰 죄가 없으니, 이것은 나라에 정해진 형벌이 있기에 논하지 않는다. 그다음은 불순한 것인데 불순한 죄도 크니 마땅히 관에 알려야 한다. 그 정상이 가볍고 스스로 새로워지고자 하는 자는 여러 사람이 벌을 의논하여 그가 고치기를 기다린다.-

형제간에 불화함.-형제가 서로 사랑하지 않거나 다투고 싸우는 일이 있으면 반드시 양쪽에 벌을 주는데 형은 가볍고 동생은 무겁게 준다. 형이 잘못하고 아우가 바르면 똑같이 벌을 주고, 형이 바르고 아우가 잘못했으면 아우만 벌을 준다. 심한 경우에는 또한 관에 알린다.-

집안의 규율이 어지러움.-남편을 배반하고 아내를 내쫓거나, 혹 처와 첩의 지위가 뒤바뀌거나, 혹 부부가 서로 때리고 욕하거나, 혹 남녀 사이에 분별이 없거나, 혹 서얼의 구분이 없는 등의 일은 모두 그 경중을 논해서 벌을 주어야 한다. 심한 경우에는 또한 관에 알린다.-

친척이 화목하지 않음.-이것은 그 친소에 따라서 벌의 경중을 정해야 한다. 만약 조카가 큰아버지와 큰어머니, 작은아버지와 작은어머니에게 위배하는 일이 있거나 혹 침범하는 일이 있으면 부모의 조항을 미루어 논죄해야 한다. 심한 경우에는 또한 관에 알린다.-

초상과 제사를 삼가지 않음.-삼년상을 치르지 않거나 상중에 아내를 맞거나, 혹 부모가 돌아가셨는데 분상하지 않고 장사지내지 않고 제사 지내지 않거나, 혹 상중에 술을 마시고 고기를 먹거나, 혹 소상에 손님을 모아놓고 술상을 차리거나, 혹 태만해서 제사를 폐하는 따위다. 심한 경우에는 또한 관에 알린다.-

윗사람을 능욕함.-심한 경우에는 또한 관에 알린다. 위에 있는 자가 비록 잘못이

있더라도 아래에 있는 자만 벌을 준다. 윗사람의 잘못이 심하면 또한 가볍게 벌을 준다.-

과부를 협박하여 범함.-국법이 매우 엄하니 마땅히 관에 알려야 한다. 처녀를 꾀어 겁박한 경우도 같다.-

이웃끼리 서로 싸움.-서로 때리고 욕한 무리를 똑같이 벌주는데 먼저 저지른 자는 좀 더 무겁게 준다. 한 사람은 바르고 한 사람은 잘못한 경우 잘못한 쪽을 더욱 무겁게 준다. 한 사람은 그치고 한 사람은 그치지 않은 경우, 그치지 않은 자만 벌을 준다. 나이가 높은 사람 및 윗자리의 사람을 범한 경우는 마땅히 따로 논해야 한다. 그 밖에 이치에 맞지 않는 일로 쟁송하기 좋아하는 자도 벌을 준다. 심한 경우에는 또한 관에 알린다.-

강함을 믿고 약자를 능멸함.-세력이 있는 자가 약자를 업신여기거나 겁탈하는 경우에는 그 경중을 따져서 벌을 준다. 환난에 구제하지 않은 자도 똑같다. 심한 경우에는 관에 알린다.-

말을 지어내 남을 죄에 빠뜨림.-말세의 인심이 매우 악독해서 미워해 틈이 생기면 반드시 중상하려고 빈말을 만들어 남을 예측하지 못하는 위험한 상황에 빠뜨린다. 심지어 고을 수령을 무고하거나 선한 이를 헐뜯는 일까지 있다. 가벼운 경우에는 계에서 벌을 주고 심한 경우는 또한 관에 알린다. 《주례》에도 말을 지어낸 것에 관한 형벌이 있다.-

이상의 동계의 약조 4조항은 모두 번잡한 것을 깎아내고 간명한 것을 취하여 상하가 공통으로 행할 수 있게 하고자 한 것이다. 계를 같이 하는 사람은 하나하나 몸소 실천해야 하고, 또 봄가을에 서로 모여서 강신(講信)하여 거듭 그 뜻을 밝혀야 할 것이다. 영원히 행하여 그대로 지키고 바꾸지 말라.

강신하는 규례〔講信規例〕

강신은 봄과 가을에 정례로 행한다. 3월과 9월 안에 하루를 택해서 유사가 정해진 날짜 전에 공문을 써서 동계에 통보한다.-하계는 하유사가 한다.- 날짜가 되면 유사와 부유사는 일찍 일어나 넓고 먼저 조용한 곳에 자리를 설치한다.-하계는 따로 한 자리를 마련한다.- 동계의 사람들은 모두 모이는데 각자 술과 과일을 가져온다.-사정이 있으면 보고한다. 이유 없이 불참하는 자는 벌을 준다.- 모이고 나면-자리 밖에서 잠시 머무르며 모두 모이기를 기다린다.-유사에게 보고한다. 유사가 나와서 읍을 하고 맞이하여 자리로 들어온다.- 부유사는 유사의 오른쪽에서 조금 물러나 자리한다. 유사는 동쪽에 서서 서쪽을 향하는데 남쪽이 윗자리가 된다. 나머지 계원들은 서쪽에 서서 동쪽을 향하는데 북쪽이 윗자리가 된다. 유사가 손을 들어 읍을 하면 계원은 사양한다. 유사가 먼저 들어가고 계원이 따라 들어간다.-다 들어오면 유사가 읍하고 자리로 나아간다.- 유사가 동쪽에 앉고 계원 중 나이가 가장 높은 사람이 서쪽에 앉는데, 모두 남쪽을 향한다. 부유사는 유사의 동쪽에 자리하여 남쪽을 향하는데 서쪽이 윗자리가 된다. 나머지 사람들이 동쪽과 서쪽에서 서로 향하는데 모두 북쪽이 윗자리가 된다. 자리가 정해지고 나면 단정히 앉아 정돈하고 까불거나 산만하게 굴어서는 안 된다.-부유사가 약조(約條)를 꺼내 한 차례 읽으면 유사가 그 뜻을 자세히 설명하여 아랫사람들도 모두 잘 알도록 한다.- 약조를 읽을 때 아랫사람들도 모두 차례로 나와 둘러서서 공손히 듣는다. 혹 이해하지 못하는 것은 질문한다.-이에 계원 중에 잘하거나 잘못한 일이 있으면 유사가 그 실상을 물어서 칭찬하거나- 작은 일은 유사가 직접 잔을 씻어 술을 따라주어 상을 주고, 큰일은 다 함께 의논하여 관에 아뢰어 포상한다. -혼내서- 작은 일은 관을 벗고 뜰에 서 있게 하고, 큰일은 매를 때린다. 심한 경우에는 관에 아뢰기도 한다. 상계의 경우엔 작은 일은 벌주를 주고 큰일은 노비를 매질한다. 심하면 역시 관에 아뢴다.-권계로 삼는다. 그러한 뒤에 마침내 술을 들어 서로 주고받는다.- 술을 주고받는 것은 상례대로 한다.-조용하고 화목하여 위아래가 함께 즐겨서 신의를 닦고 친목을 다지며 서로 권면하는 것에 힘써야지, 떠들고 싸우며 웃고 욕해서 문란해져서는 안 된다. 만일 어기는 자가 있으면 엄격하게 살펴서 통렬하게 다스린다.-술은 술기운이 돌 정도만 마시고 실컷 마셔서 곤드레가 되어서는 안 된다. 담론은 음란하고 천박한 일과 해학적인 말과 업신여기는 말을 번번이 해서는 안 된다. 어기는 자는 벌을 준다. 혹 늦게 도착하는 자나 먼저 나가는 자나 자리를 어지럽히고 예절을 잃은 자나 자리에서 떠는 자나 남녀가 친압해서 유별이 없는 자가 있으면 또한 모두 벌을 준다. ○규찰하는 것은 유사의 직분이다. 유사가 직분을 다하지 못하면 또한 가볍게 벌을 시행해서 주의를 주는 것이 좋다.- 마치면 유사가 마침내 아랫사람 중에 나이가 많은 자-일흔 살 이상-를 불러서 직접 술잔을 잡아 대접한다.-아랫사람도 동계이지만 사정상 두루 미출 수 없기 때문에 대접을 나이가 많은 사람에게만 하는 것이다. 또 나이가 높은 것도 달존(達尊)이기 때문에 직접 술잔을 잡는 것이다. 아랫사람들도 노인을 봉양하는 의리를 알아야 한다. 나이가 많은 자가 절하면 유사도 손을 들어 읍을 한다.- 해가 기울 때에 이르러 마침내 파한다.-위의 동계의 약조는 바로 족조부(族祖父)이신 사천 선생(沙川先生 김극형(金克亨))께서 상량해 정하신 것으로, 지금 그 내용 중 일부를 위와 같이 대략 첨삭하였다.-

후재집

제39권

잡저 雜著
수록 隨錄

잡저○수록 雜著○隨錄

1. 경(敬)으로 함양하기를 오래 하면 호연지기(浩然之氣)가 생긴다.

2. 물욕으로 마음을 어지럽히지 않으면 호연지기를 기를 수 있다.

3. 평상시의 습속과 견문이 가장 쉽게 사람을 바꿀 수 있으니, 이것이 가장 두려워할 만한 것이다. 전에 이런 생각을 한 적이 있다. 맹자는 성인에 버금가는 자질을 가진 분인데 매장하고 장사하는 놀이를 하기도, 제기를 늘어놓기도 해서 가는 곳에 따라 익히는 것이 달랐다. 하물며 다른 사람은 어떠하겠는가.

4. 사욕이 없으면 마음이 고요하다.

5. 마음은 본디 살아 있는 것이라 보존하고 성찰하지 않으면 순식간에 천 리 밖으로 날아가 달아나버린다.

6. 단정히 앉아 몸을 안정시키면 마음이 숙연해짐을 깨닫게 되니, 이 방법이 가장 좋다.

7. 선생과 어른을 마주해 앉아있을 때는 이 마음이 엄숙하고 공손했다가 문밖으로 나오기만 하면 해이한 마음이 벌써 싹트니 신독(愼獨)이 어찌 어렵지 않겠는가.

8. 언제나 사색하여 얻지 못함이 있을 때면 매양 한밤중이나 꼭두새벽에 단정히 앉아 깊이 생각에 잠겼는데, 그렇게 하면 마음이 그 안으로 들어가 문득 깨달음이 있어 조리와 맥락이 마음속에서 분명해서 완연하게 터득한 바가 있었다. 마음이 고요하여 어둡거나 흔들리지 않는 것이 쉽게 이치를 궁구하게 한다는 것을 비로소 알게 되었다. 뒤에 주자의 편지를 보니 또한 이러한 말이 있었다.

9. 중유(仲由 자로(子路))는 자신의 잘못을 듣는 것을 기뻐하였는데, 그것을 듣고서 고치는 것을 기뻐한 것이다. 잘못이 있는데 듣는 것을 기뻐하지 않고 잘못을 듣고도 고칠 수 없다면 종신토록 진보가 없을 것이다.

10. 사람은 보고 듣고 말하고 움직이는 데에 열심히 공부해야 하니, 이른바 '극기복례(克己復禮)'라는 것도 여기에서 벗어나지 않는다. 그러므로 공자께서 안연의 물음에 답하시기를, "예가 아니면 보지 말며 예가 아니면 듣지 말며 예가 아니면 말하지 말며 예가 아니면 움직이지 말라."고 하신 것이다.

11. 학문하는 방법은 '극기'보다 우선할 것이 없으니, 극기의 방법은 경(敬)을 위주로 삼아야 한다.

12. 경(敬)으로 내면을 바르게 하면 그릇된 생각이 일어나지 않고 의(義)로 외면을 방정하게 하면 사악함이 침범하지 않아 용모와 말이 또한 저절로 좋아진다.

13. 경(敬)을 하면 자연히 사욕이 적어지고 사욕이 적어지면 자연히

지기(志氣)가 청명해져 의리가 환하게 드러난다.

14. 사욕이 없으면 기상(氣像)이 저절로 좋아진다.

15. 설경헌(薛敬軒 설선(薛瑄))이 "사욕이 적으면 몸이 가벼워짐을 깨닫는다." 하였는데, 이것은 그가 스스로 터득한 말이다. 실천해서 무욕의 경지에 이른 것이 아니라면 어떻게 이처럼 딱 맞고 절실하게 표현할 수 있겠는가.

16. 지식이 진보하면 도량이 커지고 도량이 커지면 마음이 넓어진다.

17. 지금 사람이 만일 벼슬길에 오르기를 구하거나 부귀를 사모하거나 여색을 탐하거나 술을 좋아하는 마음을 옮겨서 심신을 아름답게 하기를 구한다면 반드시 진실하여 거짓이 없을 것이다.

18. 내가 내 마음을 한번 시험해 보았는데, 하루 사이에도 도대체 몇 백번이나 변하는지 알지 못하였다. 나는 진심으로 부끄럽고 두려웠다.

19. 얼굴에 때가 있으면 씻을 줄 모르는 사람이 없는데 마음에 때가 있으면 씻을 줄 아는 사람이 없다. 이것은 외면을 중시고 내면을 경시하는 것이니 잘못되었다.

20. 마음이 화평하면 기가 펴지고, 기가 펴지면 몸이 편안하다.

21. 안락하고 방종하면 날마다 점점 게을러져서 온몸이 비록 나의 소유이지만 마음대로 수습할 수 없게 된다.

22. 마음은 몸의 주재자이기 때문에 마음에 부족한 점이 있으면 보고

듣고 말하고 움직이는 것이 모두 꾀임을 당하고 압박을 받아서 위축될 것이다.

23. 하늘이 사람을 내실 때 온갖 책무를 모두 마련하였다. 내가 《대학》을 읽은 뒤로 격려되는 마음이 전날에 비해 저절로 배가 되었다.

24. 마음은 본디 광대해서 애초에 한량이 없다. 다만 사욕에 가리게 되면 마음이 작아지고 편협해진다. 사욕이 없으면 마음이 크고 도량이 넓어져 크고 많은 천지만물도 모두 나의 도량 안에 있게 된다.

25. 성인의 도량은 천지와 함께 똑같이 크니, 단지 사욕이 없기 때문이다.

26. 사욕이 가득 차면 그 도량이 편협하고 비루해짐을 알 수 있다.

27. 도량이 크면 온천하의 사물을 들어도 내 마음을 움직이기에 부족하다.

28. 이(理)도 본디 선하고 기(氣)도 본디 맑다. 그러므로 배우는 자는 반드시 먼저 그 기질을 변화시켜 탁한 것을 다시 맑게 한 뒤에 그 본성의 선함을 회복할 수 있다.

29. 착한 일 한번, 착한 행동 한번을 하고 곧바로 뽐내는 마음을 가지면 그 얕고 누추함이 심해 결국에는 그 선함을 잃게 될 것이다. 그러므로 《서경》 〈열명(說命)〉에서 "선을 가졌다 여기면 그 선을 잃고, 그 재능을 뽐내면 공(功)을 잃는다." 하였다.

30. 지(志)가 기(氣)를 통솔하지 못하면 곧바로 게으르고 해이해져서

사지와 온몸이 나의 명령을 듣지 않는다.

31. 포용력 있고 광대하며 혼후하고 속 깊으며 느긋하고 침착하고 안정되며 여유롭고 조용하며 통창하고 화평하고 고요한 것은 가장 좋은 기상이다. 가볍고 얄팍하며 사납고 거칠며 속 좁고 각박하며 천박하고 쉽게 드러나며 거만하고 게으르며 편협하고 잔혹하고 화를 잘 내는 등의 일은 일체 해서는 안 된다.

32. 한순간의 해이함이 있으면 곧 스스로를 버리는 것이다. 그러므로 군자는 스스로 노력하는 것을 중요하게 여긴다.

33. 멀리 가는 것은 한걸음에 도달할 수 있는 것이 아니고 높이 오르는 것은 한 번의 도약으로 이를 수 있는 것이 아니다. 반드시 차근차근 쉬지 않고 날마다 일정한 양을 정해서 나아가기를 그치지 않으면 먼 곳도 결국에는 도달하게 되고 높은 곳도 결국에는 이르게 될 것이다.

34. 학문하는 방법은 마땅히 순서와 등급을 따라서 나아감은 있고 물러남은 없으며 지극한 성실함으로 쉬지 않으며 참되게 쌓아가고 오랫동안 노력해야 하니, 처음에는 매우 어렵고 답답하겠지만 뒤에는 점점 막힘없이 뚫릴 것이며 처음에는 매우 어지럽겠지만 뒤에는 점점 정리될 것이다. 급박히 굴면 싫증 내는 마음이 먼저 생기고 해이하게 하면 소홀한 마음이 갑자기 커진다. 그러므로 배우는 자는 마음으로 잊지 않는 것과 조장하지 않는 것을 중요하게 여긴다.

35. 성심으로 배운다면 어느 겨를에 외물을 사모하는 마음이 생기겠는가.

36. 사람과 물(物)은 형상과 기운은 비록 같지 않지만, 그 이치는 한 가지이다. 그러므로 나에게 있는 본성을 다할 수 있으면 물에 있는 본성을 다할 수 있어서 결국에는 천지에 참여하여 천지의 화육을 돕기에 이른다.

37. 학문하는 마음이 크면 이욕의 마음이 물러나 순종하고, 이욕의 마음이 크면 학문을 하는 마음이 성실하지 못하다. 이것이 무거우면 저것이 가볍고 이것이 가벼우면 저것이 무거운 것은 이치상 당연한 것이다.

38. 심신을 닦으며 행실을 삼가며 말을 신중히 하고 지극히 공손하면 치욕이 부모에게 미치지 않는다.

39. 《서경》〈상서(商書) 이훈(伊訓)〉에 "성탕(成湯)은 자신을 점검하는 일에 아무리해도 부족함이 있는 듯하였다." 하였는데, 주자가 풀이하기를, "성탕은 자신의 언행을 매우 단속했던 사람이다." 하였다. 성탕 같은 성인도 자신을 점검하고 신칙하기를 이처럼 하였는데 하물며 보통사람은 어찌해야 하겠는가.

40. 사욕이 없으면 천만의 마음이 곧 한 사람의 마음이고, 사욕이 있으면 천만인이 각기 천만인의 마음을 가질 것이다.

41. 소자용(蘇子容)-송(頌)-이 말하기를, "인생은 부지런함에 달려있으니 부지런하면 양식이 떨어지지 않는다. 문지도리가 좀먹지 않고 흐르는 물이 썩지 않는 것도 바로 그러한 이치이다." 하였다. 아, 이 말 또한 태만하고 자포자기하는 자의 경계가 될 수 있다!

42. 주자가 말하였다. "기(氣)가 비록 이(理)에서 생겨난 것이지만 생겨나고 나면 이가 기를 관장할 수 없다." 하였는데, 이것은 다른 이유가 없다. 기는 강하고 이는 약하며 기는 무언가를 하고 이는 무언가를 하지 않으며 기는 형상이 있고 이는 형상이 없기 때문이다.

43. 사람과 물(物)이 똑같이 이 이치를 받아 본성으로 삼았기 때문에 큰 근원 속에서 흘러나왔다는 점으로 말하면 본성은 같지 않음이 없다. 다만 기가 치우침과 바름, 맑음과 탁함의 차이가 없을 수 없기 때문에 치우치고 탁한 것을 얻으면 물이 되고 맑고 바른 것을 얻으면 사람이 된다. 사람과 물이 나뉘고 나면 그 기질에 따라 이(理)도 따라서 변하여 각기 하나의 본성이 되어 결코 서로 같지 않게 되니 이것은 자연히 이렇게 된 것이다. 만약 품부받기 전에 이미 사람과 물의 구분이 정해져서 그 본성이 다르다면 이것은 주재자가 또한 사의가 있는 것이니, 이미 공정하지 않은 것이다.

44. 《대학》에서 말한 '지극한 선〔至善〕'과 《주역》에서 말한 '태극(太極)'은 단지 그 이름만 바꾼 것일 뿐이다. '지극한 선'은 이치가 본래 선함에 완전히 합당한 측면에서 말하였고, '태극'은 이치가 지극하여 더이상 더할 것이 없다는 측면에서 말하였으니, 그 실재는 하나이다.

45. 병진년(1676, 숙종2) 봄에, 나는 아우와 함께 집 뒤에 있는 선방에서 《대학》을 읽었다. 하루는 '명덕(明德)'을 강학하였는데, 내가 말하기를,

"명덕은 바로 심(心)과 성(性)과 정(情)의 총칭이다."

하니, 중고(仲固, 김재(金栽))가 말하기를,

"이것은 단지 본심(本心)이다."

하였다. 뒤에 우암(尤庵) 어른께 여쭈니 나의 말이 맞다고 하셨다. 선생께 여쭈어보니 말씀하시기를,

"명덕은 다만 심(心)과 성(性)을 말한 것이니, 정(情)까지 아울러 말해서는 안 된다."

하셨다. 내가 말씀드리기를,

"《대학》의 '명덕' 아래 소주(小註)에 측은지심과 효제가 명덕이라고 하였는데, 그렇다면 측은지심은 정(情)이 아닙니까? 주자께서 '덕은 성과 정을 아울러 말한 것이다.'라고 하였으니 그렇다면 명덕이 정까지 아울러 말한 것임을 알 수 있습니다."

하니, 선생께서 말씀하시기를,

"천천히 다시 생각해보자."

하셨다. 그 뒤로 십여 년이 지나 임신년(1692, 숙종18) 겨울에 이르러 남계서당(南溪書堂)에서 선생을 찾아뵈었다. 선생께서 말씀하시기를,

"명덕은 마땅히 그대의 말이 옳다."

하셨다. 아, 선생께서 사람 때문에 말을 버리지 않으신 것이 이와 같으니, 어찌 옛사람이 말한 '사사로움이 없음〔無我〕'이 아니겠는가.

46. 합당함이 이와 같은 것이 성(性)이고, 성이 발현한 것이 정(情)이고, 성과 정을 통합하여 주재하는 것이 심(心)이다. 심과 성정은 둘이면서 하나이고, 하나이면서 둘인 것이다.

47. 고요히 움직이지 않는 것은〔寂然不動〕 심(心)이다. 고요히 움직이지 않는 중에 만 가지 이치가 혼연히 완전한 것은 성(性)이다. 감응하여 마침내 통하는 것은〔感而遂通〕 심이다. 감응하여 마침내 통하는

때에 이 이치가 이르는 곳마다 발현하는 것은 정(情)이다. 그러므로 심이 고요하면 성도 고요하고 심이 움직이면 성도 움직인다. 움직이면 정이 되고 고요하면 성이 된다.

48. 심(心)과 성(性)과 정(情)은 서로 붙어있다. 하나가 부족해서도 안 되니, 하나를 말하면 하나가 이미 따라 이른다. 그러므로 고요히 움직이지 않는 것을 성(性)이라고 해도 되고 심(心)이라고 해도 되며, 감응하여 마침내 통하는 것을 정(情)이라고 해도 되고 심(心)이라고 해도 된다.

49. 심(心)과 성(性)은 비록 서로 떨어질 수 없지만 또한 모호하게 하나의 물(物)로 보아서도 안 되며, 비록 모호하게 하나의 물로 보아서도 안 되지만 또한 심은 저기에 있고 성은 여기에 있어서 서로 간섭하지 않는 것도 아니다.

50. 성(性)은 본디 형상이 없기 때문에 순수하게 선하고 악이 없다. 심(心)과 정(情)은 이미 형상과 기운이 있기 때문에 선과 악이 있다. 형상이 없으면 나뉘어 둘이 될 수 없고, 형상이 있으면 나뉘어 둘이 되기 때문이다.

51. 형상이 없으면 하나이고 형상이 있으면 천만 가지의 종류가 있다.

52. 정(情)은 성(性)이 기를 타고 발현한 것이다. 성이 발현했기 때문에 선할 수 있고, 기를 탔기 때문에 악할 수 있다. 정은 선할 수도 있고 악할 수도 있는 물사(物事)이다.

53. 정(情)은 성(性)이 발현한 것이고 의(意)는 심(心)이 발현한 것이

다. 정은 단지 움직이는 것일 뿐이고 의는 움직이는 것에 이미 주된 방향이 있는 것이다. 예를 들어 사랑하고 미워함은 정이고, 사랑을 사랑하고 미움을 미워하는 것은 의이다.

54. 정(情)은 계교(計較)가 없지만 의(意)는 이미 계교가 있다. 그러므로 의는 정을 운용하지만 정은 의를 운용할 수 없다. 정은 성(性)이 발현한 것이기 때문에 계교가 없고 뜻은 심(心)이 발현한 것이기 때문에 바로 계교가 있는 것이다.

55. 성(性)은 심(心)의 이치이고 심은 몸의 주재이며 정은 성이 발현한 것이고 의는 심이 발현한 것이다. 지(志)는 심이 가는 바이고, 의는 정으로 인하여 경영하고 계교하는 것이다. 지는 또 의가 이루어지는 것으로 이미 추향하는 바가 있는 것이다.

56. 성(誠)은 실리(實理)이다. 이치가 실재하는 곳을 곧 성이라고 부른다. 그러므로 미발(未發)의 이치는 인의예지(仁義禮智)의 실재가 있고, 이발(已發)의 이치는 측은(惻隱), 수오(羞惡), 공경(恭敬), 시비(是非)의 실재가 있다. 미발이든 이발이든 터럭만큼의 진실하지 못한 곳이 있으면 성이 아니어서 실리라고 부를 수 없다.

57. 모든 일이 실재하는 것 바로 성(誠)이다.

58. 배울 때에는 반드시 먼저 뜻을 세워야 한다. 곧장 통절하고 간절한 공부를 해나간다면 성현의 지위에 도달할 수 있다. 만약 터럭만큼이라도 한가하게 대충하는 생각이 있다면 뜻을 세운 것이 아니다.

59. 배우기를 좋아하기를 마치 배가 고플 때 먹고 목이 마를 때 마시는

것처럼 한다면 성실하다고 이를 수 있을 것이다.

60. 배우기를 고기를 먹듯이 해야 하니, 먹어서 맛이 있는 곳에 이르러야 터득함이 있다.

61. 배움이 좋다는 것을 알면 외면의 온갖 것들이 모두 가벼워져서 곧바로 진실한 맛을 깨닫게 된다. 만약 한가하게 대충대충 했다 안 했다 해서 중간에 그만두어 결국 실제로 얻는 것이 없으면 일을 전혀 이루지 못한다.

62. 학문하는 공부는 반드시 분발하여 용맹하게 나아가야 한다. 마치 용맹한 장수가 전장에서 용기를 떨치며 혹은 적군의 칼끝을 꺾고 제일 먼저 오르거나 혹은 무기를 휘두르며 적진에 돌격해 들어가 분격하여 뒤를 돌아보지 않듯이 해야 비로소 진전이 있게 된다.

63. 학문하는 것은 반드시 전일하게 하고 순정하게 해야지 중단해서도 안 되고 또 잡박해서도 안 된다.

64. 공부는 마땅히 엄밀하고 조리가 있어야 하니 모호하게 하고 중단하며 게으름을 피워서는 안 된다.

65. 자신이 선을 행해서 다른 사람이 부러워하게 하면 이것이 곧 교육이다. 다른 사람이 본받으면 이것이 곧 교화이다.

66. 마음은 한 몸의 주재로 만약 이 마음이 날아가 달아나면 한 몸에 주인이 없어서 사지와 온몸이 통솔을 받지 못할 것이다.

67. 구습을 개혁하는 일은 배우는 자가 매우 힘을 써야 하는 부분이다.

68. 나의 문제점은 매양 소략하고 게으른 데 있다. 이제부터 통렬히 바꿀 것을 맹세한다. 만약 이 습관을 우선 다스리지 않는다면 성취하는 바가 있기를 어찌 다시 바라겠는가.

69. 나의 배움이 끝내 매우 크게 진보하지 못한 것은 어째서인가. 그 문제점은 모두 한가하게 대충대충 시간을 보낸 것에 있다.

70. 마음 씀은 대부분 뽐낼 '긍(矜)' 자에서 방기되고, 일 처리는 대부분 쾌할 '쾌(快)' 자에서 차질이 빚어진다.

71. 세상 사람 중에 과거와 공명을 중시하고 학문을 경시하며 요직에 오르는 것은 귀하게 여기고 누추한 거리는 하찮게 보지 않는 이가 없으니, 지향(志向)이 낮고 평범한 것이 이와 같으니 참으로 한탄스럽다.

72. 옛날 성현께서 책을 써서 후인을 가르치신 것은 후인이 이것으로 인해 강구하여 몸과 마음에 얻는 바가 있게 하고자 한 것이다. 지금 사람들이 책을 읽는 것은 단지 문예를 배우고 과거 공부를 하기 위해서일 뿐이니, 옛날 성현께서 책을 써서 후인을 가르치신 본의와 서로 어긋난다.

73. 독서와 학문에 끊임없이 부지런히 힘쓰면 마음이 점점 열리고 눈이 점점 밝아지고 귀가 점점 밝아지고 앎이 점점 진보할 것이다.

74. 독서를 하는 것은 옛사람이 이미 간 자취를 보아서 돌이켜 자신의 몸에 체험하고자 해서이다. 그러므로 모범으로 삼을만한 옛사람의 모든 언행과 행동을 진심으로 사모하고 본받아 나의 치우친 곳을 다스린다면 이것을 잘 배웠다고 할 것이다. 그렇지 않다면 비록 오거서를

전부 읽었다고 하더라도 단지 입으로만 읽은 것이니 읽지 않은 것과 무엇이 다르겠는가.

75. 고언선(高彦先 고등(高登))이 말하기를, "학문을 닦는 일은 반드시 본심에서 나와야지 부모와 선생의 다그침을 기다려서는 안 된다. 잠시 잠깐도 잊지 않으며 먹고 자는 사이에도 염두에 둔 뒤에야 성공할 수 있다." 하였는데, 이 말이 매우 좋다. 부모와 선생의 다그침에 이기지 못해 하는 것은 진심에서 나온 것이 아니다.

76. 학문하는 자는 반드시 먼저 목표를 바르게 해야 한다. 목표가 바르면 도에 나아갈 수 있고 목표가 바르지 못하면 끝내 도에 나아가기 어렵다. 이른바 바르지 않다는 것은 시문과 암송과 공명과 술수와 이단과 잡기 등의 종류이다.

77. 독서는 반드시 익숙히 읽고 의미를 탐구하여 정밀하게 생각하고 깊이 음미해서 그 귀결을 구하여야 한다. 그러한 뒤에야 마음이 그 안으로 들어가서 그 요지를 알게 된다. 만약 거칠고 성글게 대충 읽고 지나가면 비록 종신토록 그 책을 외우더라도 그 주된 뜻이 어디에 있는지 알지 못해 책은 책대로 나는 나대로 상관없는 일이 되고 마는 병통이 있게 될 것이다.

78. 독서는 반드시 차분하고 분명하게 하고 사색은 반드시 자세하고 치밀하게 해야 비로소 터득함이 있다.

79. 대체로 독서는 신중하게 생각하고 성심으로 연구하면 그 터득한 것이 자연히 전과는 달라서 곧 가슴 속에 환해지는 곳이 있음을 깨닫

게 된다. 이것은 말로는 형용할 수 없다.

80. 김모재(金慕齋 김안국(金安國))가 "책을 반드시 만 번 읽어야 문장이 바야흐로 입신의 경지에 이른다." 하였는데, 독서는 마땅히 모재의 이 말을 기준으로 삼아야 한다. 요새 사람들을 보면 수백 번 읽는 사람도 드문데 하물며 만 번 읽는 사람이 있겠는가.

81. 독서를 많이 하고도 그 요점을 얻지 못하는 것은 단지 많이만 읽고 꼭 얻으려고만 힘써서 자세하게 볼 겨를이 없고 섭렵하는 데 급급해서 이해에 미치지 못했기 때문이다. 그래서 혹 입으로는 책을 외우고 있지만 뜻은 딴 곳에 가 있거나 혹 눈은 책을 보고 있지만 마음은 밖으로 내달리기도 하니, 이것이 독서가 정밀하지 못한 공통된 문제점이다.

82. 주자가 말하기를, "독서 할 때는 반드시 몸가짐을 다잡아 바르게 앉아서 차근차근 보고 나직이 읊으며 마음을 비우고 깊이 젖어 들어 자신에게 절실하게 성찰하여야 한다. 한 구절의 책을 읽으면 반드시 이 한 구절을 가지고 앞으로 어디에 쓸 것인지를 깊이 고민해야 한다." 하였다. 아, 독서 하는 요법이 이 말에서 다하였다. 맹렬히 살피고 깊이 생각하지 않아서야 되겠는가!

83. 독서는 많이 하려고 할 필요가 없고 단지 정밀하게 하려고 해야 한다.

84. 독서는 이치를 궁구하는 것이지만 이치란 본디 미묘한 것이라 거칠게 보고 얕게 살펴서 궁구할 수 있는 것이 아니다. 오직 깊이 사색하고 탐구하는 자만이 얻을 수 있다.

85. '궁리격물(窮理格物)'의 일은 우리 유가의 첫 번째 공부이다. 그러나 이것은 반드시 문로(門路)가 어그러지지 않으며 견식이 상세하고 명확해야 하니 그런 뒤에야 궁리격물한 것이 더욱 정세하고 더욱 치밀하게 될 것이다. 만일 배움이 고루하고 견식이 꽉 막혔다면 궁리격물이 깊어질수록 소견은 더욱 편벽되어 도리어 궁리격물하지 않음만 못하게 된다.

86. 독서할 때 마음을 차분히 하고 기운을 느긋하게 하고서 천천히 궁구하면 그 뜻이 저절로 드러날 것이다.

87. 주자가 말하기를, "지금 사람들은 책을 볼 때 먼저 스스로 자기 뜻을 세운 뒤에 보아서 옛사람의 말을 전부 가져다 자기 생각에다 집어넣는다. 이처럼 하면 이것은 단지 자기 생각을 넓히는 것이니 어떻게 옛사람의 생각을 알겠는가." 하였다. 내가 근래 강론하는 자들을 보니 모두 이러한 폐단이 있었다. 옛사람의 말 중에 모호한 것을 찾아다가 자기 학설을 보강해서 그 해로움이 본의를 잃고 사견을 세우는 지경에 이르렀으니, 이것은 후학이 반드시 깊이 경계해야 할 일이다.

88. 가르치고 인도하는 것은 스승의 책임이고, 절차탁마하고 권면하는 것은 벗의 도리이다. 용감하게 나아가고 곧장 전진하며 정밀하게 사고하고 세밀하게 궁구하여 마음과 정신으로 이해하여 뭐라 형용하기 어려운 오묘함이 있는 것은 스스로 터득한 자만이 할 수 있으니, 스승의 가르침과 벗의 절차탁마의 공으로 이를 수 있는 것이 아니다.

89. 학업을 할 때는 근면하게 해야 하고, 몸가짐을 지킬 때는 삼가야 하고, 다른 사람을 대할 때는 온화해야 하고, 일을 처리할 때에는 면

밀하게 해야 한다.

90. 여형공(呂滎公 여희철(呂希哲))이 말하기를, “세상 사람이 ‘좋은 사람이 없다〔無好人〕’는 세 글자를 말하기 좋아하니, 자신을 해치는 자라고 이를 만하다.” 하였는데, 참으로 맞는 말이다. 내가 세상 사람을 보니, 그 하는 일과 마음 쓰는 것이 대부분 어그러지기 때문에 자기가 어그러지는 것으로 인해 마침내 “오늘날 세도가 이미 땅에 떨어져서 필시 착한 사람이 없을 것이다.”라고 말한다. 그사이 혹 진짜 착한 사람이 나오면 결국 한다는 말이, “지금 세상에 어찌 착한 사람이 있겠는가. 이것은 필시 위선자일 것이다.”라고 한다. 심한 경우 다른 사람이 한 가지 착한 일을 하는 것을 보면 반드시 여러 사람이 비난하며 “이것은 속마음을 숨긴 것이다.”라고 하고, 한 마디 착한 말을 하는 것을 보면 반드시 다투어 비웃으며 “이것은 거짓으로 꾸민 말이다.”라고 하면서 떠들썩하게 배척하기에 온 힘을 쏟는다. 스스로 착한 일을 하지 않을 뿐만 아니라 다른 사람이 착한 일을 하는 것을 미워하기에 이르러 마침내 착한 일을 하려는 자의 뜻을 막고 나쁜 일을 하려는 자의 기운을 돕는다. 그렇다면 좋은 사람이 없다고 말하기 좋아하는 자는 자신을 해칠 뿐만 아니라 또한 다른 사람을 해치는 것이다. 사람 마음이 타락한 것이 이와 같으니, 참으로 통탄스럽다.

91. 범문정공(范文正公 범중엄(范仲淹))이 말하기를, “자기가 할 수 있는 것은 마땅히 그 방법을 다 해야 하고, 그 성공 여부는 나에게 달려 있지 않은 부분이 있어 비록 성현이라도 기필할 수 없으니 내가 어찌 구차히 굴겠는가.” 하였는데, 나는 이 말을 세 번 반복해 외우지 않은 적이 없다.

92. 범문정공이 "선비는 천하가 근심하기 전에 근심하며 천하가 즐거워한 후에 즐거워해야 한다."라고 스스로 읊은 적이 있는데, 훌륭한 말이다. 이윤(伊尹)의 뜻을 가졌다고 이를 만하다.

93. 사람이 충효와 우애의 도리에 힘을 다하지 않는 점이 있다면 이것은 천명을 함부로 하는 것이다.

94. 보통사람의 정이 가장 쉽게 가까이하고 사랑하는 사람은 아내이다. 아내를 손님처럼 공경할 수 있다면 온 집안이 엄숙해질 것이다.

95. 세상 사람이 부부간에 모두 예의와 공경을 잊고서 금방 너무 가까워져서 마침내 서로 모욕하고 능멸하여 못하는 짓이 없다. 이와 같다면 결국에는 사이가 벌어지지 않는 경우가 적을 것이다.

96. 부인의 말을 듣지 않으면 한 집안 안에 남을 헐뜯는 거짓된 말이 먹히지 않을 것이다.

97. 가난을 싫어하고 부유함을 추구하며 천함을 싫어하고 귀함을 추구하며 구속을 싫어하고 자유분방함을 추구한다면 몸과 마음에 크게 해가 될 것이다. 더구나 추구하는 것을 반드시 얻지도 못하는데 어떻겠는가.

98. 사람이 부귀와 영달과 여색과 재물에 담담하면 그의 수양한 정도를 알 수 있다. 만약 부귀와 영달에 급급해하고 여색과 재물에 연연한다면 나머지는 볼 것도 없다.

99. 대체로 비방하는 자는 항상 다른 사람의 악을 드러내서 그 진실을

깎아내고, 칭찬하는 자는 항상 다른 사람의 선을 칭찬하여 그 진실을 부풀린다. 오직 공정한 마음을 가진 자만이 그렇지 않다.

100. 조수(潮水)에 대한 선유(先儒)의 변설(辯說)이 많지만, 우리 조선의 구암(久庵) 한백겸(韓百謙)의 설이 가장 조리가 있어서 옛사람이 미처 말하지 못한 부분까지 잘 설명하였다.

101. 근래 선비의 습속이 단정하지 못한 폐단 중에 과거가 으뜸이고 명예가 다음이고 문예가 또 그다음이다. 반드시 이러한 것을 도려내서 일절 끊어버린 다음에야 비로소 정도(正道)로 돌아가는 길이 생길 것이다.

102. 사우(師友) 간에 분열하고 배반하는 것이 오늘날보다 심한 적이 없다. 이 때문에 사람들이 모두 학문은 대단할 것이 못 되고 유생은 높일 것이 못 된다고 여긴다. 이것이 먹다가 목이 멘다고 먹는 것을 그만두는 것과 무엇이 다른가. 매우 우스운 일이다.

103. 글자는 잘못 쓸 때가 있고 말은 간혹 조리에 맞지 않기도 하니, 옛사람도 이것을 면하지 못하였다. 만약 이것으로 사람의 한평생의 현부(賢否)를 판단한다면 잘못이다.

104. 내가 도부(桃符)[1]하는 날에 다음과 같이 축문을 썼다. "배움이 진전되지 않으면 사람이 아니고, 마음이 한번 풀어지면 바로 짐승이다."

1 도부(桃符): 새해 초하루에 복숭아나무 판자 두 개에다 신도(神荼)와 울루(鬱壘)라는 두 신의 이름을 쓰고 그것을 문 양쪽에 걸어서 악귀를 물리치던 풍속을 말한다. 《說郛 卷12 鬱壘》

105. 만약 남에게서 받아서는 안 되는 물건을 받고 남에게서 얻어서는 안 되는 물건을 얻는다면 도리에 흠결이 많을 것이다. 그러나 사람들은 단지 물건을 얻은 것이 중요한 줄만 알고 도리를 잃은 것이 더욱 중요하다는 것을 알지 못하니, 얻은 것이 그 잃은 것을 보충하지 못한다고 이를 만하다.

106. 이치를 밝게 알고 천명(天命)을 알면 세상만사에 만나는 일마다 편안하여 구차한 마음이 저절로 없게 될 것이다.

107. 욕망이 없으면 온 천하의 사물이 그 마음을 움직이기에 부족하니, 이 때문에 가는 곳마다 모두 당당하다. 탐욕이 많은 사람은 탐욕의 대상이 있는 곳에 생사와 영욕을 따지지 않고 반드시 달려갈 것이니, 이 때문에 가는 곳마다 모두 굽히게 된다. 공명과 이익에 대한 욕망이 많은 자는 반드시 공명과 이익에 굽히고, 명예에 대한 욕망이 많은 자는 반드시 명예에 굽히고, 재물에 대한 욕망이 많은 자는 반드시 재물에 굽힌다. 이로써 미루어 보면 그렇지 않은 경우가 없다. 그러므로 호자(胡子 호굉(胡宏))가 말하기를, "오직 욕망이 없는 자만이 만물의 위에 당당하다." 하였고, 공자가 말씀하기를, "신정(申棖)은 욕망이니, 어찌 강함이 될 수 있겠는가.〔棖也欲, 焉得剛.〕" 하였던 것이다.

108. 내가 스승에게 "근래 과거의 폐해가 이단보다 심하다."라는 말씀을 들었는데, 그 말씀이 간절하고 솔직하여 듣는 사람으로 하여금 자기도 모르게 조심하고 부끄럽게 한다. 또 말씀하기를, "과거의 폐해는 문안의 도적과 같고 이단의 폐해는 문밖의 도적과 같다." 하였다.

109. 허백운(許白雲)-겸(謙)-이 제자를 가르칠 때 유독 과거 공부를 가르치지 않으며 말하기를, "이것은 의(義)와 이(利)가 나뉘는 것이다." 하였다. 허노재(許魯齋)-형(衡)-이 배우러 온 부귀한 가문의 자제에게 반드시 쓸고 닦는 일을 먼저 가르쳐 교만한 기운을 꺾었다. 두 공의 일은 모두 후세에 후학을 가르치는 모범으로 삼을만하다.

110. 근래 학문하는 선비들은 일부분을 대략 알게 되면 곧바로 자기가 안 것에 아무런 의심하지 않고 스스로 주장이 너무 지나쳐 공손하게 자신을 낮출 생각이 거의 없다. 이런 상태로 세상에 나가 쓰인다면 일을 그르치지 않을 자가 없을 것이다. 증자가 말하기를, "있으면서 없는 듯하고 가득 차 있으면서 비어있는 듯 하는 일에, 옛날 나의 벗이 마음과 힘을 다하였다." 하였는데, 이것은 후학이 마땅히 본받아야 할 바이다.

111. 말세에 풍속이 야박하고 인심이 사나운 것은 어째서인가? 기강이 서지 못하고 명분이 크게 무너진 것이 원인이다. 젊은이가 어른을 능멸하고 서얼이 적자를 능멸하고 천한 자가 귀한 자를 능멸하는 것이 온 세상이 모두 이러해서 바로잡을 수가 없다. 이러한 때 만일 어진 이가 지위에 있다면 기강을 세우고 명분을 바루는 일을 마땅히 가장 먼저 할 것이다.

112. 후세에는 인재를 등용할 때 전적으로 과거를 중시하고 인물의 현부나 재덕(才德)의 고하는 따지지 않는다. 나라의 치란과 당세 정치의 성쇠를 오로지 그에게 맡기고 그도 역시 한 번 과거에 급제하면 자기의 재수와 분수가 어떠한지는 헤아리지 않고 승지의 자리에 두거

나 정승에 반열에 올리더라도 곧장 편안하게 받아들여 스스로 자신의 분수에 가당한 일이라고 생각한다. 초야에 묻혀 자신을 감춘 선비가 비록 충성이 용방(龍逄)과 비간(比干)과 같고 절의가 백이와 숙제와 같으며 덕이 공자와 주공과 같고 행실이 증자와 민자와 같으며 재주가 강태공과 제갈무후와 같더라도 끝내 산림에 버려져서 초가에서 늙어 죽는 신세를 면하지 못한다. 그렇다면 말세에 인재가 나오지 않는 것은 전적으로 과거의 해로움이 원인이다.

113. 요순의 시대에 비록 과거제도가 없었지만, 사악(四岳)과 구목(九牧)이 모두 조정에 나열해 있어서 인재의 성대함이 후세가 미칠 수 없었다.

114. 허노재가 말하기를, "선왕이 학교를 설치하여 인재를 길러서 천하의 쓰임에 충당하였다. 그러나 그 폐단에 이르러서는 과거의 제도가 더욱 엄밀해질수록 여기에 나아가는 선비들이 더욱 교묘해져서 심지어 글자를 짜깁기해서 기필코 합격하려고 한다. 윗사람이 천하의 선비를 인재로 대하지 않는데 여기에 응하는 아랫사람이 어찌 인자(仁者)와 군자의 마음이겠는가. 비록 급제하더라도 쓰임에 무슨 보탬이 되겠는가. 위아래가 서로 대하는 폐단이 이와 같은데 백성이 복을 받게 하고 싶어도 그렇게 할 수 있겠는가." 하였다. 참으로 맞는 말씀이다. 오늘날의 문제점을 정확하게 맞춘 것이라 이를 만하니, 읽고 있으면 나도 모르게 경각심을 가지고 반성하게 된다.

115. 정자(程子)가 과거의 폐단을 논하기를, "만약 '내 마음엔 단지 조정에서 임금의 물음에 대답할 때에 천하의 일에 대해 직언하고 싶은

것이다.'라고 한다면 가상한 일이다. 그러나 만약 뜻이 부귀에 있는 것이라면 뜻을 얻는 순간 교만하고 방자하며 뜻을 잃는 순간 제멋대로 굴고 슬픔에 빠질 뿐이다.-《이정전서(二程全書)》 1권 10판에 보인다.-" 하였는데, 참으로 맞는 말이다. 요즘 세상에 과거에 응시하는 사람들을 가만히 보면 모두 뜻을 얻으면 교만하고 방자하며 뜻을 잃으면 슬퍼하니, 이렇게 해서 조정에서 무슨 일을 하겠는가. 정치는 갈수록 더욱 비속해지고 나라는 갈수록 더욱 혼란해지는 것이 당연하다.

116. 간사하고 흉험하고 탐욕스러운 성품으로 아주 작은 재주나 장점도 없는 자가 어쩌다 과거에 급제하면 윗자리에 있는 사람이 곧장 직무를 맡기고 시무(時務)를 위임한다. 아, 이러한 폐단이 있은 지 오래다. 나라를 망하게 하고 집안을 망치지 않는 경우가 얼마나 되겠는가. 그러므로 내가 "후세에 패망하는 근심은 대부분 과거를 통해 사람을 취하는 것이 원인이다." 한 것이다.

117. 어진 이가 나와서 세상의 쓰임이 될 때 시기하는 자가 매우 많다. 맑은 이를 들어 올리고 탁한 자를 내치면 탁한 자가 시기하고, 어진 이를 등용하고 간악한 자를 쳐내면 간악한 자가 시기하고, 임금이 존경하면 총애를 다투는 자가 시기하고, 국사를 맡기면 권력을 탐하는 자가 시기하고, 정직하게 마음을 쓰면 거짓된 자가 시기하고, 공명정대하게 일을 하면 범속한 자가 시기하고, 청렴결백하게 몸을 지키면 탐오한 자가 시기한다. 그 밖에 시기하고 질투해서 해치려고 하는 것을 이루다 셀 수가 없다. 그러므로 삼대 이후로 어진 이 중에 임금을 만나 도를 행한 사람이 단 한 명도 없는 것이다. 도를 행하지 못했을 뿐만 아니라 결국에는 목숨을 잃고 화를 당하는 경우도 있었으니, 탄

식을 금할 수 있겠는가.

118. 내가 보니 모든 세상 사람이 마음을 쓰고 일을 할 때 대부분 잘못을 저지르는데 그중에 더욱 미워할 만한 경우가 있다. 그러나 사람들이 모두 예사로 여기고 뭐라고 하지 않으며 그도 역시 스스로 당연하다고 하면서 이상하게 여기지 않고 편안해 한다. 그런데 한번 학문에 명성을 얻은 사람이 몸가짐과 일 처리에서 혹 합당하지 않은 일이 있으면 곧장 여러 사람이 비난하고 헐뜯는 것이 끝 간 데 없어서 결국 세상에 용납되지 못한 뒤에 그친다. 아, 악인을 대하는 것은 어쩌면 그렇게 후하고 학자를 나무라는 것은 어쩌면 그렇게 가혹하단 말인가. 선을 하려는 자가 막히고 악을 하려는 자가 권장을 받는 것이 당연하구나.

119. 말세의 인심이 없는 데가 없어서 젊은이가 어른을 능멸하고 아우가 형을 배반하며 스승과 제자가 의향이 다르고 아들과 아비가 의견이 다르니, 이것은 사실 세도의 큰 변고이다. 그러나 온 세상이 바야흐로 휩쓸리듯 좇아서 이상하게 여기는 사람이 없다. 인심이 타락하고 풍속이 혼탁해진 것이 이토록 심하니 참으로 크게 탄식할 만하다.

120. 예절에 소략한 사람은 반드시 '번잡한 의례와 자잘한 예절은 세세하고 번쇄해서 모두 행할 것이 못 된다.'라고 말한다. 저 방종을 좋아하고 구속을 싫어하는 자가 마침내 그 소리를 기쁘게 듣고서 휩쓸리듯 좇아서 절제하는 바가 없다. 그러나 일상생활의 일들이 비록 천 가지, 만 가지이지만 모두 이치에 마땅히 해야 할 것으로 하나라도 빠뜨려서는 안 된다는 것을 전혀 알지 못한다. 부자유친, 군신유의,

부부유별, 장유유서, 붕우유신 같은 것은 모두 빠뜨려서는 안 된다. 이제 부자유친 한 가지 일을 가지고 말해보면 저녁에 이부자리를 봐 드리고 새벽에 문후를 여쭈며 의복이 따뜻하고 추운지를 묻고 어떤 음식을 드실 것인지 묻거나, 감히 사사로이 축재하지 않고 감히 사사로이 빌리지 않으며 상을 당하여 슬퍼하고 제사에 공경하는 등의 허다한 절목 중에 어떤 것이 행하지 않아도 되는 번잡한 의례이겠으며, 어떤 것이 그만두어도 되는 자잘한 예절이겠는가. 옛사람은 이러한 일들이 모두 이치에 당연한 것임을 분명히 알았기 때문에 하나하나 실행해 나가고 조금도 싫어하는 뜻이 없던 것이다.

121. 우리 선조께서 "다만 제 분수에 편안해야 하니, 제 분수를 편안하게 여기지 않으면 여기에서 온갖 악이 생긴다."라는 말을 하신 적이 있다. 이것은 실로 우리 자손이 마땅히 명심하여 가슴 속에 늘 간직해야 할 말이다.

122. 《제의정본(祭儀正本)》-책명-은 고문을 절충하고 인정과 예문을 맞추었으니, 선생께서 손수 교정한 것이고 선친이 행하고자 한 것이다. 이것은 마땅히 하나하나 준행하고 어겨서는 안 되는 것이다.

123. 명성은 조물주가 꺼리는 것이고 인정이 미워하는 것이다. 그러므로 예부터 명성이 성대한 자 중에 화를 취하지 않은 자가 적다. 말세를 사는 방법은 마땅히 명성을 제일의 경계로 삼아야 한다.

124. 재주가 너무 높고 기가 너무 날카롭고 명성이 너무 성대하고 권세가 너무 무거우면 예부터 지금까지 화를 면한 사람이 없다.

125. 이치에 맞는지, 일이 옳은지는 따지지 않고 반드시 자신의 의견을 펴서 남을 이기려고 애쓰며 비록 말이 궁색하고 이치에 닿지 않는 데도 끝내 굴복하려 하지 않고 거짓으로 꾸미기 좋아하여 명예를 획득하려는 사람, 근세에 이러한 종류의 사람들이 있는데 아마도 그 마지막에는 반드시 패망할 것이다.

126. 관직 생활하는 방도는 명철, 인애(仁愛), 청렴, 근면 네 가지를 벗어나지 않는다. 명철하면 진위를 숨길 수 없고, 인애하면 백성이 가까이 따르고, 청렴하면 백성의 재물을 취하지 않고, 근면하면 모든 업무가 제대로 거행될 것이니, 이 네 가지를 제대로 잘한다면 관직 생활을 잘해나갈 것이다.

127. 능히 천명을 알면 궁달과 영욕과 이해에 마음이 동요되는 일이 없을 것이다.

128. 다스리는 도는 마땅히 기강을 진작시키는 것을 우선으로 해야 한다. 그러나 기강을 진작시키는 것을 권세와 위령(威令)으로 해서는 안 된다. 다만 한 가지 일을 행할 때 의리에 맞게 하고 한 가지 명령을 낼 때 또한 의리에 맞게 하느냐에 달려있다. 오늘 이처럼 하고 내일 이처럼 하며 올해 이처럼 하고 내년에 이처럼 하면 자연히 백성의 마음이 복종하여 기강이 진작될 것이다.

129. 충후(忠厚)함으로 마음을 보존하고 방정함으로 행실을 단속한다.

130. 배우는 자는 마땅히 인욕을 막고 천 리를 보존하는 것을 급하게 여기고, 다스리는 자는 마땅히 군자를 나오게 하고 소인을 물리치는

것을 우선으로 해야 한다.

131. 나라를 다스리는 도는 마땅히 인재를 배양하는 것을 우선으로 해야 한다. 비유하자면, 집을 지을 때 반드시 먼저 수목을 기른 뒤에야 대들보와 서까래가 재목에 따라 적절한 사용처에 쓰일 수 있어 구차하고 곤란한 문제점이 조금도 없을 것이다. 그러나 만약 미리 기르지 않으면 재목을 얻기가 매우 어려워 혹 그때그때 구차하게 얻더라도 자잘하고 구부러진 재목뿐이라 대들보와 서까래로 쓰려면 겨우 개수나 채울 뿐 그 임무를 감당할 수 없을 것이니 얼마 되지 않아 반드시 기울어 무너지며 꺾이고 부러지는 걱정이 생길 것이다.

132. 국가가 수령을 선발해 등용하는 것은 조정의 덕의(德意)를 널리 알리고 경내의 백성을 사랑하고 보살펴서 그들이 편안히 살며 본업에 즐겁게 종사할 수 있게 하고자 해서이다. 그러므로 늠료를 넉넉하게 주고 관속을 성대하게 두어서 처첩과 자제와 노복에 이르기까지 모두 그 해택을 누리게 하였으니, 그 은혜가 또한 매우 두텁다고 이를 만하다. 근래 수령이 된 자를 가만히 보면, 국은을 생각하지 않고 국법을 두려워하지 않고서 부세를 무겁게 거두고 징수를 많이 해서 가혹하게 수탈하여 오로지 자신을 살찌우는 것에 전념한다. 관직에 있을 때 벌써 노복과 논밭을 널리 사들이고 집으로 돌아와서는 또 주택과 장원을 크게 마련한다. 백성의 근심과 고통과 애통과 절박함은 남의 일처럼 전혀 상관없이 바라볼 뿐이다. 애당초 국가가 수령을 파견하여 백성을 다스리게 한 것이 이 지경에 이르러서는 도리어 백성을 괴롭히는 일이 되고 만다. 아, 천지의 귀신이 환하게 늘어서 있고 삼엄하게 나열해 있으니, 이러한 종류의 인간에게 어찌 재앙이 없겠는가. 어쩌다

자신은 재앙을 면하더라도 반드시 그 자손에게 미칠 것이다.

133. 《가례》를 살펴보건대, 우제와 졸곡부터 그 이후 부제(祔祭) 및 시조·선조·아버지의 제사와 묘제 따위와 같은 제사 때에는 축문 하단에 모두 '삼가〔謹以〕' 두 글자를 쓴다. '삼가 깨끗한 희생과 곡식과 술을 가지고…….'라고 하거나 혹은 '삼가 맑은 술과 여러 음식으로…….'라고 한다. 다만 시제 및 묘제와 후토에 제사 지낼 때의 축문은 '삼가〔謹以〕'를 '감히〔敢以〕'로 고쳐 쓰고 소상과 대상과 담제의 경우에는 모두 '감히〔敢用〕'로 고쳐 쓰는데 이것이 무슨 의미인지 모르겠다. 그 뜻이 우연이 아닌 듯하니 예를 아는 군자에게 물어보았으면 좋겠다.

134. 여름날 찌는 듯이 더울 때 사람들은 모두 그 고통을 참기 어려워 의관을 벗고 맨몸에 맨발로 종일토록 멍하니 있으면서 위의를 망가뜨린다. 내가 내 몸에 직접 실험해 본 적이 있는데, 아무리 더울 때라도 몸과 마음을 단속하고 정신을 반짝 차리니 더위가 그렇게 괴롭지 않다는 것을 느꼈다. 만약 의기를 나태하게 하고 몸을 풀어놓아 전혀 수습하지 않았다면 더욱 덥고 답답함을 느꼈을 것이다. 마음을 가만히 안정시키는 것이 피서의 좋은 방법이라는 것을 비로소 알게 되었다.

135. 충후함과 정직함은 서로 필요하니 어느 하나가 없어서는 안 된다. 만약 한결같이 정직하기만 하고 충후하지 못하면 점점 각박해지고 마는 문제가 생긴다. 만약 한결같이 충후하기만 하고 정직하지 않으면 반드시 나약하지는 결과에 이르게 된다.

136. 내가 온 세상 사람들을 보니, 모두 '이(利)'와 '해(害)'에 대해서

는 매우 분명히 알지만 '의(義)'와 '이(利)'의 구분에는 온통 어둡다. 근래 당론의 화가 피차의 진퇴와 영락의 분기점이 되었기 때문에 사람들이 그 마음에 밤낮으로 고심하여 계산하는 것이 매양 '이(利)' 자를 가지고 '해(害)' 자를 상대해 보아서 오로지 이러한 방식에만 환해지고, 한 번도 '의(義)' 자를 가지고 '이(利)' 자를 상대해 보지 않아서 조금도 분별하지 못하고 한결같이 몽매하기만 하다. 이것은 그 마음의 쓰임이 반드시 평소에 잘 알고 있는 것에서부터 시작하고 평소 잘 알지 못하는 것에서 나올 수 없기 때문이다. 인심과 세도가 이러한 지경에 이르렀구나!

137. 선유가 등용이 불공정한 폐단을 논하며 말하기를, "교묘하게 벼슬하는 자가 나오면 욕심 없이 직분을 지키는 자가 물러난다.〔巧宦者進, 守靜者退.〕" 하였다. 세상에 벼슬하는 자들을 보면 교묘히 벼슬하지 않는 경우가 없으니, 윗사람의 뜻을 맞추거나 권문세가에 빌붙거나 늦은 밤에 찾아가 애걸복걸하거나 뇌물로 벼슬을 꾀한다. 남에게 빌붙어 올라가서 구하기를 도모하고 온갖 계책을 동원해서 뚫고 나가려 한다. 오직 이권이 있는 곳에선 남들이 비웃고 꾸짖거나 말거나 상관하지 않고서 높은 관직을 부당하게 탈취하고 재상의 지위를 줍듯이 얻는 데까지 이른다. 그러고서도 대낮에 남에게 교만을 떨며 낯짝도 두껍게 부끄러움을 모른다. 주자께서 '비록 존귀함이 삼공재상에 오르더라도 군자가 보기에는 개돼지에 불과할 뿐이다.'라고 하신 말씀을 어찌 경계하지 않을 수 있겠는가.

138. 명나라 유자가 "예부터 재상은 기한(飢寒) 때문에 죽지 않고 항상 재화(財貨) 때문에 죽는다."라고 한 말을 보았는데, 참으로 맞는 말이

다. 이 말을 근래 재상의 귀에다 한번 읊어보고 싶지만 할 수 없다.

139. 나는 평소 달빛 아래 흐르는 시내를 가장 좋아한다. 물과 달이 서로 비추며 졸졸 흐르는 소리가 들린다. 매양 그 소리를 듣고 있으면 늘 나도 모르게 마음이 맑아져 한 점의 찌꺼기 같은 생각도 없게 된다.

140. 나는 타고난 자질이 다른 사람의 가장 아래에 있어서 늙음에 이르러서도 배움에 성취가 없다. 다만 근래 사욕(私欲)에 있어서 줄어든 점이 있는 것을 깨달았다. 공명과 재리(財利) 따위를 부러워하는 마음이 조금도 없다.

141. 내가 소싯적에 산사에서 글을 읽었는데, 낮에는 뜰에 나오지 않고 밤에는 옷을 벗지 않고서 연구하고 찾고 강습하고 토론해서 심지어 먹고 마시는 것을 잊기에 이르렀다. 간혹 밤이 깊어지고 나면 앞 누대에 고요히 앉아 졸졸 흐르는 물소리를 듣는 것을 좋아하였다. 어느 노승이 나를 보더니, "빈도가 어렸을 때 사계 선생께서 절에 머무르며 글을 읽는 것을 본 적이 있습니다. 오늘 선비님의 공부가 거의 그 경지에 이르렀군요." 하였다.

142. 내가 소싯적에 산사에 있을 때 간혹 밤늦도록 글을 읽다가 창밖으로 두견새 소리를 들었는데 밤새도록 그치지 않아서 한순간도 게으름이 없었다. 문득 혼자 이런 생각을 하게 되었다. '이 새가 밤새도록 우는 것이 사실 그 몸에는 무익하지만, 천기(天機)가 움직이는 이때 이처럼 애를 쓰는구나. 그런데 하물며 사람은 공부하는 것이 자기를 위한 것이 아님이 없어서 자신에게 유익함을 이루 다 헤아릴 수 없는데 도리어 종일토록 대충 보내는 경우가 있으니, 사람이 새만도 못해

서야 되겠는가.' 이에 독서에 뜻을 세워 전날보다 갑절이나 부지런히 하였다.

143. 계축년(1673년, 28세) 여름, 나는 용인의 심곡서원(深谷書院)에서《태극도설》한 편을 읽었는데 제가의 여러 주소(註疏)를 한꺼번에 겸해서 보았다. 거기에 침잠하고 궁리하느라 침식을 잊을 정도였다. 앞뒤로 90일 동안을 마치 하루처럼 게으름을 피우지 않고서 전심하고 집중하여 갑자기 깨달음을 얻었다. 그 당시에는 귀로 들어오고 눈에 닿는 모든 것이 태극이 아닌 것이 없어서 심지어 나뭇잎이나 흐르는 냇물 같은 것을 대해도 모두 태극으로 변하였다. 그때 혼자 생각에 만약 이처럼 공부해서 곧장 5, 6년 혹은 십여 년을 보내면 반드시 대단한 진전이 있을 것이라 여겼는데, 그 뒤로 병을 앓고 상을 치르느라 십수 년을 골몰해서 오늘에 이르러 백발에 이룬 것이 하나도 없으니 참으로 한탄스럽다.

144. 나는 용렬하고 비루하여 보잘것없어서 임명하는 교지를 여러 차례 사양하였다. 신사년(1701, 숙종27) 가을에 예산 현감에 임명되었는데 미천한 분수를 헤아려보고 황송함을 이길 수 없어 몇 개월간 부임하지 않을 수 없었다. 아내와 약속하기를,

"나의 거친 베 도포와 그대의 짧은 베 치마를 관에 도착한 후에 혹여 고쳐 만든다면, 이는 나의 뜻이 아니오."

하니, 아내가 말하기를,

"분부대로 따르겠습니다. 어찌 감히 고쳐 입겠습니까."

하였다. 나는 마침내 부임하였다. 세월이 흘러 어느덧 10개월에 이르러 집으로 돌아오니, 나의 베옷과 아내의 베 치마가 전부 해져 있었다.

145. 서우(徐寓)가 묻기를, "형제 두 사람이 있는데 그 형이 일찍 죽어 후사가 없어 마침내 이성(異姓)의 자제를 세워 후사로 삼았습니다. 뒤에 아우에게 아들을 생겼는데, 제례를 거행할 때가 되자 이성의 아들이 상주가 되어 모든 제주(題主) 및 축판에 죄다 그의 이름을 썼습니다. 이성으로 후사가 된 자는 조상의 혈통이 전해지는 자가 아닌데 그 제사를 전적으로 주관하게 합니까? 제 생각에 종제 중 맏이를 그 제사에 공동으로 제주(祭主)가 되게 하여 이름을 쓰고 예를 행하게 한다면 조상의 영령이 흠향할 듯합니다. 의리에 입각해서 새로운 예를 만들 수 있겠습니까?" 하니, 주자가 말하기를, "이성(異姓)을 세워 후사로 삼는 것은 참으로 지금 사람의 잘못이지만, 지금 뒤늦게 바로잡기도 어렵다. 다만 제사에 참여했을 때에 나의 효성과 공경의 성심을 다하면 된다." 하였다.-《주자서절요》 16권 22판에 보인다.-

○살펴보건대 예(禮)에서는 이성(異姓)을 후사로 삼지 않는다. 또 이르기를, "신(神)은 친족이 올리는 제사가 아닌 것은 흠향하지 않는다." 하였다. 《공자가어》에 "후사가 끊어져 타인을 후사로 삼는 것은 이치상 그르다." 하였다. 이로써 보면 이성을 후사로 삼을 수 없는 것은 그 예(禮)가 분명하다. 당초에 그 형이 일찍 죽어 후사가 없어서 비록 이성의 자제를 후사로 삼기는 했지만, 아우가 아들을 낳았을 때는 문중의 장자가 마땅히 가묘에 고하고 그 아들을 세워 후사로 삼아서 그 종족의 일을 맡게 했어야 맞다. 이와 같이 하면 조카가 그 숙부의 뒤를 잇고 손자가 그 할아비의 제사를 주관하는 것이어서 일거에 예의 바름을 얻게 된다. 지금 주자가 '뒤늦게 바로잡기는 어렵다.'라고 답한 것은 반드시 깊은 뜻이 있을 것이다. 그렇지 않다면 주자 초년의 설이 아닐까?

146. 주자가 말씀하기를, "노자는 매우 복잡하고, 장자는 방탕하다. 노자는 몸가짐을 단속하여 다리를 가지런히 하고 손을 모아서 거두고, 장자는 도리를 뒤집는 많은 말을 가지고 법도에 얽매이지 않는다." 하였는데, 지금 주자의 이 말을 자세히 보면 두 사람의 사람됨과 학문을 거의 알 수 있다.

147. 주자가 말하기를, "육자정(陸子靜 육구연(陸九淵))이 자유(子游)와 자하(子夏)의 무리는 본래 일가의 학문이기에 그 학설을 전부 버리고 공자의 가르침을 좇을 수 없었고 오직 금장(琴張)과 증석(曾晳)과 목피(牧皮)가 바로 참으로 공자에게 얻음이 있는 자들이라고 말했는데, 그 말이 괴이하고 편벽된 것이〔其言怪僻〕 마침내 이러한 지경에 이르렀다." 하였다. '그 말이 괴이하고 편벽되었다.'라고 한 네 글자를 보면 참으로 육자정에 대한 단안(斷案)이다.

148. 육상산(陸象山 육구연)이 말하기를, "고자(告子)가 성(性)을 말한 것이 맹자보다 낫다." 하였고, 또 "순자(荀子)의 성악설이 매우 좋다. 사람을 놀래 감발하게 하니, 치밀한 공부가 있다." 하였고, 또 "안자(顔子)가 도를 깨친 것이 중궁(仲弓)보다 뒤늦다." 하였고, 또 "《주역》의 〈계사전〉은 공자가 지은 것이 결코 아니다." 하였고, 또 "함양(涵養)은 주인옹이고 성찰(省察)은 노비이다." 하였는데, 이러한 의론은 그야말로 대경소괴(大驚小怪)한 것이다.

149. 유자(儒者)의 이름을 하고 선가(禪家)의 행실이 있는 것은 예부터 있었지만, 그 해로움은 또 얕고 깊은 차이가 있다. 육상산의 경우, 그의 말을 들으면 유자고 그의 행실을 보면 유자며 저서와 말에 있어

서도 유자다. 다만 기미와 맥락이 선학(禪學)에서 가져온 것이어서 분명하기 매우 어려우니, 그 해가 깊다. 왕양명의 경우는, 크게 거칠고 얕아서 《전습록》에 실린 것이 석가모니의 언어와 면목이 아닌 것이 없다. 눈이 있는 자가 보면 우리 유가 문호의 길이 아님을 바로 알 수 있다. 이것은 분별하기 매우 쉬우니, 그 해가 얕다.

150. 왕양명이 성현의 학문하는 공부에 대해서 수많은 말을 일체 모두 무시하고서 단지 '양지(良知)' 두 글자만을 주장하여 일대법문(一大法門)으로 삼았다. 문인이 학문하는 요점을 묻자 대답하기를, "양지를 지극히 하는 데에〔致良知〕 있다." 하였다. 양지를 지극히 하는 공부에 대해 다시 묻자 말하기를, "이미 양지를 지극히 한다고 했으니 이 밖에 양지를 지극히는 하는 무슨 다른 공부가 있겠는가." 하였다. 그 본래 문장을 전부 다 기록할 수는 없지만, 그 대략이 이와 같다. 그 말이 무미하고 우스운 것이 이와 같다.

151. 왕양명이 '지행합일(知行合一)' 한 가지 일을 가지고 유가의 선지후행(先知後行) 설을 깊이 공격하였다. 그 대의는 다음과 같다. 내 마음을 먼저 밝히는 것만 한 것이 없으니, 마음이 텅 빈 거울과 맑은 물과 같다면-바로 치양지(致良知)이다.- 천하 사물의 이치를 저절로 모두 알게 된다. 예를 들어 어버이를 섬기면 저절로 효를 알게 되고 임금을 섬기면 저절로 충을 알게 되어서 다시 임금과 어버이에게 나아가 충과 효가 되는 원리를 찾을 필요가 없다는 것이다. 또 말하기를, "이미 알았다면 행함은 그 안에 있다." 하였는데, 이것이 그의 주장의 관건이 있는 부분이다. 그 말이 아무리 천 갈래 만 가지여도 요점은 여기에서 벗어나지 않는다.

152. 왕양명이 맹자의 성선설을 깊이 배척하였고, 주자의 주석에 이르러서는 더욱 힘껏 비난하였다. 《중용》의 '하늘이 명한 것을 성이라 이르고, 성을 따르는 것을 도라 이른다.〔天命之謂性, 率性之謂道.〕' 아래 주석이나, 《맹자》의 '그 마음을 다하는 자는 그 본성을 아는 것이다.〔盡其心者, 知其性也.〕' 아래 주석이나, 《대학》의 '명덕(明德)' 아래 '그 처음을 회복한다.〔復其初〕' 주석이나, 《논어》 '학이(學而)' 아래 '학은 본받음이다.〔學, 效也.〕' 등의 주석에 대해 반복해서 비판하면서 끊임없이 수백 마디의 말을 하였다. 또 말하기를, "주자가 경전을 잘못 해석하여 후학을 오도하니 그 폐해가 홍수나 맹수보다 심하다." 하였다. 그의 말이 제멋대로이고 논리가 뒤집혀 꺼리는 바가 전혀 없으니, 이는 놀랄 것도 못 되고 깊이 따질 것도 못 된다.

153. 왕양명이 '궁리격물(窮理格物)'의 설을 대단히 잘못된 것으로 보아 여력을 두지 않고 처음부터 끝까지 배척하였다. 정말 그렇다면 《대학》에서 말한 '이치를 궁구하여 앎을 지극히 한다.〔格物致知〕'와 《중용》에서 말한 '널리 배우고 자세히 묻고 신중히 생각하고 밝게 분별한다.〔學問思辨〕'와 《맹자》에서 말한 '그 마음을 다하는 자는 그 본성을 다한다.〔盡心知性〕'와 《논어》에서 말한 '문을 널리 배운다.〔博文〕'와 《서경》에서 말한 '오직 정밀하게 한다.〔惟精惟一〕'와 《주역》에서 말한 '사물의 이치를 궁구한다.〔窮理盡性〕'와 '군자가 배워서 지식을 모으고, 물어서 분변한다.〔學以聚之, 問以辨之.〕'는 모두 허망한 말로 후학을 현혹한 것이 된다. 아, 그것이 말이 되는가!

154. 왕양명이 주신호(朱宸濠)를 사로잡고 등만(藤蠻)을 멸망시켰으니, 그의 공훈이 탁월하여 볼 만하다. 만약 학문하지 않았다면 한 시

대의 저명한 사람이 되기에는 부족하지 않았을 것이다.

155. 내가 묻기를,

"한창려(韓昌黎 한유(韓愈))와 문중자(文中子 왕통(王通)) 중 누가 나은가?"

하니, 중고(仲固, 김재(金栽))가 말하기를,

"창려가 나은 듯하다. 〈원도(原道)〉 편에서 '요임금이 이것을 순임금에게 전하고, 순임금이 이것을 우임금에게 전하였다.'라고 한 부분은 그가 애초에 옛말을 답습하지 않은 것이니, 사실 스스로 터득한 견해이다. 때문에 정자께서도 이를 인정한 것이다. 왕문중에게 어찌 이러한 견식이 있겠는가."

하였다. 내가 말하기를,

"그렇지 않다. 왕문중이 비록 결점이 있긴 하지만 본래 학자의 규범을 지닌 데 반하여 창려는 다만 이 부분에 소견이 우연히 도달한 것일 뿐이다. 평소의 행위를 보면 본디 학자의 모습이 아니니, 왕문중이 나은 듯하다."

하였는데, 중고가 쟁변을 멈추지 않아 뒤에 이 문제를 선생께 여쭈었다. 선생께서 말씀하기를,

"왕문중이 낫다. 한유는 식견이 비록 높지만 '희학을 좋아하니, 해로움이 되지 않는다.〔善戲謔, 不爲虐兮.〕'[2]는 따위는 도대체 이것이 무슨 행동거지란 말인가. 왕문중은 이러한 점이 없었다."

2 희학을……않는다 : 원래 《시경》 〈위풍(衛風) 기욱(淇奧)〉의 시구인데, 한유가 〈중답장적서(重答張籍書)〉에서 논쟁을 좋아하고 농담을 잘한다는 비판에 대해 이 말을 인용하여 변명하였다.

하였다. 다시 우암께 여쭈니 우암께서 말씀하기를,

"왕문중이 낫다. 주자는 한유를 알랑대고 실없는 사람으로 보았다. 알랑대고 실없다고 했다면 다시 의론할 것이 있겠는가."

하였다. 뒤에 감사監司 숙부(김징(金澄))에게 여쭈니, 답하시기를,

"왕문중이 비록 〈태평십이책(太平十二策)〉을 올린 흠이 있지만, 진(陳)나라와 수나라가 교체하는 전쟁 통에 우뚝하게 자립하여 서른도 되지 않아 천하의 대유(大儒)가 되었으며 물러나 하수(河水)와 분수(汾水) 가에서 생도들을 가르쳐 그 문하에서 공부한 방현령(房玄齡)과 두여회(杜如晦)의 무리는 그의 나머지만으로 오히려 '정관의 치'를 이루었다. 만약 한퇴지가 같은 시대에 태어났다면 반드시 윗자리에 모시고 제자의 예를 행했을 것이다."

하였다.

156. 살펴보건대 주자께서 말하기를, "문중자(文中子)는 기초가 얕았지만 그는 천하의 일을 모두 한꺼번에 고려해서 법칙에 따라 정사를 하려고 했던 사람이니, 그의 마음은 공적(公的)이었다. 이에 반해 한퇴지(韓退之 한유(韓愈))는 비록 도의 큰 쓰임은 알았지만 실제로 일을 한 곳은 없고 그는 그저 언어를 육경(六經)과 비슷하게 하고자 했으니, 바로 이로써 도를 전한 것이다. 그리고 매일의 공부도 다만 시를 짓고 바둑을 두고 술을 마시고 쾌락을 취하는 것일 뿐이었다. 직임을 띠고 정사를 할 때는 나라를 위해 일하고자 하지 않아 말할 만한 것이 전혀 없으니, 그 실상은 관직을 원했을 뿐이었다." 하였는데, 지금 주자의 이 말을 가지고 보면 왕통과 한유의 우열이 분명하다.

157. 한창려(韓昌黎)가 금단(金丹)을 잘못 복용해서 죽은 것을 나무

라는 글이 창려가 지은 묘지 기록에 많이 보이는데, 창려 자신은 만년에 유황을 복용해서 죽었다. 아, 창려같이 어진 사람이 어째서 남의 잘못은 나무라면서 자기의 잘못은 알지 못했던 것일까.-유황을 복용한 일은 《창려집》 〈태학박사 이군묘지(太學博士李君墓誌)〉 아래 소주에 보인다.-

158. 증자는 성인 문하의 제자 중 '일이관지(一以貫之)'의 뜻을 들어 도학의 정통을 전한 자이다. 그러나 공자께서 돌아가신 뒤 자하와 자장(子張)과 자유가 유약(有若)이 성인과 모습이 닮았다고 해서 공자를 섬기는 예로 섬기고자 했고 증자에게는 존경이 미치지 않았다. 노 애공이 처음 공자묘를 알현하였고, 진 무제(晉武帝)에 이르러 안자를 배향하였으며, 당 태종에 이르러 좌구명(左丘明)과 자하 등 22인의 제사를 모셨고, 송 신종에 이르러 맹자를 배향하였고, 송 휘종에 이르러 증자와 자사를 배향하였다. 이로써 보면 증자가 문묘에 배향된 것이 또 가장 뒤에 있었으니, 이는 모두 알 수 없는 일이다. 그 나머지 70 제자의 배향은 당 중종 때에 있었다.-《통전(通典)》에 보인다.-

159. 정포은(鄭圃隱 정몽주(鄭夢周))은 세상에서 흔히 '우리나라 이학(理學)의 시조'라고 한다. 목은(牧隱 이색(李穡))이 "자유자재로 펼치는 논설이 이치에 합당하지 않은 것이 없다."라고 칭찬한 적이 있는데, 포은의 문집에서 학문을 논하는 말을 한마디도 볼 수 없는 것은 어째서인가? 환난 뒤에 일실된 것이 아닐까? 율곡 선생께서 "내가 보건대 포은은 사직의 신하일지언정 유자는 아니다."라고 말씀하신 적이 있고, 또 "고려 말에 정 아무개는 유자의 기상이 어느 정도 있었지만 또한 그 학문을 성취하지는 못했다. 그의 행적을 조사해보면 충신에 불과할 뿐이다." 하였다. 포은 선생이 강화를 청하는 일로 일본에 사

신을 간 적이 있는데, 고금의 교린(交隣)의 이해(利害)를 온 힘을 다해 말하였다. 주장(主將)이 탄복하여 빈관(賓館)에서 후하게 대접하고 전날 포로로 잡혀있던 윤명(尹明)과 안세우(安世遇) 등 수 백인을 모두 돌려보냈다. 그 뒤로 우리나라 사신을 만날 때마다 반드시 선생의 안부를 물었다. 선생의 부고를 들었을 때는 탄식하며 눈물을 흘리지 않은 이가 없었고 심지어 선생을 위해서 불공을 드리고 복을 비는 자까지 있었다. 공자께서 "말이 진실하고 미더우며 행실이 독실하고 공경스러우면 오랑캐의 나라에서도 행해질 것이다." 하였는데, 참으로 맞는 말씀이 아닌가!

160. 조정암(趙靜菴 조광조(趙光祖)) 선생이 중묘(中廟)의 기묘년의 치세를 만난 것은 송나라 원우(元祐) 연간과 백중을 다툴 만하다. 그러니 신무문(神武門)이 밤에 열려 한 시대의 여러 어진 이가 머리를 나란히 하고 주륙을 당하여 군자는 불행히 큰 도의 요점을 듣지 못하게 되고 소인은 불행히 태평성대의 은택을 입지 못하게 될 줄 어찌 생각이나 했겠는가. 이는 하늘이 그렇게 한 것인가, 사람이 그렇게 한 것인가. 지금까지도 사람을 오열하게 만든다. 아, 남곤(南袞)과 심정(沈貞)의 죄는 죽어도 씻을 수 없을 것이다!

161. 퇴계는 우리나라의 주자이고, 율곡은 공자 문하의 안회(顏回)와 같은 분이다.

162. 율곡의 이기(理氣)에 관한 글은 명철하고 시원해서 옛사람이 알아내지 못한 것을 밝혔으니 생이지지(生而知之)의 경지와 일반이다.

163. 근래 유자들이 쓴 글을 보고 또 그들의 담론을 들어보면 모두

명목과 훈고에 힘을 쏟고 '대본일원(大本一原)'에 대해서는 무지하다. 대본일원을 분명하게 터득한 사람은 퇴계와 율곡 이후로는 오직 우암과 우리 선생뿐이다.

164. 서화담(徐花潭 서경덕(徐敬德))은 강절(康節 소옹(邵雍))의 풍도를 듣고 흥기한 분일 것이다.

165. 야은(冶隱 길재(吉再))의 화상에는-《야은문집》 중에 보인다.- 불가의 처사가 쓰는 노감투를 머리에 쓰고 있고, 《양촌집(陽村集)》 중에는 부처를 위해 지은 소문(疏文)이 몇 권에 달한다. 당시에 불교를 숭상했던 것을 이 두 공의 일로 알 수 있다.

166. 우재(尤齋) 선생은 학문이 깊고 기상이 웅장하여 참으로 빼어난 기운을 타고난 분이었다. 우리 형제는 가장 재주가 부족한 사람으로 선생께서 마음으로 허락해주시는 보살핌을 매우 두텁게 받았다. 기사년(1689, 숙종15)에 선생이 후명(後命 사약)을 받았을 때 망곡(望哭)하고 상복을 입었다. 다만 장례할 때에 마침 부친의 병환이 매우 위중한 데다 아이의 병도 극히 위급하여 한창 의원과 약을 구하느라 분주한 중이었다. 얼마 지나지 않아 그대로 부친의 상을 당하고 아이도 따라서 죽고 말아 선생의 무덤에 가서 한 번 통곡하지 못한 것이 지금까지도 한이 된다.

167. 김중화(金仲和 김창협(金昌協))가 기사년 사화 뒤에 느지막이 이 공부에 힘을 쏟았다. 근래 그가 이동보(李同甫 이희조(李喜朝))와 주고받은 '지지설(智知說)'을 보았는데, 앞뒤로 논한 것이 거의 천 여자나 되었다. 좋은 곳은 참으로 좋지만 좋지 않은 곳은 또 논의할 만한 것이

없지 않다.

168. 중화의 학문은 만년에 비로소 문(文)을 통하여 도(道)에 들어갔는데 소견이 왕왕 매우 훌륭하여 따라잡을 수 없는 점이 있었으니, 참으로 뛰어난 재주이다. 만약 몇 년을 더 살았다면 중임을 맡을 수 있었을 텐데 불행히 일찍 죽었으니, 애석하다!

169. 재상 남구만(南九萬)은 동춘(同春 송준길(宋浚吉)) 선생의 문인이다. 조정에 들어온 뒤로 문행(文行)으로 꽤 칭송을 받았는데, 기사년(1689, 숙종15)의 위리안치를 겪은 뒤로 갑자기 화를 당할까 두려워하고 가진 걸 잃을까 근심하는 마음이 생겨서 일신의 굴욕을 구차히 면하기 위해서 못하는 짓이 없었다. 일신의 안녕을 도모하는 것에 교묘하고 이익을 꾀하는 것에 주도면밀하여 사문(師門)에 죄를 얻었다고 이를 만하니, 그 또한 순경(荀卿)에게 있어 이사(李斯)와 같고 구산(龜山 양시(楊時))에게 있어 육당(陸棠)과 같은 인물일 것이다![3]

170. 삼한 이후로 우리 동방의 유학의 성대함이 우리 중묘조(中廟朝)의 기묘 연간과 같은 때가 없다. 당시에 시행된 것이 성대하게 볼 만하여 시골에 버려진 어진 이가 없는 태평성대를 거의 이루었으니 훗날에 뜻을 둔 선비가 반드시 같은 시대가 아님을 안타까워할 것이다. 기묘년 이후로 그 뒤를 이을만한 때는 오직 우리 효묘조(孝廟朝)일 것이다.

3 순경(荀卿)에게……인물이다 : 이사는 순경에게 제왕의 학문을 배워 진시황의 승상이 되었지만 진시황이 죽은 뒤에 조고의 계략에 동조하였다가 결국 죽임을 당하였고, 육당(陸棠)은 양시(楊時)의 사위이자 제자인데 뒤에 양시를 나배반하였다. 두 경우 모두 스승을 배반한 제자의 예로 자주 거론된다.

171. 김숙함(金叔涵 김재해(金載海))이 매양 마음이 어두운 것을 미발의 병통이라고 생각해서 전후로 매우 열심히 나와 쟁변하였다. 지금 중화(仲和 김창협(金昌協))가 홍양신(洪良臣 홍석보(洪錫輔))에 보낸 편지에 숙함 설의 오류를 분별한 것이 매우 명백하니, 그 말이 참으로 통쾌하고 시원하다.

172. 근래 동류 중에 경서의 뜻을 잘 아는 자는 오직 중고(仲固, 김재(金栽))와 사직(士直 김유(金楺))뿐이다. 어찌 산림의 노성한 학자라고 불리는 자가 미칠 수 있는 바이겠는가.

173. 이산(尼山 윤증(尹拯))이 스승을 배반한 일은 실로 고금에 드문 변고이다. 주공(周公)께서 "오랜 벗은 큰일〔大故〕이 아니면 절교하지 않는다." 하였는데, 주자가 "큰일이란 극악한 패륜행위〔惡逆〕이다." 하였다. 이로써 보면 비록 심상한 옛 벗이라도 악역대고(惡逆大故)가 아니면 절교하지 않는다. 더구나 선생과 학생 사이의 분의(分義)는 매우 중차대하니 보통의 옛 벗과 비교할 바가 아니다. 또 아비의 묘갈문(墓碣文)이 자기 성에 차지 않는다는 것은 악역의 종류가 아닌데 이산이 모욕하고 절교하며 조금도 애석해하지 않았다. 근래 보아하니 한 무리의 젊은이들이 지나치게 추숭하며, "대현(大賢)의 도덕이 천고에 뛰어나다."라고 한다. 아, 대현의 처사가 과연 이처럼 황당하겠는가! 더구나 그 아비의 묘갈문에는 애당초 폄하하는 말이 없는데 말이다.

174. 선생께서 한번은 말씀하시기를, "자인(子仁 윤증의 자)의 바탕이

노둔하고 기억력이 좋지 않기 때문에 그의 집에 '명(明)' 자 편액을 달아 자신을 경계하는 뜻을 붙인 것이다." 하였다. 얼마 전에 그가 지은 〈미촌연보(美村年譜)〉를 보니 마지막 조에, "선친께서 항상 나에게 고집이 세고 편협하다고 주의를 주셨다."라고 하였고, 또 "시남(市南 유계(兪棨))이 금산(錦山)에 있을 적에 '이 아이는 고집이 세고 편협하여 결코 일을 해낼 만한 재목이 아니다.'라고 말하였다." 하였다. 그 아비의 말이 자식을 잘 안다고 할 만하고, 그 스승의 말이 또 그의 문제를 정확히 짚었다. 고집이 세고 편협한 성품으로 밝지 못한 지혜를 행하였으니, 뒷날 얼마간의 문제점은 모두 이러한 성품에서 나온 것들이다. 결국에는 스승을 배반하고도 후회할 줄 모르게 되었니, 어찌 슬프지 않은가.

175. 선친께서 나에게 이런 말씀을 한 적이 있다. "우리 화순 당숙이 전염병에 걸렸을 때 증세가 매우 위급했었다. 당숙의 벗 참봉 이의길(李義吉) 씨가 멀리 있다가 이 소식을 듣고 즉시 말을 달려 도착해 곧장 병자의 집에 들어가 직접 간호를 하였다. 한낮이 되었을 때 냉약(冷藥)을 많은 쓴 다음 열이 내리기를 기다린 후에 나와서 피하였다. 그러나 이공은 이 일로 전염되지 않아 끝내 아무 일도 없었다." 선친께서 매양 이 일을 이야기할 때면 칭찬하고 감탄하지 않은 적이 없었다. 아, 이것은 실로 옛사람이 해내기 어려운 것을 이공이 해낸 것이고, 지친(至親)도 하기 어려운 일을 벗이 한 것이다. 이 한 가지 일에서 선배 어른들의 우의(友誼)가 도타운 정도가 아무나 미칠 수 있는 수준이 아님을 알 수 있다. 뒤에 주자의 편지를 보니, "세속에서 역질이 전염된다고 전해져서 이 병을 앓는 사람이 있으면 이웃 마을에서 단절

하고 소식조차 전하지 않는다. 심한 경우 골육지친이라도 버리고 떠나니 풍속을 손상하고 이치를 해치는 것이 이보다 심한 것이 없다. 어떤 이가 이런 행태를 미워하여 마침내 역질은 전염되지 않으니 두려워 피할 필요가 없다고 말하기도 한다. 그 뜻은 좋으나 그 실상이 그렇지 않기 때문에 듣는 사람이 누구도 믿지 않는다. 그래서 전염되지 않으니 피할 필요가 없다고 속이느니 차라리 비록 전염될 수는 있지만 피해서는 안 된다고 알려주는 것이 낫다. 전염되지 않으니 피할 필요가 없다고 하는 것은 이해득실로 말한 것이고, 비록 전염은 되지만 피해서는 안 된다고 하는 것은 은혜와 의리로 말한 것이다. 이해득실로 알려주면 저들이 피하지 않는 것은 내가 전염되지 않아 해로움이 없다고 한 걸 믿은 것일 뿐, 은혜와 의리가 중요한 줄은 모르는 것이다. 그러다 한 번 전염이 되면 나의 말은 신용을 받지 못할 것이니, 저들은 피하는 것이 느릴까 걱정할 정도로 재빨리 피할 것이다. 은혜와 의리로 알려주면 저들이 피하지 않은 것은 은혜와 의리가 중요한 줄을 알아서 차마 피하지 못하는 것이다. 은혜와 의리가 중요한 줄을 알아서 차마 피하지 못한다면 비록 전염된 자가 있더라도 나의 말이 속이는 바가 없다는 것을 알 것이고 이 이치를 어길 수 없다는 것을 믿을 것이다." 하였다. 이것을 보고 이공의 일에 더욱 느끼는 바가 있어 말세 풍속이 야박한 것을 더욱더 탄식하였다. 때문에 내가 선친의 말씀을 기록하여 이공의 미덕을 드러내고, 주자의 말씀을 그 뒤에 아울러 기록하여 훗사람이 보고서 힘쓸 바를 알게 한다.

176. 족조부 사천선생(沙川先生 김극형(金克亨))께서 벼슬을 얻어 도성에 들어갔을 때 거듭 독리(毒痢)에 걸렸는데 수개월 동안 낫지 않았

다. 선생의 벗 원평(原平) 원공(元公 원두표(元斗杓))과 함릉(咸陵) 이공(李公 이해(李澥))이 날마다 병문안을 와서 대변 색이 붉은지 흰지를 직접 살펴서 병세의 경중을 확인하였다. 당시 원공이 호조판서가 되어 새로 양 갖옷을 지어서 불과 한두 차례만 입었을 뿐이었는데 즉시 선생에게 보내어 바람과 찬기를 막게 하였다. 하루는 원공이 다시 와서 병세를 살폈는데, 갖옷 위에 더러운 흔적이 얼룩덜룩한 것을 보고 속으로 아까워했다. 집에 돌아가 가서 평소에 입던 옛 갖옷을 보내며 말하기를,

"탕약을 마실 때는 이것을 입는 것이 좋겠습니다."

하니, 선생이 불쾌해하며

"이는 공이 벗을 아끼는 것이 갖옷을 아끼는 것만 못한 것입니다. 나를 대우하는 것이 너무 박한 것이 아닙니까."

하고서 마침내 보낸 새 갖옷과 옛 갖옷을 모두 돌려보냈다. 원공이 매우 놀라서 즉시 회초리를 매고서 직접 사죄를 하고 그의 두 아들이 직접 두 개의 갖옷을 가지고 걸어서 뒤따라 오게 하였다. 말하기를,

"제가 옛 갖옷을 뒤에 보낸 것은 단지 병자가 탕약을 마시고 죽을 자실 때 입기에 편하게 하려고 했을 뿐이지 다른 뜻이 있는 것이 아닙니다."

하고, 이어서 백방으로 사죄의 뜻을 전하고 두 개의 갖옷을 함께 남겨두고 떠났다. 아, 선생께서는 자기 몸을 단속하고 정도(正道)를 지켜 부귀에 굴하지 않으셨고, 원공은 또 선을 높이고 의를 좋아하여 가난한 선비에게 자신을 낮출 수 있었다. 그분들의 교제를 보면 고인의 유풍이 남아있으니 참으로 말세의 야박한 세속이 미칠 수 있는 바가 아니니, 진실로 높일 만하다.

177. 원평공(原平公)이 충훈부 당상관이었을 때, 사천 선생이 아이의 병 때문에 여러 차례 편지로 원공에게 약재를 구하였다. 대개 중국의 약재로 고가품들이었는데 뒤로 약재를 구한 것이 일고여덟 차례나 되었다. 원공이 갑자기 화를 내며 땅에다 그 편지를 던지며 말하기를,

"이 약은 매우 귀한 것인데 어찌 자꾸 구해달라고 한단 말인가."

하였다. 이때 원공의 아우 광주공(廣州公 원두추(元斗樞))이 그 자리에 있다가 정색을 하고 천천히 말하기를,

"벗 김공은 시골구석의 가난한 선비입니다. 이러한 약재를 어디에서 얻겠습니까. 지금 형께서 충훈부에 임명되어 있기 때문에 특별히 와서 구한 것입니다. 게다가 백번 구한다 해도 형세 상 반드시 구할 수 있을 것이기에 그분도 빈번히 구하는 것을 꺼리지 않은 것입니다. 그런데 만약 노기를 띠어 싫어하고 무시하는 모습을 보인다면 아마 벗을 대하는 도리가 아닐 것입니다."

하였다. 원공이 곧바로 부끄러워하며 사과하기를,

"너의 말이 옳다. 내가 잘못을 저지를 뻔했구나."

하고, 즉시 약재를 보냈다. 선생께서 한번은 약에 쓸 자수정을 원공에게 구한 적이 있는데, 공이 즉시 자수정이 달린 갓끈 여러 개를 떼서 주었다. 그 뒤로 달라는 대로 보내서 남은 갓끈이 몇 개 없었다. 맨 나중에 또 찾으니 원공이 남아있던 갓끈을 전부 보내고도 더는 아까운 생각이 없었다.

178. 함릉 이공이 충청 관찰사가 되었을 때 사문(斯文) 조극선(趙克善)이 우연히 감영 근처를 지나게 되어 시골집에서 말을 먹이며 사람을 보내 감영에 연통하였다. 이공이 즉시 사람을 보내 감영에 들어오

라고 하였다. 조공이 화를 내며,

"나는 벗을 아는데, 벗은 나를 모르는구나."

하고, 마침내 말을 타고 떠났다. 이공이 그 소리를 듣고서 매우 놀라며,

"내가 잘못했어, 내가 잘못했어."

하고, 즉시 말을 재촉해 빠른 길을 택해 지름길로 20여 리를 달려서 길가에 앉아 기다렸는데, 얼마 안 있어 조공이 도착하였다. 이공이 다가가 그의 손을 잡고서 사죄하기를,

"내가 참으로 잘못하였네. 그대가 너그럽게 봐주시게나."

하였다. 서로 웃으며 마주 앉아 오랫동안 격조했던 회포를 푼 뒤에 자리를 파하고 돌아갔다. 아, 옛사람이 자신을 낮추고 선비를 예우한 아름다움을 이공에게서 본다.

179. 남창군(南昌君) 홍공(洪公 홍진문(洪振文))이 평상시 사용하는 침구가 화려하였는데, 사천 선생(沙川先生)이 온다는 소식을 들을 때마다 황급히 침구를 벽장에다 넣어놓았다. 옆에 있던 사람이 놀리며 말하기를,

"어찌 그리 겁을 내시는가?"

하니, 홍공이 웃으며 말하기를

"이 벗은 유자(儒者)니, 매우 두려울 만하지."

하였다.

180. 우복(愚伏) 정공(鄭公 정경세(鄭經世))이 고향에 있을 적에 집이 가난하여 중춘 시제를 지낼 때가 되었는데도 제수를 마련할 수 없었다. 마침내 며느리를 불러 음식을 장만할 방법을 의논하니 며느리가

대답하기를,

"집안이 텅 비어서 달리 마련할 길이 없습니다. 다만 상자 속에 종자 몇 되가 있으니 방아를 찧어 제삿밥을 준비할 수 있을 겁니다."

하였다. 정공이 기뻐하며 칭찬하기를,

"우리 며느리, 참으로 어질구나!"

하였다.

181. 동계(桐溪) 정온(鄭蘊)이 찬성 이귀(李貴)와 원종(元宗)의 추숭 전례에 대해 성상 앞에서 쟁론하였는데, 각자의 의견을 고집하며 논변을 그치지 않았다. 이공이 기가 격해지고 성이 잔뜩 나서는 큰소리로,

"정온은 삶아 죽여야 합니다. 전임 영남 감사 시절에 공공연히 군포 수백 필을 사용하였습니다."

하고 고개를 돌려 김시양(金時讓) 공을 가리키며,

"이 말을 신은 이 사람에게 들었습니다."

하였다. 김공은 갑작스레 당황스럽고 부끄러워 어찌할 줄 몰랐다. 정공은 태연자약한 안색으로 조용히 일어나 대답하기를,

"이귀의 말이 맞습니다. 신이 감영에 있으면서 어미의 장수를 축원할 때에 정말로 사용하였습니다. 신의 죄는 죽어 마땅합니다. 다만 이 일은 오늘 쟁론하고 있는 예설과는 원래 아무 상관이 없습니다. 그러나 다른 사람이 이미 이런 말이 했으니 어찌 감히 편안히 있겠습니까."

하고, 대전에서 내려가 대죄하였다. 그 말과 행동이 차분하고 편안하여 다급하고 꿀리는 기색이 전혀 없었으며 또 사납고 거친 용모가 없

었다. 김공이 나와서 다른 사람에게 말하기를,

"나는 오늘 입시에서 천하 대장부를 보았고, 또 평생의 부끄러운 일을 당했다."

하였다.

182. 사천 선생이 한번은 평택에 간 적이 있는데 도중에 소사(素沙) 주막에 이르러 늙은 어미를 등에 업고 길에서 구걸하는 가난한 사람을 만났다. 선생이 측은히 여기며 감동하여 여행 중에 남은 양식을 주었다. 경마잡이가 나와서 말하기를,

"여행 봇짐이 텅 비어서 내일 아침 끼니는 형편상 걸러야 할 것 같습니다."

하니, 선생께서 말하기를,

"이 사람은 제 어미를 위해 양식을 구걸하는데 너 역시 주인을 위해 쌀을 구걸하지 못한단 말이냐."

하였다. 아침이 되자 경마잡이가 이웃집에서 쌀을 구걸해 밥을 지어 올렸다.

183. 신재(愼齋) 김선생(金先生 김집(金集))이 혼조(昏朝 광해군) 때에 시골구석에서 가난하게 살아서 죽으로도 제대로 끼니를 잇지 못했다. 사시 시제에 음식을 마련할 수 없어서 제사를 지낼 때마다 단지 조기 한 마리를 각 신위 앞에 놓았을 뿐이라고 한다. 이는 참으로 집이 가난하여 제사를 지낼 수 없는 훗사람이 마땅히 법으로 삼아야 할 일이다.

184. 덕계 선생(德溪先生) 오건(吳健)의 집안은 검소를 숭상하였다.

덕계 부인이 한번은 남의 집 수연(壽宴)에 갔는데 다갈색 장옷에 거친 베로 지은 남색 치마를 입고 갔다. 나이 어린 부인네들이 그것을 보고서 비단 겉옷을 모두 풀어버렸다. 덕계의 아들이 현감이 되었을 때 새 이불 한 채를 지었는데, 늙은 종이 그것을 보고서 탄식하기를,

"돌아가신 영감께서는 전후로 청현직을 두루 지내셨지만 아이 때의 낡은 이불을 가지고 계셨는데, 지금 일개 현감이 되어서 이런 새 이불을 지었으니, 참으로 돌아가신 영감에 미치지 못한다."

하였다. 덕계의 아들이 크게 부끄러워 즉시 그 이불을 버렸다.

185. 임오년(1702, 숙종28) 여름의 큰비는 실로 근래 없는 일이었다. 충주에 한 사대부의 집이 물에 잠겼다. 집에 나이가 찬 처자가 있었는데 판자 하나를 타고서 떠가다 경강(京江)에 이르렀다. 강변의 소년이 배를 끌고 들어가서 급히 배에 오르기를 청하였다. 그러자 처자가 정색하고 거절하며 말하기를,

"나는 본디 사족(士族)으로 지금 비록 물에 빠졌지만 너와 한배를 탈 수는 없다. 더구나 오늘 밤에 너의 집에 기숙하게 되면 비록 나를 더럽히지 않는다 하더라도 사람들이 반드시 의심할 것이다."

하고 끝내 듣지 않았다. 이어 떠내려가서 떠나간 곳을 알지 못하였다고 한다. 아, 이 사람이 나이 어린 여자로 반드시 죽고 살길이 없는 이러한 위급한 상황을 당해서 조용히 잘 처신하여 몸을 깨끗하게 지키고 욕을 면하였다. 그 말이 엄정하고 그 일이 장렬하여 위로 백희(伯姬)가 불에 타죽은 일[4]과 비교해도 크게 뒤지지 않는다고 본다. 나는

4 백희(伯姬)가……일 : 백희는 춘추시대 노 선공(魯宣公)의 딸이자 송 공공(宋共

다른 사람에게서 이 이야기를 듣고 매우 감탄하고서 그 일을 기록하여 뒤에 보는 사람이 이 어진 여자의 정조를 알게 하고자 한다.

186. 둔촌(遯村) 조장(趙丈)-문형(門衡)-이 윤휴(尹鑴)와 동갑으로 평소 정이 가장 돈독하였는데, 을묘 연간에[5] 도성 동쪽 윤씨 집에 들러 하룻밤을 묵게 되었다. 우암 어른을 구원하는 일을 윤휴에게 대략 말하였는데, 윤휴가 눈을 감고 아무런 응대를 하지 않았다. 새벽이 되자 윤휴가 촛불을 밝히고 머리를 빗고 있었는데, 조장이 작별인사를 하고 돌아가려 하였다. 윤휴가 어린 여종을 불러 술을 내오게 하였다. 얼마 있다가 한 여종이 술을 가지고 왔다. 윤휴는 술잔을 주고받는 예를 행하지 않고서 조장에게 그냥 술을 마시게 하고는 마침내 머리카락을 쥐고 머리를 들어서 술잔을 노려보며 여종을 꾸짖기를,

> "네 잘못이 크구나. 이 술은 바로 내가 벗들과 마시려고 한 것인데 너는 어찌 감히 따라왔단 말이냐!"

하였다. 그리고는 이어서 자기 노복의 이름을 부르며 말하기를,

公)의 부인으로, 남편이 죽은 뒤에 수절하였다. 송나라 궁에 불이 나 좌우에서 피하라고 권하였지만, 백희는 "부인의 도리는 부모(傅母)가 없으면 밤에 당을 내려가지 않는다."라고 대답하고 나오지 않았다. 좌우에서 또 불을 피하라고 하자, "부인의 도리는 보모(保母)가 없으면 밤에 당을 내려가지 않는다."라고 대답하고 끝내 나오지 않고 불에 타 죽었다. 부모(傅母)와 보모(保母)는 옛날 귀족의 자녀를 보육하던 여인이다.《春秋左氏傳 襄公 30年》

5 을묘 연간에 : 을묘년은 1675년(숙종1)으로 이해 숙종이 즉위하였다. 송시열은 자의대비의 복상문제로 양사(兩司)의 논핵을 받아 삭탈관직과 유배의 명을 받았다. 같은 해 5월에 윤휴는 대사헌이 되어 송시열(宋時烈), 민정중(閔鼎重), 이단하(李端夏)의 삭탈관직을 청하였고, 결국 송시열은 6월에 장기(長鬐)에 위리안치되었다.

"만약 이 노복에게 먹이려 했다면 너는 그래도 이 술을 내왔겠느냐? 네 잘못이 크구나!"

하며 머리 빗질을 그치지 않았으니, 우암 어른을 구하자는 말에 화를 낸 것이다. 조장이 마음으로 매우 창피하고 화가 났지만 이미 술잔을 잡고 있어서 결국 다 마셔버렸다. 이 일을 들은 자들은 조장이 술을 마신 것은 바로 치욕을 마신 것이라고 하였다. 그 뒤로 조장이 윤휴와 편지로 절교하였는데, 편지 내용 중 한 단락에,

"자성(慈聖)을 단속해야 한다는 말을 차마 입으로 내었고, 임금을 무시하는 사람을 잘못 옹호하여 화근을 만들었다."

하였다. 당시 일을 논하는 자들은 "이것으로 술을 마신 치욕을 충분히 씻었다."라고 말한다.

187. 이윤(尼尹 윤증)은 기질이 순박하고 말이 정성스러워 밖에서 보면 충후한 군자 같다. 경신년(1680, 숙종6) 가을에 윤증이 교하의 선영에 가서 절사(節祀)를 지낸 후 돌아오는 길에 상소를 올리고 사천(沙川)의 시골집에서 비답을 기다리고 있었다. 나와 동생이 가서 만나보고 평소 의문을 가졌던 십여 조목을 물어보았더니, 모두 그 뜻을 잘 설명하지 못하고서 번번이 '아직 이해하지 못했다.'라고 답하였고 그 중 대답한 한두 구절도 모두 말이 되지 않았다. 윤증도 스스로 어쩔 줄 몰라 하며 얼굴색이 흙 같았고 두 손으로 빈번히 눈을 비벼댔다. 마침내 몸을 기울여 주인의 창틈으로 엿보더니만 웃으며 말하기를,

"주인의 뒤뜰에 쌓인 곡식을 보니, 필시 밥만 축내는 사람이군."

하였다. 이와 같이 한 것이 대여섯 차례였으니, 그때의 행동이 매우 해괴하였다. 기억하기로, 옛날 윤휴가 감사 숙부댁에 와서 묵으면서

기해방례(己亥邦禮)[6]를 논쟁할 때에 윤휴가 말이 꿀리자 성을 내며 창문을 열었다 닫았다 하거나 베개를 밀치며 누었다 일어났다 하였는데 지금 윤증의 행동이 그것과 매우 흡사하다. 뒤에 윤증과 여러 차례 만났는데 말하는 사이 속이고 농락하는 습관이 많았다. 그의 병통을 생각해보면 모두 여기에 근원이 있다.

188. 여윤(驪尹 윤휴)이 화순 대부와 친하게 왕래하였는데 이 때문에 선친 형제도 그와 잘 알고 지냈다. 갑인년(1674, 현종15)과 을묘년(1675, 숙종1)에 이르러 윤휴가 요직을 맡아 조정에 섰는데 한 짓이 해괴한 일이 많아 내가 선친께 아뢰어 절교하였다. 병진년(1676, 숙종2)에 윤휴가 이조판서로 와서 그 부모의 묘소를 참배하였는데 상께서 요전상(澆奠床)을 하사하였다. 제사를 마치고 선친 형제에게 제사 음식을 보냈는데, 우리 형제가 선친께 아뢰어 되돌려 보냈다. 윤휴가 사람을 보내 선친께 회답하기를,

> "친하게 교제한 것이 몇 년인데 지금에 이르러 자제의 말을 듣고 도리어 나를 박대한단 말인가."

하였다. 기미년(1679, 숙종3) 봄에 내가 부친상을 당했다. 윤휴가 편지로 조문하고 또 부포(賻布)와 황촉 등의 물건을 보냈는데 내가 모두 태워버렸다.

6 기해방례(己亥邦禮) : 기해년(1659, 효종10) 효종의 승하 후 효종의 모후(母后)인 자의대비(慈懿大妃) 조씨(趙氏)의 복상문제(服喪問題)로, 송시열(宋時烈) 등은 효종이 인조의 차자(次子)임을 근거로 기년복상(期年服喪)을 주장하였고, 윤휴(尹鑴) 등은 효종이 왕위를 계승하였기 때문에 장자(長子)와 같음을 근거로 삼년복상(三年服喪)을 주장한 일을 말한다.

189. 이산(尼山)이 신유의서(辛酉擬書)[7]에 그 스승의 평소 심술의 병통을 낱낱이 열거하며 여지를 두지 않았다고 한다. 정말로 그렇다면 그가 스승과 절교한 것이 또한 늦었다고 할 만하다. 그러나 그 뒤로 갑자년(1684, 숙종10) 사이에 스승에게 편지를 올려 말하기를,

"묘문(墓文)을 고쳐주신다면 소자가 다시 마땅히 문정(門庭)에 출입할 것이니 정의(情義)가 전과 같을 것입니다."

하였다. 이로써 보면 이산이 스승과 절교한 이유가 개인적인 원한에 있는가, 공정한 마음에 있는가. 앞서는 스승의 마음의 병을 하나하나 들어 절교하고 뒤에는 묘문 때문에 다시 섬기고자 하였으니 어째서인가.

190. 우암 어른이 지은 미촌(美村 윤선도(尹善道))의 묘지문은 그 칭찬이 또한 지극하다. 그러나 이산(尼山)은 오히려 부족하다고 여겨 결국 그 스승을 욕보이고 의절하는 지경에 이르렀다. 이 일의 시시비비는 공평한 마음을 가진 자라면 모두 알 수 있다. 그런데 한 쪽 사람들은 모두 '아비와 스승 중 누가 더 중한가.'라고 하니, 미혹됨이 심하다 할 만하다.

191. 근래 유 풍원(柳豐原 유성룡(柳成龍)이 지은 《징비록(懲毖錄)》을 보았는데, 모두 10책으로 임진년 피난 가고 파천할 때 전후로 올린

7 신유의서(辛酉擬書) : 1681년 여름에 윤증이 송시열에게 보내려고 한 〈의여회천서(擬與懷川書)〉를 말한다. 이 편지에서 송시열에 대해 '왕도와 패도를 아울러 쓰고, 의와 이를 같이 행한다.〔王霸竝用, 義利雙行〕'라고 비난하였다.

글 수백여 편이다. 모두 일에 따라 논하여 아뢴 것으로 시의에 적절하였으니, 그 또한 당나라 건중(建中) 연간의 육경여(陸敬輿 육지(陸贄))의 부류일 것이다.

192. 근래 연상(漣相) 허목(許穆)의 문집을 보았는데, 그 문사가 매우 거칠고 딱딱하여 금문(今文)도 아니고 또 고문(古文)도 아니고 왕왕 단락의 문리가 이어지지 않는 곳이 있다. 그리고 《춘추》의 재이(災異)와 안자(顔子)와 증자(曾子) 등 제자(諸子)의 말을 따로 기록한 것과 같은 것은 단지 경전 중의 말을 각각 종류대로 뽑은 것일 뿐, 특별히 다른 말이 없어 매우 무미하다. 또 이른바 〈단군세가(檀君世家)〉와 〈기자세가(箕子世家)〉도 우리나라 역사의 설을 뽑아 모은 것으로, 이것은 모두 사람들이 이미 아는 것들이다. 상께 올린 〈심학도(心學圖)〉의 경우는 더욱 소략해서 우습다. 그 설에, "인심(人心)은 인욕(人欲)이다. 인욕은 공변되기 어렵고 사사롭기 쉽다. 그러므로 '위태롭다.'라고 한 것이다." 하였는데, 인심이 정말 인욕이라면 이는 전체가 모두 공변되지 않으니 '공변되기 어렵다.'라고 말할 수 없고, 전체가 모두 사사롭다면 '사사롭기 쉽다.'라고 말할 수 없다. 또 인심이 인욕이 아님은 주자가 이미 명백하게 말하였다. 《중용》의 서문에서 '상지(上智)의 사람도 인심이 없을 수 없다.'라고 한 따위가 이것이다. 위태롭다는 것은, 선할 수도 있고 악할 수도 있는 물사이기 때문에 '위태롭다'라고 한 것이다. 인욕은 이미 악으로 흐른 뒤의 일이니 어찌 위태롭다고 이를 수 있겠는가. 이로써 보면 이것은 인심(人心)의 명목에 아직 투철하지 못한 점이 있는 것이다. 또 칭송하는 글을 지어 상의 공덕을 기록하여 위에 올린 것이 앞뒤로 매우 많으니, 이것은

아침에 가까운 것으로 고금의 유자의 문집 중에 없는 것이다. 또 노릉(魯陵)의 복위와 사육신의 신원을 결코 안 된다고 생각해서 상이 의견을 수렴할 때에 완강하게 반대하였다. 큰일의 대처가 이와 같으니 그 나머지는 볼 것도 없다. 다만 편지와 제발(題跋) 문자는 볼만 하지만 이 역시 딱딱하고 직설적으로 말해서 여운이 없다. 또 정개청(鄭介淸) 같은 자를 매양 선생으로 칭하면서 율곡(栗谷)에 대해서는 번번이 성과 이름을 들어서 많이 욕보였으니 그가 편당에 빠졌다는 것을 알 수 있다. 또 그가 지은 〈이기설(理氣說)〉과 〈심학도설(心學圖說)〉을 보면 사실 어린아이 수준의 학설이다. 그의 식견이 이와 같으니 어찌 족히 율곡의 학문의 깊이를 알 수 있겠는가. 그가 모욕하는 것이 이상할 것도 없다.

193. 동명(東溟) 정두경(鄭斗卿)은 문장가이다. 한 시대를 오시하며 성품도 시원스러워 전혀 얽매이지 않았다. 소싯적에 한양에서 이곳 옥림사(玉林寺)에 와서 책을 읽었는데, 절은 우리 집 선산의 암자다.-지금 절은 없고 터만 남아있다.- 증조주 4형제가 절 아래 아주 가까운 곳에 살고 있었는데 걸어서 나란히 방문하였다. 형제 네 분은 모두 키가 크고 풍만한 몸채였다. 뜰에 들어설 때 정동명이 한창 글을 읽고 있었는데 그 용모가 장엄하고 엄숙하며 걸음걸이가 안정된 것을 보고 자신도 모르게 뜰로 내려가 달려가 절하고 집 안에 맞아들였고 함께 이야기 나누며 공경한 뜻을 더욱 보였다. 이때부터 독서 하는 여가에 날마다 만나러 왔다. 한양으로 돌아간 후 얼마 지나지 않아 자주 내방하여 반드시 며칠씩 유숙한 후 떠났다.-이상은 선친께 들었다.- 그 뒤에 당숙 감사공이 대간이 되었을 때 영상 허적(許積)을 논죄하여 성상의 뜻을

거슬러 서쪽 변방으로 유배 가게 되어 즉시 서문 밖으로 나가는데 빈객이 집에 가득하였다. 창안백발의 한 사람이 곧장 좌중으로 들어오니 바로 정동명이었다. 묻기를,

"좌중의 누가 김모인가?"

하니, 당숙이 말하기를,

"소자입니다."

하였다. 정동명이 다른 말은 하지 않고 곧장 말하기를,

"네가 잘못하였다. 나와 너는 대대로 이어온 정의가 보통이 아닌데 어찌하여 한번 나를 보러 오지 않는가?"

하였다. 또 말하기를,

"너의 대인-사천선생-은 위대한 인물이 아니겠는가. 그러나 너의 조부 4형제 어른과 비교하면 다만 평범할 뿐이다. 내가 너의 조부 4형제 어른에게는 70제자가 공자에게 복종하는 것과 같았다."

하였으니, 깊이 마음으로 복종하고 지극히 우러러 사모하는 것이다.-이 일은 당숙에게 들었다.-

194. 선친께서 소싯적에 한번은 동리에 살고있는 김 풍기(金豐基) 상윤(相潤)씨 집에서 정문(正文) 본《시경》책을 빌려 읽은 적이 있었다. 병자년(1636, 인조14) 겨울에 북쪽 오랑캐가 급작스레 이르러 조정과 백성이 달아나고 흩어져 지척에서도 서로 잃어버렸다. 당시 선친께서는 침상에 병으로 누워 있다가 이 책을 지고서 길을 떠나 서해의 섬으로 난리를 피해 들어갔는데, 고난에 처하고 여러 곳을 떠도는 중에도 곁에 두고 보호해 지켰다. 다음 해 봄에 난리가 안정되어 집으로 돌아오자 즉시 김공에게 서책을 돌려주었다. 김공이 매우 놀라며

사례하기를,

“이번 난리에 집에 보관하던 서책을 거의 다 잃었는데, 이 책 한 질만은 군의 덕분에 온전하게 돌아왔네. 이것을 어찌 내가 사사로이 차지할 수 있겠는가. 군에게 도로 돌려주어야 마땅하겠지만 지금 받아서 여기에 두는 것은 가지고 있으면서 다른 사람에게 자랑하고 싶어서라네.”

하고, 즉시 《근사록》 3책으로 보상하고 또 글을 지어 기록하였다.

195. 선친 형제의 우애는 천성에서 나온 것으로 평소 한 방에서 함께 지냈다. 만년에 큰아버지께서 새집을 지어 이사했는데, 거리가 대략 화살 네댓 대가 미치는 지역이고, 또 산모퉁이를 지나야 했다. 막내 아버지께서는 날마다 걸어서 만나러 가셨는데 평상을 붙이고서 즐겁게 지냈으며 부지런히 일하고 대신 수고해야 하는 모든 일을 공경히 받들지 않은 적이 없어서 마치 효자가 아버지를 섬기듯 하여 저녁이 되어서야 돌아갔다. 큰비나 큰 눈이 올 때가 아니면 하루도 빠뜨린 날이 없었다.

196. 충주 선영 아래에 선대의 농장(農庄)이 있었는데, 난리를 겪은 뒤에 잃어버렸다. 막내 아버지께서 친히 가서 추심하여 되찾았다. 큰아버지께서 말씀하시기를,

“이미 잃어버린 농장을 지금 네가 추심해서 되찾았으니 내가 어찌 여기에 관여하겠느냐.”

하고, 끝끝내 터럭만큼도 간섭하는 바가 없으셨다.

197. 내가 어릴 적에 선친께서 다른 사람 집에서《시경언해》를 빌려 보시는 것을 보았다. 그중 한 책의 책가의가 비가 새서 더럽혀진 것이 있었는데, 선친께서는 새 책가의를 준비하시고 또 새 실로 다시 꾸미고 매서 돌려주셨다.

198. 내가 소싯적에, 김성임(金聖任 김상은(金相殷)) 어른이 상한(傷寒)을 깊이 앓았는데 증세가 매우 위급하여 급히 사람을 보내 선친께 아뢰었다. 당시 선친께서 집에 마침 말이 없어서 소를 타고 달려가 보니, 병세가 십분 위급하여 열이 심하게 올라서 선친이 그 곁에 있는데도 알지 못하였다. 선친께서 마침내 약을 찾아 큰 사발로 한 사발 마시게 하니 금방 땀이 비 오듯 쏟아지며 즉시 열이 내렸다. 얼마 있다가 일어나 앉아 선친과 이야기를 주고받았고, 또 멀리서 와서 병구완해 준 뜻에 사례하였다. 아, 선친의 이 일은 훗사람에게 교제할 때의 모범이 될 만하고 자손 된 자가 또한 알지 않아서는 안 되기에 대략 기록한다.

199. 선친 형제는 가법이 매우 엄해 아들과 조카를 가르칠 적에 너그러운 낯빛을 보인 적이 없다. 말하고 먹을 줄 안 때부터 어버이를 사랑하고 어른을 공경하며 스승을 높이고 벗을 가까이하는 도를 가르쳤다. 또 날마다 정해진 양의 책을 읽게 하면서 경서와 사서 이외에 잡서를 보는 것을 허락하지 않았다. 도박이나 장기와 바둑 따위는 가까이 가지도 못하게 하였다. 담배는 더욱 엄하게 금지하였다. 한번은 말씀하시기를, "한 집안의 자제가 올바른 행실이 없는 것은 모두 부형들이 사랑할 줄만 알고 가르칠 줄 몰라서 그렇다." 하였다. 불초 형제가 비록 매우 형편없지만 선친의 지도에 힘입어 몸을 보존해 오늘이 있을

수 있었다.

200. 나의 장인이 고금의 이름난 서화(書畵)를 많이 축적하였는데, 선친께서 그것을 듣고 말씀하시기를,

"속담에 서화는 주인이 따로 없다고 하지만 어른이 모은 것을 임의대로 취하는 것은 사대부가 아름답게 여기지 않는 행실이니 반드시 경계해야 할 것이다."

하였다. 나는 가르침을 받들어 감히 조금도 간여하지 않았다.

201. 큰아버지께서 한번은 중한 병을 앓은 적이 있는데 막내 아버지께서 밤낮으로 곁에서 시중을 들면서 몸소 탕약을 달이며 한 번도 자기 처소에서 쉬지 않다가 병이 나은 뒤에야 그만두었다. 큰아버지께서 외출했다가 저녁에 돌아오면 막내 아버지께서는 먼저 저녁을 자시지 않고 문밖에서 살피며 큰아버지께서 돌아오기를 기다려 함께 식사하였다. 막내 아버지께서 어릴 적에 이상한 병을 얻어 몇 년 동안 낫지 않았는데 큰아버지께서 의원을 찾아다니고 약을 물어서 지성으로 간호하면서 처음부터 끝까지 게을리하지 않으셨다.

202. 선친 형제께서는 기제 때가 되면 반드시 머리를 빗고 목욕하여 재계를 깨끗이 하였다. 비록 겨울날 혹한에도 그만두지 않았고, 비록 몹시 늙고 병든 뒤에도 또한 이와 같이 하였다.

203. 불초들은 자질이 매우 낮아서 보통사람과 비교할 것이 없지만 그래도 선친 형제께서 일에 따라 베푸신 가르침 덕분에 감히 게을리하

지 않았다. 항상 선친을 시침하면서 비록 겨울철 추위에도 깊은 밤에 반드시 일어나 밖에서 소변을 보았다. 주무시는 방이 차가운데 노비들이 모두 자고 있으면 반드시 직접 군불을 지펴 방을 덥혔다. 선친이 앉거나 누운 자리에는 감히 앉거나 눕지 않았고, 말에 오르고 내리시던 곳에서는 감히 말에 오르거나 내리지 않았다. 비가 온 뒤 길이 진창이 되었을 때라도 선친의 나막신은 감히 신고 나가지 않았다. 이것이 비록 아주 작은 일이지만 모두 선친께서 부지런히 가르쳐주신 결과이다. 근래 일가의 젊은이들을 보니 편리에 따라 멋대로 하고 나이 많은 부형이 있다는 것을 알지 못하니, 이것은 모두 우리들의 가르침이 엄하지 못하기 때문이다. 선친의 교화가 5세(世)가 못 되어 끊겼으니[8] 어찌 개탄스럽지 않겠는가!

8 5세(世)가……끊겼으니 : 선대의 훌륭한 유풍(遺風)이 후손에게 영향을 미치지 못함을 말한다. 《맹자》〈이루 하(離婁下)〉에 "군자의 은택도 5세면 끊기고 소인의 은택도 5세면 끊긴다.〔君子之澤, 五世而斬, 小人之澤, 五世而斬.〕"라고 한 데서 온 말이다.

지은이 **김간(金幹)**

본관은 청풍(淸風), 자는 직경(直卿), 호는 후재(厚齋)이다. 송시열(宋時烈)과 박세채(朴世采)의 문인이다. 1646년(인조24)에 경기도 광주 사천촌(沙川村)에서 출생하였다. 생부는 김도(金濤)이며, 출생 직후 후사가 없었던 백부 김수(金洙)의 양자로 들어갔다. 1664년(현종5) 공도회(公都會) 초시(初試)에 급제하였고, 1668년에는 증광감시(增廣監試) 초시와 대과(大科) 초시에 급제했지만, 회시(會試)에는 합격하지 못했다. 이후 과거를 포기하고 평생을 학문 연구와 저술에 집중하였다. 1694년(숙종20)에 학행(學行)으로 천거되어 전설사 별검에 임명된 이후 계속해서 관직에 제수되었으나 1701년(숙종27) 예산 현감(禮山縣監)과 1708년(숙종34) 연산 현감(連山縣監) 두 차례 지방 수령 직에만 나아가고, 나머지 관직은 거의 다 사양하였다. 일생의 거의 전 시기를 재야의 학자로 살다 1732년(영조8) 7월 26일에 87세로 세상을 떠났다. 시호는 문경(文敬)이다.

옮긴이

최예심(崔禮心)

1967년 충북 제천 출생. 민족문화추진회 국역연수원 연수부 및 상임연구부를 졸업하였다. 민족문화추진회를 거쳐 단국대학교 동양학연구원 연구교수로 재직 중이다. 《승정원일기》(공역), 《월정집》(공역), 《용주유고》(공역), 《어우집》(공역) 등을 번역하였다.

이라나

1971년 전북 군산 출생. 서울예술대학교 극작과, 동덕여자대학교 문예창작과를 거쳐 성균관대학교 동아시아학술원에서 석사학위를 받고 박사과정을 수료하였다. 한국고전번역원 고전번역교육원의 전문과정을 마치고 한국고전번역원 번역위원을 거쳐 현재 단국대학교 동양학연구원에 연구원으로 재직 중이다. 《일성록》(공역), 《월정집》(공역), 《동강유고》(공역), 《용주유고》(공역), 《낙전당집》(공역) 등을 번역하였다.

장유승(張裕昇)

1976년 서울 출생. 성균관대학교 한문학과를 졸업하고, 한국학중앙연구원 한국학대학원을 거쳐 서울대학교 국어국문학과에서 〈조선후기 서북지역 문인 연구〉로 박사학위를 받았다. 한국고전번역원 고전번역교육원 전문과정을 마치고 한국고전번역원 번역위원, 단국대학교 동양학연구원 연구교수를 거쳐 현재 성균관대학교 한문학과 조교수로 재직 중이다. 《정조어찰첩》(공역), 《영조 승정원일기》(공역), 《동국세시기》, 《현고기》, 《한국산문선》(공역) 등을 번역하였다.

권역별거점연구소협동번역사업 연구진

연구책임자 김문식(단국대학교 사학과)
공동연구원 윤재환(단국대학교 국어국문학과)
김우정(단국대학교 한문교육과)
책임연구원 허호구(단국대학교 동양학연구원)
최예심(단국대학교 동양학연구원)
이라나(단국대학교 동양학연구원)
이승용(단국대학교 동양학연구원)
선임연구원 김종하(단국대학교 동양학연구원)

후재집 6

김간 지음 | 최예심 · 이라나 · 장유승 옮김
2025년 12월 31일 초판 1쇄 발행
편집 · 발행 학자원
등록 2011.4.6 제2011-14호
주소 (05355) 서울시 강동구 천호대로 1121
전화 02-6403-1000 | 팩스 02-6338-1001 | 이메일 hakjaone@daum.net

값 40,000원
ISBN 979-11-6247-391-7 94810
979-11-6247-316-0 (세트)